Fassatal

Rosengarten, Pordoijoch
Herausragende Dolomiten

Wolfgang Heitzmann

GPX-Daten zum Download

www.kompass.de/gpx

Kostenloser Download der GPX-Daten der im Wanderführer enthaltenen Wandertouren. Mehr Informationen auf Seite 3.

DER AUTOR

Wolfgang Heitzmann • lernte als Tourismusberater zahlreiche europäische Regionen intensiv kennen. Der gebürtige Oberösterreicher ist Mitbegründer des Nationalparks Kalkalpen, organisierte überregionale Kulturprojekte und gestaltete mehr als 30 Themenwege. Heute lebt er in Tirol, ist in der Verlagsbranche tätig und zählt mit 90 eigenen Büchern zu den erfolgreichsten Outdoor-Autoren. Bei KOMPASS erschienen Bände über das Berner Oberland, das Wallis und Graubünden, über Regionen in Deutschland, Österreich, Oberitalien und über die Insel Mallorca. Zuletzt startete er gemeinsam mit jungen Fotografinnen und Fotografen die innovative Wanderbuchreihe „Dein Augenblick".

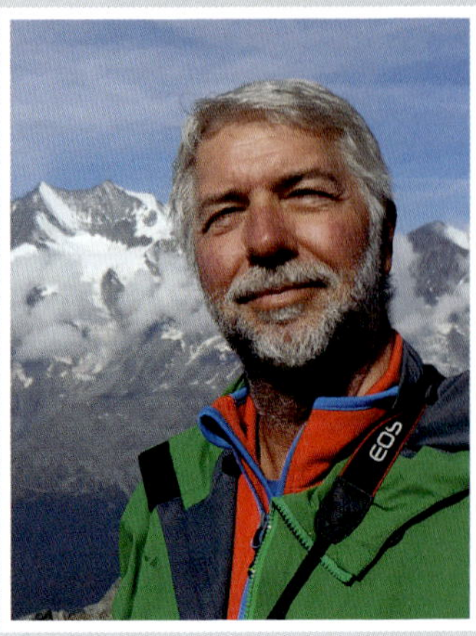

VORWORT

Latemar, Rosengarten, Langkofel, die Sella und die Marmolada: Es sind klingende Bergnamen, die seit dem 19. Jahrhundert Wanderer und Alpinisten in die Dolomiten locken. Einen besonders schönen Zugang gibt das Fassatal frei – ein vielgestaltiges Gebiet, das durch seine geologischen Besonderheiten und die Geschichte der Ladiner ein wahres Füllhorn interessanter Touren bietet. Eine kleine Auswahl davon finden Sie auf den folgenden Seiten, auf denen Sie auch die Regionen um den Karerpass, den Fedàiapass und den San-Pellegrino-Pass kennen lernen. Viele Überraschungen erwarten Sie schon im Talbereich, während Sie herrliche Höhenwege zu traditionsreichen Schutzhütten führen und einige Pfade ins Hochgebirge locken. Da wie dort wünsche ich Ihnen viel Freude, gutes Wetter und eine gesunde Rückkehr.

Die Recherchen für diesen Wanderführer erfolgten unmittelbar vor und während der Covid-19-Krise, die auch im Fassatal zu weitreichenden Einschränkungen des öffentlichen Lebens und des Tourismus führte. Mit kurzfristigen Änderungen der Bestimmungen für die Ein- und Ausreise, aber auch in Bezug auf Gesundheitsvorkehrungen, Touren- und Bergsportmöglichkeiten, Öffnungszeiten und Verkehrsmittel ist möglicherweise noch längere Zeit zu rechnen. Bitte informieren Sie sich daher unbedingt vor einem Urlaub bzw. vor einer Wanderung in den Tourismusbüros (www.fassa.com/DE/Bueros-und-Telefonnummern) und ggf. bei den Schutzhütten über die aktuelle Situation.

Wolf Heitzmann

ORIENTIERUNG MIT GPS

Für Navigationsgeräte und Apps haben wir auf unserer Webseite alle Touren im GPX-Format zum Download bereitgestellt:

www.kompass.de/gpx

Hier findet man alle weiteren Informationen. Einfach das richtige Produkt auf der Seite auswählen, die Daten herunterladen und auf das Zielgerät oder in die gewünschte App importieren.

Mehrwert mit Spaßfaktor: Ob vorab zur Planung, als Sicherheit für unterwegs oder zum Erinnern und Archivieren der gegangenen Tour. Die digitale Wanderroute ist in vielerlei Hinsicht wertvoll. Ein Blick auf die Daten hilft Neues zu entdecken und liefert Inspirationen für die nächsten Touren. Alle Wandertouren aus diesem Führer stehen im GPX-Format kompakt und genau zur Verfügung.

Was ist ein GPX-Track? GPX ist ein Datenformat für Geodaten. Das Wort GPS steht für Global Positioning System (Globales Positionsbestimmungssystem). Mit einem GPX-Track bekommt man die rote Linie, also den Wanderpfad, als geografische Koordinaten.

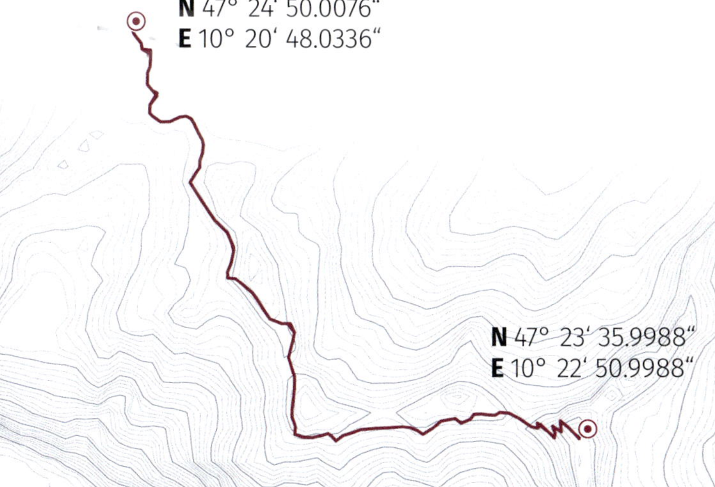

INHALT UND TOURENÜBERSICHT

AUFTAKT

Vorwort 2
Inhalt und Tourenübersicht 4
Gebietsübersichtskarte 10
Das Gebiet 12
Allgemeine Tourenhinweise 20
Meine Highlights 24

Tour		Seite
01	Die Cava delle Bore im Valsorda	26
02	Zum Rifugio Torre di Pisa • 2671 m	29
03	Zur Malga Peniola	34
04	Auf den Monte Ciamp • 2265 m	36
05	Über den Sas da Mezdì • 2301 m	38
06	Zu den Laghi di Lusia • 2380 m	40
07	Zum Rifugio Passo le Selle • 2531 m	44
08	Über die Cima de Costabela • 2762 m	47
09	Zum Rifugio Fuciade • 1982 m	50
10	Auf die Cima Cadine Est • 2885 m	52
11	Von Soraga nach Vigo/Vich	56
12	Vom Karersee zur Hängebrücke	59
13	Auf die Poppekanzel • 2328 m	62
14	Der Hirzelweg	64
15	Über den Jouf Dal Vaiolon • 2565 m	68
16	Über das Tschagerjoch • 2630 m	71
17	Alta Via dei Fassani	74
18	Vial da le Feide	77
19	Hoch über dem Valle del Vaiolet	80
20	Zur Forcia de Davoi • 2682 m	84

ANHANG

Alles außer Wandern 220
Schutzhütten 222
Übernachtungsverzeichnis 224
Register 226
Impressum 228

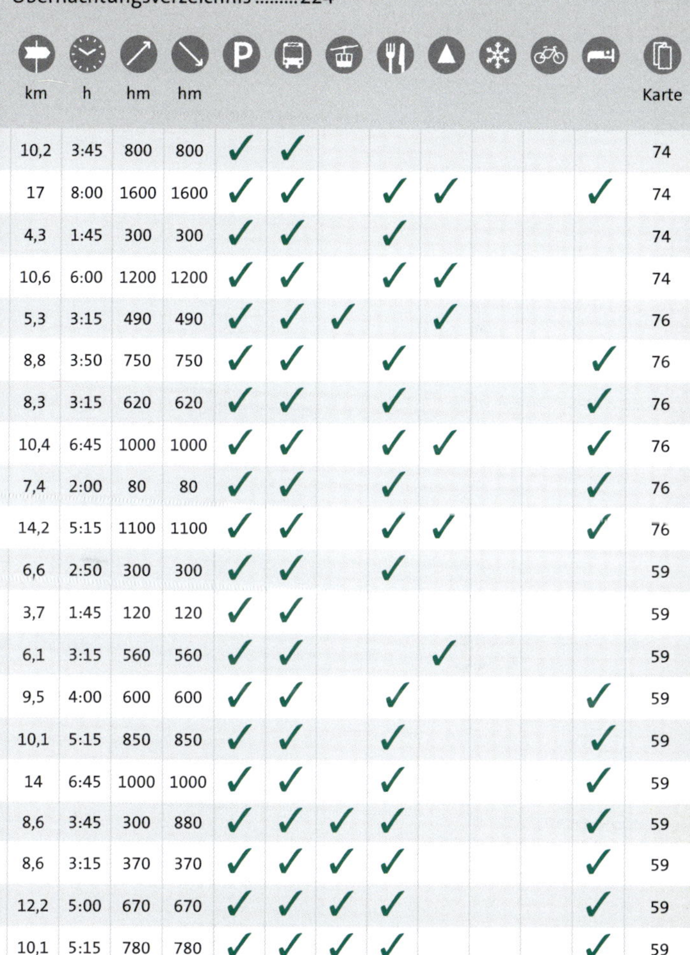

km	h	hm	hm									Karte
10,2	3:45	800	800	✓	✓							74
17	8:00	1600	1600	✓	✓		✓	✓			✓	74
4,3	1:45	300	300	✓	✓		✓					74
10,6	6:00	1200	1200	✓	✓		✓	✓				74
5,3	3:15	490	490	✓	✓	✓		✓				76
8,8	3:50	750	750	✓	✓		✓				✓	76
8,3	3:15	620	620	✓	✓		✓				✓	76
10,4	6:45	1000	1000	✓	✓		✓	✓			✓	76
7,4	2:00	80	80	✓	✓		✓				✓	76
14,2	5:15	1100	1100	✓	✓		✓	✓			✓	76
6,6	2:50	300	300	✓	✓		✓					59
3,7	1:45	120	120	✓	✓							59
6,1	3:15	560	560	✓	✓			✓				59
9,5	4:00	600	600	✓	✓		✓				✓	59
10,1	5:15	850	850	✓	✓		✓				✓	59
14	6:45	1000	1000	✓	✓		✓				✓	59
8,6	3:45	300	880	✓	✓	✓	✓				✓	59
8,6	3:15	370	370	✓	✓	✓	✓				✓	59
12,2	5:00	670	670	✓	✓	✓	✓				✓	59
10,1	5:15	780	780	✓	✓	✓	✓				✓	59

INHALT UND TOURENÜBERSICHT

Tour		Seite
21	Zum Santnerpass • 2734 m	88
22	Zum Grasleitenpass • 2599 m	92
23	Auf den Kesselkogel • 3002 m	95
24	Durch die Larsech-Gruppe	98
25	Die Rosengarten-Rundtour	102
26	Auf den Sas de Adam • 2430 m	106
27	Auf die Punta Valacia • 2637 m	110
28	Rifugio Taramelli – Rifugio Passo le Selle • 2531 m	113
29	Lagusel/Lauscèl • 2103 m	116
30	Auf den Monte Pecol • 2302 m	119
31	Zum Passo San Nicolò • 2340 m	122
32	Auf den Col Ombert • 2670 m	126
33	Val de Udai – Val de Dona	129
34	Zum Lech de Antermoia • 2496 m	132
35	Der Friedrich-August-Weg (West)	136
36	Auf den Plattkofel • 2958 m	140
37	Der Friedrich-August-Weg (Ost)	142
38	Rund um den Plattkofel	146
39	Rund um den Langkofel	150
40	Rund um die Langkofelgruppe	153
41	Sas dai Ciamorces • 2999 m	158
42	Über den Piz Boè • 3152 m	162
43	Piz Boè • 3152 m – Sella-Ringband	165
44	Col del Cuc • 2563 m	168
45	Rund um den Padònkamm	171

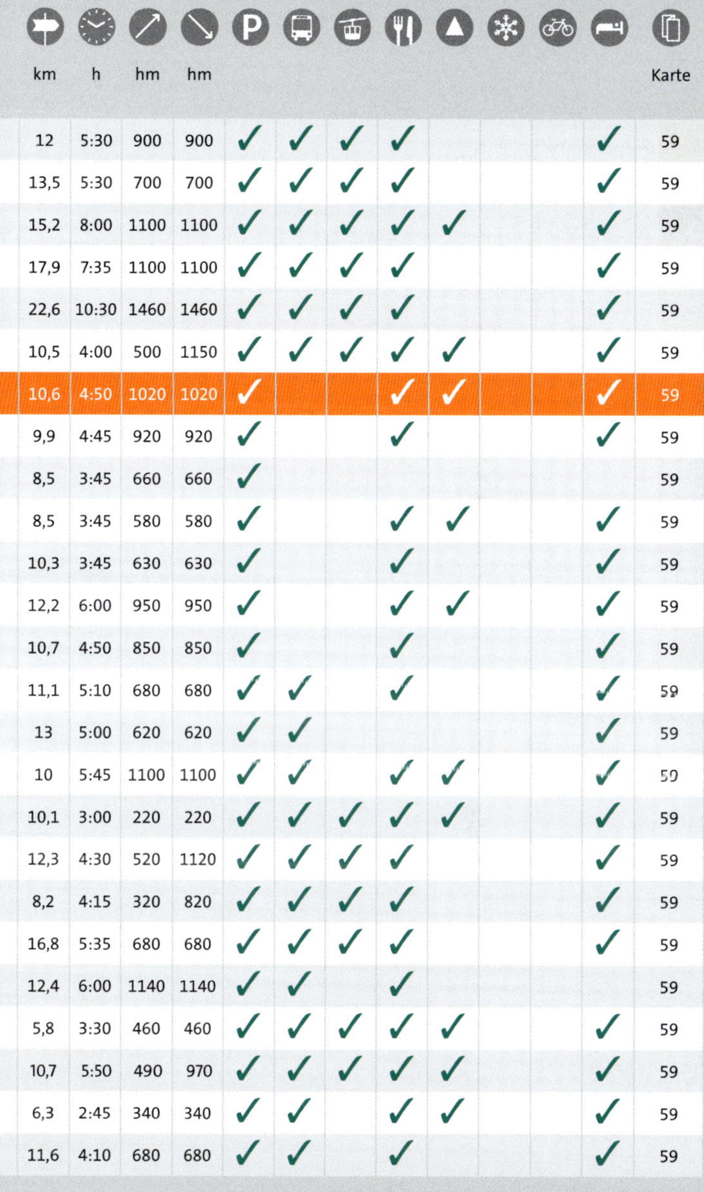

km	h	hm	hm									Karte
12	5:30	900	900	✓	✓	✓	✓				✓	59
13,5	5:30	700	700	✓	✓	✓	✓				✓	59
15,2	8:00	1100	1100	✓	✓	✓	✓	✓			✓	59
17,9	7:35	1100	1100	✓	✓	✓	✓				✓	59
22,6	10:30	1460	1460	✓	✓	✓	✓				✓	59
10,5	4:00	500	1150	✓	✓	✓	✓	✓			✓	59
10,6	4:50	1020	1020	✓			✓	✓			✓	59
9,9	4:45	920	920	✓			✓				✓	59
8,5	3:45	660	660	✓								59
8,5	3:45	580	580	✓			✓	✓			✓	59
10,3	3:45	630	630	✓			✓				✓	59
12,2	6:00	950	950	✓			✓	✓			✓	59
10,7	4:50	850	850	✓			✓				✓	59
11,1	5:10	680	680	✓	✓		✓				✓	59
13	5:00	620	620	✓	✓						✓	59
10	5:45	1100	1100	✓	✓		✓	✓			✓	59
10,1	3:00	220	220	✓	✓	✓	✓	✓			✓	59
12,3	4:30	520	1120	✓	✓	✓	✓				✓	59
8,2	4:15	320	820	✓	✓	✓	✓				✓	59
16,8	5:35	680	680	✓	✓	✓	✓				✓	59
12,4	6:00	1140	1140	✓	✓		✓				✓	59
5,8	3:30	460	460	✓	✓	✓	✓	✓			✓	59
10,7	5:50	490	970	✓	✓	✓	✓	✓			✓	59
6,3	2:45	340	340	✓	✓		✓	✓			✓	59
11,6	4:10	680	680	✓	✓		✓				✓	59

INHALT UND TOURENÜBERSICHT

Tour		Seite
46	Col di Rosc – Lago di Fedàia	174
47	Durch das Val de Crepa	178
48	Ciampac – Forcia Neigra • 2509 m – Passo San Nicolò	180
49	Ins Val di Contrin	183
50	Val di Contrin – Passo San Nicolò • 2340 m	186
51	Val di Contrin – Cima Cadine Est • 2885 m	189
52	Zum Passo Ombretta • 2700 m	192
53	Penìa – Lorenz – Vera • 1680 m	196
54	Zum Lago di Fedàia • 2054 m	199
55	Über den Col de Bousc • 2438 m	202
56	Zum Rifugio Ghiacciaio Marmolada • 2700 m	205
57	Hoch über dem Lago di Fedàia	208
58	Monte Padòn, Ostgipfel • 2512 m	212
59	Zum Rifugio Falier • 2100 m	214
60	Serrai di Sottoguda	218

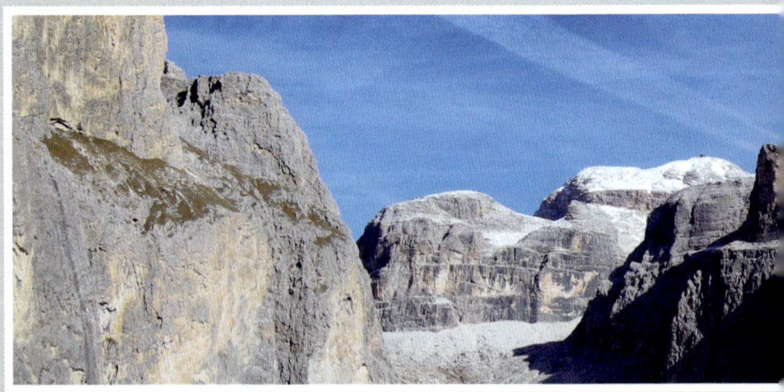

km	h	hm	hm									Karte
6,4	2:30	60	430	✓	✓	✓	✓				✓	59
6,6	2:30	220	970	✓	✓	✓	✓				✓	59
11,4	3:45	340	1050	✓	✓	✓	✓				✓	59
9	3:00	530	530	✓	✓		✓				✓	59
12,8	5:00	870	870	✓	✓		✓				✓	59
16,6	7:15	1530	1530	✓	✓		✓	✓			✓	59
14,5	5:00	1220	1220	✓	✓		✓				✓	59
4,6	2:30	210	210	✓	✓		✓					59
6,1	2:15	570	10	✓	✓		✓				✓	59
8,2	4:15	770	770	✓	✓		✓				✓	59
3,1	1:30	80	670	✓	✓	✓	✓				✓	59
9,3	4:00	600	600	✓	✓		✓				✓	59
5,9	3:00	460	460	✓	✓		✓	✓			✓	59
9,5	3:30	650	650	✓	✓		✓				✓	59
4,5	2:00	190	190	✓	✓		✓		✓		✓	59

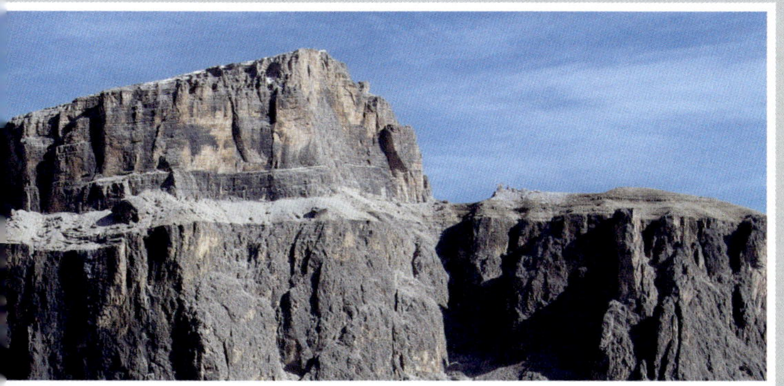

GEBIETSÜBERSICHTSKARTE

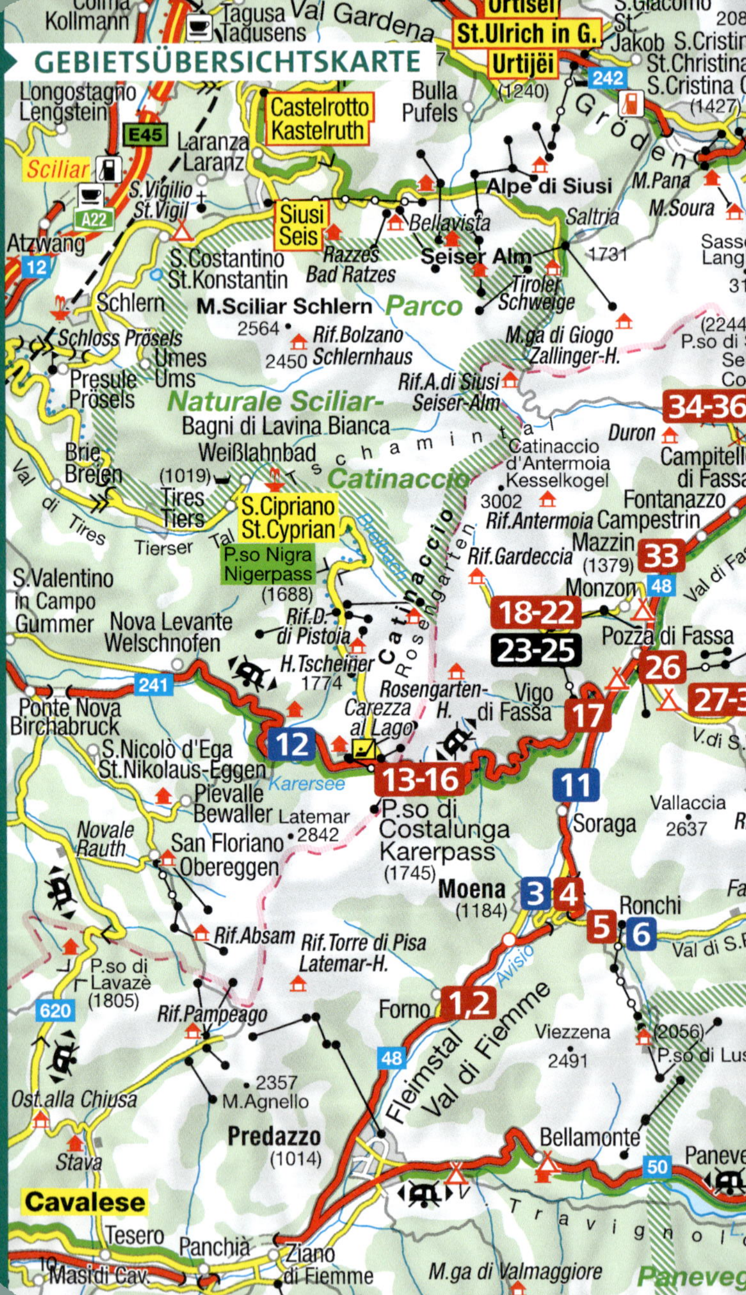

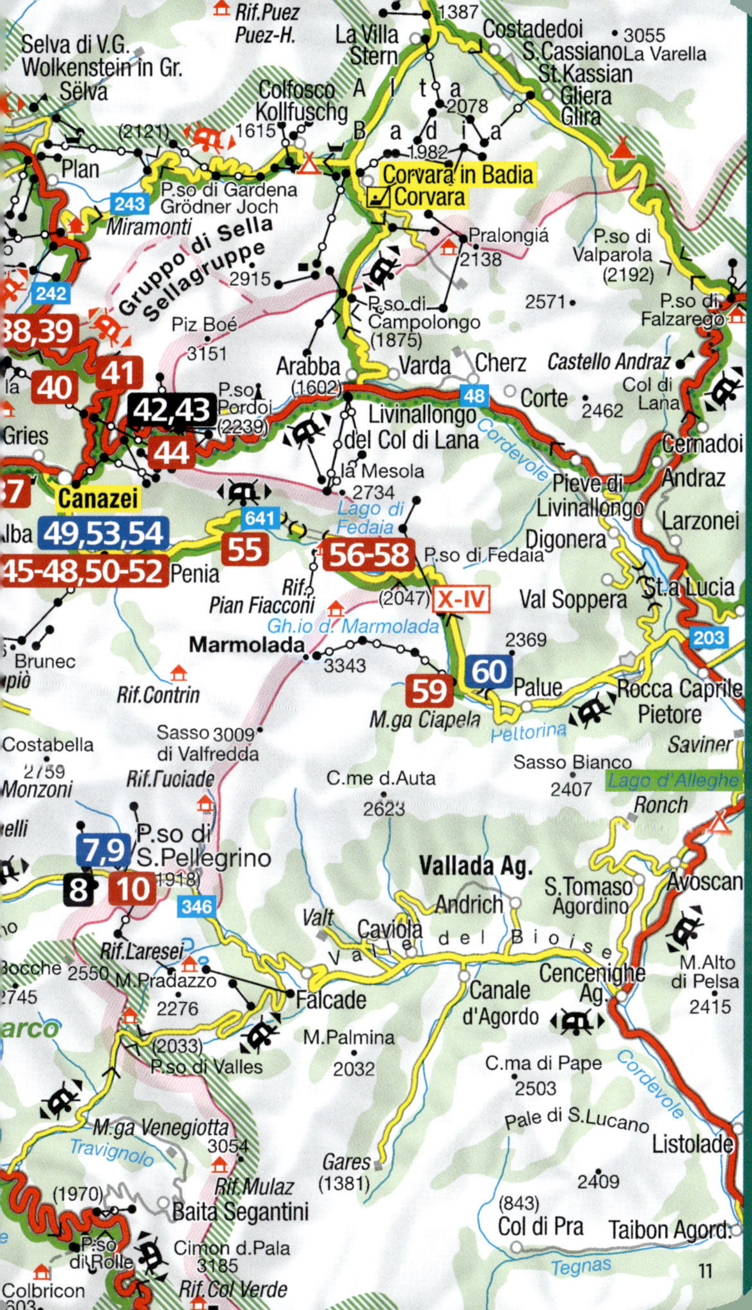

Rif.Puez
Puez-H.
Selva di V.G.
Wolkenstein in Gr.
Sëlva
Colfosco
Kollfuschg
La Villa
Stern
1387
Costadedoi
S.Cassiano
St.Kassian
3055
La Varella
Gliera
Glira
A l t a
B a d i a
2078
1982
1615
(2121)
Plan
P.so di Gardena
Grödner Joch
243
Miramonti
Corvara in Badia
Corvara
Pralongiá
2138
P.so di
Valparola
(2192)
Gruppo di Sella
Sellagruppe
2915
242
2571
P.so di
Falzarego
P.so di
Campolongo
(1875)
38,39
Piz Boé
3151
41
40
Arabba
(1602)
Varda
Cherz
Castello Andraz
48
Corte
Col di
Lana
2462
P.so
Pordoi
(2239)
42,43
44
Livinallongo
del Col di Lana
Cordevole
Cernadoi
Andraz
Gries
la Mesola
2734
Canazei
Pieve di
Livinallongo
Larzonei
641
Lago di
Fedaia
49,53,54
55
56-58
P.so di Fedaia
Digonera
45-48,50-52
Penia
Rif.
Pian Fiacconi
(2047)
X-IV
Val Soppera
St.a Lucia
Gh.io d. Marmolada
Marmolada
2369
203
Brunec
3343
60
Rif.Contrin
59
Palue
Rocca Caprile
Pietore
M.ga Ciapela
Peltorina
Saviner
Costabella
2759
Monzoni
Sasso 3009
di Valfredda
Rif.Fuciade
C.me d.Auta
2623
Sasso Bianco
2407
Lago d'Alleghe
Ronch
P.so di
S.Pellegrino
(1918)
7,9
8
10
346
Vallada Ag.
Andrich
S.Tomaso
Agordino
Avoscan
Valt
Caviola
Valle del Biois
Rif.Laresei
Bocche
2550
M.Pradazzo
2745
2276
Falcade
Cencenighe
Ag.
Canale
d'Agordo
M.Alto
di Pelsa
2415
(2033)
P.so di Valles
M.Palmina
2032
C.ma di Pape
2503
Cordevole
Pale di S.Lucano
M.ga Venegiotta
3054
Travignolo
Gares
(1381)
Listolade
Rif.Mulaz
(1970)
Baita Segantini
2409
(843)
Col di Pra
Taibon Agord.
P.so
di Rolle
Cimon d.Pala
3185
Tegnas
Colbricon
Rif.Col Verde

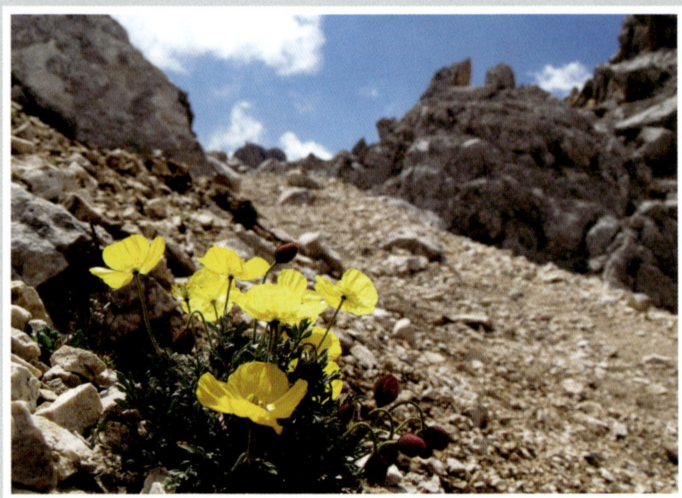

Im Sommer blüht's in den Dolomiten selbst in der Gipfelregion.

Man stelle sich ein riesiges Amphitheater aus spaltendurchsetzten Wänden und senkrechten Zähnen vor, die sich vor dem Besucher auf einer Höhe von 3000 Fuß aus tiefen Schlünden direkt zu seinen Füßen erheben und in der Rotwandspitze 10.200 Fuß erreichen. Die Arme dieses Amphitheaters strecken sich weit nach vorne und umfassen sozusagen das halbe Gesichtsfeld. Überall bildet es einen nackten, traurigen, völlig entblößten Anblick. Geröllmassen rutschen auf dem gesamten Bogen des Amphitheaters hinunter und bedrohen das Muldeninnere. Nur ein schmaler Streifen grün leuchtender Weidefläche bleibt übrig; auf ihm entdeckt man den dunklen Fleck einer Baita, eines Unterstandes. Auch wem es gelingt, sich dies alles vorzustellen, wird nur eine ungenaue Idee haben von dem wirklichen Eindruck dieser Szenerie.

Mit diesen Worten beschrieb der englische Anwalt und Botaniker George Churchill im Jahre 1864 die bizarre Schönheit des Rosengartens in den Fassaner Dolomiten. Sein Buch mit dem Titel „The Dolomite Mountains“ gehörte zu den ersten Reiseberichten über diesen Bereich der Ostalpen und damit auch über das etwa 20 Kilometer lange Fassatal, das von den Ladinern Val de Fascia genannt wird und auf italienisch Val di Fassa heißt.

Die Erforschung der „bleichen Berge“

stand damals noch ganz am Anfang. Gegen Ende des 18. Jahrhunderts hatte der französische Forscher Déodat Gratet de Dolomieu während einer Reise über den Brennerpass einige auffallend helle Steinbrocken aufgelesen und festgestellt, dass sie aus einem noch unbekannten Mineral

bestanden. Ihm zu Ehren erhielt es den Namen „Dolomit", der sich in der Folge auch in der Reiseliteratur für das gesamte Gebiet zwischen dem Etsch-, dem Puster- und dem Piavetal etablierte.
Die Entstehungsgeschichte der Dolomiten ist voller unglaublicher Wendungen. Sie begann vor etwa 275 bis 255 Millionen Jahren auf dem „Superkontinent" Pangaea, der damals fast die gesamte Landmasse der Welt umfasste. In seiner Mitte, also in Äquatornähe, kam es zu gewaltigen Vulkanausbrüchen, bei denen Lava und Material von Glutlawinen eine Fläche von mehr als 2000 Quadratkilometern bedeckten. So entstand der Rhyolith der Etschtaler Vulkanit-Gruppe (den man früher als Bozner Quarzporphyr bezeichnet hat) aus den vulkanischen Sedimenten. Periodisch aktive Bäche und Flüsse zersägten das Gebiet sofort und hinterließen rundum die Grundlagen des späteren Grödner Sandsteins, in dem man heute noch Spuren von urzeitlichen Nadelbäumen, Palmfarnen, Amphibien und Reptilien findet.
Als später das Meer eindrang, bildeten sich in seinen Lagunen Salz- und Gipslagen, die wir in den (nach einer fossilen Schneckenart so bezeichneten) Bellerophonschichten wiederfinden – etwa im Talgrund des Valle San Nicolò, wo sie während der Alpenhebung wild verformt wurden.
Darauf lagerten sich ab dem Beginn des Mesoziokums (Erdmittelalters), in der Periode der Trias vor etwa 250 Millionen Jahren, die Sande, Tone und Kalke der sogenannten Werfener Formation und vom Festland eingeschwemmtes Geröll ab, während

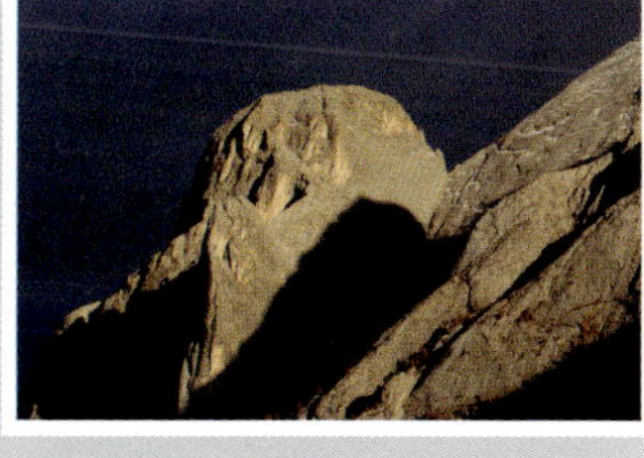

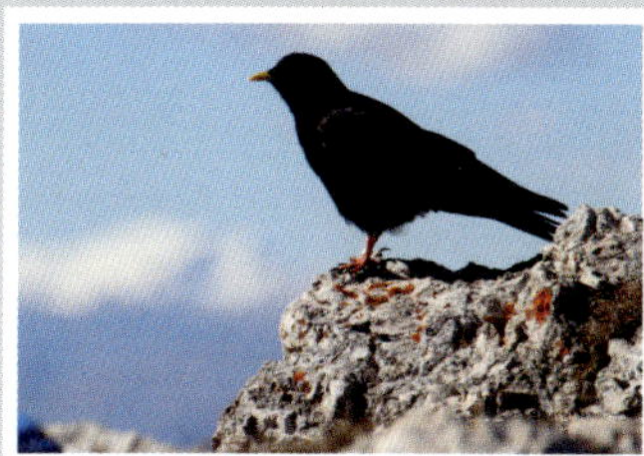

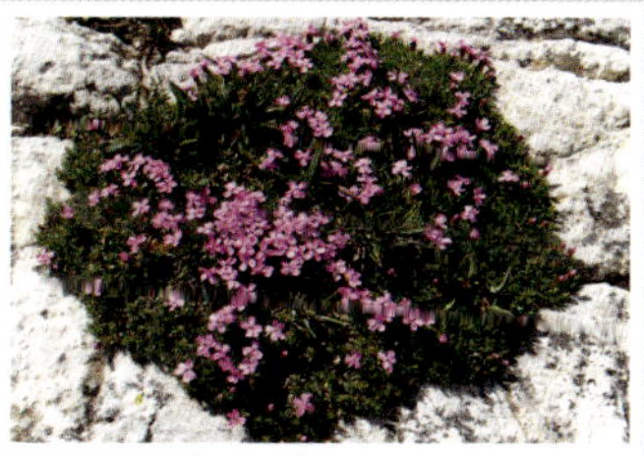

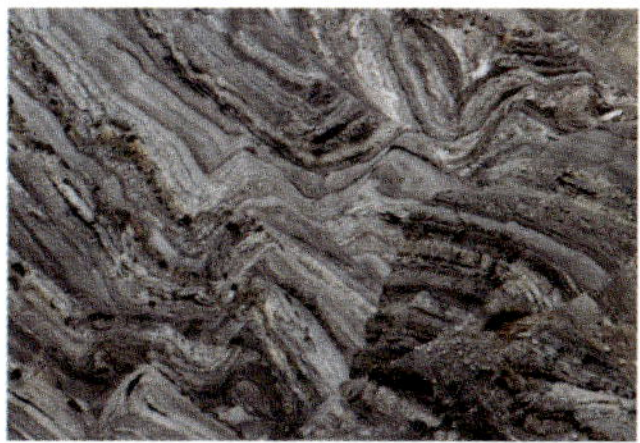

Jahrmillionen liegen zwischen den Bellerophonschichten (unten) und dem Kalk der Marmolada (oben).

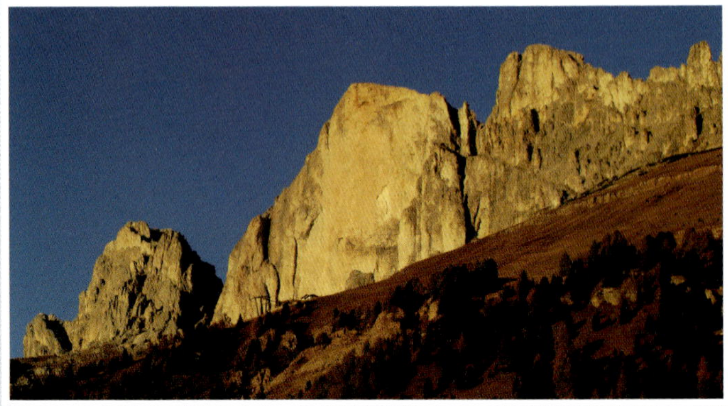

Enrosadüra – das Alpenglühen an der Rotwand im Rosengartenmassiv.

Kalkalgen die ersten Karbonatplattformen der Contrin-Formation aufbauten. Diese zeigt sich im Bereich des Hirzelwegs auf der Westseite der Rosengartengruppe als durchgehendes Gesteinsband. Während der Boden des Meeres vor 240 Millionen Jahren weiter langsam absank, gediehen an höher gelegenen Stellen Organismengemeinschaften von Algen, Schwämmen, Muscheln und – seltener – primitive Korallen.

Damit wuchsen Vorformen von Riffen in die Höhe und in die Breite, aus denen sich Schlerndolomit und Marmolatakalke entwickelten – jene Gesteine, aus denen die meisten Berge um das Fassatal bestehen. Der Plattkofel zeigt noch heute einen charakteristischen Riffabhang, über den man auf den Gipfel wandern kann. Immer wieder ragten diese Karbonarplattformen als Inseln über den Wasserspiegel und waren damit dem Zerstörungswerk der Erosion preisgegeben. Im Sand und Schlamm hinterließen die ersten Dinosaurier Trittsiegel, die man mittlerweile an vielen Orten entdeckt hat.

Schwarze und weiße Dolomiten

Vor ca. 237 Millionen Jahren kam es im westlichen Bereich der entstehenden Dolomiten neuerlich zu starkem Vulkanismus: Im Bereich des heutigen Städtchens Predrazzo und im Gebiet des Monzoni-Kamms stießen Feuerberge – ähnlich wie heute der Ätna auf Sizilien – Unmengen an Lava und vulkanischem Gestein aus; diese begruben etwa den Buffaure bei Poza/Pozza di Fassa unter sich. Großteils spielten sich die Ausbrüche jedoch unter Wasser ab, wobei die Lava durch die sofortige Abkühlung oft explodierte und sich als feiner Sand (Hyaloklasit) ablagerte.

Eindrucksvolle Gänge aus basaltischem Gestein durchschneiden noch heute die Kalke des Latemar oder den Kammbereich der Costabela im Norden des Passo di San Pellegrino/Pas de Sén Pelegrin, während im Val Duron die Frati („Mönche") – abgerundete Erosionsformen von Hyaloklastiten – die Aufmerksamkeit auf sich ziehen. Nach dem Abklingen des feurigen

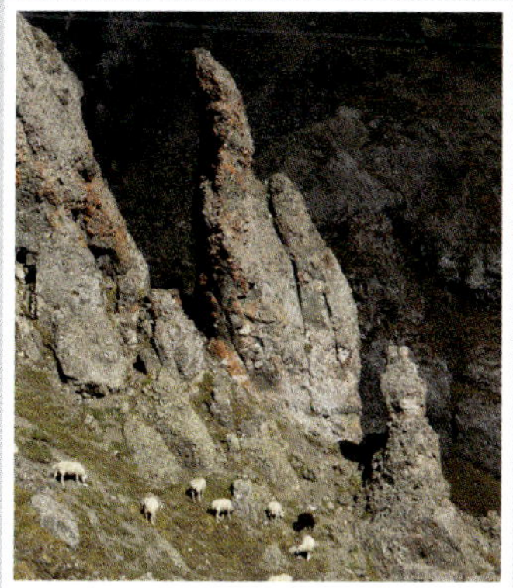
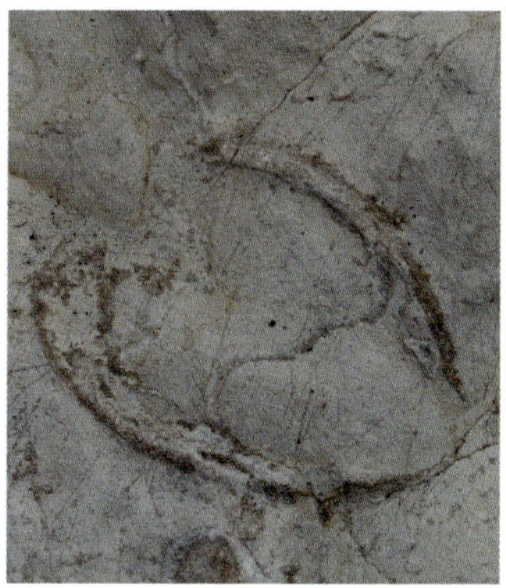

Vulkan-Relikte und eine „Kuhtrittmuschel“ – Details aus der Erdgeschichte.

Spektakels zerfielen die Vulkane mit ihren Lavamassen, deren fast schwarze Rückstände heute im Val Dona oder am Padòn-Kamm nördlich des Fedaiapasses einen deutlichen Kontrast zu den benachbarten Dolomit- und Kalkbergen bilden.

Korallen und Kuhtrittmuscheln

In der Folge setzte sich die Riff- und Karbonatbildung in den Lagunen weiter fort. So entstanden vor 235 Millionen Jahren die Lagen des Cassianer Dolomits, die u. a. an der Sella zu finden sind und dort zwischenzeitlich vom Festland abgelagertes Material in Form der sogenannten Raibler Schichten tragen.

Unter der tropisch heißen Sonne sorgten Algen- und Bakterienmatten in den ausgedehnten Gezeitenebenen und Wattenmeeren für die Enstehung von Hauptdolomit, der sich durch das langsame, aber stetige Absinken des Bodens schließlich bis zu 2000 Meter hoch auftürmte. Er bildet heute den obersten Bereich der Sella, aber auch die Drei Zinnen, den Monte Pelmo oder die Brentagruppe. Muscheln wie die Megalodonten haben sich in dieser Wasserlandschaft sehr wohl gefühlt – ihre zahlreichen herzförmigen Versteinerungen erschienen den Bergbewohnern früher als „Kuhtritte“. Die fast 100 Millionen Jahre lange Phase der tropischen Flachwasserbereiche, in denen sich zuletzt die „Graukalke“ der Fanes und Sennes gebildet hatten, endete erst in der Periode des Jura: Während vor 170 bis 160 Millionen Jahren Pangäa langsam in einzelne Kontinentalschollen zerbrach, versank das östliche Dolomitengebiet abrupt in einem Ozean. Dessen Untergrund bildeten neben harten Krusten auch die Tiefwassersedimente des Ammonitico Rosso, die sehr viel später zu einem begehrten Baumaterial wurden (u. a. für die Arena von Verona). Die letzten noch erhaltenen Sedimente der Region stammen aus der Kreide-Periode, die vor 145,5 Millionen Jahren begann: Die Mergel auf der Gardenazza-Hochebene der Puezgruppe gehen auf Tonsedimente von

Inseln zurück, denn damals tauchten die ersten Kuppen der Alpen aus dem Wasser. Dieser Vorgang erreichte erst im Kanäozoikum (Erdneuzeit, ab 65,5 Millionen Jahren) seinen Höhepunkt: Der Druck, den der mit den Dolomiten-Ablagerungen nordwärts driftende Adriatische Sporn (eine Abspaltung der afrikanischen Kontinentalplatte) auf die Europäische Kontinentalplatte ausübte, führte zur Aufstapelung und Überschiebung unterschiedlicher Gesteinseinheiten – zunächst nach Westen, später nach Süden.
Erst seit etwa 30 Millionen Jahren wuchsen die Dolomiten dann als Gebirge empor, wobei sie jedoch gleichzeitig schon von Wind und Wetter, Wasser und Eis angenagt wurden: Die Erosion zerlegte die bis zu 2000 Meter hohen Karbonatgesteine in einzelne Klippen. Die Frostsprengung schuf absonderliche Bergspitzen, schlanke Türme und hohe Felswände, aber auch riesige Schutthalden; Schmelz- und Regenwasser begann den Kalk zu zernagen, fräste Schluchten aus dem Gestein und schuf tiefe Täler, die von den Gletschern der Kaltzeiten seit 2,7 Millionen Jahren noch weiter ausgeräumt wurden. Eine letzte Ahnung davon, wie die vereisten Dolomiten ausgesehen haben, vermittelt der Gletscher auf der Nordseite der 3343 Meter hohen Marmolada, des höchsten Dolomitenberges.

Die ersten Menschen

drangen schon am Ende der letzten Kaltzeit vor etwa 10.000 Jahren als Jäger und Wildbeuter ins südliche Umfeld der Dolomiten vor. Im Mesolithikum (Mittelsteinzeit, ca. 9000 bis 5500 v. Chr.) lebten Nomadenclans im Winter in den Tälern und im Sommer auf Hochalmen, wo reichlich Jagdglück winkte; man entdeckte ihre Spuren z. B. am Pordoi- oder am Sellajoch. In der Bronzezeit (1700 bis 850 v. Chr.) trieben Hirten ihre Schaf- und Ziegenherden schon auf die höchst-

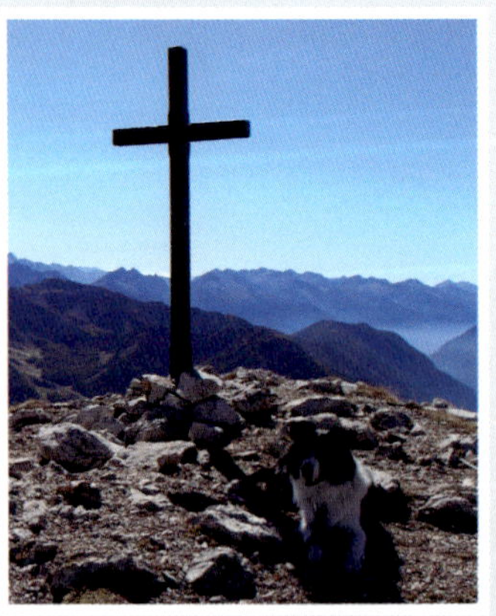

MEINE LIEBLINGSTOUR

Unter den vielen großen Panoramagipfeln über dem Val di Fassa nimmt die 2637 Meter hohe **Punta Valacia** (Tour 27, Seite 110) eine ganz besondere Stellung ein. An Tagen mit klarer Luft sieht man von ihrem Gipfel aus fast alle Berge zwischen der Marmolada und dem Latemar, aber auch die Gardaseeberge und die Gletscher der Ortlergruppe, die Stubaier und die Zillertaler Alpen. Als „Zugabe" lockt der eindrucksvolle Tiefblick in die nordseitige Felsschlucht der Valacia, über dem in der Ferne die Langkofelgruppe steht.

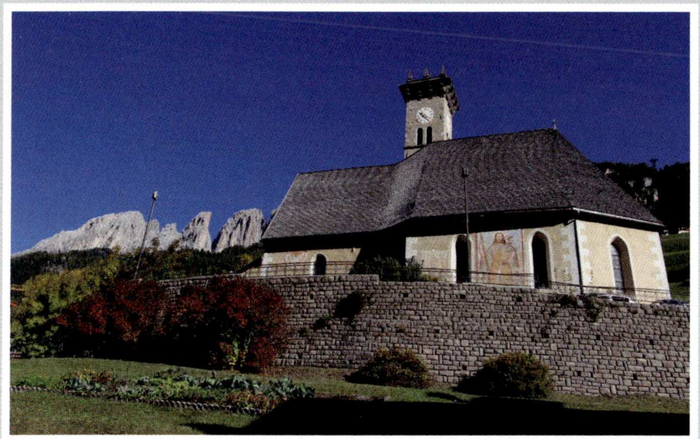

Baukunst am Fuß der Dolomiten – Ciampedèl/Campitello di Fassa.

gelegenen Grasflächen der Dolomiten. Auf dem Schlern und auf der Roterdspitze fand man Plätze, an denen sie ihren Göttern Opfer darbrachten, indem sie Tiere verbrannten, Milch vergossen und die Gefäße zerschlugen. Während der Eisenzeit, die bis zur Ankunft der Römer im Jahre 15 v. Chr. dauerte, begann der Ackerbau auch in den Dolomitentälern.

Dort lebten damals verschiedene Volksstämme, die von den Römern einfach als „Räter" bezeichnet wurden. Auf sie gehen etliche uralte Bezeichnungen wie *tru* (Weg), *crepa* (Felsblock) oder *roa* (Erdrutsch) zurück, die noch heute in der ladinischen Sprache weiterleben. Nachdem die Räter trotz erbittertem Widerstand von den Römern unterworfen worden waren, mussten sie auch die Sprache der Besatzer annehmen.

Über die Geschichte des Fassatals nach dem Zerfall des Römerreichs ist nur wenig bekannt. Seit dem 6. Jahrhundert war das Gebiet zwischen Soraga und Canazei jedoch schon in „Régoles" (Talgemeinschaften verschiedener Familiengruppen) eingeteilt. Etwa um diese Zeit kamen die Bajuwaren von Norden her über den Brennerpass; sie siedelten sich im Eisack- und im Pustertal an und germanisierten nach und nach einen Großteil der romanischen Bevölkerung: Um das Jahr 1000 war das Ladinische nur mehr in den abgelegenen Bergtälern lebendig.

Unter Karl dem Großen gehörte das Dolomitengebiet zum Frankenreich, in dem das Christentum und der geistliche Stand sehr gefördert wurden. So mancher heidnischer Ritus blieb aber bis heute im Brauchtum lebendig. Vermutlich zählte das Fassatal zum Herrschaftsbereich des Bischofs von Säben; später gehörte es jedenfalls zum Bistum Brixen. Im Jahre 1142 wurde ein Fassataler Hof erstmals urkundlich erwähnt und 73 Jahre später auch der Name „Fassa". Das bergbäuerliche Leben in Höhenla-

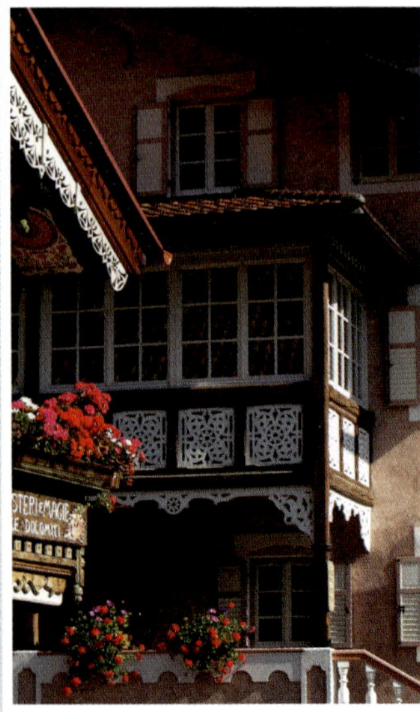

Tourismus-Nostalgie in Canazei.

gen zwischen 1000 und 1700 Metern war durch die folgenden Jahrhunderte hart und karg, egal ob das Fassatal nun den Grafen von Tirol unterstand oder den Habsburgern, in den Kriegen gegen Venedig (1487, 1508) oder während der Napoleonischen Kriege von 1809. Ein vergessener „Hinterwinkel" war es jedoch nie: Neben dem „Urweg" über den Fedàiapass hatte vor allem die Route über den Passo di San Pellegrino/Pas de Sén Pelegrin große Bedeutung: 1358 errichtete man dort für die Reisenden ins Heilige Land sogar ein Hospiz.

Viel Leid brachte der Erste Weltkrieg: Nach der Kriegserklärung des Königreichs Italien an die österreichisch-ungarische Monarchie am 23. Mai 1915 wurden die Dörfer Penìa und Moena sofort geräumt, denn die Front verlief quer durch die Dolomiten – über die Costabela zur Marmolada und weiter über den Padònkamm. Auswirkungen auf den Kriegsverlauf hatte das blutige Ringen im Hochgebirge kaum, es kostete jedoch allein 216 Fassatalern und zahlreichen Kriegsgefangenen das Leben – nicht nur durch Waffengewalt, sondern mehr noch durch Steinschlag, Kälte und Lawinen. Nach dem Kriegsende kamen Südtirol und das Trentino zu Italien. Ab 1922 begann auch in den ladinischen Tälern die schwere Zeit des Faschismus und der lange Weg zu einer regionalen Autonomie.

Heute umfasst die Comun General de Fascia die Gemeinden Canazei/Cianacèi, Campitello di Fassa/Ciampedèl, Mazzin/Mazin, San Giovanni di Fassa/Sèn Jan mit den Fraktionen Pera, Pozza di Fassa/Poza und Vigo di Fassa/Vich, Soraga di Fassa/Sorèga und Moena am Fluss Avisio, der an seinem Oberlauf La Veisc genannt wird, bevor er dann durch das Fleims- und das Cembratal der Etsch/Adige entgegenfließt.

Inzwischen zählt das Fassatal zu den beliebtesten Urlaubsdestinationen der italienischen Alpen und bietet auch ein perfekt gepflegtes Wanderwegenetz von gemütlichen Talrouten bis zu gesicherten Klettersteigen.

Tourist Info

APT Val di Fassa
Strèda Roma, 36
I - 38032 Canazei
Tel. +39 0462 609500
www.fassa.com
www.visittrentino.info

Die ladinische Sprache

Ladinisch wird nicht nur im Val de Fascia (Bal die Fassa/Fassatal) gesprochen, sondern auch in Gherdëina (Gröden) und im Val Badia (Gadertal) in Südtirol sowie im Fodom (Buchenstein) und im Anpëz (dem Gebiet um Cortina d'Ampezzo) in der Provinz Belluno. Ladinisch ist – so wie auch das Rätoromanische im Schweizer Kanton Graubünden oder das Furlanische im Friaul – eine eigenständige romanische Sprache. Entstanden ist sie aus dem Volkslatein, in das sich während der römischen Herrschaft im Alpenraum (ab 15 v. Chr.) Sprachelemente der schon lange davor ansässigen Räter gemischt haben. Ursprünglich bestand ein geschlossenes ladinisches bzw. rätoromanisches Sprachgebiet von der Donau bis zum Gardasee und vom St.-Gotthard-Pass bis Triest. In den einst abgelegenen Dolomitentälern rund um den Sellastock hat sich das Ladinische bis heute in Form lokal unterschiedlich ausgeprägter Dialekte erhalten. Bei der Volkszählung von 2011 haben sich in der Provinz Trento 18.550 Einwohnerinnen und Einwohner als Angehörige der ladinischen Sprachgruppe deklariert (das entspricht 3,5 Prozent der Gesamtbevölkerung), in Südtirol 20.548 (4,1 Prozent). Aus der Provinz Belluno liegen keine Zahlen vor. Im Trentino und in Südtirol erhielt das Ladinische inzwischen den Status einer (teilweise territorial begrenzten) Amts- und Schulsprache – so sind in den ladinischen Gebieten beispielsweise die Aufschriften der Ortstafeln mehrsprachig. Auch in diesem Buch werden die ladinischen Orts-, Flur- und Bergnamen angeführt. Hier nur einige ladinische Begriffe:

Guten Tag = bun de
Guten Abend = bona sëra
Auf Wiedersehen = Assudëi
Bitte = prëitambel
Danke = dilan
Wie geht's? = Co vára pa?
Gut/schlecht = bun/mal
Wie heißt du? = Co es'a inuem?
Sprechen Sie Ladinisch/Deutsch? = Baiëise ladin/todësch?
Ich möchte ein Einbettzimmer = oress na ciamena da un n let
Berggipfel = piza dl crëp
Bergschuhe = cialzá da munt
Bergwanderung = jita sö por munt
See = lech
Wald = bosch
Schutzhütte = ütia da munt

Weitere Informationen: www.istladin.net, www.fassa.com/DE/Urlaub-Kultur-Kunst-Traditionen-der-Ladiner-im-Fassatal, www.lausc.it

ALLGEMEINE TOURENHINWEISE

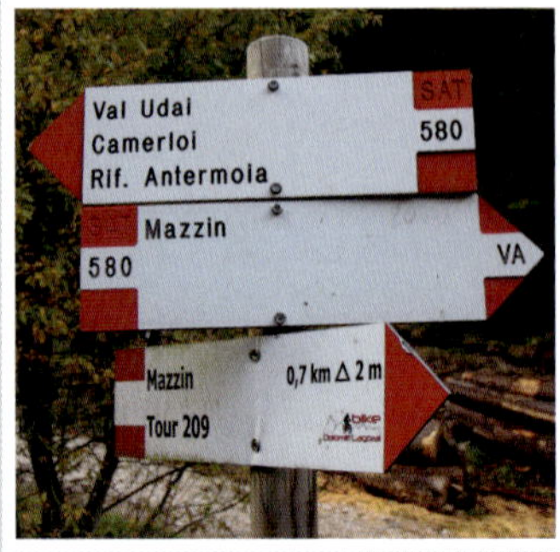

Für eine erste Einschätzung der Anforderungen, die Sie im Gelände erwarten, sind die Touren mit drei verschiedenen Farben gekennzeichnet.

■ LEICHTE WANDERUNGEN

verlaufen meist auf gut angelegten, beschilderten und markierten Wegen ohne besondere Gefahrenstellen. Das schliesst allerdings kurze, kräftige Steigungen nicht aus. Diese Wege können auch bei schlechtem Wetter relativ gefahrlos begangen werden.

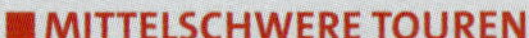

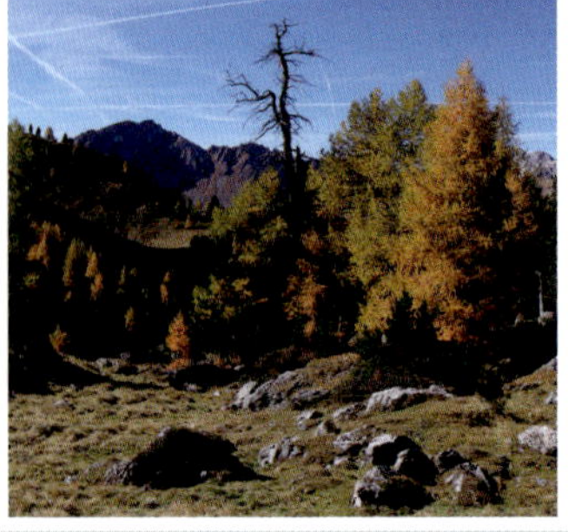

■ MITTELSCHWERE TOUREN

führen mitunter schon in (hoch-)alpines, steiles und felsiges Gelände. Die Pfade können schmal, steinig und felsig sein; abschüssige Passagen erfordern Trittsicherheit, Schwindelfreiheit und ein Mindestmass an alpiner Erfahrung. Schwierige Stellen können mit Stahlseilen, Eisentritten, Treppen oder Leitern gesichert sein. Die meisten der hier vorgestellten Touren sind „rot“ – das Spektrum reicht dabei von Talwanderungen und Hüttenzustiegen bis zu Gipfelrouten.

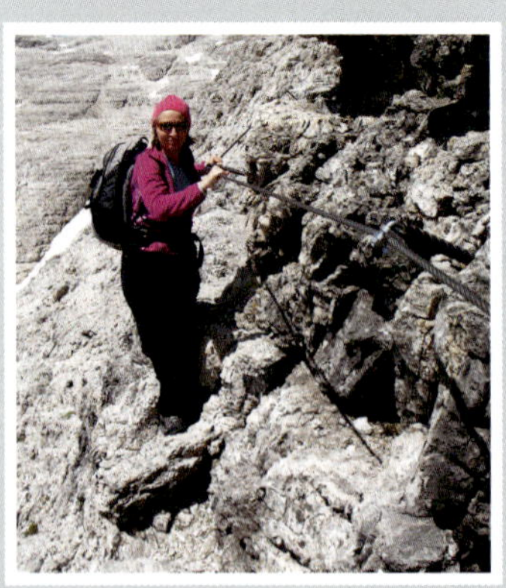

■ SCHWERE TOUREN

sind anspruchsvoll und manchmal auch sehr lang. Diese Routen führen in unwegsames und steiles Felsgelände, das bei Nebel, Schnee oder Vereisung gefährlich wird. Da und dort ist bereits leichte Kletterei (1. Schwierigkeitsgrad) erforderlich. Vorausgesetzt werden neben absoluter Trittsicherheit und Schwindelfreiheit auch gute körperliche Kondition sowie Bergerfahrung.

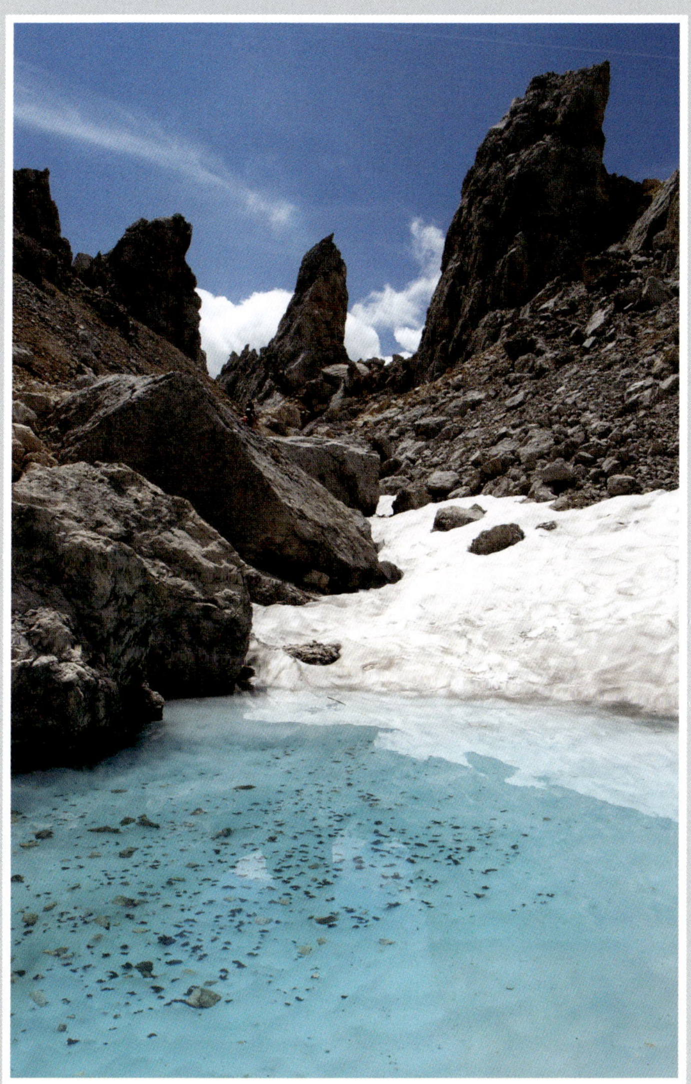

Manche Pfade führen zu ganz besonderen Plätzen – etwa im Latemar.

ALLGEMEINE TOURENHINWEISE

BAHN UND BUS

Die meisten Ausgangs- und Zielpunkte sind umweltfreundlich ohne Auto erreichbar.
www.trentinotrasporti.it,
www.visittrentino.info/de/artikel/praktische-infos/fortbewegung,

Euregio2Plus-Ticket für Tirol, Südtirol und das Trentino:
www.vvt.at

BERGFÜHRER

www.fassa.com/DE/Bergfuehrer-und-Bergbegleiter
www.visittrentino.info/de/artikel/trekking-und-wandern/angebote-der-bergfuehrer-lets-dolomites

ORTSNAMEN UND HÖHENANGABEN

Die Namen in den Tourenbeschreibungen entsprechen in der Regel den offiziellen Beschilderungen und Wegweisern vor Ort. Gleiches gilt für die Seehöhe der einzelnen Wegpunkte. Daher sind Abweichungen zu Angaben in den Wanderkarten möglich.

GEHZEITEN

Die angegebenen Gehzeiten sind unverbindliche Richtwerte (ohne Pausen). Auch sie entsprechen mit wenigen Ausnahmen den Angaben auf den Wegschildern vor Ort. Manche Wanderer werden sie unterbieten, andere lassen sich unterwegs mehr Zeit. Auch schlechte Wetter- und Geländeverhältnisse können zu Verzögerungen führen. Planen Sie daher stets genügend Zeitreserven ein.

WETTERBERICHT, WEBCAMS

www.visittrentino.info/de/wetter/trentino
www.alpenverein.de/DAV-Services/Bergwetter

WEBCAMS

www.fassa.com/DE/webcam-fassatal
www.visittrentino.info/de/webcams

AUSRÜSTUNG

Abgesehen von einfachen Wanderungen im Talbereich benötigen Sie bei allen Touren feste Trekking- bzw. Bergschuhe mit Profilgummisohle, wind- und regendichte Kleidung, Reservewäsche zum Wechseln, Proviant, genug zu Trinken und eine kleine Notfallapotheke.
Teleskopstöcke sind vor allem beim Bergabgehen hilfreich. Bei Übernachtung ist in den meisten Hütten ein Hüttenschlafsack Pflicht.

WANN WANDERN?

Während Talwanderungen meist das ganze Jahr über möglich sind, liegt in den höhergelegenen Orten oft noch im Frühjahr viel Schnee. Im Frühsommer blühen die Bergwiesen in unglaublicher Pracht. Hohe Gipfel lassen sich mitunter erst ab Anfang/Mitte Juli ohne langes Schneestapfen erklimmen. Dafür dauert die Wandersaison oft bis weit in den Herbst hinein.
Hartgefrorene Altschneefelder und vereiste Rinnen, nasses Gras auf Steilhängen, Nebel, Gewitter und Wetterstürze bedeuten im Gebirge jedoch große Gefahr. Achten Sie unterwegs stets auf die Wetterentwicklung.

MUTTERKUHHALTUNG

Auf vielen Alpweiden werden Mutterkühe gesömmert. Diese schützen ihre Kälber mit natürlichem Instinkt. Gehen Sie ruhig und unauffällig in 20 bis 50 Metern Distanz an den Tieren vorbei, erschrecken Sie sie nicht und schauen Sie ihnen auch nicht direkt

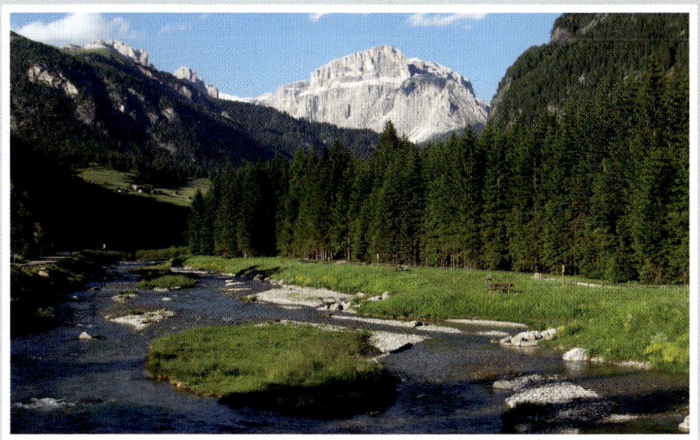

Das Fassatal ist auch ganz unten wunderschön!

in die Augen. Streicheln Sie auf keinen Fall Kälber. Achten Sie auf Drohgebärden der Kühe – Senken des Kopfes, Hufschnarren, Brüllen. Sollten die Tiere herannahen, bleiben Sie ruhig und verlassen Sie die Weide langsam, kehren Sie ihnen aber dabei nicht den Rücken zu. Ein Hund darf nur an der Leine mitgeführt werden – im Notfall müssen Sie ihn jedoch loslassen.
Sehr gute Infos finden Sie unter www.tierwelt.ch/news/nutztiere/verhaltenstipps-wandern-ueber-die-kuhweide

UNWETTERSCHÄDEN – WEGSPERREN
Immer wieder verursachen Unwetter, Hochwasser, Stürme und Felsstürze Schäden an Forststraßen und Wegen, die dann zeitweise nur erschwert passierbar sein können, temporär oder längerfristig gesperrt oder neu trassiert werden müssen. Auch durch Bau- und Forstarbeiten können Wegabschnitte kurzfristig unbegehbar sein. Aktuelle Infos über die Begehbarkeit der Wege erhalten Sie in den örtlichen Tourismusbüros.

IM NOTFALL
Internationale Notrufnummer: 112
Notarzt, Rettungsdienst (Emergenza sanitaria): 118
Aiut Alpin Dolomites (ladinische Bezeichnung für „alpine Hilfe in den Dolomiten“) – gemeinnützige Vereinigung aus 17 Bergrettungsmannschaften vorwiegend aus dem ladinischen Gebiet der Dolomiten.
www.aiut-alpin-dolomites.com
Infos über Bergungskosten und Versicherungen über Alpinvereine:
https://www.alpenverein.de, www.alpenverein.at

ALPINES NOTSIGNAL
Innerhalb einer Minute sechs Mal rufen, pfeifen, blinken oder winken; dazwischen eine Minute Pause.
Antwort: drei Zeichen pro Minute.

MEINE HIGHLIGHTS

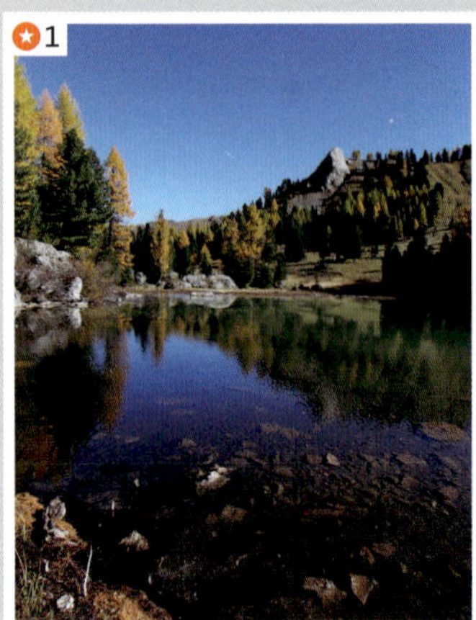

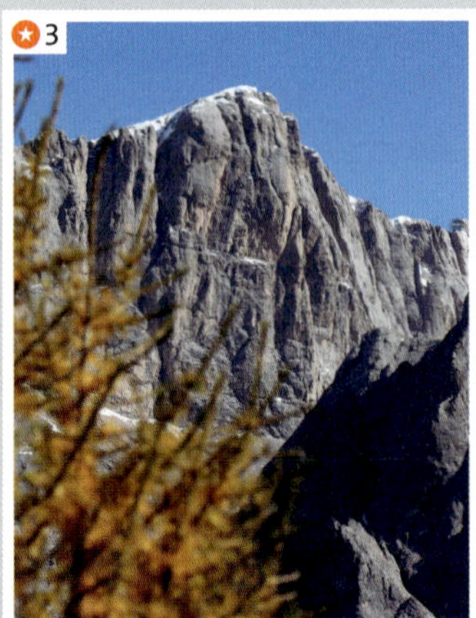

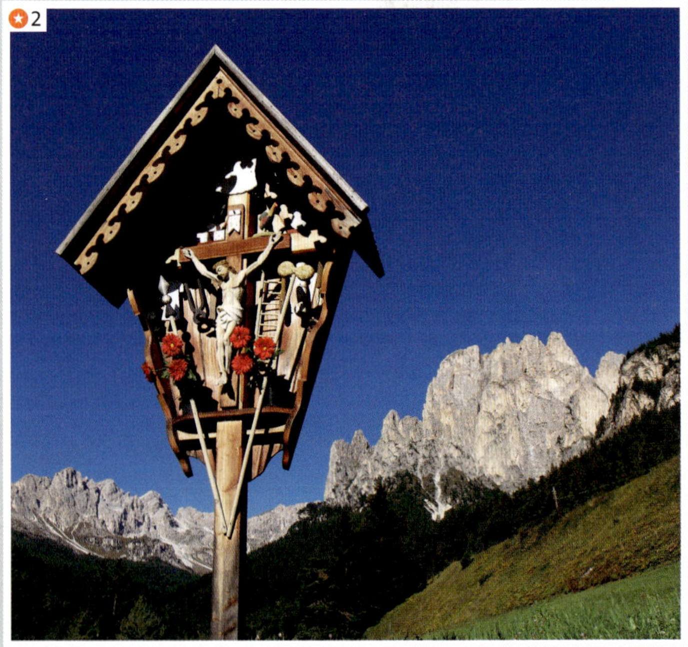

2

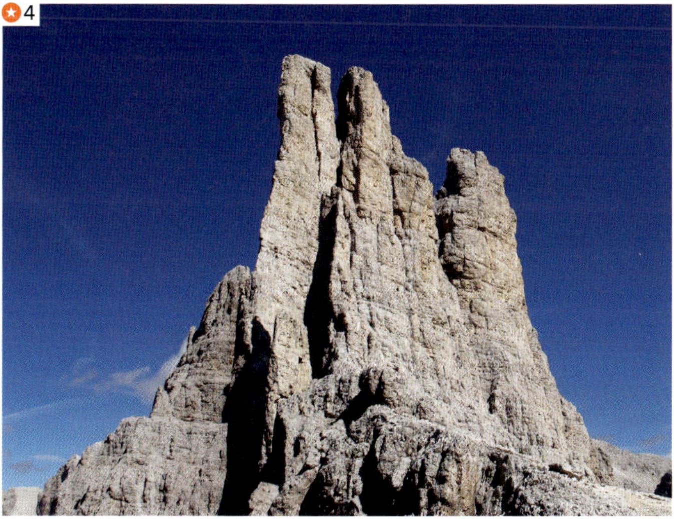

4

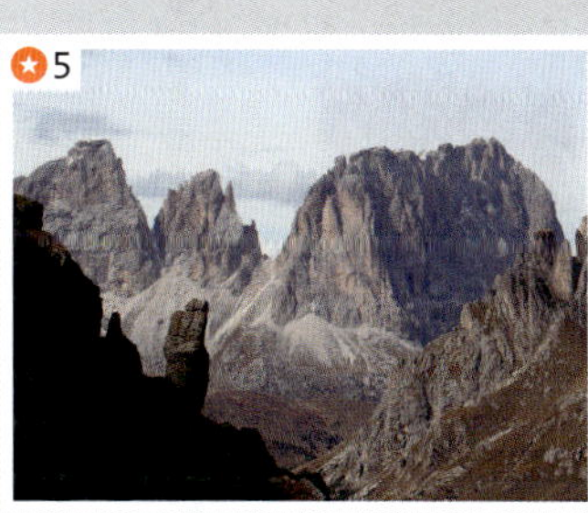

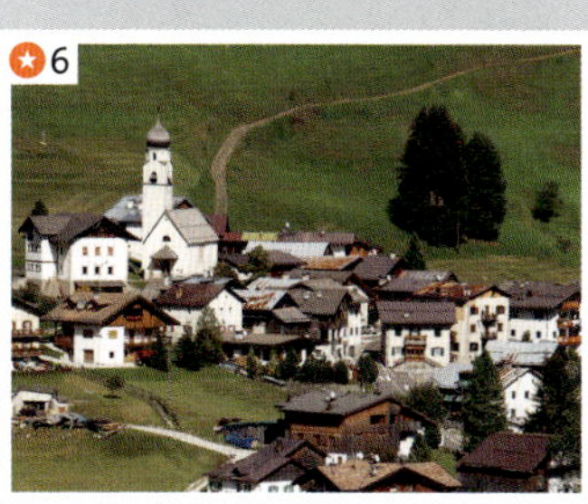

1: Glanzpunkt im Val San Nicolò: Lagusel/Lauscèl
→ Tour 29, Seite 116

2: Dolomiten-Einsamkeit: Durch die Larsech-Gruppe
→ Tour 24, Seite 98

3: Aus dem Val di Contrin zum Marmolada-Panorama
→ Tour 50, Seite 186

4: Im Bann der Vajolettürme: Zum Santnerpass
→ Tour 21, Seite 88

5: Vulkangestein und Eisblick: Vièl dal Pan/Bindelweg
→ Tour 46, Seite 174

6: Die höchstgelegenen Höfe: Penìa – Lorenz – Vera
→ Tour 53, Seite 196

1

DIE CAVA DELLE BORE IM VALSORDA

Ein „historischer Holzweg“ unter dem Latemar

  10,2 km  3:45 h  800 hm 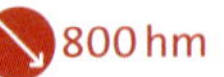 800 hm 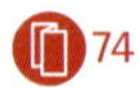 74

START | Forno/El Forn südwestlich von Moena, 1105 m; Bushaltestelle an der Hauptstraße, Parkplatz bei der Abzweigung der Strada di Casai. [GPS: UTM Zone 33 x: 240.509 m y: 5.138.395 m]
CHARAKTER | Tal- und Waldwanderung auf Nebenstraßen, Pfaden und den Spuren einer Holztriftanlage; bei Nässe stellenweise rutschig; nach Unwettern kann der Weg gesperrt sein. Unterwegs keine Einkehrmöglichkeit.

An der Schnittstelle zwischen dem Val di Fiemme und dem Val di Fassa öffnet sich unter den Dolomitenspitzen des Latemar ein wenig bekanntes und noch recht unberührtes, aber leider oft von Muren heimgesuchtes Tal: das Valsorda. Das Holz, das in den dichten Wäldern über dem Rif de Valsorda (Rio Valsorda) geschlägert wurde, transportierte man mit Hilfe der Cava delle Bore zum Dorf Forno am Aviso. Die renovierten Relikte dieses einzigartigen Holztriftkanals kann man noch heute erwandern.

Vom Parkplatz im kleinen Dorf **Forno** 01 folgen Sie der Straße knapp 100 m taleinärts, zweigen dann links auf die Strada de Valsorda ab und wandern ins Tal des Rif de Valsorda (Markierung 516). Hinter den letzten Häusern endet der Fahrweg; bald darauf beginnt der mit Steinen und Baumstämmen erbaute Holztriftkanal, der neben dem Bach zum hölzernen Pont de la Ciata führt. Durch urigen Wald und unter einem Felsüberhang geht's bis zu einer klammartigen Engstelle; im Bach-

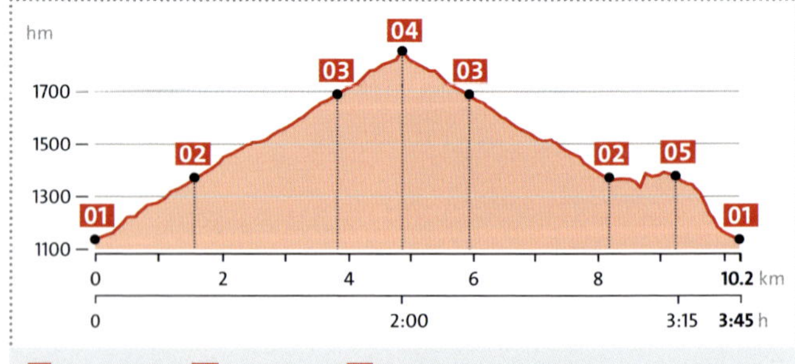

01 Forno, 1105 m; 02 Furt, 1350 m; 03 Malga Valsorda, 1676 m; 04 Sas Canalin, 1830 m; 05 Medil, 1365 m

bett fallen helle Dolomitbrocken und dunkle Steine vulkanischen Ursprungs auf. Nach ungefähr 45 Minuten erreichen Sie eine **Furt** 02 (ca. 1350 m, Infotafel).
Der Fahrweg, der dort von rechts einmündet, führt weiter taleinwärts; stellenweise kann man aber auch daneben im Holztriftkanal ansteigen. So kommen Sie zu offenen Unterstandshütte der herrlich gelegenen **Malga Valsorda** 03 (1676 m), die rechts oberhalb der Straße in einer Erweiterung des Tals steht. 45 Minuten.
Schon von dort ist der Blick auf die Felsabstürze des Zan de Montagna, einer Vorlagerung des Latemar-Massivs, sehr eindrucksvoll. Doch es lohnt sich noch der knapp 30-minütige Weiterweg in den Talschluss. Der Fahrweg führt

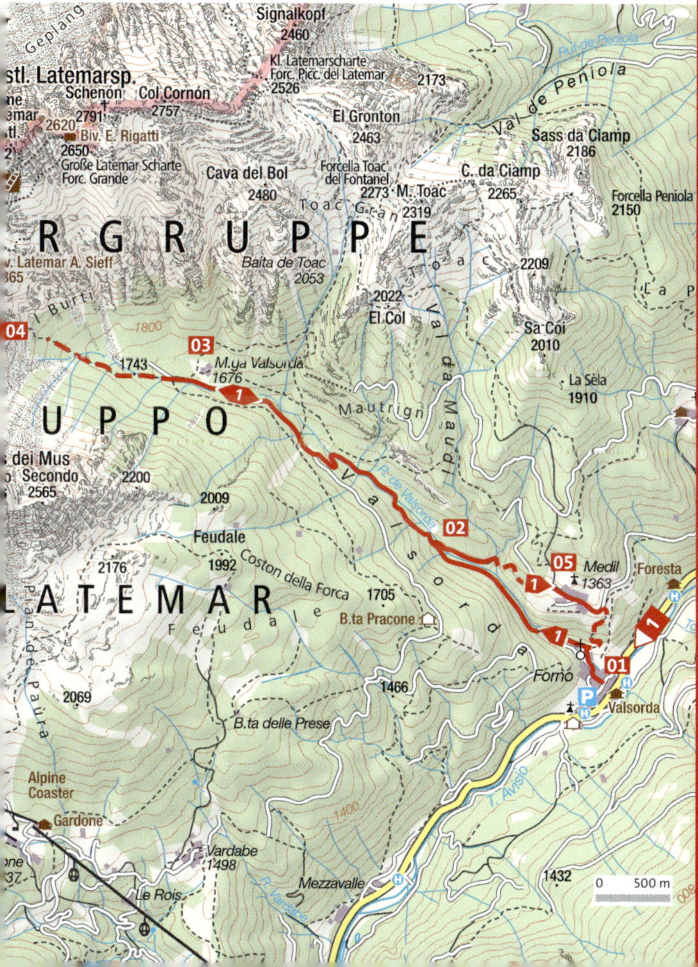

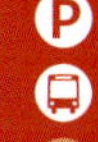
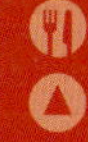

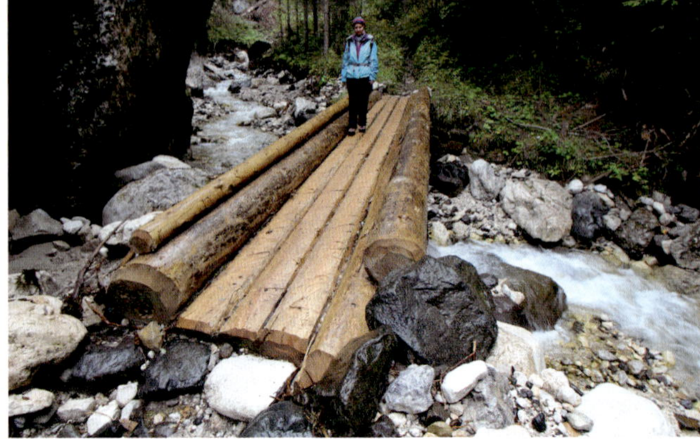
Die Holzstege im Valsorda müssen immer wieder erneuert werden.

zum Schuttbett im Talgrund, von dort steigt der Pfad Nr. 516 auf der Südseite über eine lange Wiese zu großen, Steinblöcken mit alten Inschriften der Hirten und hinauf zum **Sas Canalin** 04 (Sasso del Canalin, 1830 m), einem auffälligen Block im Felszirkus unter den Felsgipfeln des Latemar.
Zurück wandern Sie auf derselben Route unterhalb der **Malga Valsorda** 03 vorbei und bis zu der erwähnten **Furt** 02, über die der Fahrweg links – Richtung „Medil" – auf die nördliche Talseite führt. Dort steigen Sie in den Wald an und wandern nach einer Bachüberquerung auf einem breiten Pfad weiter. Vorbei an einer Quelle erreichen Sie die Wiesenhänge um den Weiler **Medil** 05 (1365 m) mit seinen alten Bauernhäusern und dem Kirchlein aus dem Jahre 1742. 1:15 h.
Der beschilderte Weg Richtung „Forno" zieht nun nach Süden abwärts und bald links (Nr. 517) durch steinige Waldhänge wieder ins Valsorda hinunter. Nach 30 Minuten sind Sie wieder am Ausgangspunkt in **Forno** 01.

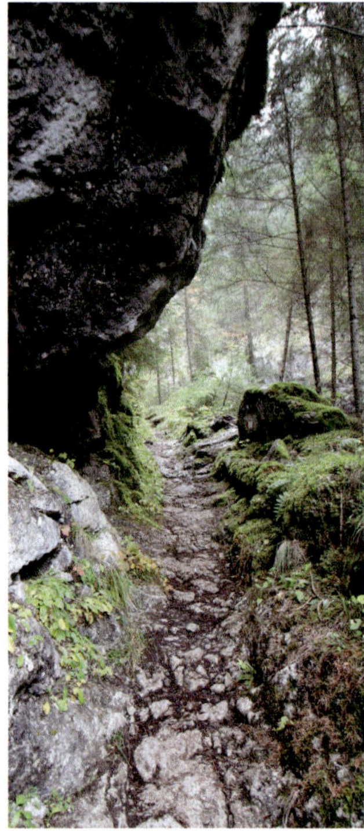
Ein Stück des alten Triftkanals.

ZUM RIFUGIO TORRE DI PISA • 2671 m

Bergausflug zum „Schiefen Turm“ des Latemar

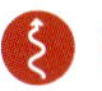 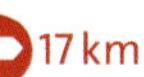

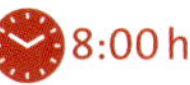

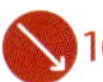

START | Forno/El Forn südwestlich von Moena, 1105 m; Bushaltestelle an der Hauptstraße, Parkplatz bei der Abzweigung der Strada di Casai. [GPS: UTM Zone 33 x: 240.509 m y: 5.138.395 m]
CHARAKTER | Sehr lange und anstrengende Bergwanderung auf einer Forststraße und einem teils steilen, felsigen und gesicherten Pfad. Bei Nebel und Schneelage kann die Tour im oberen Bereich gefährlich werden. Einkehr- und Nächtigungsmöglichkeit im Rifugio Torre di Pisa.

Wer einen schiefen Turm sehen möchte, muss nicht unbedingt in die Toskana reisen. Einen Torre di Pisa gibt es auch im Felszackenlabyrinth über dem wüstenhaften Karstplateau des Latemar. Nach dieser bemerkenswert schrägen Felsformation hat man die einzige bewirtschaftete Schutzhütte in dieser Gebirgsgruppe benannt. Sie empfichlt sich als Ziel einer langen, aber überaus erlebnisreichen Bergwanderung durch eine traumhaft schöne Dolomitenlandschaft.

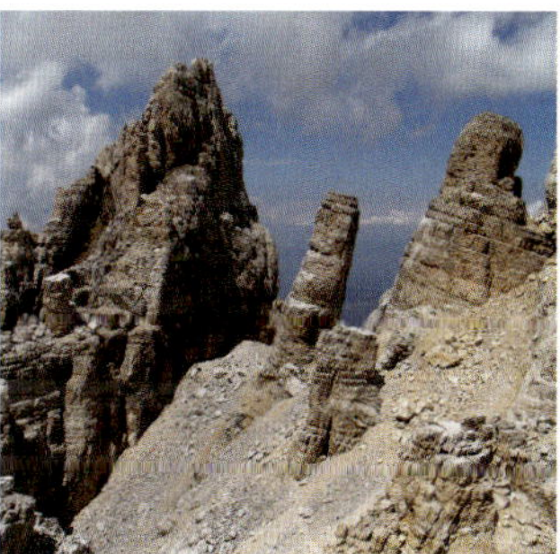
Schiefer als der Turm von Pisa?

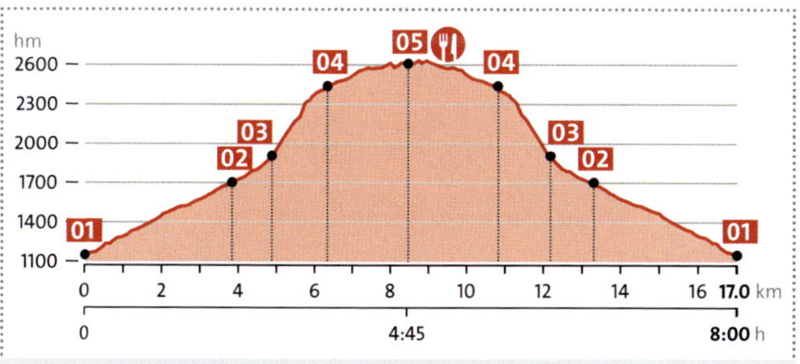

01 Forno, 1105 m; 02 Malga Valsorda, 1676 m; 03 Sas Canalin, 1830 m; 04 Bivacco Latemar, 2365 m; 05 Rifugio Torre di Pisa, 2671 m

▶ Von **Forno** 01 wandern Sie – wie bei Tour 1 beschrieben – auf dem Weg Nr. 516 in 2:00 h ins Valsorda und an der **Malga Valsorda** 02 vorbei bis zum **Sas Canalin** 03 (Sasso del Canalin, 1830 m).

Der Pfad Richtung „Rif. Torre di Pisa" führt durch lichten Baumbestand in steileres und felsiges Gelände unterhalb der Felswände hinauf. Dort wenden Sie sich nach links in eine Rinne und erklimmen danach steile Grashänge. Unter den Felswänden des Zan de Montana (2576 m) geht's rechts zu einem Unterstand und durch das stellenweise mit Stahlseilen gesicherte Felsgelände der „Burti" (Stahlseil-Sicherungen) zu den weiten Grasflächen des Lastei di Valsorda (Oberer Valsordakessel) unter dem Cimòn del Latemar (Östlicher Latemarturm) empor. Nun markieren Holzpflöcke die weitere Aufstiegsroute. Eine Tafel weist zu einer 2 Minuten vom Pfad entfernten Quelle und kurz darauf erreichen Sie die kleine Hütte des

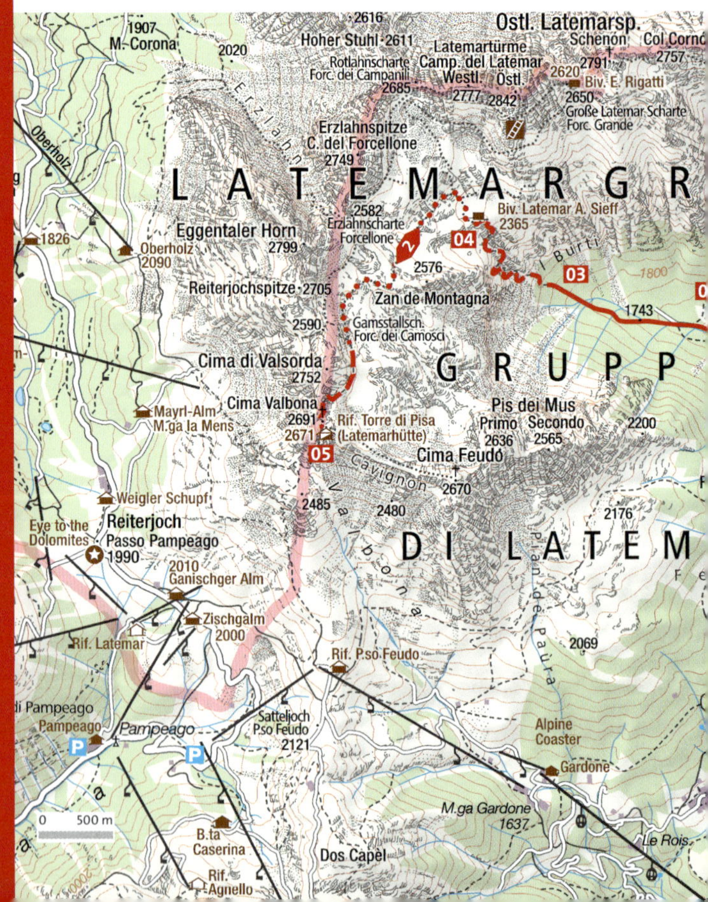

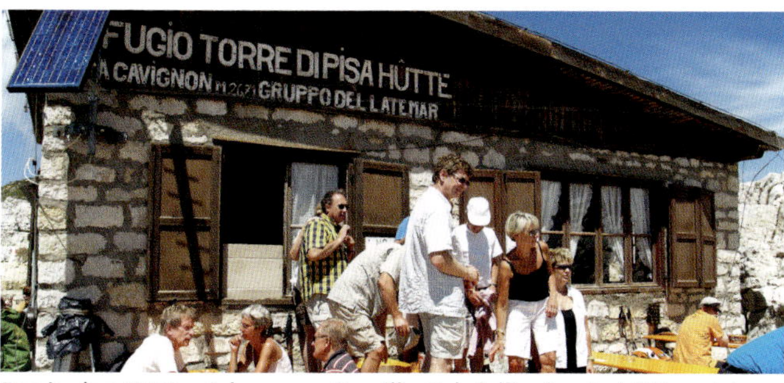

Das in den 1980er-Jahren von Camillo Gabrielli erbaute Hüttenziel.

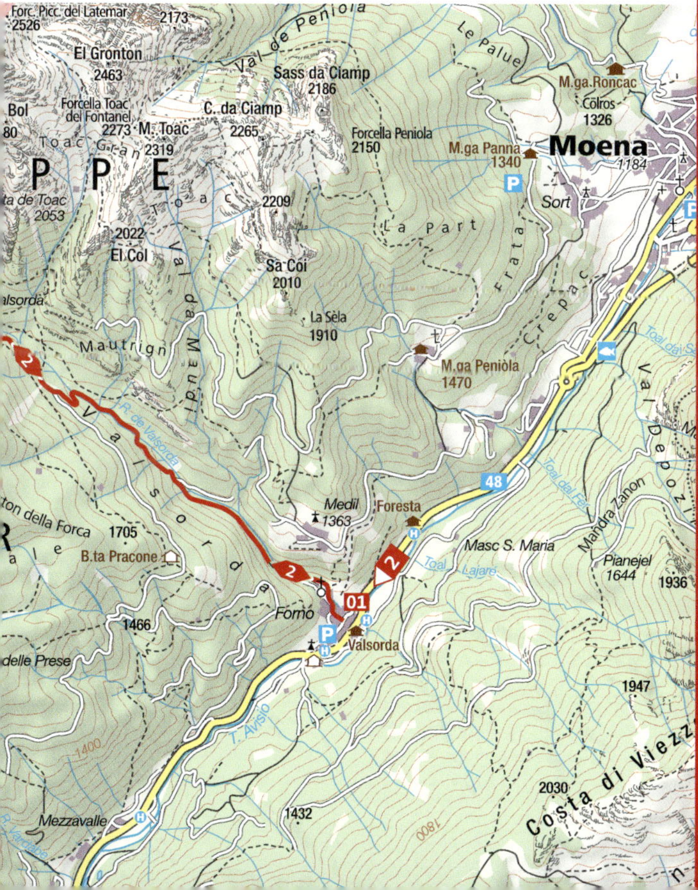

Forc. Picc. del Latemar 2526
2173
El Gronton 2463
Val de Peniola
Le Palue
Sass da Ciamp 2186
M.ga Roncac
Bol
Forcella Toac del Fontanel 2273
M. Toac 2319
C. da Ciamp 2265
Cólros 1326
Toac Gran
Forcella Peniola 2150
M.ga Panna 1340
Moena 1184
P P E
ta de Toac 2053
Toac
2209
Sort
La Part
2022 El Col
Val da Maudi
Sa Coi 2010
Frata
Crepac
alsorda
La Sèla 1910
Mautrign
M.ga Peniòla 1470
Toal dai Se
Val Depozi
R. de Valsorda
Valsorda
48
Toal dal Fer
Mandra Zanon
Medil 1363
Foresta
ton della Forca 1705
B.ta Pracone
Masc S. Maria
Pianejel 1644
1936
Toal Lajare
01
Forno
Valsorda
1466
delle Prese
1947
T. Avisio
1400
2030
Costa di Viezz
Mezzavalle
1432
1800
R. Vardabe

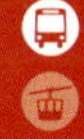

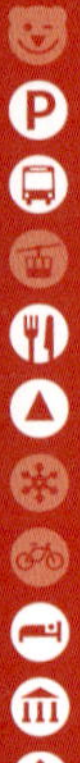

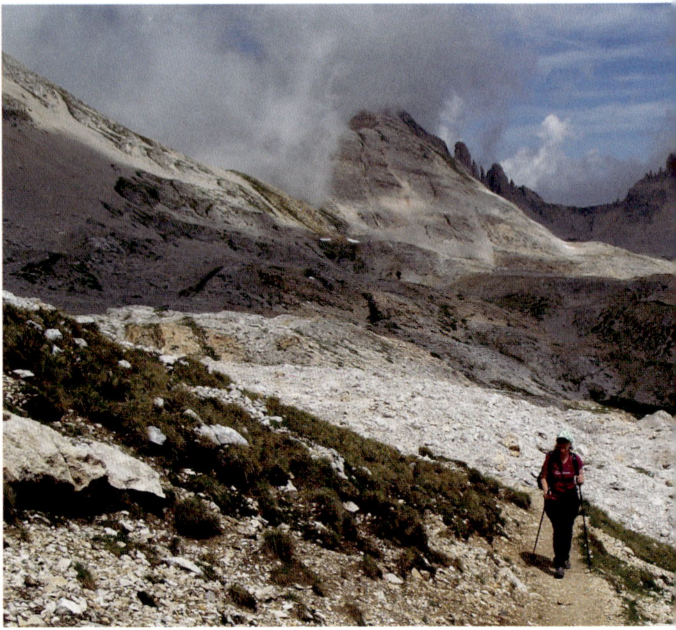

Wilde Dolomitenlandschaft über einsamen Schutt- und Karsthöhen:

Bivacco Latemar 04 (2365 m), die nach dem Alpinisten Attilo Sieff benannt wurde. 1:30 h.

Nun steigen Sie links auf dem Pfad Nr. 516B zu den zerklüfteten Karrenplatten und auf die weite Schutthochfläche zwischen dem Zan de Montagna und der 2799 m hohen Reiterjochspitze an. In der weiten Steinwüste unterhalb der Gamsstallscharte treffen Sie wieder auf den Pfad Nr. 516. Er führt links durch die Geröllhänge unter der Cima di Valsorda, in der ein riesiges und ein kleines Felsloch klaffen, zu einem verborgenen Kessel empor und weiter zur Forcella Valsorda (2630 m). Von dort erblicken Sie den deutlich geneigten und daher nach dem berühmten Turm von Pisa benannten Torre, aber auch das bizarre Felsfenster der Porta del Latemar und dahinter die Südtiroler Bergwelt um Zanggen und Weißhorn.

Der Pfad überquert noch einen steilen Grat und den Gipfel der Cima Val Bona (2691 m), dann steigen Sie kurz zum gastlichen **Rifugio Torre di Pisa** 05 (2671 m) ab. Seine Terrasse lädt zu Rast und Stärkung ein – und dann haben Sie auch genug Muße für das große Panorama der Fleimstaler Berge und der Dolomiten mit der Palagruppe, dem Piz Boe in der Sellagruppe und der Südwand der Marmolada.

Aber natürlich stehen die näheren Gipfelzacken und Türme des Latemar ganz im Mittelpunkt des Interesses. 1:15 h.

Der **Abstieg** erfolgt auf derselben Route in 3:15 h.

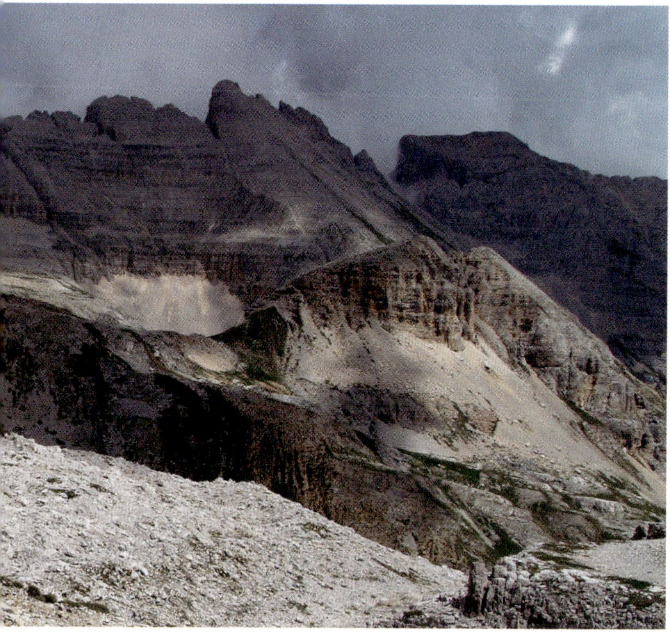

2

Erzlahnspitze (2749 m), Latemarspitzen (2842 m), Col Cornon (2757 m).

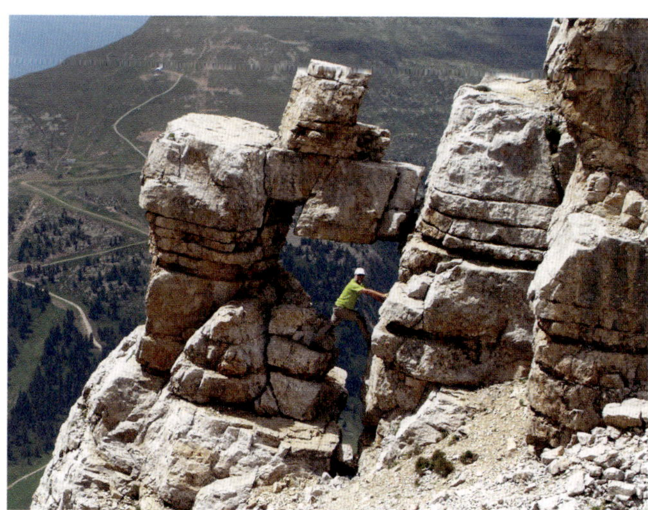

Die Porta del Latemar als Alpin-Spielplatz.

3

ZUR MALGA PENIOLA

Ein kulinarischer Ausflug

 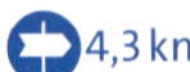  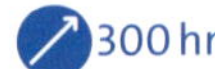  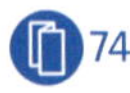

4,3 km | 1:45 h | 300 hm | 300 hm | 74

START | Moena im unteren Fassatal, 1184 m; Bushaltestelle, Parkplatz beim Friedhof nahe der Kirche.
[GPS: UTM Zone 33 x: 242.843 m y: 5.141.194 m]
CHARAKTER | Spaziergang auf teils geteerten Nebenstraßen, Wald- und Wiesenpfaden. Einkehrmöglichkeit im Ristorante Malga Peniola im Weiler Penia.

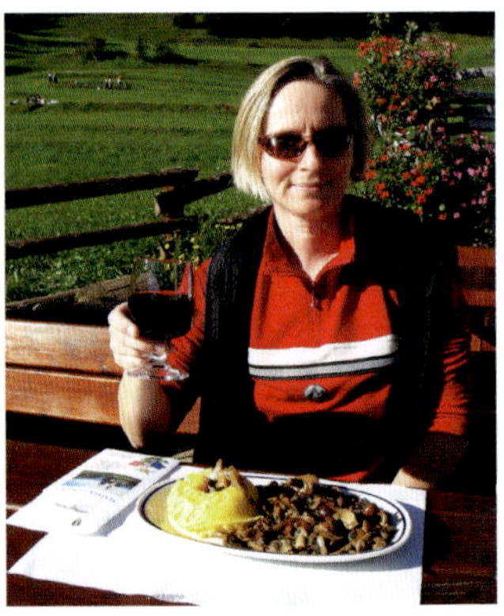

Kleine Tour, großer Genuss!

Die Malga Peniola im winzigen Weiler Penia punktet nicht nur mit ihrer herrlichen Lage zwischen Moena, dem „Tor zum Val di Fassa“, und der Cima da Ciamp, sondern wird auch wegen ihres kulinarischen Angebots weitum gelobt. Im Schatten einer bezaubernden und mit überraschend schönen Gemälden ausgestatteten Bergkirche aus dem 17. Jahrhundert lassen sich dort bodenständige Trentiner Köstlichkeiten verkosten.

▶ Von der Kirche von **Moena** 01 gehen Sie rechts am Friedhof vorbei und zwischen den beiden Park-

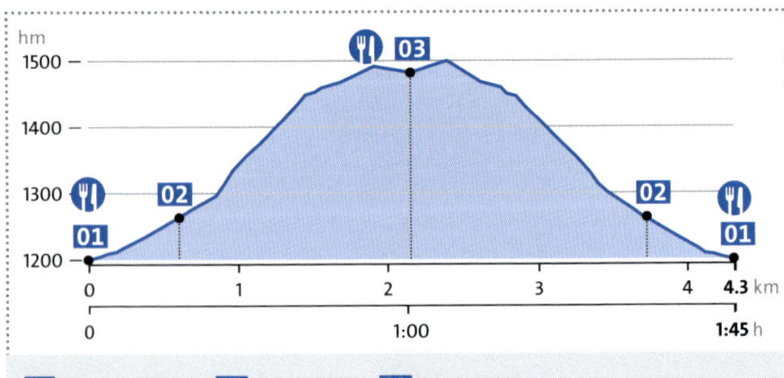

01 Moena, 1184 m; 02 Sort, 1255 m; 03 Penia, 1474 m

plätzen durch. Dann zweigen Sie links auf die Strada de Massort ab und schwenken nach 20 m rechts auf einen schmalen Wiesenpfad ein, der neben einer Hauszufahrt und einer Metall-Absperrung verläuft (Wegweiser „Predazzo Tour 230“). Er führt zu einer 160 m entfernten Asphaltstraße hinauf, der Sie gemäß der Beschilderung „Ristorante Malga Peniola“ nach links folgen. So erreichen Sie nach ungefähr 20 Minuten den Weiler **Sort** 02 (1255 m) mit seiner kleinen Barockkirche.

Am oberen Ortsrand zeigt die Beschilderung „Penia“ den Weiterweg an. Der Weg Nr. 521 führt durch Wiesen und Wald zu einer schmalen Straße, auf der Sie links zur Malga Peniola neben der Chiesetta S. Giovanni Nepomuceno im Weiler **Penia** 03 (1474 m) gelangen. 40 Minuten.

Rückweg auf derselben Route in 45 Minuten.

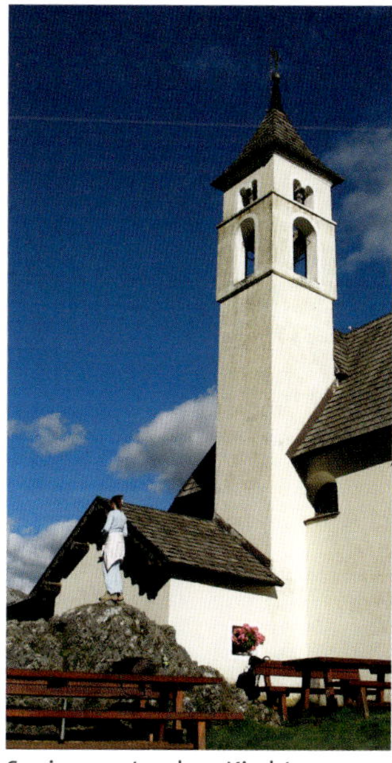

Speisen unter dem Kirchturm.

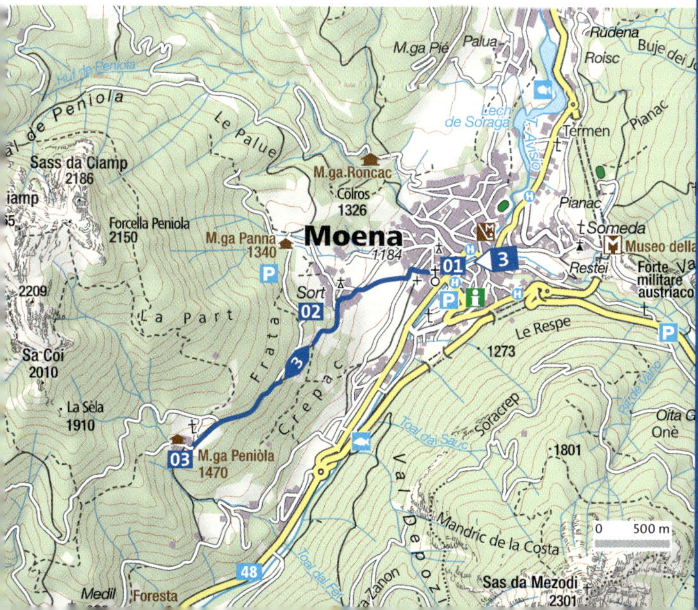

4

AUF DEN MONTE CIAMP • 2265 m

Kleiner Berg, großes Panorama!

  10,6 km  6:00 h  1200 hm 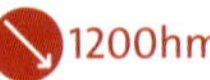 1200hm 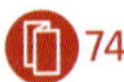 74

START | Moena im unteren Fassatal, 1184 m; Bushaltestelle, Parkplatz beim Friedhof nahe der Kirche.
[GPS: UTM Zone 33 x: 242.843 m y: 5.141.194 m]
CHARAKTER | Anstrengende Bergwanderung auf teils geteerten Nebenstraßen, Wegen und steilen Pfaden. Einkehrmöglichkeit im Ristorante Malga Peniola im Weiler Penia.

Der Sas da Ciamp im Osten der Latemargruppe gehört zu den eher unscheinbaren Dolomitengipfeln – trotz der Felsflanken, mit denen er gegen das Val di Fassa hinabstürzt. Diese gewähren eine wunderbare Übersicht über das Tal, die der westlich benachbarte Monte Ciamp mit Einblicken ins steinerne Herz des Latemar komplettiert.

▶ Von der Kirche von **Moena** 01 marschieren Sie – wie bei Tour 3 beschrieben – in 1:00 h über Sort (1255 m) nach **Penia** 02 (1474 m). Noch im Wald, kurz vor der Wiese des kleinen Weilers, zweigen Sie rechts auf eine Forststraße ab. Nach 200 m treffen Sie auf die Wanderroute Nr. 521, die von Penia heraufführt. Sie folgen ihr rechts auf einem Forstweg und bald auf einem Pfad in Serpentinen durch den steiler werdenden Waldhang empor (Ausblicke zur gegenüber aufragenden Costa di Vièzzena im Lagorài-Gebiet). Auf einer rund 1900 m hoch gelegenen Lichtung bleibt der rechts abzweigende Sentiero forestale Val da Ciamp unbeachtet. Weiter geht's durch Wald und links auf einem alten Kriegs-

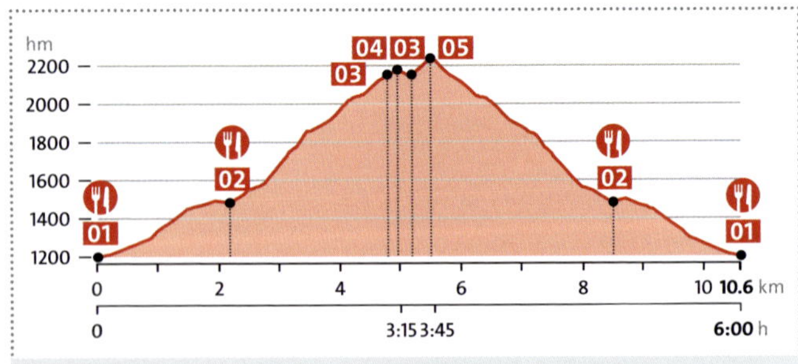

01 Moena, 1184 m; 02 Penia, 1474 m; 03 Forcella Peniola, 2150 m; 04 Sas da Ciamp, 2193 m; 05 Monte Ciamp, 2265 m

weg um den Rücken des Sas da Ciamp herum. So erreichen Sie ein steiles Grastal, durch das Sie zum breiten Sattel der **Forcella Peniola** **03** (2150 m) ansteigen. 2:00 h.
Zum herrlichen Rückblick auf die Lagorai-Kette kommt nun die Sicht zum Rosengarten, die sich beim 15-minütigen Anstieg rechts auf den **Sas da Ciamp** **04** (2193 m) natürlich noch erweitert. Von seinem Gipfel, den ein Kreuz und die Holzskulptur einer textilfreien Dame zieren, sehen Sie außerdem weite Bereiche der Dolomiten-Bergwelt vom Langkofel über den Sellastock bis zur Palagruppe; besonders eindrucksvoll ist natürlich der Tiefblick auf Moena.
Nach der Rückkehr zur **Forcella Peniola** **03** lohnt sich auch der Abstecher nach Westen auf die Anhöhe des **Monte Ciamp** **05** (Cima da Ciamp, 2265 m), die nach 30 Minuten einen Blick zum Monte Toac und zum 2757 m hohen Col Cornon bietet.

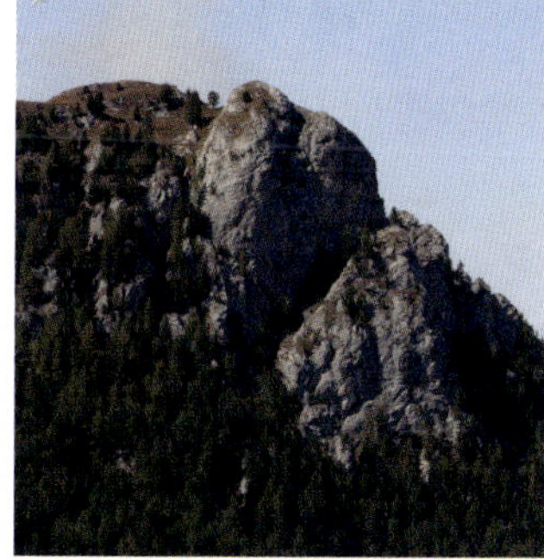

Der Sas da Ciamp über Moena.

Der **Rückweg** erfolgt auf derselben Route in 1:30 h über die **Forcella Peniola** **03** nach **Penia** **02**; dann sind's noch 45 Minuten bis nach **Moena** **01**.

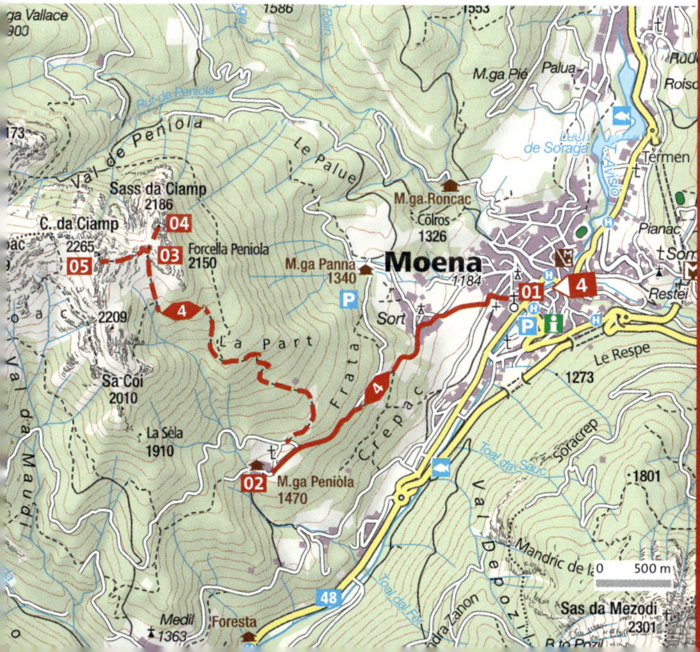

5

ÜBER DEN SAS DA MEZDÌ • 2301 m

Ein Aussichtsbalkon im Westen des Bocche-Kamms

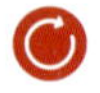  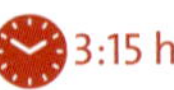 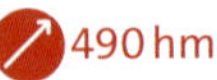 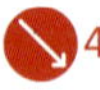 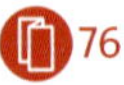

5,3 km | 3:15 h | 490 hm | 490hm | 76

START | Val di San Pellegrino, Talstation der Gondelbahn Ski Area Alpe Lusia ca. 3 km östlich von Moena, 1389 m; Bushaltestelle, Parkplatz. Auffahrt zur Mittelstation Valbona, 1831 m; Talfahrt ebenfalls mit der Gondelbahn (www.alpelusia.it).
[GPS: UTM Zone 33 x: 245.238 m y: 5.140.270 m]
CHARAKTER | Bergwanderung auf stellenweise steilen und felsigen Pfaden, die Trittsicherheit und Schwindelfreiheit erfordern. Achtung: Die Route musste bereits mehrfach nach Unwettern gesperrt werden. Unterwegs keine Einkehrmöglichkeit.

Über den Passo di Lusia zwischen dem Val di San Pellegrino und dem Val Travignolo führt eine „Skischaukel", deren Gondelbahn im Sommer eine kurze, aber sehr aussichtsreiche Kammwanderung erleichtert. Der Felskopf des Sas da Mezdì lässt sich auf alten Kriegspfaden überschreiten.

▶ Hinter der **Mittelstation Valbona** 01 finden Sie eine Skilift-Station und folgen der Beschilderung „Sas da Mezdì" rechts auf dem Pfad Nr. 614 – dem „Troi dei Soldai" – über die Wiese in den Wald. Bald durchqueren Sie die Mulde des Valbonetta, dann geht's in vielen Kehren neben einer steilen Rinne in der Ostflanke des Sas da Medodì empor. Nach einer Felsgrotte erreichen Sie auf einer Geländeschulter Fundament-Relikte aus dem Ersten Weltkrieg. Über den licht bewaldeten Rücken und einge Steinstufen gelangen Sie zum

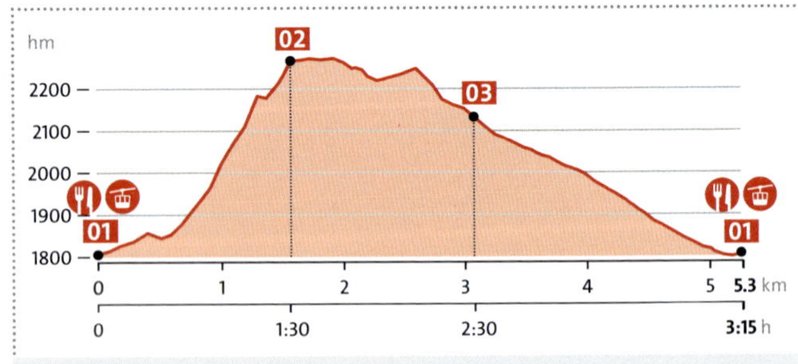

01 Mittelstation Valbona, 1831 m; 02 Sas da Mezdì, 2301 m;
03 Sforcèla de Pozil, 2144 m

Holzkreuz auf dem Gipfel des **Sas da Mezdi** **02** (Sas da Mezodì, 2301 m). Herrlicher Blick über das Val de Fasa zum Rosengarten und zur Marmolada-Südwand; über dem Passo di Lusia zeigt sich auch der Cimon della Pala. 1:30 h.

Nun führt der Pfad Nr. 614 über den kuppigen Graskamm nach Süden zur Scharte der Sforcèla de Valboneta (2215 m). Nach einem kurzen Anstieg wandern Sie links durch die freie Südwestflanke des felsgekrönten Col de Poza und dann wieder auf dem Rücken, den Sie jedoch bald nach rechts verlassen. In einer S-Kurve gegen das Val de Pozil absteigend gelangen Sie zur Einmündung des Pfades Nr. Nr. 622, dem Sie links zur nahen **Sforcèla de Pozil** **03** (Forcella Pozil, 2144 m) folgen. 1:00 h.

Nun steigen Sie links durch eine Rinne zu einer Geröllhalde mit großen Felsbrocken ab und bleiben bei einer Abzweigung links auf dem Pfad Nr. 622, der durch das bewaldete Tal unter dem Col de Poza zu einer Forststraße hinunterzieht. Auf dieser kommen Sie ins Liftgebiet um die Malga Poza (1868 m) und nach 45 Minuten zurück zur **Mittelstation Valbona** **01**.

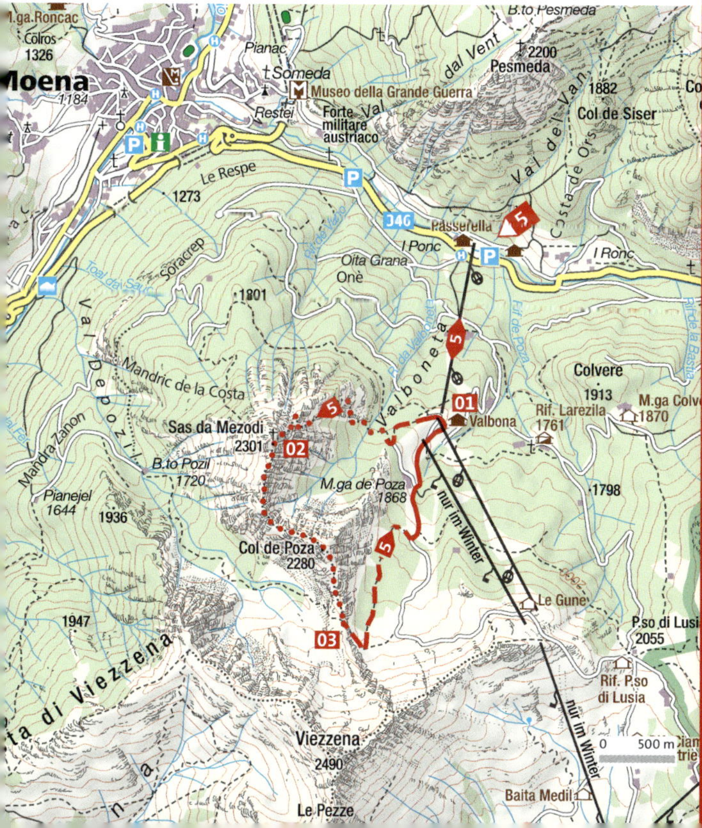

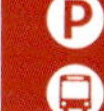
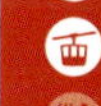
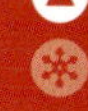
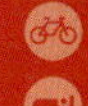

6

ZU DEN LAGHI DI LUSIA • 2380 m

Kleine Naturwunder in unbekanntem Dolomitenland

 8,8 km  3:50 h 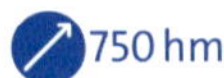 750 hm  750 hm 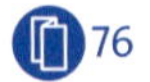 76

START | Val di San Pellegrino, Talstation der Gondelbahn Ski Area Alpe Lusia ca. 3 km östlich von Moena, 1389 m; Bushaltestelle, Parkplatz. Auffahrt zur Bergstation Le Cune, 2200 m; Talfahrt ebenfalls mit der Gondelbahn (www.alpelusia.it).
[GPS: UTM Zone 33 x: 245.240 m y: 5.140.269 m]
CHARAKTER | Alpine, aber einfache Bergwanderung auf Schotterstraßen und Pfaden. Einkehrmöglichkeit im Rifugio Lusia.

Der Passo di Lusia bildet die geologische Grenze zwischen dem hellem Dolomit- und dem dunklen Porphyrgestein – ein interessantes Phänomen, das man in mehreren Bereichen der Fassaner Dolomiten findet. Der Porphyr baut den ganzen westlichen Bereich des 15 Kilometer langen Bocche-Kammes auf, in dem sich nicht nur etliche Relikte aus dem Ersten Weltkrieg, sondern auch mehrere kleine Bergseen verbergen. Zwei der schönsten davon sind das Ziel der hier beschriebenen Tour.

▶ Von der **Bergstation Le Cune** 01 wandern Sie auf dem Fahrweg mit der Markierung Nr. 614 erst nach Süden und dann nach Westen durch Wiesen (Skipiste) zum **Passo di Lusia** 02 (2056 m) hinunter. Nach knapp 30 Minuten erwartet Sie dort das gastliche Rifugio Lusia zu einer ersten Rast; man findet auch ein Denkmal für die Gefallenen des Ersten Weltkriegs.
50 m südöstlich davon zweigt der alte Kriegsweg mit der Markierung Nr. 633 links Richtung „Laghi di Lusia“ ab. Sie führt über die

01 Bergstation Le Cune, 2200 m; 02 Passo di Lusia, 2056 m; 03 Laghi di Lusia, 2380 m

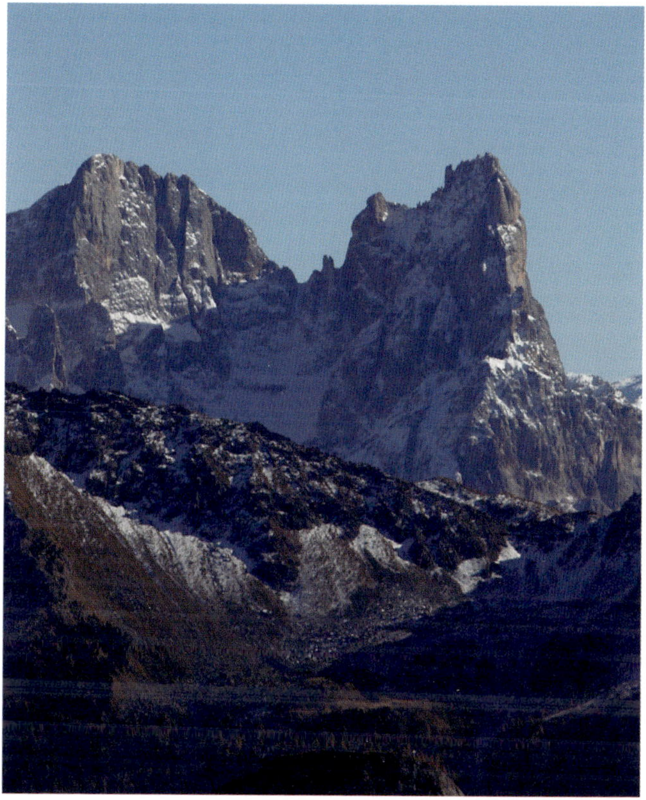

Traumhaft schöner Blick zur Palagruppe.

Wiese zur Bergstation eines Skilifts hinauf und zu zwei kleinen Hütten (Baic de Lastè, Notunterkunft, 2327 m). Mit Prachtsicht zum Rosengarten geht's bald nach links und gut 100 Höhenmeter zur Anhöhe La Trincea (2425 m) unter der Cima di Lusia empor. Dahinter erblicken Sie die Palagruppe und wandern schräg durch die steile Südostflanke des Felskamms zum Bivacco Sandro Redolf hinab. Der kleine Steinbau steht neben dem unteren der drei **Laghi di Lusia** 03 (Leghes de Lujia, 2333 m). 600 m

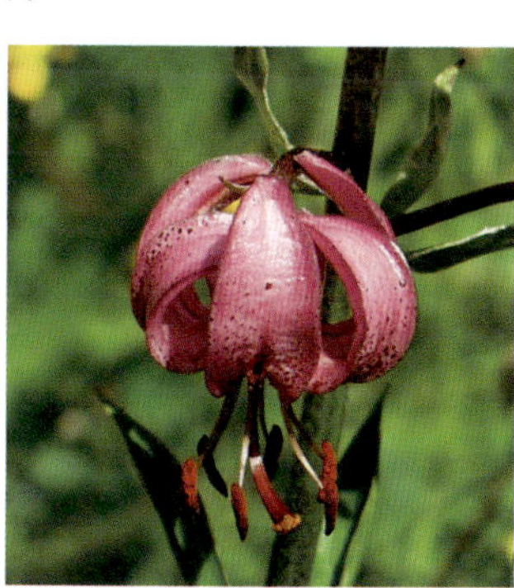
Türkenbundlilien in Seenähe.

weiter nordöstlich verbirgt sich der obere, etwas größere See (2380 m) am Fuß der Cima Bocce – ein Pfad führt neben dem Bach hinauf. 1:30 h.

Der **Abstieg** erfolgt auf derselben Route; ab dem Rifugio Lusia ist dabei ein kurzer Gegenanstieg zu überwinden. 1:50 h.

Variante: Bei sicheren Wetterverhältnissen werden konditionsstarke Bergwanderer vielleicht auch den höchsten Gipfel des Kammes, die 2745 m hohe Cima di Bocce (Cimon de Boce), ins Auge fassen. Für den Aufstieg vom oberen der Laghi di Lusia über die Forcella di Bocche (Storcèla de Boce, 2543 m)

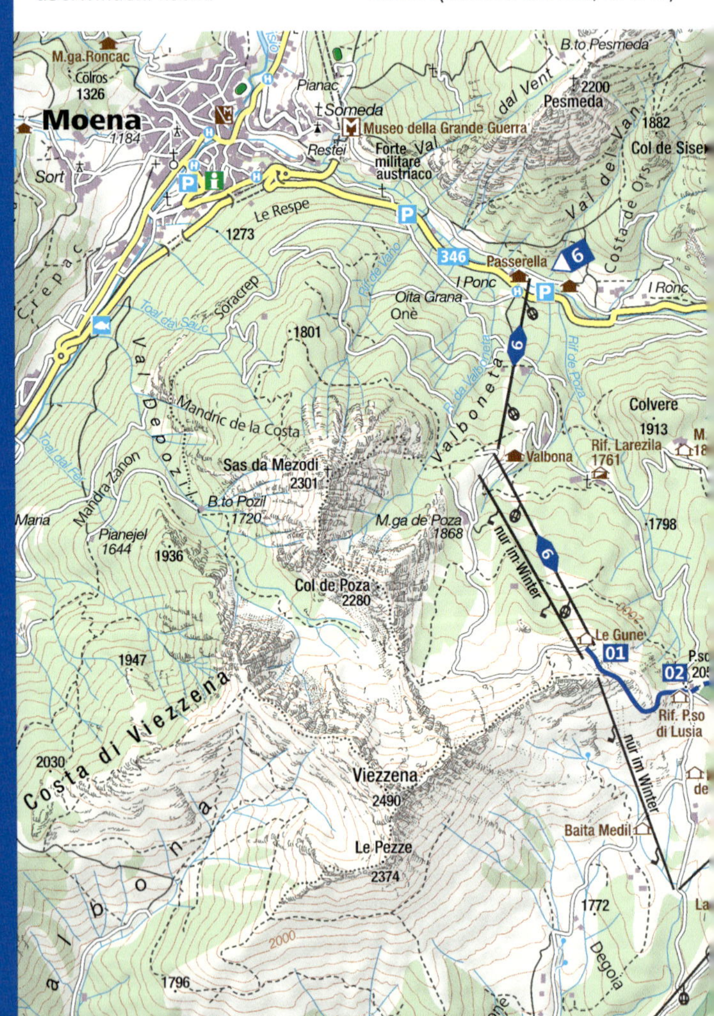

muss man etwa 1:00 h einplanen; in 45 Minuten ist man wieder unten. Der Pfad dorthin ist deutlich anspruchsvoller („rot“), aber sehr gut markiert. Er schlängelt sich zwischen Felsblöcken und Gletscherschliffen zu den Kriegsrelikten in der Scharte empor (Unterstand), biegt dort rechts ab und führt bald links in vielen Kehren über einen steilen Geröllhang auf den Vorgipfel (2619 m). Das Panorama inkludiert Rosengarten, Lang- und Plattkofel, Geislerspitzen, Sella, Marmolada, Monte Pelmo, Civetta und Cima d'Asta, die jedoch alle von den nahen Pale di San Martino überstrahlt werden.

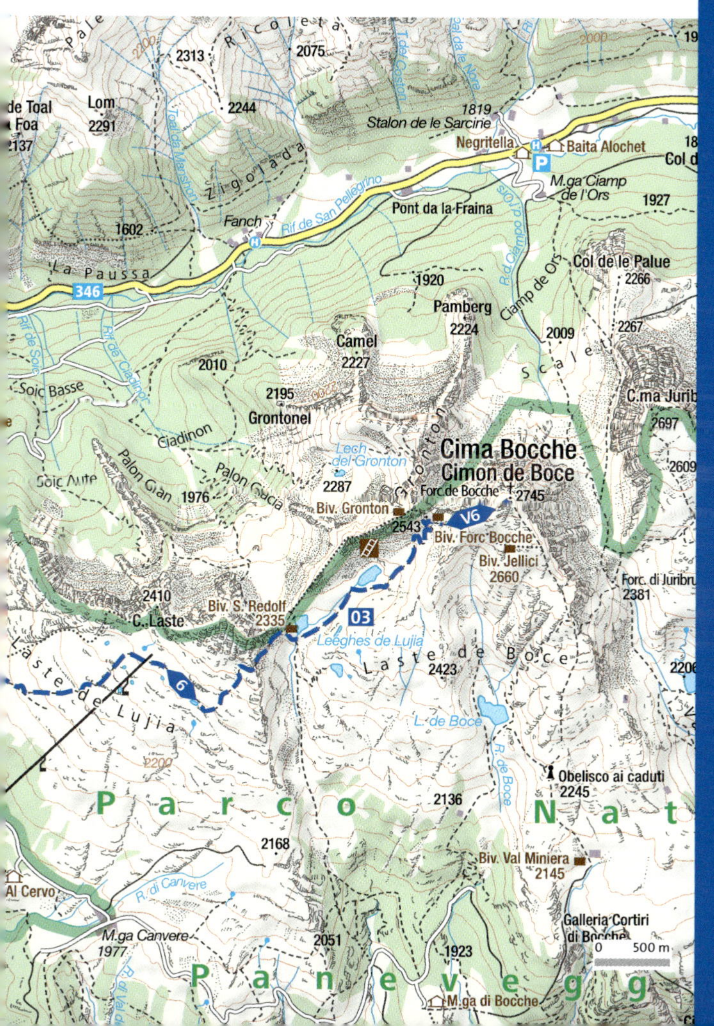

ZUM RIFUGIO PASSO LE SELLE • 2531 m

Ein Alm-Ausflug zur „Bergvagabundenhütte“

 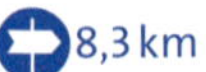 8,3 km  3:15 h 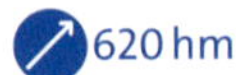 620 hm  620 hm 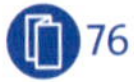 76

START | Passo di San Pellegrino, gut 10m km östlich von Moena, 1918 m; Bushaltestelle, Parkplatz gegenüber der Kapelle. [GPS: UTM Zone 33 x: 253.450 m y: 5.141.099 m]
CHARAKTER | Einfache Wanderung auf Fahr- und Wanderwegen im Almgebiet. Wer den Sessellift Costabella nutzt, gelangt auf einem steinigen Pfad zum Pass und verkürzt damit die Gehzeit auf 1:30 h (Talstation 600 m westlich der Passhöhe, www.fassa.com). Einkehrmöglichkeit: Baita Paradiso, Rifugio Passo le Selle.

Die weite Almwiesenlandschaft im Norden des Passo di San Pellegrino lässt sich ohne große Anstrengung erleben. Auf dem einfachen Weg zur vielgelobten „Bergvagabundenhütte“ am Passo le Selle kommt man jedoch nicht nur dem bizarr gezackten Kamm der Costabela sehr nahe, sondern auch den Spuren des Ersten Weltkriegs, der dort oben viele Opfer forderte. Heute herrscht tiefer Frieden am Pass, der einen Blick ins Val San Nicolò freigibt.

▶ Am großen Parkplatz am **Passo di San Pellegrino** 01 weist die Beschilderung auf den Weg Nr. 604 Richtung „Passo delle Selle“. Auf dem geteerten Fahrweg, der zwischen der Kapelle und dem verfallenden Hospiz nach Norden führt, wandern Sie zunächst an einer Liftstation vorbei. Nach knapp 400 m zweigen Sie links ab, steigen durch Wiesen zu einer Schotterstraße an und folgen dieser nach rechts ins Skigebiet über einem Graben.

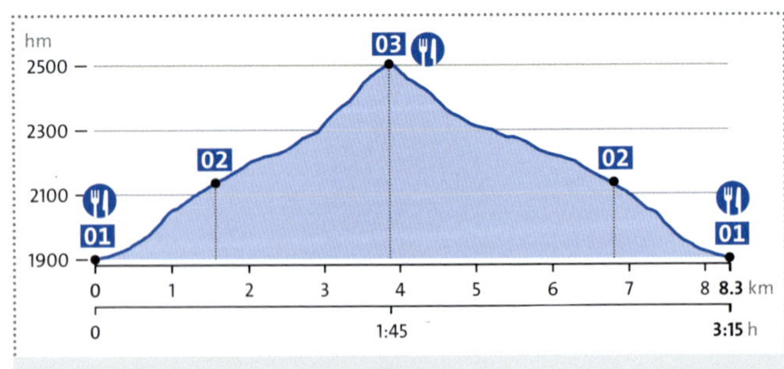

01 Passo di San Pellegrino, 1918 m; 02 Pont, 2092 m;
03 Passo le Selle, 2528 m

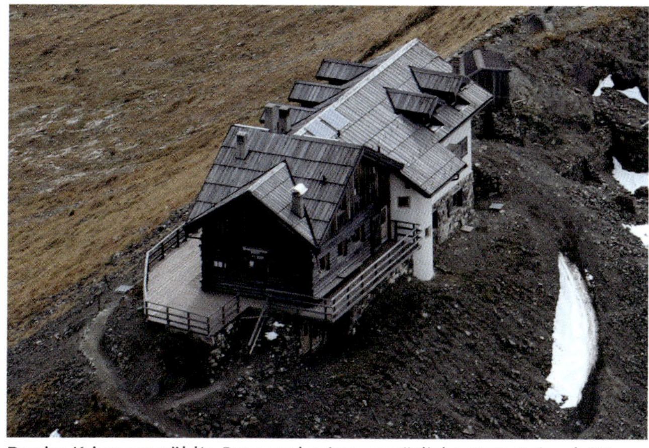

Der im Krieg zerwühlte Pass und seine gemütliche Bergsteigerhütte.

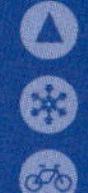

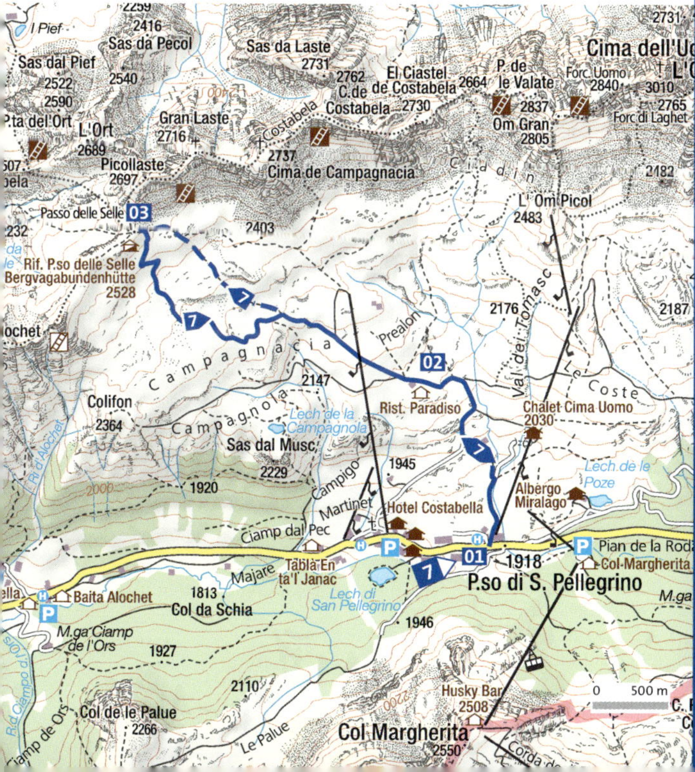

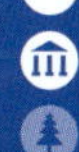

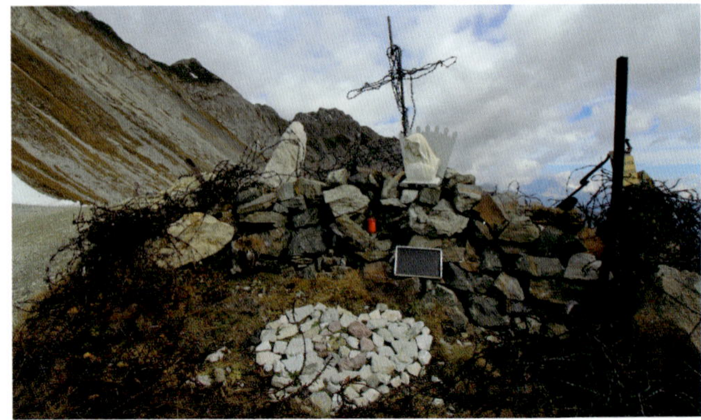

Kampferinnerungen und Friedenszeichen auf dem Passo le Selle.

Am **Pont** 02 (2092 m) biegen Sie gemäß dem Wegweiser „Baita Paradiso, Pas de le Sele“ links ab. Die ansteigende Kiesstraße führt an der Baita Paradiso vorbei und unter dem Costabela-Lift durch in die steinigen Hochweiden der Campagnacia, über denen sich die Gipfelkette der Costabela erhebt. Bei der Abzweigung zur Bergstation des Lifts bleiben Sie links, nach 400 m schwenken Sie jedoch rechts auf den beschilderten Pfad Nr. 604 ein und steigen steiler gegen die Berge an.

Zwischen herabgestürzten Felsblöcken geht's zuletzt nach links wieder zum rauen Fahrweg, auf dem Sie nach etwa 1:45 h zum **Passo le Selle** 03 (Pas da la Sele, 2528 m) gelangen. Verrosteter Stacheldraht, ein daraus gefertigtes Kreuz und Stellungsreste erinnern daran, dass sich hier ab 1915 ein verbissen umkämpfter Brennpunkt der Dolomitenfront befand. Ein paar Meter oberhalb des Sattels steht das gleichnamige Rifugio, die gemütliche „Bergvagabundenhütte“, deren Wirt beste Versorgung und auch eine Nächtigung anbietet.

Der **Abstieg** erfolgt auf dem Fahrweg, vorbei an der Einmündung der Aufstiegsroute (die oberste Kurve kann auch rechts auf einem Pfad abgekürzt werden). Westlich der Route könnte man verfallene Stellungen der Italiener erkunden („Itinerario 3“, je nach Wegwahl etwa 15 Minuten zusätzliche Gehzeit). Zuletzt geht's auf der Anstiegsroute wieder zum **Passo di San Pellegrino** 01 hinunter. 1:30 h.

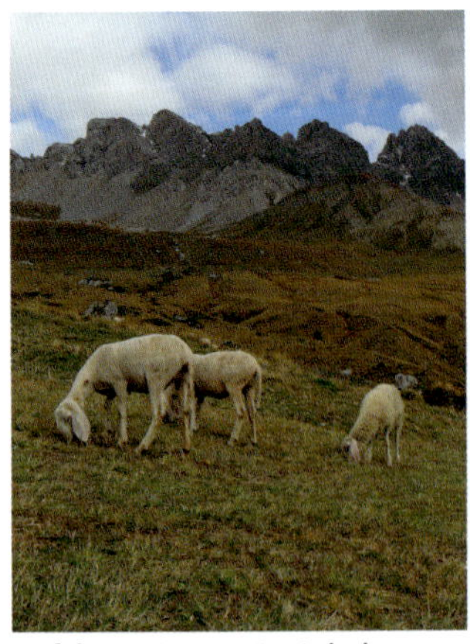

Auf dem Weg zur Costabela.

ÜBER DIE CIMA DE COSTABELA • 2762 m

8

Die unglaubliche Alta Via Attrezzata Bepi Zac

 10,4 km  6:45 h 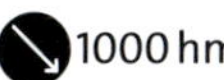 1000 hm 1000 hm  76

START | Passo di San Pellegrino, 1918 m; Bushaltestelle, Parkplatz. [GPS: UTM Zone 33 x: 253.461 m y: 5.141.084 m]
CHARAKTER | Kammüberschreitung auf einem relativ einfachen und gut gesicherten Klettersteig (A/B) mit einigen leichten Kletterstellen (I) und zahlreichen Kriegsrelikten wie Leitern oder Stollen (Klettersteigset und Stirnlampe ratsam). Wer den Sessellift Costabela nützt, verkürzt die Gehzeit um etwa 1:00 h (Talstation 600 m westlich der Passhöhe, www.fassa.com). Einkehr- und Nächtigungsmöglichkeit im Rifugio le Selle.

Der Zackenkamm im Norden des Passo di San Pellegrino zählt zu den stilleren Gebieten der Dolomiten. Bedeutung erlangte er jedoch im Jahre 1915, als er über Nacht zum Frontgebiet wurde. Die im schroffen Felsgelände geradezu unglaublich anmutenden Maschinengewehr-Stellungen, Kavernen und Verbindungspfade, die österreichische und bayerische Soldaten

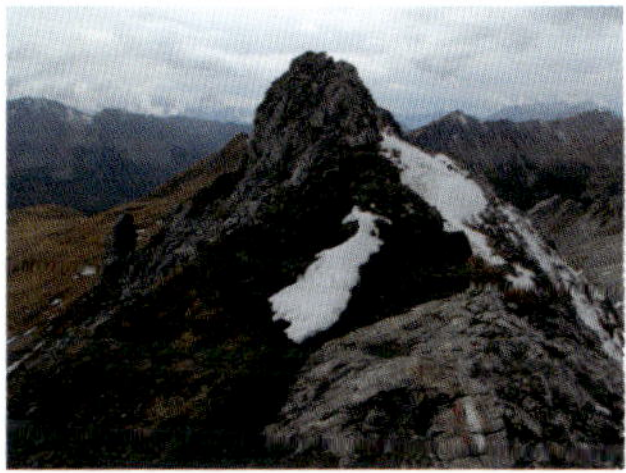

Die Frontlinie als Himmelsleiter.

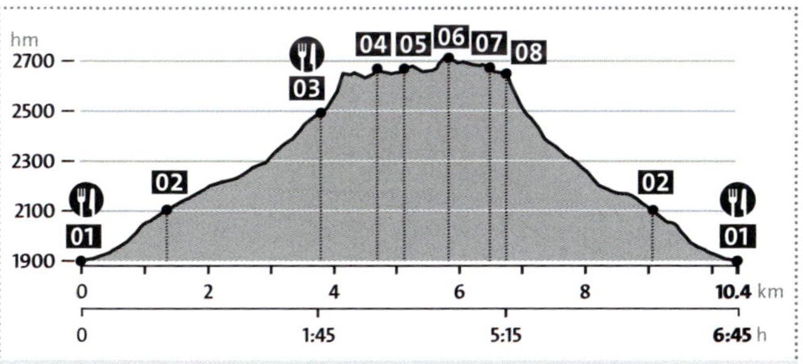

01 Passo di San Pellegrino, 1918 m; **02** Pont, 2092 m; **03** Passo le Selle, 2528 m; **04** Gran Laste, 2716 m; **05** Cima de Campagnacia, 2737 m; **06** Cima de Costabela, 2762 m; **07** Ciastel de Costabela, 2730 m; **08** Sforcela del Ciadin, 2664 m

damals im westlichen Gratbereich und die italienischen Alpini auf dem östlich benachbarten Ciastel de Costabela errichtet haben, zeugen noch heute von den grausamen Kämpfen. Bepi „Zac“ Pellegrin, der langjährige Wirt des Rifugio Le Selle, hat 1981 den Ausbau dieser ausgesetzten Wege zu einem wirklich einzigartigen Klettersteig initiiert und unterstützt.

▶ Der Zugang zur Alta Via Attrezzata Bepi Zac entspricht der bei Tour 7 vorgestellten Strecke vom **Passo di San Pellegrino** 01 über den **Pont** 02 (2092 m) zum **Passo le Selle** 03 (Pas da la Sele, 2528 m) mit dem Rifugio le Selle („Bergvagabundenhütte“). 1:45 h.
Vom Pass gehen sie rechts Richtung „Auto Via B. Zach, Cima Campagnaccia, Sasso di Costabella“ auf einem Pfad an Kriegsstellungen vorbei und im Zickzack über den steinigen Nordkamm (erste Stahlseile) auf den Felskopf der Picol Laste (2697 m). Von dort geht’s rechts im Auf und Ab auf luftigen Bändern neben dem schroffen Kamm und durch einen Stollen gegen die **Gran Laste** 04 (2716 m) hinüber. Dort befand sich eine Soldatenunterkunft.
Durch einen weiteren Tunnel gelangen Sie auf die Nordseite, zu einer Steilstufe und unschwierig zu einem gezackten Grat. Auf diesem und knapp unterhalb davon kommen Sie zu Holzstegen und wieder in Gehgelände. Schließlich wird die **Cima de Campagnacia** 05 (2737 m) durch eine Rinne erklommen. Nach dem Abstieg in eine Scharte (Banc de la Campagnacia, 2664 m), die eine Ausstiegs-

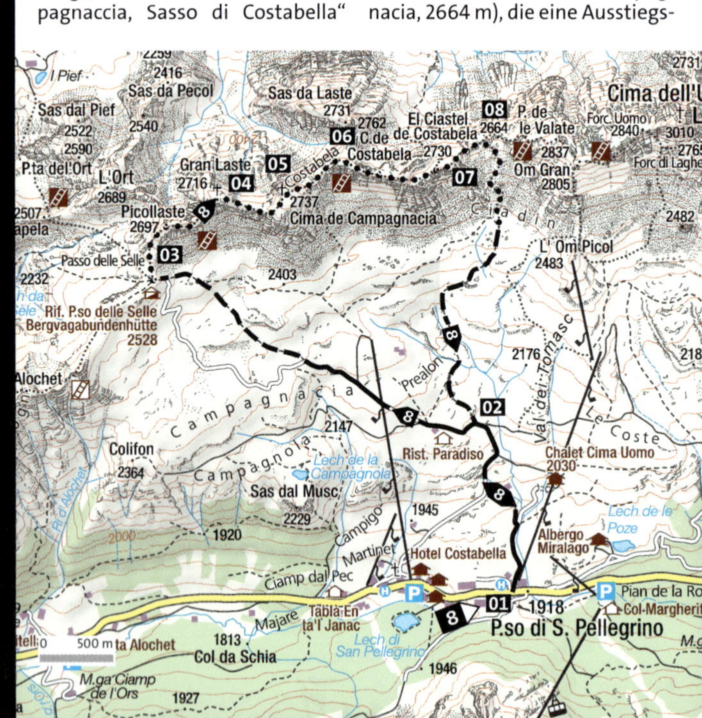

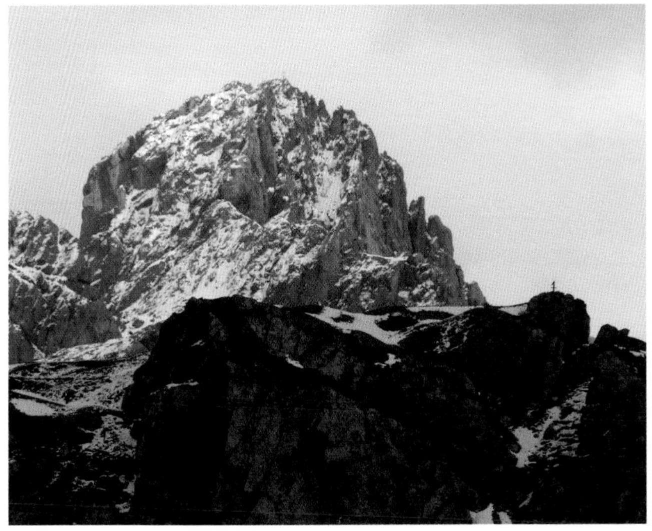

Die Cima dell'Uomo überragt die Cima de Costabela um 248 Meter.

möglichkeit nach Süden bietet, erreichen Sie den nächsten Stollen und steigen jenseits über eine luftige, 8 m lange Holzleiter zum stark befestigten Gipfel der **Cima de Costabela 06** (2762 m) an.

Jenseits geht's steil in eine Schuttmulde hinab; dort mündet ein Zugangspfad von Norden aus dem Val San Nicolo ein. Darüber erhebt sich die 2730 m hohe Felsbastion des **Ciastel de Costabela 07** (Sasso di Costabella), die mit Hilfe von Stahlseilen und Holzstegen erklommen wird. Sie diente den Alpini als Bunkeranlage und birgt heute sogar ein kleines Museum; man kann sie aber auch links durch eine Scharte umgehen. Eine kühne, aber sorgsam renovierte Treppenkonstruktion ermöglicht schließlich den Abstieg in die **Sforcela del Ciadin 08** (2664 m). 3:30 h.

Von dieser Scharte folgen Sie rechts dem Pfad Nr. 637 b ins schutterfüllte Ciadin-Kar hinunter. Durch die Almweiden unter dem Kamm geht's weiter hinab zum **Pont 02**, wo Sie wieder auf den Anstiegsweg treffen. Auf diesem kehren Sie in Kürze zum **Passo dl San Pellegrino 01** zurück. 1:30 h.

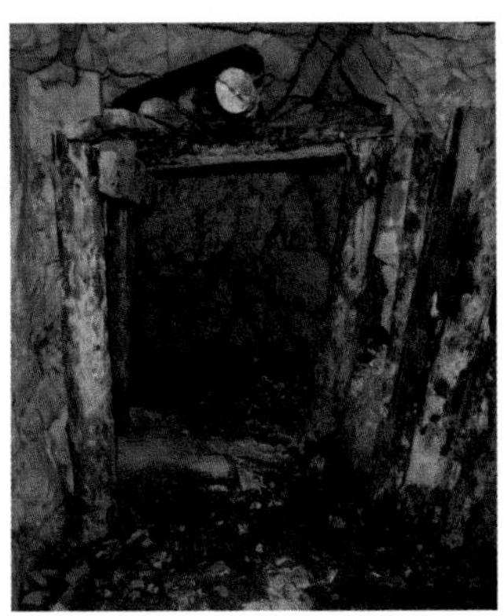

Teils geht's unterirdisch dahin.

ZUM RIFUGIO FUCIADE • 1982 m

Ein Paradies für Flaneure und Feinschmecker

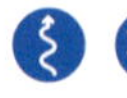 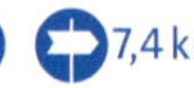 7,4 km 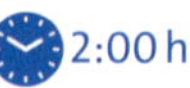 2:00 h 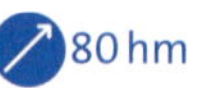 80 hm 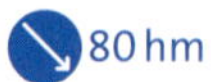 80 hm  76

START | Passo di San Pellegrino, 1918 m; Bushaltestelle, Parkplatz gegenüber der Kapelle.
[GPS: UTM Zone 33 x: 253.461 m y: 5.141.084 m]
CHARAKTER | Kurze Almwanderung auf einem Fahrweg, auch für Kinderwagen geeignet. Einkehr- und Nächtigungsmöglichkeit im Rifugio Fuciade.

Vor Jahrhunderten bauten Bauern aus Soraga, einem der ältesten Dörfer im Val di Fassa, auf den Hochweiden im Süden der Cima dell'Uomo ein paar Hütten aus Lärchenholz. In den 1960er-Jahren wandelte man eine davon zu einer Wanderherberge um. Heute ist das Rifugio Fuciade eine Gourmet-Hütte, in der man ladinische Spezialitäten ebenso auftischt wie kreative Köstlichkeiten. Wer also ein Ziel für einen nicht alltäglichen Familienausflug oder für besondere Anlässe sucht, sollte in diese traumhaft schöne Dolomitenlandschaft kommen – aber vorher reservieren.

▶ Vom großen Parkplatz gegenüber der Kapelle am **Passo di San Pellegrino** **01** folgen Sie zunächst der Straße nach Osten, über die Gemeindegrenze von Moena und vorbei am Ristorante Chalet Isabella.
Nach 150 m – unter einer Skibrücke – zweigen Sie links auf den geteerten und nur ganz sanft ansteigenden Fahrweg Richtung „Lach de le Poze, Fuciade" (Nr. 607) ab, wandern unter einem Lift durch und passieren das Albergo Miralago (1920 m) am Lago delle Pozze, der links hinter Bäumen verborgen ist. Auf Naturbelag geht's

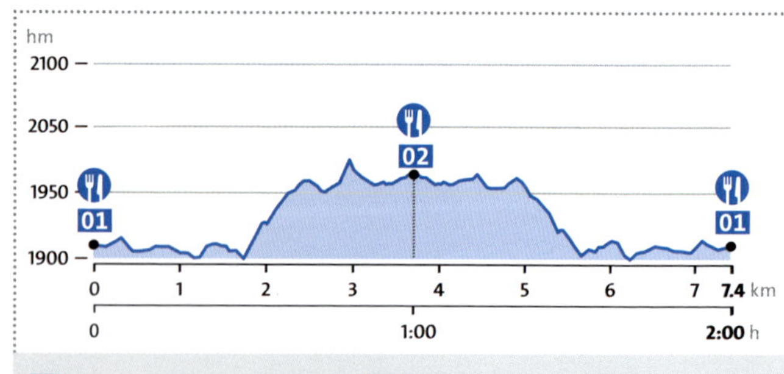

01 Passo di San Pellegrino, 1918 m; **02** Rifugio Fuciade, 1982 m

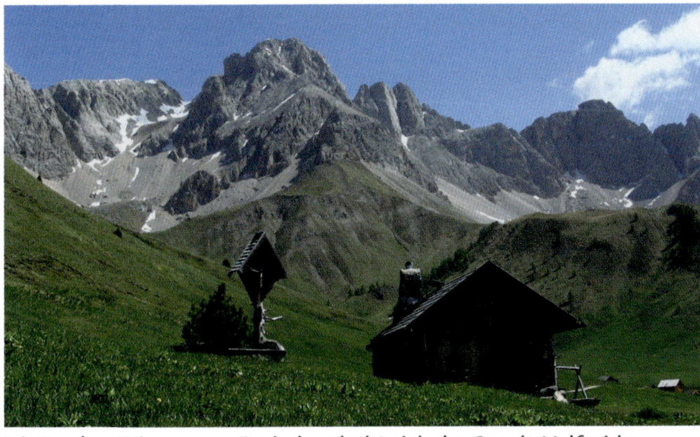

Hinter den Wiesen von Fuciade erhebt sich der Sas de Valfreida.

durch Waldhänge weiter zu freien Hochweiden mit alten Holzstadeln (Blick zur Palagruppe).
Vorbei an einer Abzweigung erreichen Sie nach gut 1:00 h das **Rifugio Fuciade** 02 (1982 m) in einem kleinen, zauberhaften Almdorf vor der eindrucksvollen Felskulisse des Sas da la Tascia (2866 m) und des Palon de Jigolé (2815 m), in dem auch eine aus Stein erbaute Kapelle steht.
Der **Rückweg** erfolgt auf derselben Route in 1:00 h.

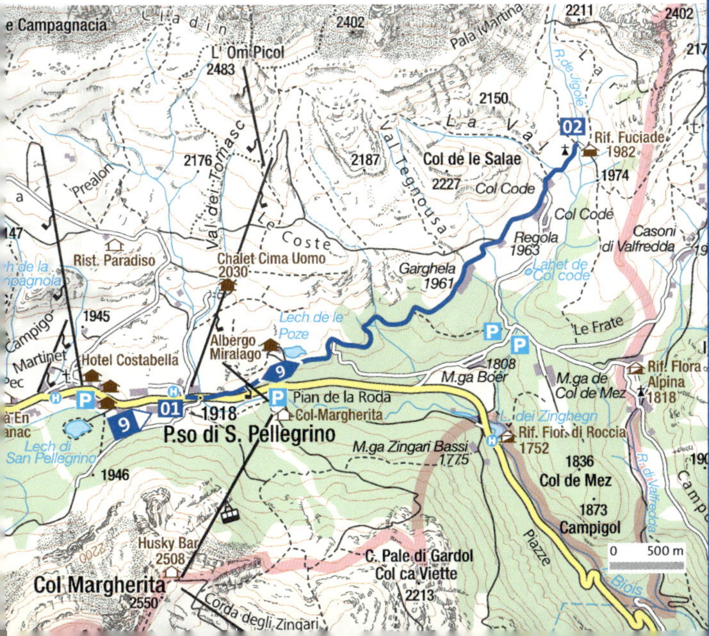

AUF DIE CIMA CADINE EST • 2885 m

Viel Schutt und viel Schweiß, aber auch viel Aussicht

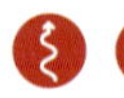 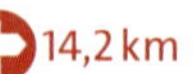 14,2 km 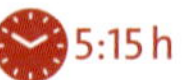 5:15 h  1100 hm 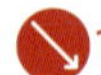 1100 hm  76

START | Passo di San Pellegrino, 1918 m; Bushaltestelle, Parkplatz gegenüber der Kapelle.
[GPS: UTM Zone 33 x: 253.461 m y: 5.141.084 m]
CHARAKTER | Hochalpine Bergtour auf einer Almstraße und stellenweise steilen (Schutt-)Pfaden, die Trittsicherheit, Schwindelfreiheit und Ausdauer erfordern; bei Schneelage und Nebel gefährlich. Einkehr- und Nächtigungsmöglichkeit im Rifugio Fuciade.

Hinter den Bergen über Fuciade verbirgt sich ein Labyrinth steiler Schuttkare, das von mächtigen Gipfeln überragt wird: Im Westen erhebt sich etwa der 3002 Meter hohe Sas de Valfreida, während im Osten die 3010 Meter hohe Cima dell'Uomo (L'Om) alle Blicke auf sich zieht. Dazwischen liegt der Passo delle Cirèle, der den Übergang ins nördlich benachbarte Val de Contrin und auch den Weg auf eine kaum bekannte Aussichtswarte ermöglicht.

Zunächst wandern Sie wie bei Tour 9 vom großen Parkplatz gegenüber der Kapelle am **Passo di San Pellegrino** 01 in 1:00 h zum **Rifugio Fuciade** 02 (1982 m).
Jenseits der Brücke über den Rif da Jigolè folgen Sie dem Dolomiten-Höhenweg Nr. 2 (Nr. 607) nach links (Norden), Richtung „Passo delle Cirele, Rif. Contrin". Über die Wiesen geht's ins Val di Cigole, vorbei an der großen Schutthalde unter der Dolomitburg des Sas da la Tascia (2866 m).

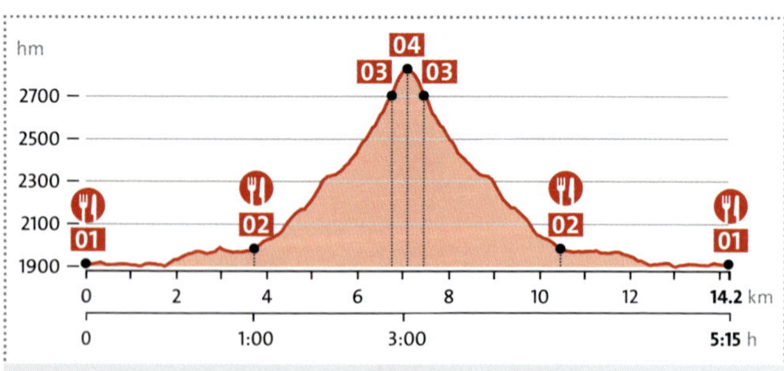

01 Passo di San Pellegrino , 1918 m; 02 Rifugio Fuciade, 1982 m; 03 Passo Cirelle, 2683 m; 04 Cima Cadine Est, 2885 m

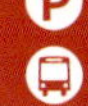
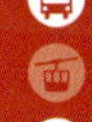

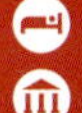

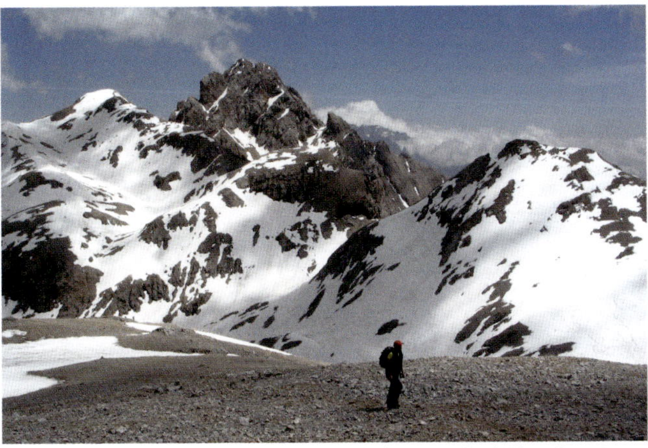

Der Sas de Valfreda und die Punta Cigolè (ganz rechts) über dem Pass.

Dort überschreiten Sie den Bach nochmals. Gut 200 m danach zweigen Sie gemäß dem Wegweiser „Passo delle Cirele, Rif. Contrin" links ab und steigen im Zickzack zu einer Grasterrasse am Ausgang des Val da la Tascia hinauf.

Unter dem Torre Enrica wandern Sie in Serpentinen durch dieses mit Schutt erfüllte Hochtal empor, bis der Pfad Nr. 607 auf etwa 2500 m Seehöhe scharf nach rechts abbiegt. Er führt zwischen Wandabbrüchen in ein weiteres Geröllkar, durch das man steil und mühsam nach Norden ansteigt – wenn dort im Frühsommer noch harter Altschnee liegt, braucht man Steigeisen und einen Pickel. Zum Rückblick auf Fuciade und die Palagruppe kommt bald die Sicht zur Ostwand der gewaltigen Cima dell'Uomo. In vielen Kehren und zuletzt etwas nach rechts erreichen Sie nach ca. 1:30 h den **Passo Cirelle** 03 (Pas de la Ciele, 2683 m). Von diesem weiten Schuttsattel erblicken Sie nun auch den Sasso Vernale (3058 m), einen Teil der

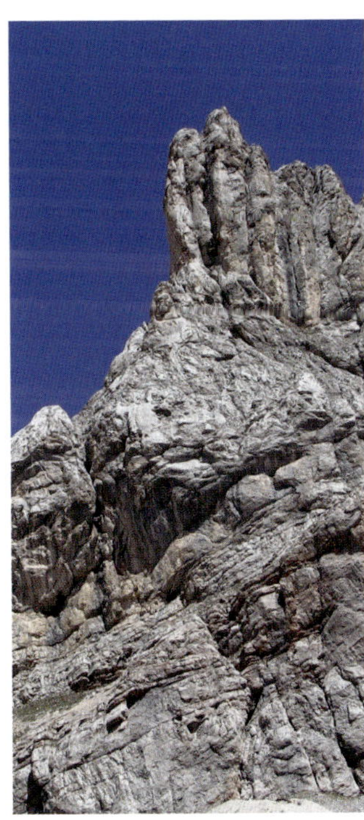

Jäh fährt der Torre Enrica empor.

Marmolada-Südwand (Punta Penia, 3343 m) und den Gran Vernel (3210 m), unter dem sich das Val de Contrin öffnet; über dem Talort Canazei zeigen sich außerdem die Langkofel- und die Sellagruppe. Wer auch den Rosengarten bewundern möchte, muss links in 30 Minuten die Schuttkuppe der **Cima Cadine Est** 04 (2885 m) erklimmen, und zwar weglos, aber einfach über einen breiten Rücken.

Abstieg auf derselben Route, wobei man ein wenig im Geröll „abrutschen" kann: 1:15 h zum **Rifugio Fuciade** 02 und 1:00 h zurück zum **Passo di San Pellegrino** 01.

Variante: Vom Passo delle Cirele kann man rechts (nach Südosten) auf die Punta Cigolè (2815 m) steigen – dort findet man stellenweise Reste eines alten Kriegspfads unterhalb des Kamms. 45 Minuten hin und zurück.

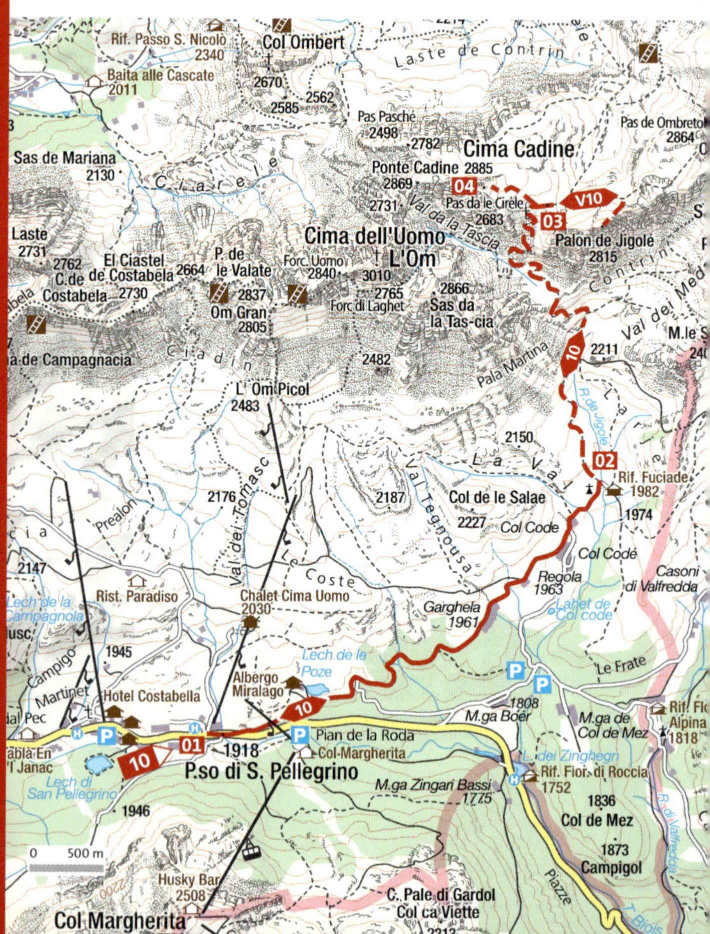

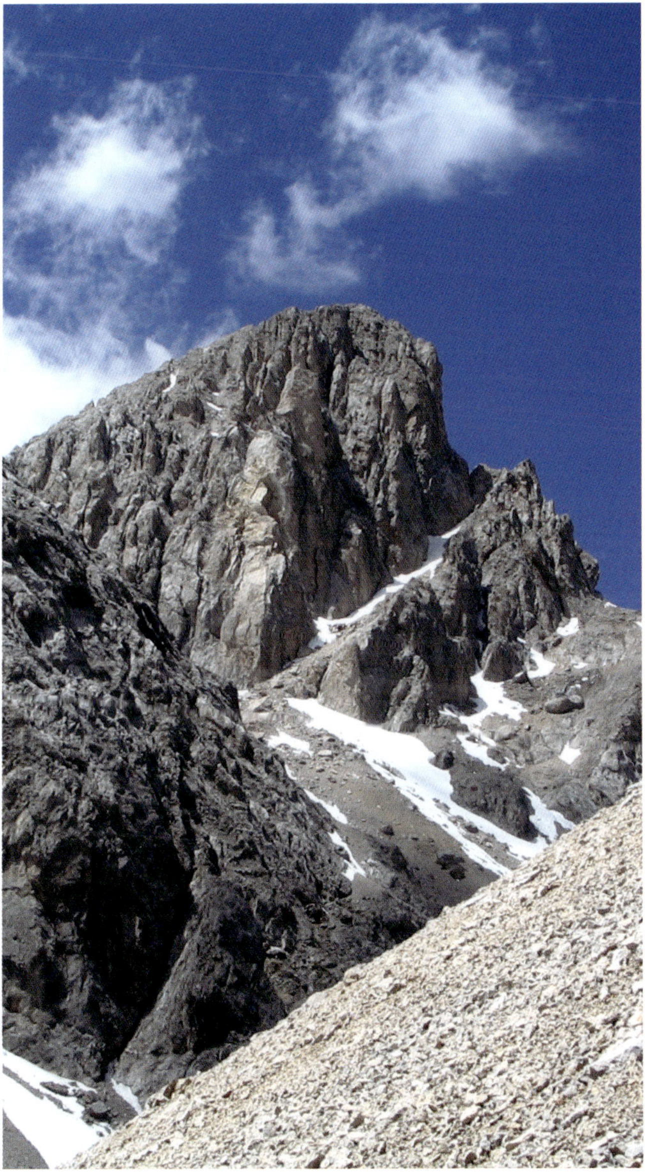

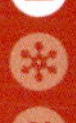

Der Blick zur Cima dell'Uomo mildert den heißen Schuttanstieg.

VON SORAGA NACH VIGO

Auf stillen Wegen durchs Tal

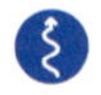 6,6 km 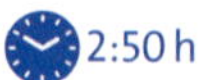 2:50 h 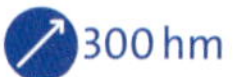 300 hm  300 hm  59

START | Soraga di Fassa/Sorèga, 1215 m; Bushaltestelle und Parkplatz an der Hauptstraße beim Sportplatz (Nähe Municipio). Rückfahrt von Vigo di Fassa/Vich mit dem Bus (Linie 101). [GPS: UTM Zone 33 x: 243.821 m y: 5.143.498 m]
CHARAKTER | Einfache Wanderung im Tal- und Ortsbereich auf Nebenstraßen und Feldwegen. Einkehrmöglichkeit in Vigo di Fassa/Vich.

Die meisten der historischen Verbindungswege zwischen den Dörfern, Weilern und Bauernhöfen des Fassatals sind zu geteerten Straßen geworden oder wurden mit betonierten Fahrspuren befestigt. Die Tallandschaft, durch die sie führen, ist aber nach wie vor zauberhaft. Nur wer sie zu Fuß erkundet, findet verborgene kulturelle Schätze und überraschende Aussichtspunkte.

▶ Von der Bushaltestelle in **Soraga/Sorèga** 01 gehen Sie wenige Schritte taleinwärts, links über die Hauptstraße und auf der Strada de Barbida in den gleichnamigen Ortsteil hinauf. Vor der Cappella della Madonna Immacolata aus dem 17. Jahrhundert folgen Sie rechts dem Wegweiser „Tamion, Vigo“. Zwischen der Villa Maria und dem Hotel Madonnina biegen Sie rechts auf die Strada di Parlaut und wandern – vorbei am Hotel Arnica – in den Wald hinauf. Der betonierte Fahrweg schlängelt sich in den Wald hinauf. Oberhalb

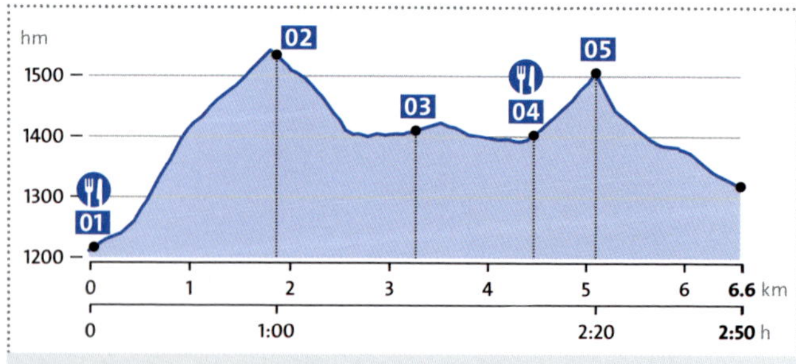

01 Soraga/Sorèga, 1215 m; 02 Tamion, 1538 m; 03 Larcione, 1404 m; 04 Vigo di Fassa/Vich, 1413 m; 05 Chiesa di Santa Giuliana, 1500 m

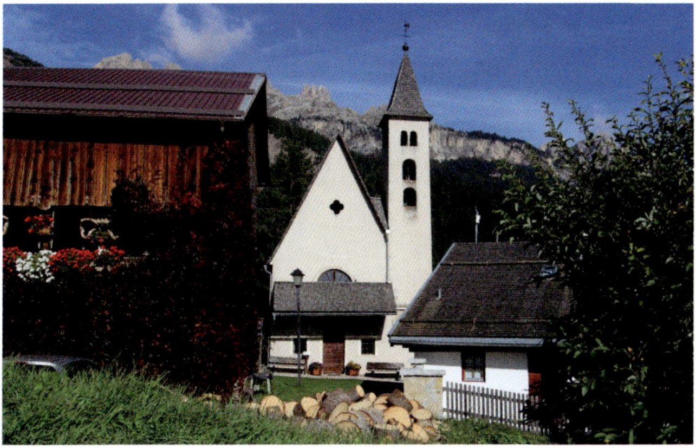

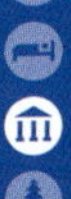

Tamion – ein stiller Ort vor der Felskulisse des Rosengartens.

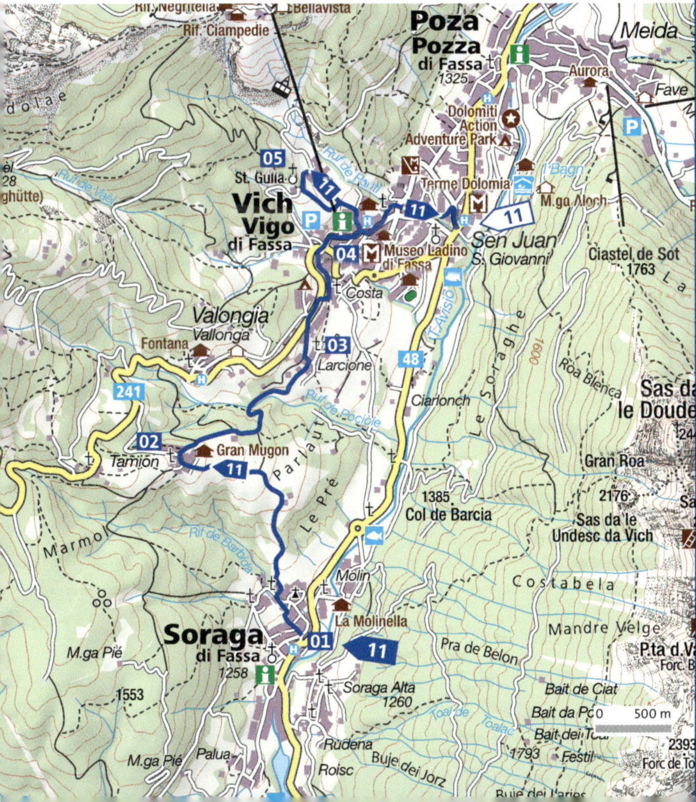

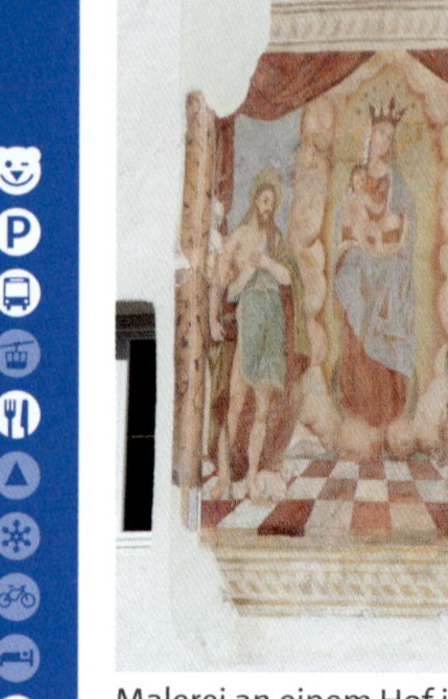
Malerei an einem Hof in Vigo.

davon erreichen Sie nach ungefähr 1:00 h den Weiler **Tamion** 02 (1538 m). Von seiner Wiesenterrasse blicken Sie zu den Felswänden des Sas da le Duodesh und der Punta de Vallacia hinüber, aber auch der Rosengarten zeigt sich.
Gegenüber der Kirche befindet sich ein kleiner Parkplatz, neben dem die Holzschilder „Larcione, Vigo“ den Abstieg auf einer Schotterstraße in den Wald anzeigen. Bei der folgenden Abzweigung bleiben Sie rechts und durchqueren zwei Gräben, danach geht's auf einem Feldweg quer durch aussichtsreiche Wiesen in die kleine, ebenfalls sehr aussichtsreich gelegene Ortschaft **Larcione** 03 (1404 m) hinüber. 30 Minuten.
Vom überdachten Brunnen marschieren Sie links auf der geteerten Zufahrt zur nahen Staatsstraße hinauf (Bushaltestelle). Dieser folgen Sie nach rechts. Gegenüber dem Hotel Belvedere beginnt ein Gehweg, der neben der Fahrbahn ins Tal des Torrente Veal hinabführt – man kann aber auch rechts bleiben und durch eine Siedlung dorthin gehen. Von der Abzweigung nach der Brücke gelangen Sie links ins Ortszentrum von **Vigo di Fassa/Vich** 04 (1413 m). 30 Minuten.
Nach knapp 300 m lohnt sich links der Abstecher gemäß der braunen Beschilderung „S. Giuliana“: Auf der schmalen, gepflasterten Strada de Piz wandern Sie zum Brunnen und auf der Strada de Sènt'Uiana unter der Seilbahn durch, bis Sie nach etwa 800 m links durch ein Waldstück zur gotischen **Chiesa di Santa Giuliana** 05 (1500 m) kommen. Sie steht frei auf dem Doss del Ciaslir über dem Ort und birgt neben einem großen Fresko einen geschnitzten Flügelaltar aus dem Jahre 1517. Leider ist das Gotteshaus oft geschlossen, doch der zauberhafte Platz und der Blick bis ins Val San Nicolò lohnen den 20-Minuten-Aufstieg trotzdem.
Für den Abstieg wählen Sie am besten den Weg zum weiter unten gelegenen Friedhof, auf dem Soldaten der österreichchisch-ungarischen Monarchie ihre letzte Ruhe fanden. Links gelangen Sie wieder nach **Vigo di Fassa/Vich** 04 hinunter. Zuletzt gehen Sie vom Platz gegenüber dem Ristorante Rezia auf der Strada Roma und der Strada Neva bergab, folgen nach 250 m der Beschilderung „Museo Ladin, Pieve S. Giovanni“ links über die Brücke und gelangen gleich danach rechts auf der schmalen, gepflasterten Strada Antersieff zur gotischen Pfarrkirche San Giovanni hinunter. Unterhalb davon verläuft die Staatsstraße, an der Sie nach 30 Minuten sich links – hinter dem Hotel Dolomiti – die Bushaltestelle der Linie 101 erreichen.

VOM KARERSEE ZUR HÄNGEBRÜCKE

Rund um das „Wasser-Wahrzeichen" der Dolomiten

 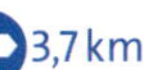 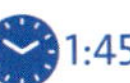 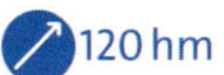  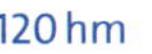 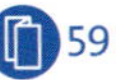

3,7 km | 1:45 h | 120 hm | 120 hm | 59

  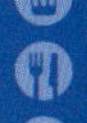 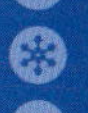 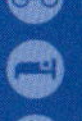

START | Gebührenpflichtiger Parkplatz Karersee, 1561 m, 3,5 km westlich vom Karerpass/Jouf de Ciareja/Passo Costalunga (Richtung Bozen/Bolzano); Busverbindung von Vigo di Fassa/Vich (Linien 180, 471). [GPS: UTM Zone 33 x: 236.757 m y: 5.145.450 m]
CHARAKTER | See-Spaziergang auf gut angelegten Waldwegen. Bar/Imbiss beim Parkplatz.

Der 300 Meter breite und 140 Meter lange Karersee liegt zwar 3,5 Kilometer westlich des Karerpasses in Südtirol, wird aber natürlich genauso häufig aus dem Vial di Fassa angesteuert. Gespeist von unterirdischen Quellen ändert er seinen Wasserstand im Jahreslauf ganz erheblich und zeigt mitunter einen staubig-trockenen Uferrand – nur nach der Schneeschmelze im Frühsommer erreicht er seine maximale Tiefe von 22 Meter. Um das Naturjuwel, in dem sich die Türme des Latemar-Massivs spiegeln, vor dem ständig wachsenden Touristenansturm zu schützen, hat man es mit einem eingezäunten Rundweg umgeben; das Betreten des Ufers ist nicht erlaubt. Wesentlich weniger überlaufen ist der viel kleinere, südliche benachbarte Mittersee, der im Sommer vollständig austrocknet, um sich im folgenden Frühjahr innerhalb weniger Tage wieder zu füllen. Gottlob hat der Sturm, der das Gebiet um den Pass im Herbst 2018 verwüstet hat, das Waldgebiet um den Mittersee weitgehend verschont. Eine ganz

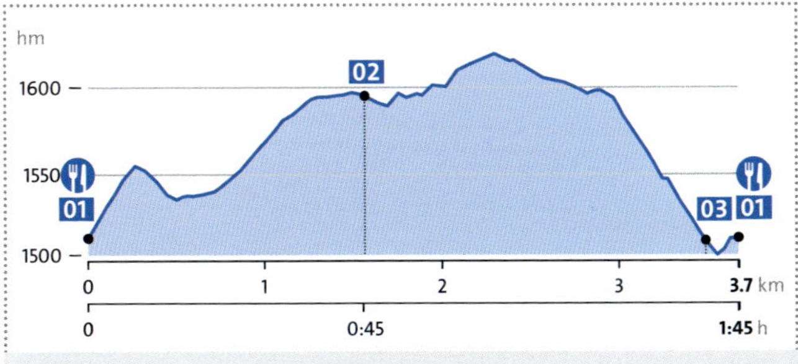

01 Parkplatz Karersee, 1561 m; 02 Mittersee, 1585 m;
03 Hängebrücke, 1540 m

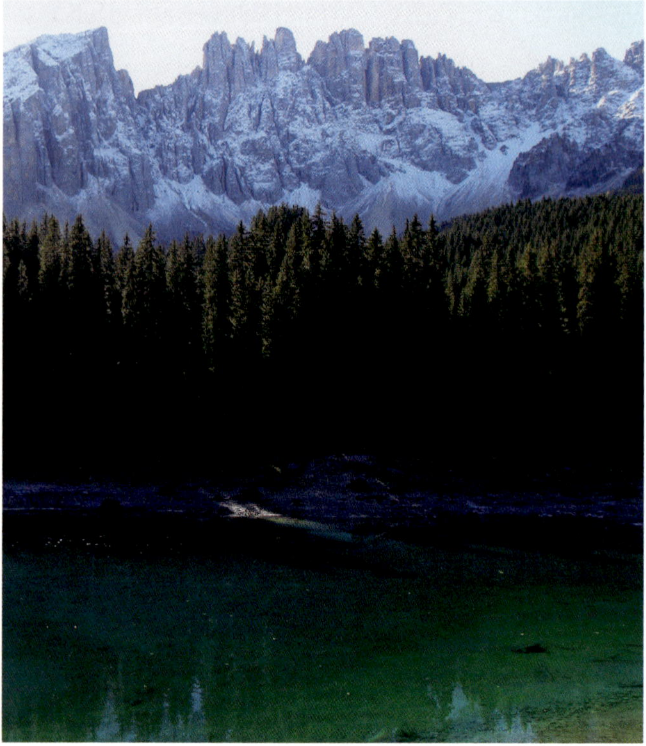

Kalendermotiv, Postkartenbild und Instagram-Hotspot – der Karersee,

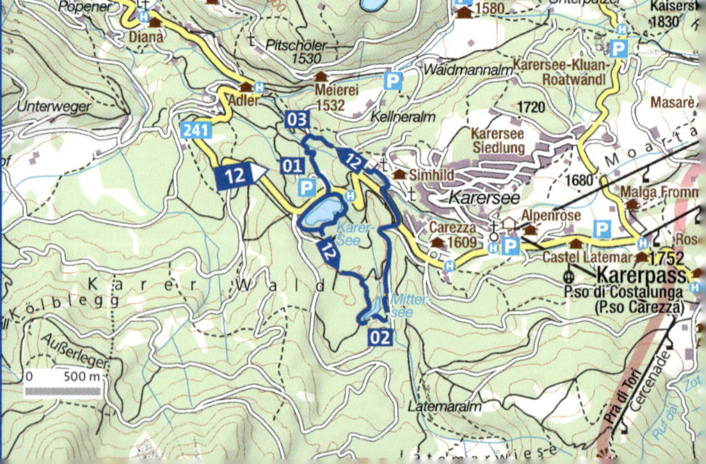

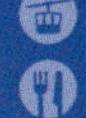
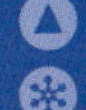

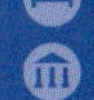

der vielfältige Grüntöne zeigt und als Latemar-Spiegel fungiert.

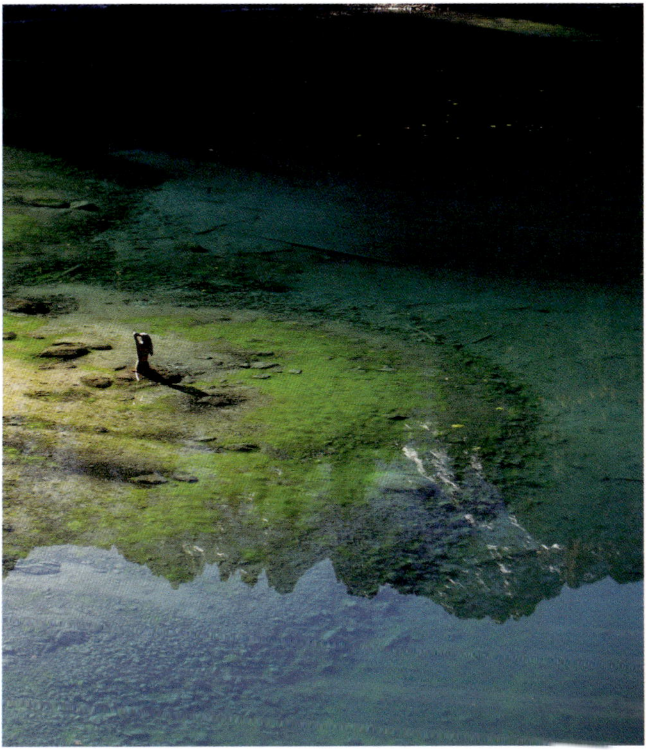

andere Attraktion gibt's im Norden des Karersees: eine 58 Meter lange Fußgänger-Hängebrücke, die eine Rundwanderung ermöglicht.

▶ Von der Kassa am Parkplatz 01 führt ein Durchgang unter der Straße zu einer Aussichtsplattform über dem Karersee (1519 m), von dem Sie auf einem breiten, abgezäunten Weg in ca. 15 Minuten links oder rechts des Gewässers zu seinem Südufer wandern. Dort treffen Sie auf den Waldweg Nr. 12, dem Sie Richtung „Siedlung Karersee" in den Wald folgen. Bei zwei Kreuzungen bleiben Sie jeweils geradeaus, bis Sie nach weiteren 30 Minuten die Lichtung am **Mittersee** 02 (1585 m) erreichen. Der Weg Nr. 12 führt durch teils abgeholztes Gelände zur Staatsstraße, neben der Sie links weitergehen. Nach 250 m überqueren Sie die Fahrbahn, folgen dem Schönblickweg und biegen nach der Brücke über den Welschnofenbach links ab. Auf dem Weg Nr. 8B, der bald links abzweigt, erreichen Sie nach knapp 500 m die **Hängebrücke** 03 (1540 m), die links über den Waldgraben wieder zum Parkplatz am **Karersee** 01 hinüberführt. 1:00 h.

AUF DIE POPPEKANZEL • 2328 m

Eine kleine, aber feine Aussichtsloge überm Karerpass

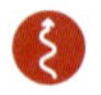 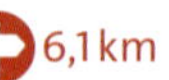 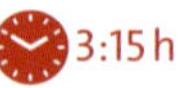 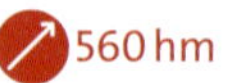 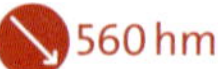 

START | Karerpass/Jouf de Ciareja/Passo Costalunga, 1752 m; Busverbindung von Vigo di Fassa/Vich (Linien 180, 471), Parkplatz bei der Liftstation Pra di Tori (gegenüber dem Hotel Savoy). [GPS: UTM Zone 33 x: 239.295 m y: 5.144.566 m]
CHARAKTER | Bergwanderung auf guten Wegen und Pfaden, die im oberen Bereich Trittsicherheit und Schwindelfreiheit erfordern. Unterwegs keine Einkehrmöglichkeit.

Unter den zahllosen Türmen der Latemargruppe ist die Poppekanzel einer der kleinsten. Doch diese Felsvorlagerung der Cima Poppe wurde bereits im 19. Jahrhundert mit einem Pfad erschlossen – mit gutem Grund: Von ihrer Spitze, auf der nur einige wenige Wanderer Platz finden, überblickt man weite Bereiche der Dolomiten und der Südtiroler Bergwelt.

▶ Vom Parkplatz am **Karerpass** 01 gehen Sie, den Wegweisern „Latemarwiese, Poppekanzel“ folgend, auf einer Straße an der Talstation des Sessellifts und am Restaurant Antermont vorbei zu einer Gabelung. Auf dem rechten Weg Nr. 17 Richtung „Poppekanzel“ wandern Sie über die Fontanewiese (Skipiste) zu einer weiteren Abzweigung, von der Sie links weiterhin der Markierung Nr. 17 folgen. Ein steiniger Pfad führt zu den wunderschön gelegenen, von Lärchen umrahmten **Latemarwiesen** 02 hinauf (Ausblick zum Latemar, zum Rosengarten und zum Schlern). 45 Minuten.
Auf einer Anhöhe (1910 m) erreichen Sie dort die nächste Weg-

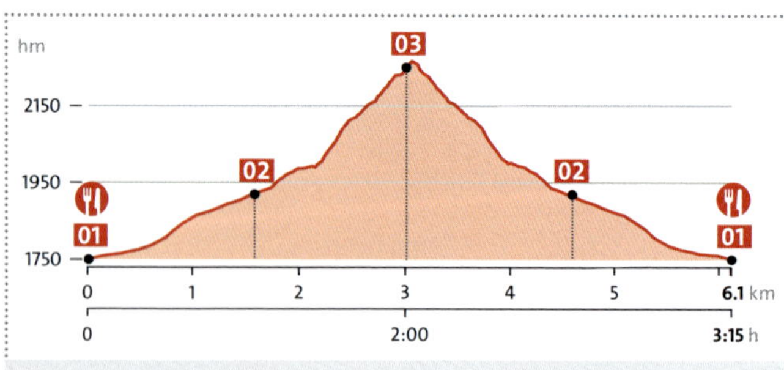

01 Karerpass, 1752 m; 02 Latemarwiesen, 1910 m; 03 Poppekanzel, 2328 m

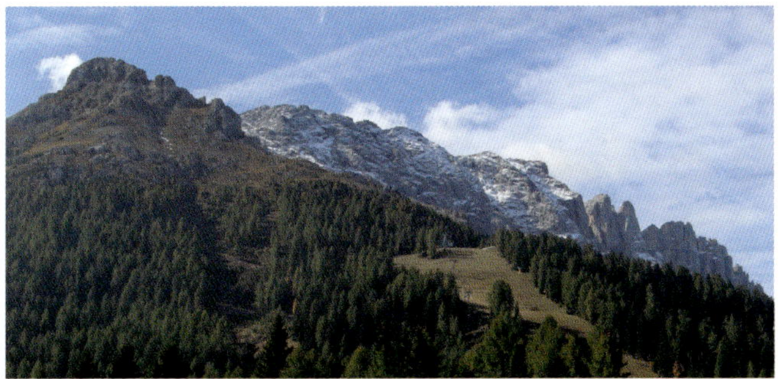

Ganz links die Cima Poppe, rechts davon die Kanzel (vor dem Latemar).

kreuzung, von der Sie links (Nr. 17) auf einem Waldrücken ansteigen und zur Bergstation des Sessellifts hinüberqueren.

In der Folge führt der Pfad rechts durch lichten Wald zum breiten Rücken unterhalb der Poppekanzel; links (östlich) davon schlängelt er sich durch Schutt empor. Durch eine Scharte und mit Hilfe von Stahlseilen erklimmen Sie schließlich die kleine und recht luftige, aber mit einer Abzäunung gesicherte Felsspitze der **Poppekanzel** 03 (2328 m). Nahsicht auf die Felsformationen des Latemar, Fernblick nun auch zu Pala, Sellastock, Marmolada, Schlern und im Westen bis zu den Ötztaler Alpen und zur Ortlergruppe. 1:15 h.

Der Abstieg erfolgt auf derselben Route. 1:15 h.

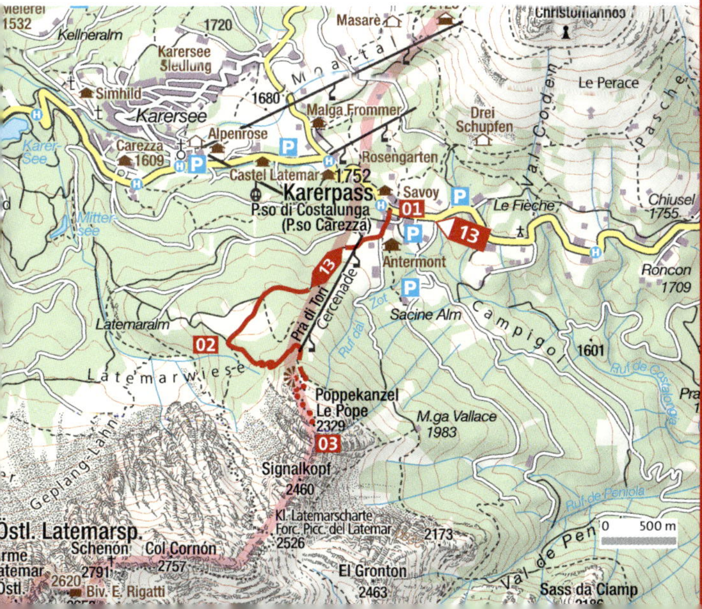

DER HIRZELWEG

„Große Oper" im Süden des Rosengartens

 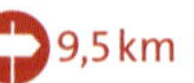 9,5 km 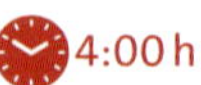 4:00 h 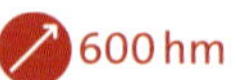 600 hm 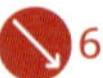 600 hm 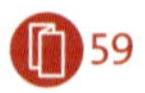 59

START | Karerpass/Jouf de Ciareja/Passo Costalunga, 1752 m; Busverbindung von Vigo di Fassa/Vich (Linien 180, 471), Parkplatz bei der Liftstation Pra di Tori (gegenüber dem Hotel Savoy). [GPS: UTM Zone 33 x: 239.304 m y: 5.144.575 m]

CHARAKTER | Sehr beliebte und dementsprechend vielbegangene Höhenwanderung auf stellenweise steilen und sehr steinigen Pfaden. Einkehrmöglichkeit: Rifugio Roda di Vaèl, Rifugio Pederiva, Paolinahütte.

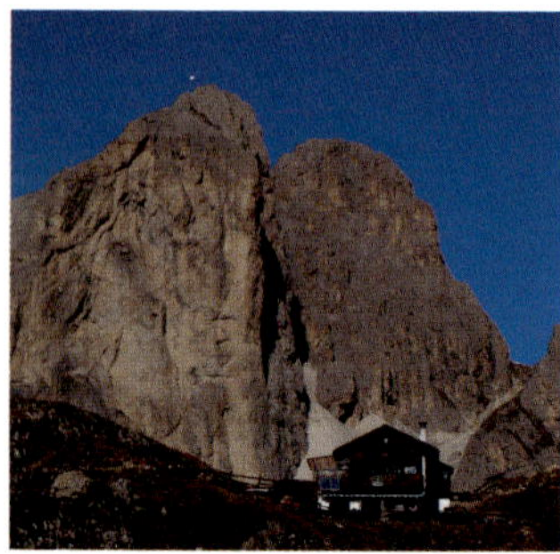

Etappenziel 1: Rifugio Pederiva.

Für den zehn Kilometer langen Rosengarten, der im deutschen Sprachraum nicht zuletzt durch die Sage um den Zwergenkönig Laurin sehr bekannt ist, haben die Bewohner des Fassatals einen recht prosaischen Begriff: Catenaccio – das bedeutet soviel wie Türriegel. Ganz im Süden lässt sich diese steinerne Gebirgsgrenze zu Südtirol jedoch einfach umwandern, und zwar auf einem der schönsten und berühmtesten Höhenwege der Dolomiten.

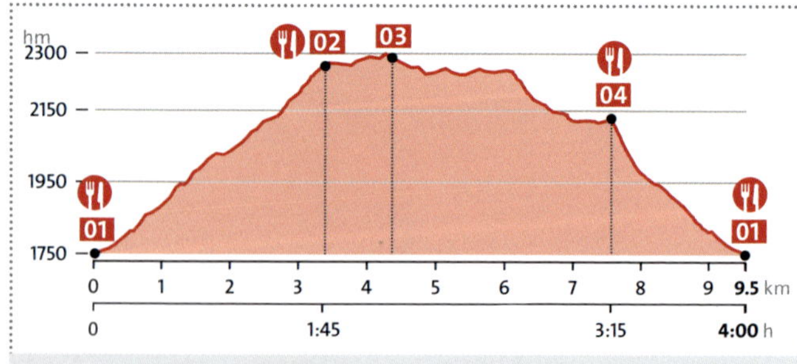

01 Karerpass, 1752 m; 02 Rifugio Roda di Vaèl, 2280 m; 03 Bronzeadler, 2280 m; 04 Paolinahütte, 2125 m

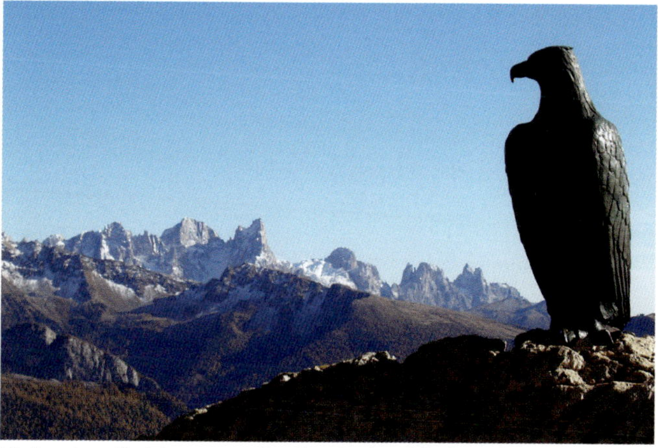

Hinter dem Christomannos-Denkmal zeigt sich die Palagruppe.

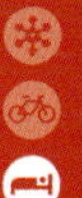

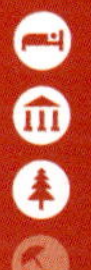

▶ Vom **Karerpass** 01 wandern Sie zwischen dem Hotel Savoy und dem Restaurant Rosengarten gemäß dem Wegweiser „Rifugio Paolina Hütte“ auf der Route Nr. 552 nach Norden, auf den Rosengarten zu. Auf einer Schotterstraße geht's kurz nach links, aber schon bei der nächsten Gabelung folgen Sie der Route Nr. 548 nach rechts und unter den Felsen des Cianzonals hinauf. Oben bei einer Almhütte erweitert sich die Sicht bis zur Marmolada und zur Palagruppe. Dann steigen Sie schräg durch steile Grashänge und neben einem Graben an, bis Sie nach ca. 1:45 h vor dem **Rifugio Roda di Vaèl** 02 (Rotwandhütte, 2280 m) stehen. Gleich daneben befindet sich das ebenso einladende Rifugio Pederiva vor dem Felskopf des Col de Ciampac, das seine Gäste mit der Aufschrift „Ciao“ auf dem Dach begrüßt. Dahinter bäumen sich die fast gotisch wirkende Tscheinerspitze (2810 m) und der massige Mugnon (2734 m) auf.

Nun schwenken Sie links auf den Hirzelweg (Hirzelsteig, Nr. 549) ein. Benannt wurde diese Höhenroute nach dem Leipziger Verleger Georg Hirzel, der 1904 viel Geld für ihre Trassierung locker gemacht hatte. Sie ermöglicht die Umwanderung der Rotwand, eine der schönsten Panoramatouren der Dolomiten. Unter dem Südsporn des Rosengartens, hoch über dem Karerpass und mit Prachtsicht zum Latemar, wacht ein 3 m großer **Bronzeadler** 03 – ein Denkmal für den Tourismuspionier Theodor Christomannos (2280 m).

Alle Pfade, die links hinabziehen, bleiben unbeachtet; Sie wandern stets ungefähr auf gleicher Höhe weiter. Auf der Westseite des Rosengartens staunt man über die 400 m hohe Rotwand (2806 m), die den Süden dieser Gebirgsgruppe dominiert – sie verdankt ihren Namen dem gelbroten Schlerndolomit, der sie aufbaut. An ihrem Fuß durchqueren Sie ausgedehnte Schutthalden, gehen an der Abzweigung zum Vaiolonpass vorbei. 200 m danach zweigen Sie scharf nach links ab und wandern in Serpentinen zum Pfad Nr.

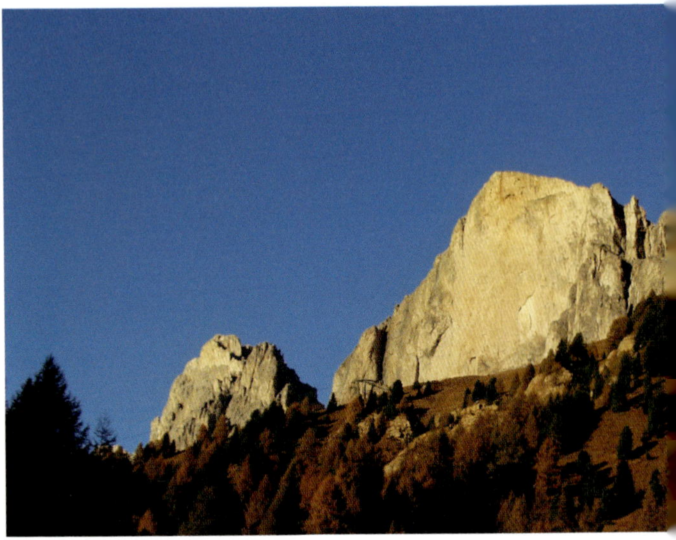

Die Magie der Rosengartenlandschaft, wenn die Enrosadira beginnt –

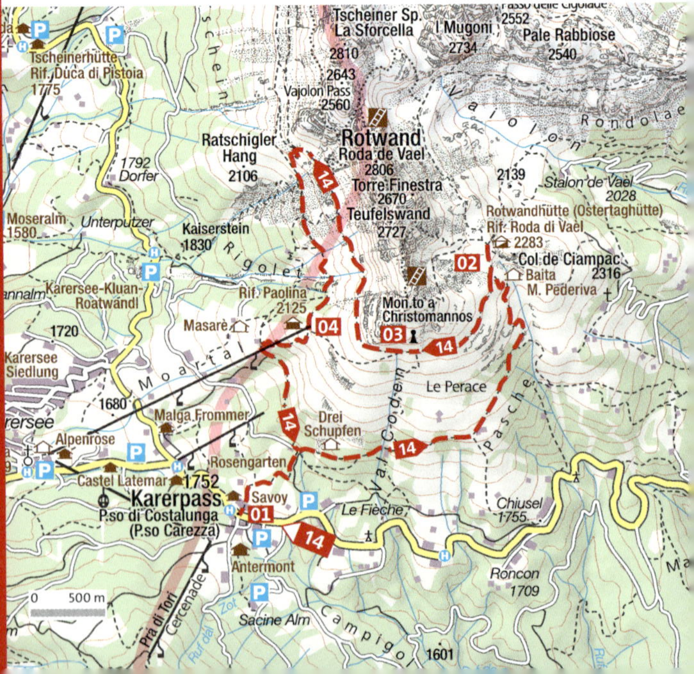

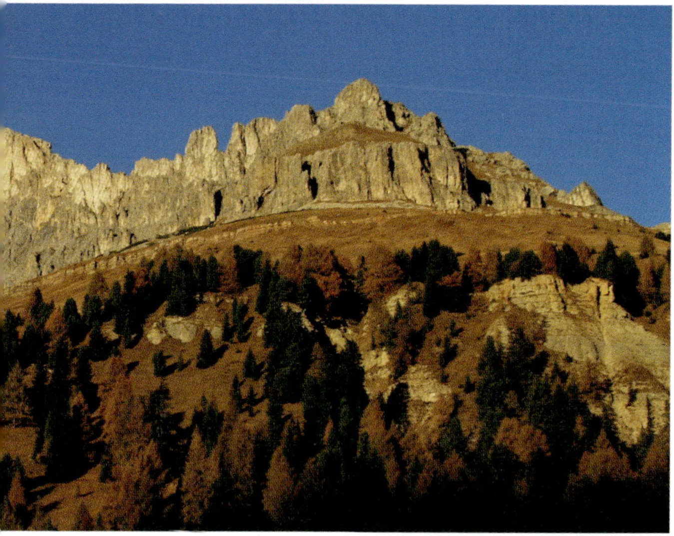

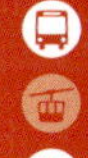
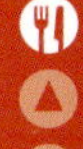
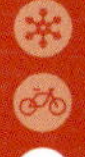
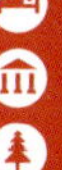

Tscheinerspitze, Rotwand, Roda del Diavolo und Punta Masare.

552 hinab. Diesem folgen Sie nach links (Wegweiser „Paulina Hütte"). Kleinsplittriges rotes Gestein erfordert einen sicheren Tritt, dann durchqueren Sie den Blockschutt unterhalb der Rotwand ein zweites Mal neben den obersten Lärchen und Zirben.
Die dortige Abzweigung wird ignoriert. Dann gabelt sich die Route neuerlich: Links (oben) geht's über einen felsigen Graben zur **Paolinahütte** 04 (2125 m) neben der Bergstation des gleichnamigen Sessellifts, der auch im Sommer zur Siedlung im Westen des Karerpasses hinunterfährt. 1:30 h.
Schöner ist jedoch der Abstieg auf dem Pfad Nr. 552, der rechts gegen den Karerpass hinabzieht. Dies ist der „Karl-May-Weg", der an die Aufenthalte des deutschen Schriftstellers (1842 – 1912) im Grand Hotel Kareresee erinnert. Nach 45 Minuten stehen Sie wieder am **Karerpass** 01.

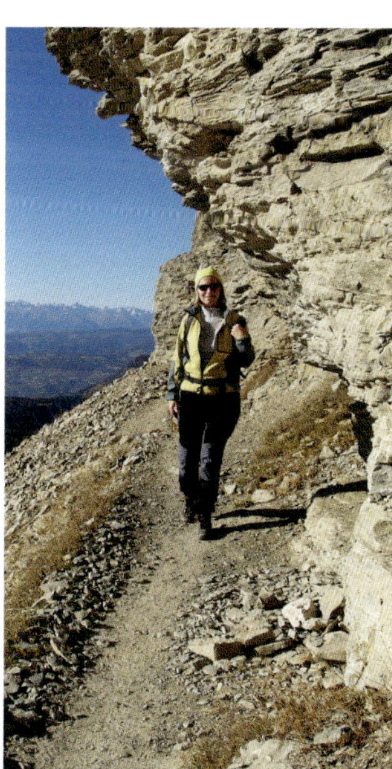

Nah an der Wand – der Hirzelweg.

ÜBER DEN JOUF DAL VAIOLON • 2565 m

Eine abenteuerliche Rundtour um die Rotwand

 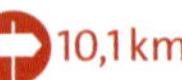 10,1 km 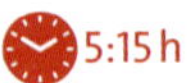 5:15 h 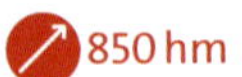 850 hm 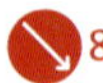 850 hm  59

START | Karerpass/Jouf de Ciareja/Passo Costalunga, 1752 m; Busverbindung von Vigo di Fassa/Vich (Linien 180, 471), Parkplatz bei der Liftstation Pra di Tori (gegenüber dem Hotel Savoy). [GPS: UTM Zone 33 x: 239.306 m y: 5.144.590 m]
CHARAKTER | Hochalpine Bergwanderung auf stellenweise steilen und gesicherten Schutt- und Felspfaden, die Trittsicherheit, Schwindelfreiheit und Ausdauer erfordern; bei Schneelage und Nebel gefährlich. Einkehr- und Nächtigungsmöglichkeit: Rifugio Roda di Vaèl, Rifugio Pederiva, Paolinahütte.

Man muss es erwarten können, bis in den Felsrinnen beiderseits des Jouf dal Vaiolon Altschnee und Eis geschmolzen sind – dann aber ist die Umrundung der Rotwand im Süden des Rosengartenkamms eine feine, an idyllischen wie an bizarren Dolomiteneindrücken reiche Tour.

▶ Vom **Karerpass** 01 wandern Sie zunächst auf der bei Tour 14 beschriebenen Route in ca. 1:45 h zum **Rifugio Roda di Vaèl** 02 (Rotwandhütte, 2280 m) bzw. zum Rifugio Pederiva hinauf.
Weiter geht's mit der Beschilderung „Rif. Coronella 'Fronza' Rosengarten Hütte“ auf dem fast ebenen Pfad Nr. 541 durch steinige Wiesen und Schutt unter der Rotwand in den Unteren Vaiolonkessel (Pael, 2330 m), wo Sie links Richtung „Passo-Jouf dal Vaiolon“ auf den Pfad Nr. 9 abzweigen. Durch eine steile Felsrinne gelan-

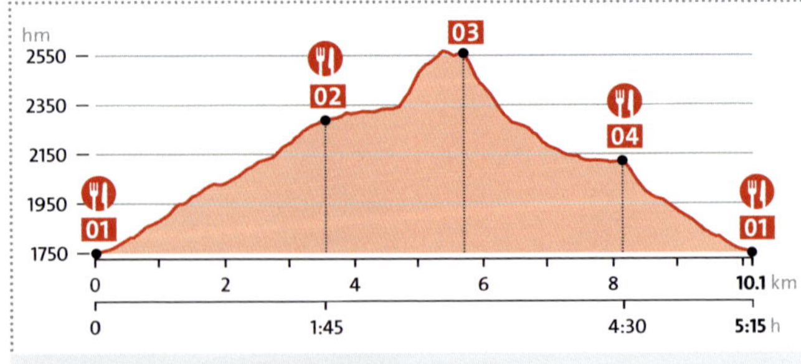

01 Karerpass, 1752 m; 02 Rifugio Roda di Vaèl, 2280 m;
03 Jouf dal Vaiolon, 2565 m; 04 Paolinahütte, 2125 m

gen Sie auf die Terrasse des Oberen Vaiolonkessels hinauf. Von dort zieht der Pfad links durch die Gras- und Schutthänge unter der 2768 m hohen Tscheinerspitze, bis er durch eine Felsflanke in den Sattel des **Jouf dal Vaiolon** 03 (Vaiolon-Pass, 2565 m) ansteigt. 1:30 h.

Der Abstieg auf der Westseite des Rosengartenkamms erfolgt durch eine brüchige Schrofen- und Schuttrinne, in der bis weit in den Sommer hinein harter Altschnee liegen kann (Stahlseil-Sicherungen, Leiter). Über etwas weniger steile Geröllhalden am Fuß der gewaltigen Rotwand-Westwand erreichen Sie nach knapp 45 Minuten den Hirzelweg (Hirzelsteig, Nr. 549), auf dem Sie rechts Richtung „Kölner Hütte Rif. Coronelle" weiterwandern.

Schon nach 200 m geht's – wie bei Tour 14 – links in Serpentinen zum weiter unten verlaufenden Pfad Nr. 552 hinunter und auf diesem über einen felsigen Graben zur **Paolinahütte** 04 (2125 m) hinüber. 30 Minuten.

Der Abstieg verläuft weiter auf dem Pfad Nr. 552, dem „Karl-May-Weg", der rechts in 45 Minuten zum **Karerpass** 01 hinunterführt.

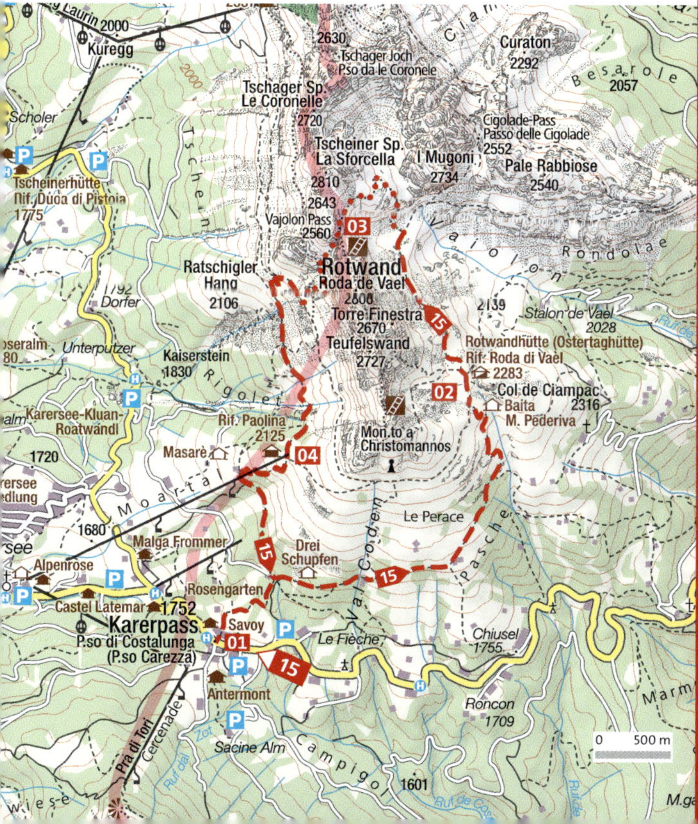

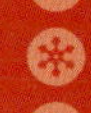

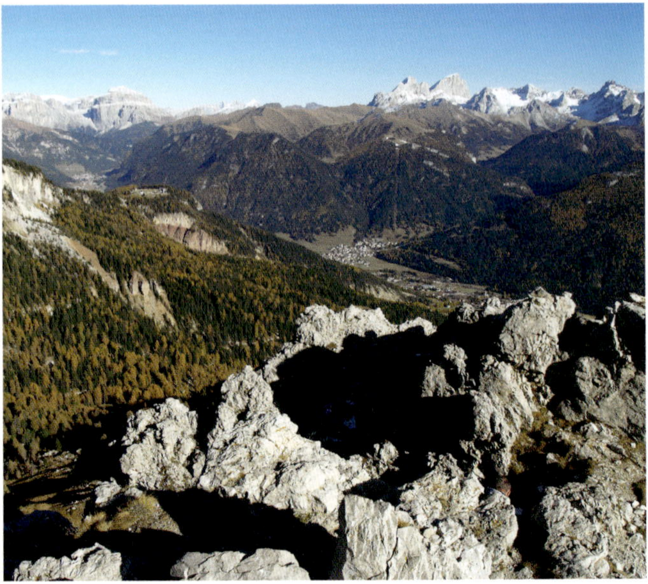

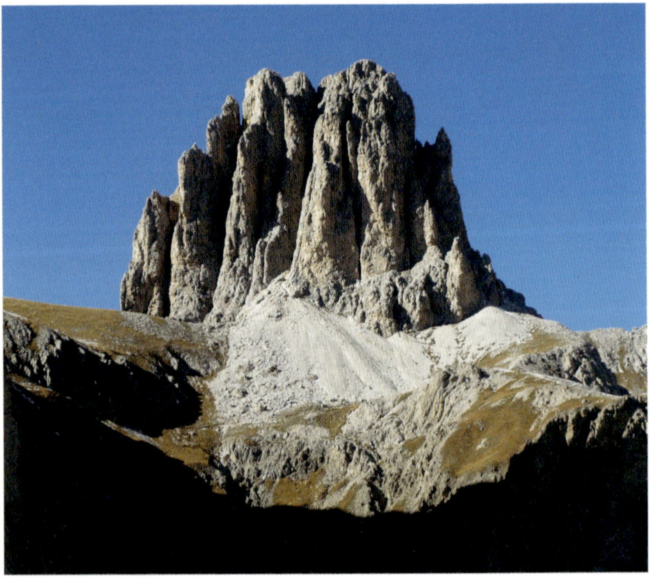

Blick übers Fassatal (oben) und zur Felsbastion der Tscheinerspitze.

ÜBER DAS TSCHAGERJOCH • 2630 m

16

Die grandiose Rosengarten-Runde

 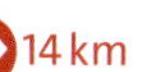 14 km 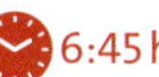 6:45 h 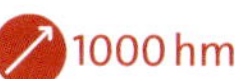 1000 hm  1000 hm 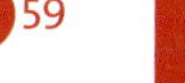 59

START | Karerpass/Jouf de Ciareja/Passo Costalunga, 1752 m; Busverbindung von Vigo di Fassa/Vich (Linien 180, 471), Parkplatz bei der Liftstation Pra di Tori (gegenüber dem Hotel Savoy). [GPS: UTM Zone 33 x: 239.299 m y: 5.144.556 m]
CHARAKTER | Hochalpine Bergwanderung auf stellenweise steilen und gesicherten Schutt- und Felspfaden, die Trittsicherheit, Schwindelfreiheit und Ausdauer erfordern; bei Schneelage und Nebel gefährlich. Einkehr- und Nächtigungsmöglichkeit: Rifugio Roda di Vaèl, Rifugio Pederiva, Kölner Hütte, Paolinahütte.

Im Rosengartenkamm zwischen dem Val de Vaiolet und der Kölner Hütte bildet der Pas da le Coronelle (Tschagerjoch) ein verborgenes Bergsteiger-Nadelöhr. Ein sicherer Tritt und ein angstfreier Blick in die Tiefe sind für seine Überschreitung genauso Voraussetzung wie trockene, schneefreie Verhältnisse und gutes Wetter. Wenn all dies passt, dann erwarten Sie dort großartige Landschaftseindrücke!

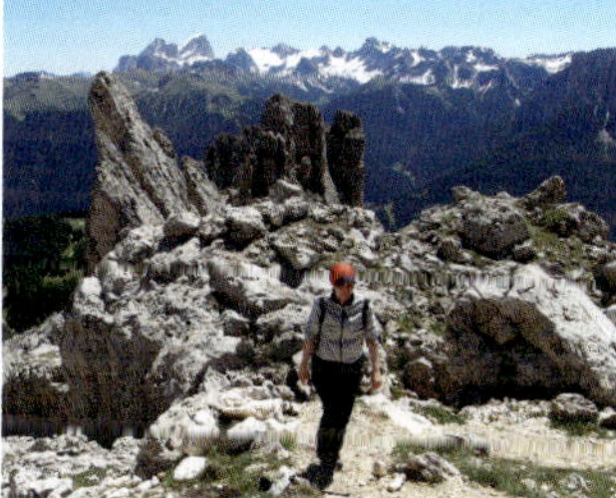

Im Hintergrund die Marmolada.

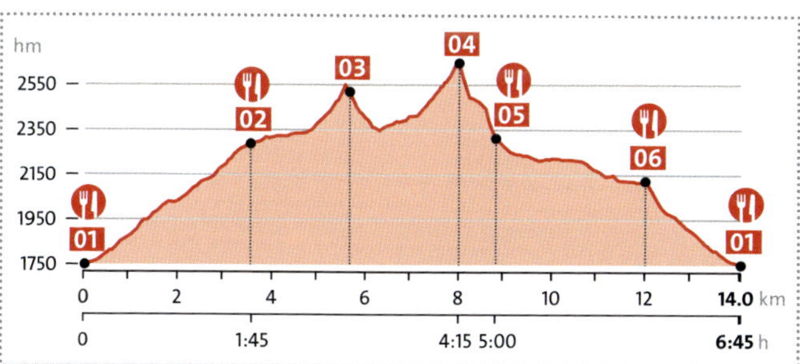

01 Karerpass, 1752 m; 02 Rifugio Roda di Vaèl, 2280 m; 03 Jouf da le Zigolade, 2552 m; 04 Pas da le Coronele, 2630 m; 05 Kölner Hütte, 2339 m; 06 Paolinahütte, 2125 m

▶ Vom **Karerpass** 01 wandern Sie zunächst auf der bei Tour 14 beschriebenen Route in ca. 1:45 h zum **Rifugio Roda di Vaèl** 02 (Rotwandhütte, 2280 m) bzw. zum Rifugio Pederiva hinauf.
Weiter geht's wie bei Tour 14 Richtung „Rif. Coronella 'Fronza' Rosengarten Hütte" auf dem Pfad Nr. 541 in den Unteren Vaiolonkessel (Pael, 2330 m). Bei der dortigen Gabelung bleiben Sie rechts auf dem Pfad Nr. 541 Richtung „Passo – Jouf Zigolade", ignorieren die folgende Abzweigung nach Ciampedie und steigen durch

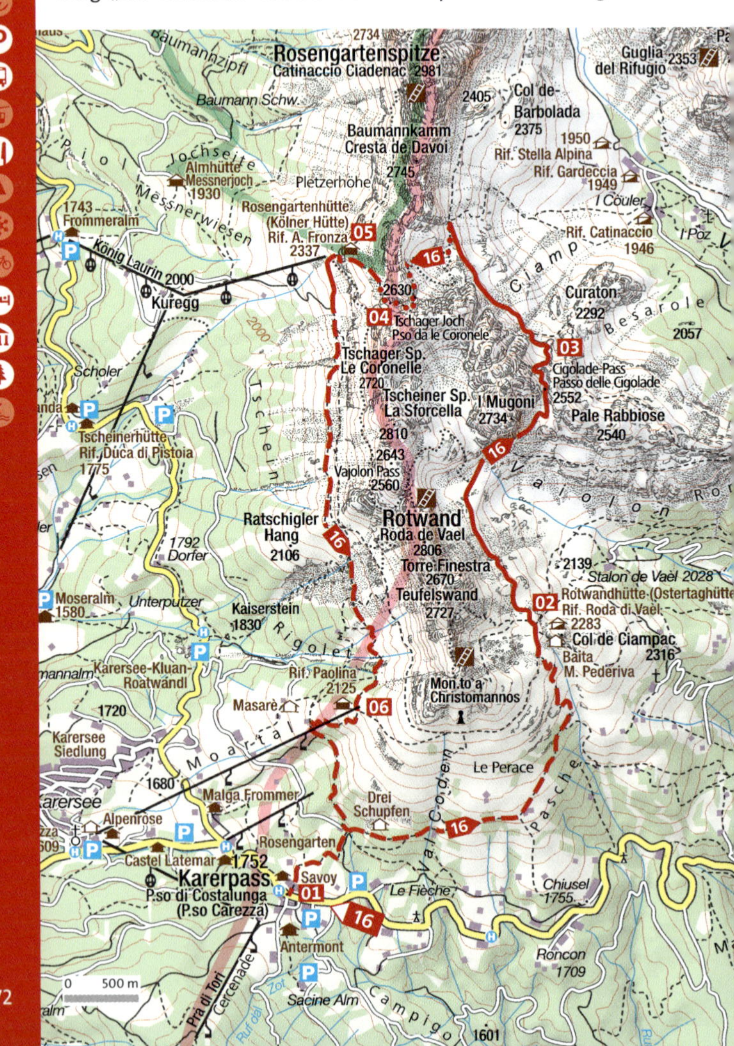

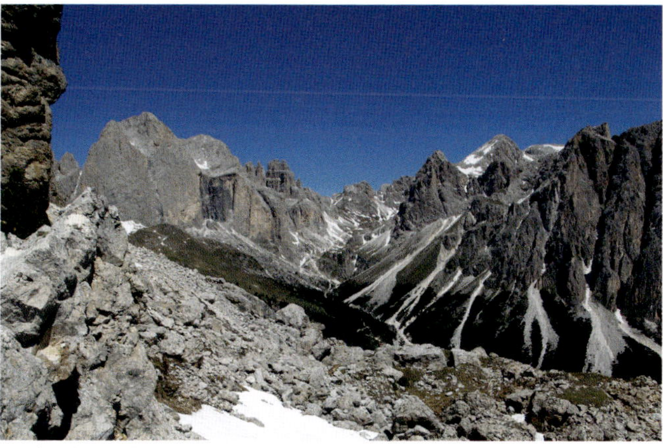

Jouf da le Zigolade – Rosengartenspitze, Vajolettürme und Larsech.

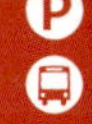

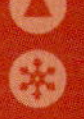

Schutthänge steil zur Südlichen Mugonispitze (2734 m) an. Zwischen ihrer Wand und einem herabgestürzten Gesteinskeil tut sich ein faszinierender Durchgang auf. Dahinter geht es steiler durchs Geröll in die breite Scharte des **Jouf da le Zigolade** 03 (Passo da le Zigolade 2552 m) hinauf. 1:15 h.
Gemäß dem Wegweiser „Rif. Vaiolet – Hütte" wandern Sie dahinter unter bizarren Türmen steil abwärts (Vorsicht – oft Schneefelder!) und durchqueren die ausgedehnten Schutthalden hoch über dem Val de Vaiolet – der mächtigen, 2981 m hohen Rosengartenspitze entgegen.
Nach gut 1,5 km zweigen Sie jedoch scharf links Richtung „Passo delle Coronelle, Rif. Fronza" ab und folgen dem Pfad Nr. 550 durch Grashänge, Geröll und Schrofen unter dem Baumannkamm zum schmalen Felseinschnitt des **Pas da le Coronele** 04 (Passo delle Coronelle/Tschagerjoch, 2630 m) empor. 1:15 h.
Auf der Westseite steigen Sie steil durch eine enge Schlucht mit groben Blöcken und alter Weganlage zu einer Geröllterrasse ab, die den Weiterweg rechts zum Pfad Nr. 542 vorgibt. Auf diesem müssen Sie zuletzt links über eine 80 m hohe, aber gut gegliederte und stellenweise mit einem Stahlseil gesicherte Wandpassage abklettern. An ihrem Fuß steht die **Kölner Hütte** 05 (Rifugio A. Fronza alle Coronelle, 2339 m); daneben befindet sich die Bergstation eines Sessellifts, der von der Frommeralm an der Nigerpass-Straße heraufführt. 45 Minuten.
Die einstündige Wanderung auf dem Hirzelsteig (Hirzelweg, Nr. 549) und dem links abzweigenden Pfad 552 zur gut 3 km weiter südlich gelegenen **Paolinahütte** 06 (2125 m) verheißt puren Genuss und eine Prachtsicht zur schier übermächtigen Rotwand, aber auch den Überblick über weite Bereiche der Südtiroler Bergwelt im Westen. Zuletzt steigen Sie – wie bei Tour 14 beschrieben – in 45 Minuten auf der Route Nr. 552 wieder zum Ausgangspunkt am **Karerpass** 01 ab.

17

ALTA VIA DEI FASSANI

Der Fassaner Höhenweg

 8,6 km 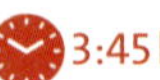 3:45 h  300 hm  880 hm  59

START | Vigo di Fassa/Vich, Talstation der Seilbahn Ciampedie, 1393 m; Parkplatz, Bus von der Haltestelle der Tal-Buslinie 101 (zu Fuß ca. 15 Minuten). Auffahrt zur Bergstation Ciampedie, 1992 m (www.catinacciodolomiti.it).
[GPS: UTM Zone 33 x: 244.236 m y: 5.146.098 m]
CHARAKTER | Höhenwanderung auf guten Pfaden, die an einer Stelle Trittsicherheit und Schwindelfreiheit erfordern. Einkehren kann man in der Malga Vael, im Rifugio Roda di Vaèl und im Rifugio Pederiva.

Der Fassaner Höhenweg ist eine der beliebtesten Wanderrouten im Rosengarten – eine abwechslungsreiche und unschwierige, aber doch mit einer recht luftigen Felspassage „gewürzte" Route.

▶ Von der **Bergstation Ciampedie** 01 gehen Sie zu einer nahen Wegkreuzung, von der Sie der Beschilderung „Rif. Roda di Vael" nach links folgen. Vorbei am Rifugio Ciampedie wandern Sie zum Rifugio Negritella, bleiben bei der folgenden Gabelung links auf dem Fahrweg Richtung „Stalon de Vael, Rif. Roda di Vael" und ignorieren ca. 45 m danach die Abzweigung des Vial de la Feide (Schafsteigs), auf dem Sie zurückkehren werden. Nach einem ausgesprengten Felsdurchgang folgen Sie der Skipiste, bis Sie nach gut 200 m rechts auf den Pfad Nr. 545 Richtung

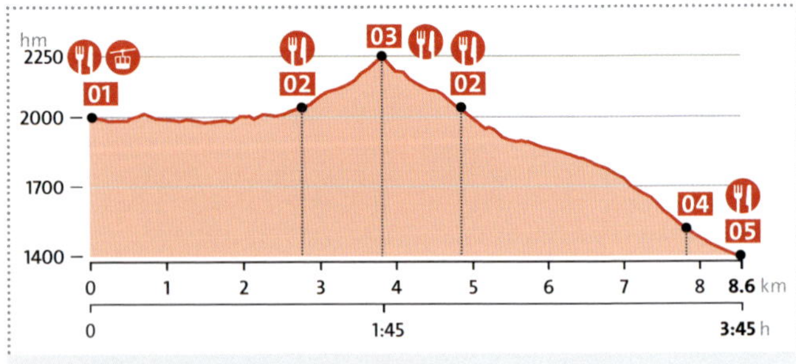

01 Bergstation Ciampedie, 1992 m; 02 Malga Vaèl, 2028 m; 03 Rifugio Roda di Vaèl, 2280 m; 04 Chiesa di Santa Giuliana, 1500 m; 05 Vigo di Fassa/Vich, 1393 m

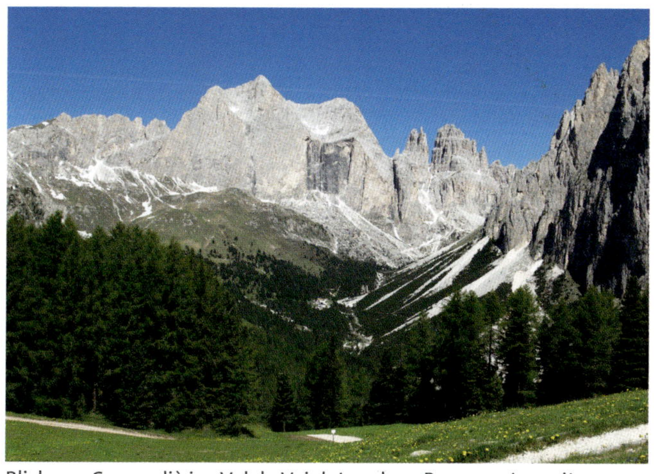

Blick von Campediè ins Val de Vaiolet und zur Rosengartenspitze.

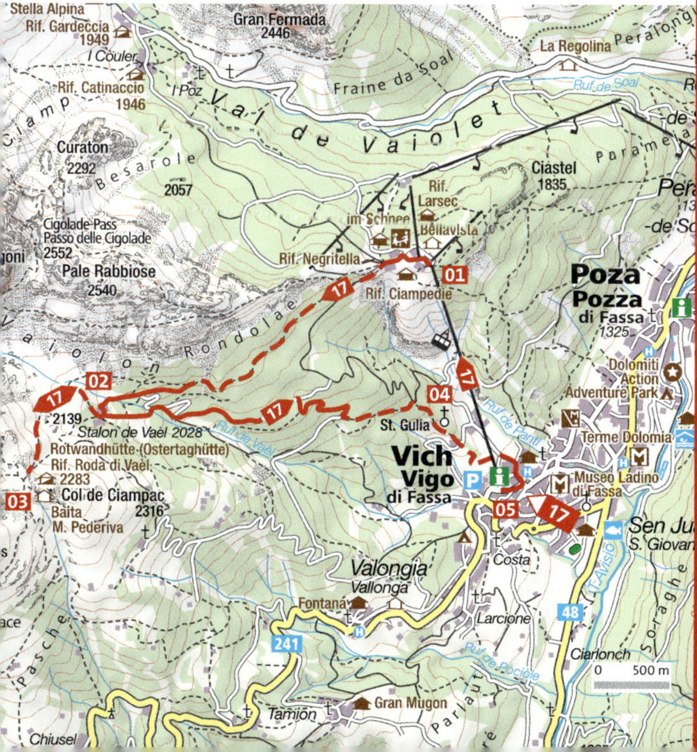

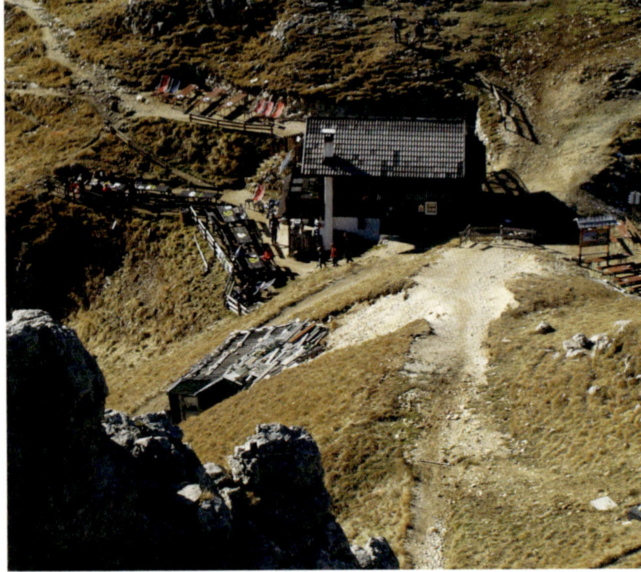

Das Rifugio Pederiva aus der „Vogelschau“ von seinem Aussichtsfelsen.

„Mandrà de Vael, Rif. Roda di Vael“ abzweigen. Dies ist die Alta Via dei Fassani, der Fassaner Höhenweg, der kurz zu einer weiteren Piste ansteigt. Danach führt er durch Waldhänge und auf einem ausgesetzten Band durch den unteren Bereich einer markanten Felswand. Durch bewaldetes Gelände geht's weiter zur Lichtung Rondolae (2020 m) und nach Ciasarins (2010 m), wo die Höhenroute in einen Forstweg einmündet. Auf diesem gelangen Sie rechts zur nahen **Malga Vaèl** 02 (Stalon de Vael, 2028 m).

Auf der Schotterstraße gelangen Sie weiter zu den Hochweiden unter der Rotwand hinauf. Auf etwa 2100 m zweigen Sie dort rechts auf einen unbeschilderten Pfad ab, der zu den obersten Lärchen und Zirben hinaufzieht. Oberhalb davon steigen Sie unter Felsen zum Sattel Vael mit dem Rifugio Pederiva (2280 m) an. Daneben befindet sich das größere **Rifugio Roda di Vaèl** 03 (Rotwandhütte). 1:45 h.

Nun geht's in 30 Minuten zurück zur **Malga Vaèl** 02 (2028 m), bei der Sie rechts auf eine Schotterstraße einschwenken. Der Wegweiser „Vigo die Fassa – Vich“ weist 20 m weiter vorne auf den rechts abzweigenden Pfad Nr. 547 zu diesem Fahrweg, auf dem Sie nach gut 300 m eine Brücke über den Ruf de Vaèl und jenseits die Einmündung in eine weitere Forststraße erreichen.

Auf dieser und Abkürzungs-Waldpfaden wandern Sie zur gotischen **Chiesa di Santa Giuliana** 04 (1500 m) hinab. Von dort gelangen Sie – wie bei Tour 11 beschrieben – in Kürze nach **Vigo di Fassa/Vich** 05 und zur Seilbahn-Talstation hinunter. 1:30 h.

VIAL DA LE FEIDE

Der Schafsteig – ein Stockwerk höher

 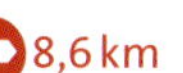 8,6 km 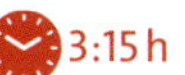 3:15 h 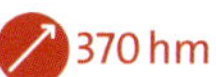 370 hm  370 hm  59

START | Vigo di Fassa/Vich, Talstation der Seilbahn Ciampedie, 1393 m; Parkplatz, Bus von der Haltestelle der Tal-Buslinie 101 (zu Fuß ca. 15 Minuten). Auffahrt zur Bergstation Ciampedie, 1992 m, Talfahrt ebenfalls mit der Seilbahn (www.catinacciodolomiti.it). Alternativ kann man auch von Pera mit dem Sessellift Vaiolet (3 Sektionen) hinauffahren. [GPS: UTM Zone 33 x: 244.205 m y: 5.146.224 m]
CHARAKTER | Alpine Höhenwanderung auf steinigen und ausgesetzten Pfaden, die Trittsicherheit und Schwindelfreiheit erfordern. Einkehren kann man in der Malga Vael, im Rifugio Roda di Vaèl, im Rifugio Pederiva und in der Baita Prà Martìn.

Noch spannender als die Wanderung auf dem Fassaner Höhenweg ist der Rückweg vom Rifugio Pederiva durch den Unteren Vaiolonkessel am Fuß der Rotwand.

▶ Von der **Bergstation Ciampedie** 01 wandern Sie auf der bei Tour 17 beschriebenen Route zur **Malga Vael** 02 (2028 m) und weiter bis zum Rifugio Pederiva (2280 m) bzw. zum benachbarten **Rifugio Roda di Vaèl** 03 (Rotwandhütte). 1:45 h.
Dort wenden Sie sich gemäß dem Wegweiser „Rif. Coronella 'Fronza' Rosengarten Hütte" nach rechts und marschieren – wie bei Tour 15 – auf dem Pfad Nr. 541 durch Wiesen und Geröll bis in den Unteren Vaiolonkessel (Pael, 2330 m). Bei der dortigen Gabelung

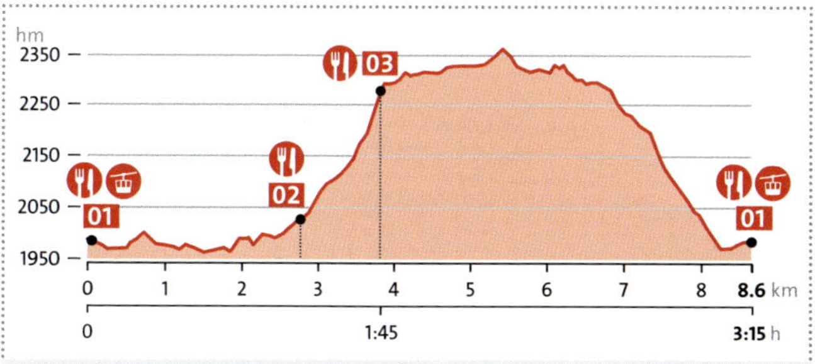

01 Bergstation Ciampedie, 1992 m; 02 Malga Vaèl, 2028 m; 03 Rifugio Roda di Vaèl, 2280 m

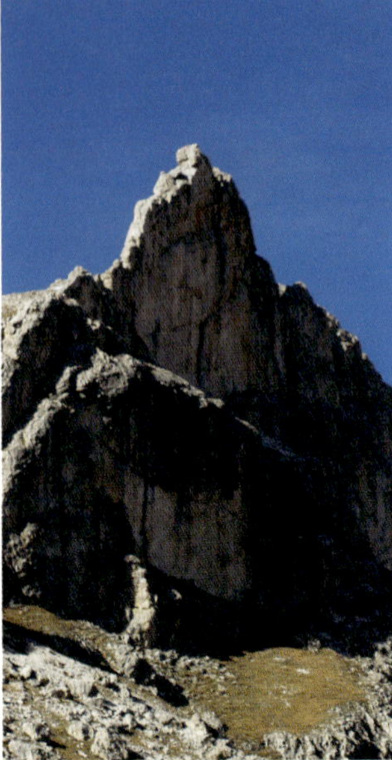

Ein bizarrer Turm der Rotwand.

bleiben Sie rechts auf dem Pfad Nr. 541 Richtung „Passo – Jouf Zigolade", nach 130 m biegen Sie jedoch gemäß der Beschilderung „Pra Martin – Ciampedie" rechts auf den Vial de le Feide (Sentiero delle Pecore/Schafsteig, Nr. 545) ab. Dieser führt zwischen herabgestürzten Felsblöcken und durch den Schutt zu einer grasigen Terrasse zwischen dem Kessel der Malga Vael und den Wänden des Cigolade-Kamms (2540 m) hinüber; kurze Abschnitte erfordern Trittsicherheit. Von einer Gabelung geht's rechts neben dem zerfallenden Grat im Zickzack zu den ersten Bäumen bergab. Bald darauf erreichen Sie die Bergstation eines Sessellifts und die aussichtsreiche Wiese um die Baita Prà Martìn. Der Pfad zieht rechts kurz hinunter zur bereits bekannten Kiesstraße, die zum Rifugio Negritella und zurück zur **Bergstation Ciampedie** 01 führt. 1:30 h.

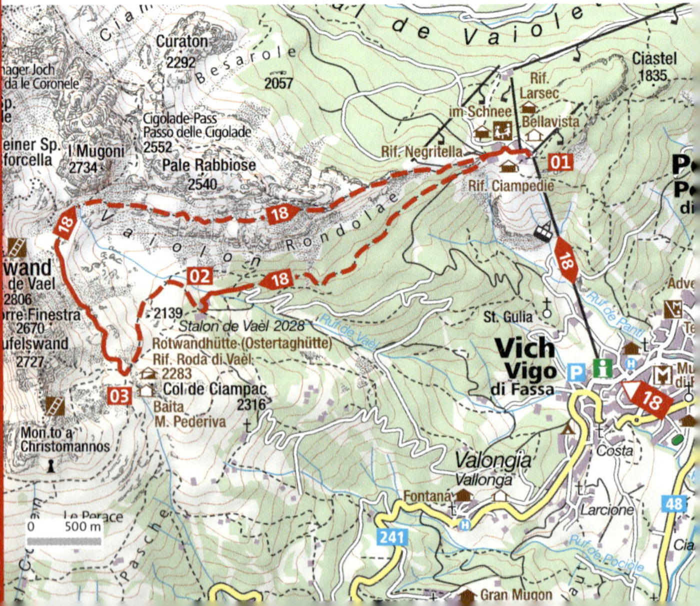

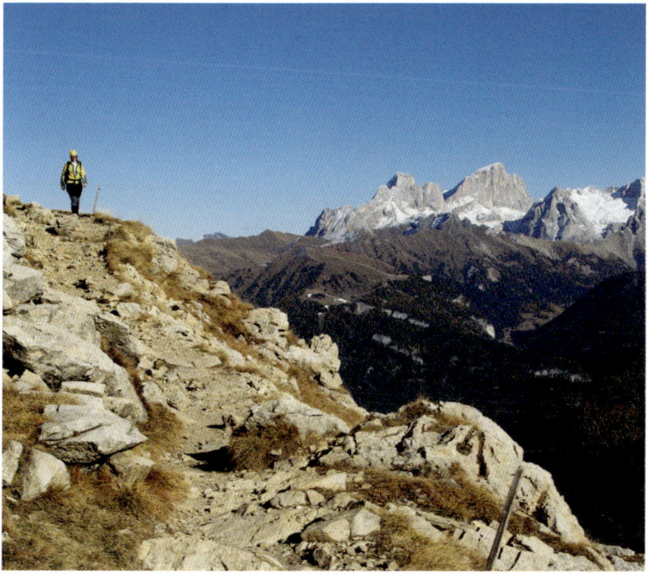

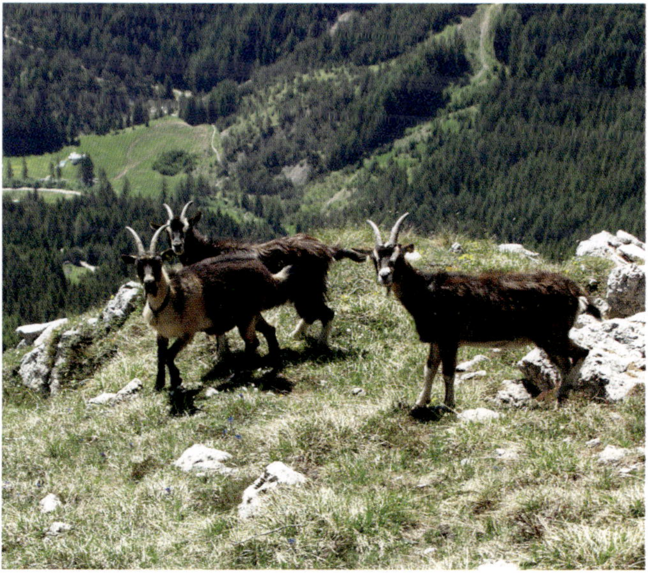

Blick vom Schafsteig zur Marmolada (oben), Tiefblick zur Malga Vaèl.

HOCH ÜBER DEM VALLE DEL VAIOLET

Ein Höhenweg der Extraklasse

 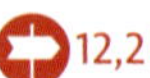 12,2 km  5:00 h 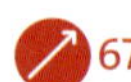 670 hm  670 hm  59

START | Vigo di Fassa/Vich, Talstation der Seilbahn Ciampedie, 1393 m; Parkplatz, Bus von der Haltestelle der Tal-Buslinie 101 (zu Fuß ca. 15 Minuten). Auffahrt zur Bergstation Ciampedie, 1992 m, Talfahrt ebenfalls mit der Seilbahn (www.catinacciodolomiti.it). Alternativ kann man auch von Pera mit dem Sessellift Vaiolet (3 Sektionen) hinauffahren. [GPS: UTM Zone 33 x: 244.2383 m y: 5.146.248 m]
CHARAKTER | Alpine Höhenwanderung auf stellenweise steinigen und felsigen Pfaden, die Trittsicherheit und Schwindelfreiheit erfordern. Einkehren kann man auf Ciampedie, in der Baita Prà Martìn, im Rifugio Vaiolet und im Rifugio Preuss und im Valle del Vaiolet.

Im Zuge der hier vorgeschlagenen Höhenweg-Tour erlebt man den Catinaccio/Rosengarten aus zwei ganz unterschiedlichen Blickwinkeln: Vom Vial de la Feide, dem luftigen Schafsteig über dem Vaiolon-Graben, überblickt man den Süden des Fassatals, während der Pfad im Norden des Jouf da le Zigolade die beste Sicht über das Valle del Vaiolet bietet.

▶ Von der **Bergstation Ciampedie** 01 gehen Sie – wie bei Tour 17 beschrieben – am Rifugio Ciampedie vorbei zum Rifugio Negritella. Bei der folgenden Gabelung bleiben Sie links auf dem Fahr-

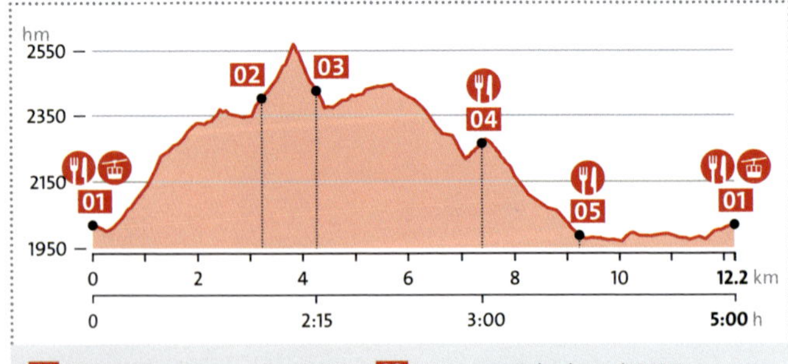

01 Bergstation Ciampedie, 1992 m; 02 Unterer Vaiolonkessel, 2330 m; 03 Jouf da le Zigolade, 2552 m; 04 Rifugio Vaiolet, 2243 m; 05 Rifugio Gardeccia, 1948 m

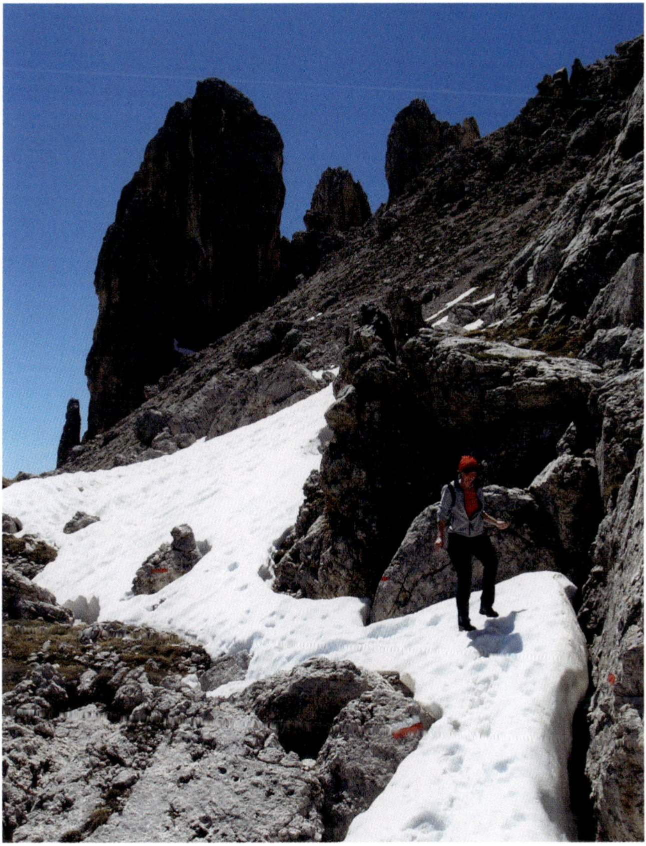

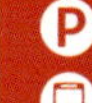

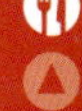

Der Pfad über dem Val de Vaiolet erfordert alpine Erfahrung.

weg Richtung „Stalon de Vael, Rif. Roda di Vael“ und erreichen nach 45 m die Abzweigung des Vial de la Feide (Sentiero delle Pecore/ Schafsteig, Nr. 545), dem Sie rechts zur Baita Prà Martìn Baita Prà Martìn hinauf folgen. Vorbei an der Bergstation eines Sessellifts geht's weiter aufwärts. Oberhalb der letzten Bäume steigen Sie neben einem zerfallenden Grat im Zickzack zu einer Gabelung an. Dort bleiben Sie links auf dem markierten Pfad, der nun einige kurze ausgesetzte Passagen aufweist. Über dem Kessel der Malga Vael, unter den Wänden des Cigolade-Kamms (2540 m) und zuletzt zwischen herabgestürzten Felsblöcken kommen Sie zur nächsten Abzweigung im **Unteren Vaiolonkessel** **02** (Pael, 2330 m). 1:30 h.

Von dort folgen Sie dem Pfad Nr. 541 Richtung „Passo – Jouf Zigolade, Rif. Vaiolet – Preuss Ht.“ nach rechts durch Schutthänge steil gegen die Südliche Mugonispitze (2734 m) hinauf. Zwischen ihrer Wand und einem herabgestürzten Gesteinskeil tut sich ein faszinierender Durchgang auf.

Dahinter geht's um einiges steiler durch Geröll in die Scharte des **Jouf da le Zigolade** 03 (Passo da le Zigolade, 2552 m) empor. 45 Minuten.

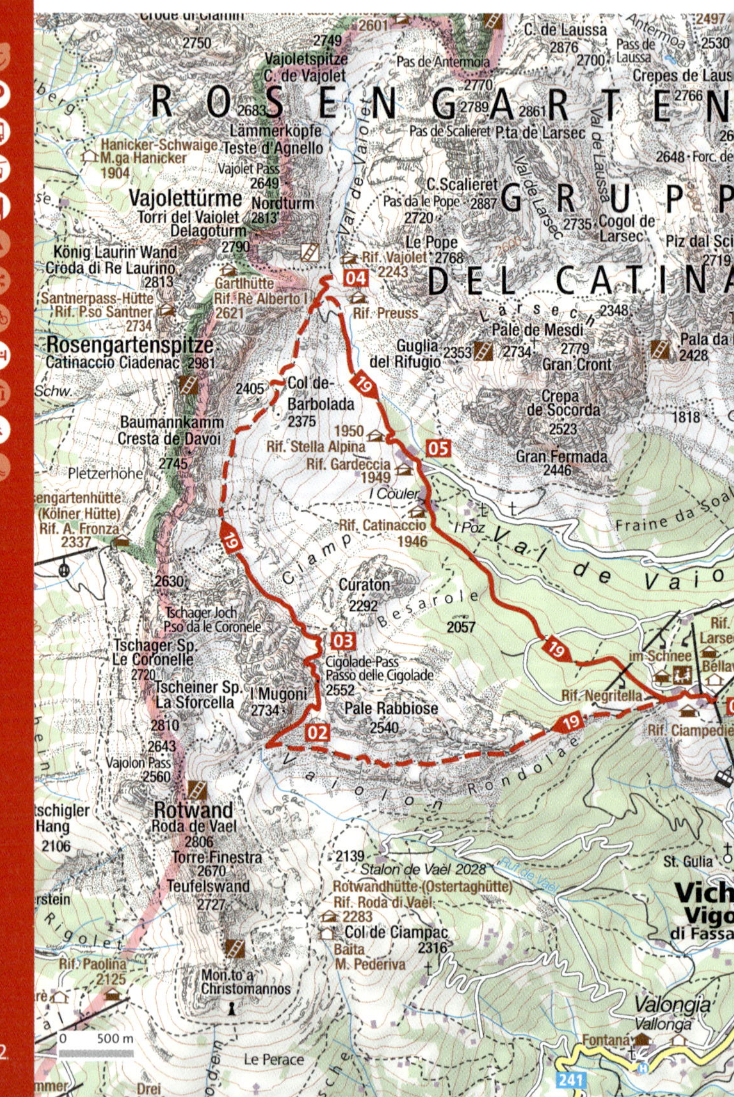

Gemäß dem Wegweiser „Rif. Vaiolet – Hütte“ wandern Sie dahinter unter bizarren Türmen steil abwärts (Vorsicht, oft Schneefelder!) und durchqueren die ausgedehnten Schutthalden hoch über dem Val de Vaiolet – der mächtigen, 2981 m hohen Rosengartenspitze entgegen. Nach gut 1,5 km erreichen Sie eine Wegkreuzung unterhalb des Pas da le Coronele (Passo delle Coronelle/Tschagerjoch), von der Sie geradeaus Richtung „Rif. Vaiolet – Preuss“ auf dem Pfad Nr. 541 weiterwandern. Er quert die steilen Wiesen- und Schutthänge unterhalb des Baumannkamms und passiert ein Tälchen. Zuletzt führt er durch die Schutt- und Blockhalden am Fuß der Rosengartenspitze abwärts, bis er direkt an den Felsen den breiten Zufahrtsweg im Val de Vaiolet erreicht. Auf diesem gelangen Sie links zum nahen **Rifugio Vaiolet** 04 (Vajolethütte, 2243 m) und zum benachbarten, mit einem Türmchen geschmückten Rifugio Preuß (Preußhütte) hinauf. Rast in großer Dolomitenlandschaft! 1:15 h.

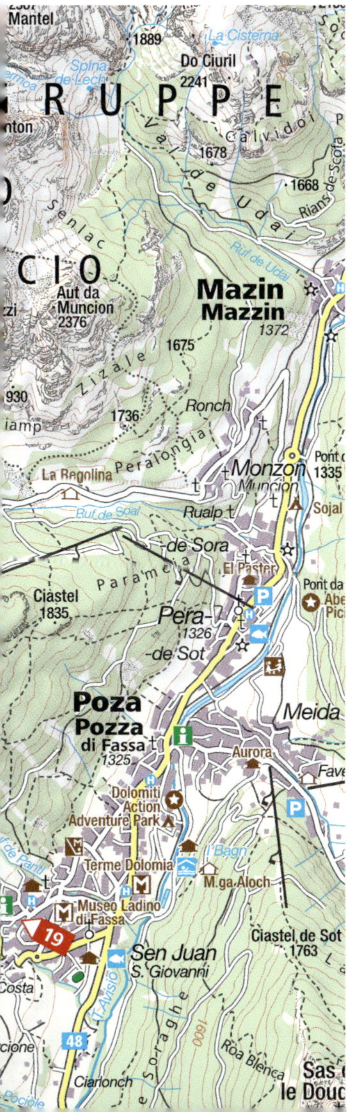

Der **Rückweg** erfolgt auf dem Hütten-Zufahrtsweg durch das weiter unten bewaldete Valle del Vaiolet hinab. Nach etwa 2 km kommen Sie zum Refugium Stella Alpina Spiz Piaz und zum benachbarten **Rifugio Gardeccia** 05 (1948 m). 45 Minuten.

Dort zweigen Sie rechts gemäß der Beschilderung „Rif. Campeddiè, Funivia – Seilbahn“ auf den breiten Wanderweg Nr. 540 ab. Jenseits der Brücke und vorbei am Ristorante/Bar Baita Enrosadira gelangen Sie zu einigen Gebäuden bei einem meist trockenen Bachlauf und zum ehemaligen Rifugio Catinaccio. Danach geht's im sanften Anstieg durch schönen Zirbenwald. Zuletzt überqueren Sie eine Skipiste und erreichen das Rifugio Negritella, von dem Sie links und dann wieder rechts zur nahen **Bergstation Ciampedie** 01 gelangen. 45 Minuten.

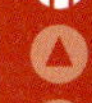

ZUR FORCIA DE DAVOI • 2682 m

Der Baumannpass, ein Geheimtipp im Rosengarten

 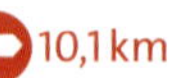 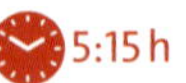 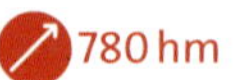  

10,1 km | 5:15 h | 780 hm | 780 hm | 59

START | Vigo di Fassa/Vich, Talstation der Seilbahn Ciampedie, 1393 m; Parkplatz, Bus von der Haltestelle der Tal-Buslinie 101 (zu Fuß ca. 15 Minuten). Auffahrt zur Bergstation Ciampedie, 1992 m, Talfahrt ebenfalls mit der Seilbahn (www.catinacciodolomiti.it). Alternativ kann man auch von Pera mit dem Sessellift Vaiolet (3 Sektionen) hinauffahren. [GPS: UTM Zone 33 x: 244.236 m y: 5.146.259 m]
CHARAKTER | Anspruchsvolle Bergtour auf breiten Wegen und guten Pfaden, zuletzt jedoch im weglosen Gras- und Schuttgelände, in dem man auf jeden Fall trittsicher und schwindelfrei sein muss. Nur bei guten Verhältnissen ratsam, bei Nebel verirrt man sich leicht! Einkehren kann man auf Ciampedie und im Valle del Vaiolet.

Zwischen den berühmten Felsgestalten des Rosengartens verbergen sich auch kaum bekannte Abschnitte. Einer davon ist die Cresta di Davio, zu Deutsch der Baumannkamm. Die gleichnamige Scharte in diesem Grat, der den Einschnitt des Pas de la Coronelle/Tschagerjochs mit dem Südgrat der Rosengartenspitze verbindet und westseitig mit wilden Wänden abstürzt, ist für Geübte nicht besonders schwer erreichbar. Sie bietet eine erstaunlich weite Sicht nach Westen, die vom Ortler über halb Südtirol bis zu den Stubaier Alpen und zum Schlern über dem Tierser Tal reicht, aber auch einen magenkribbelnden Tiefblick ins Gebiet um die Kölner Hütte. Im

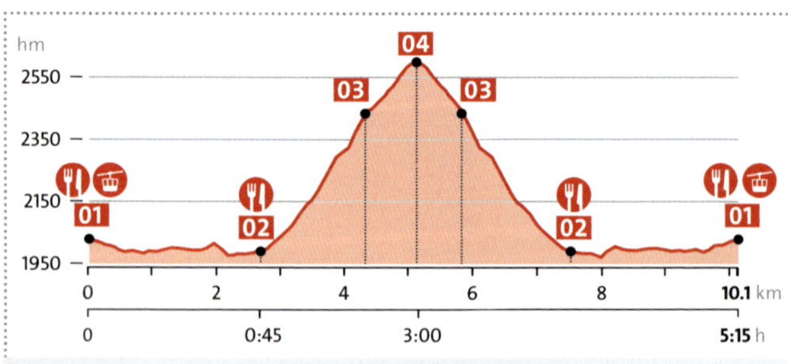

01 Bergstation Ciampedie, 1992 m; 02 Rifugio Gardeccia, 1950 m; 03 Kreuzung, 2416 m; 04 Forcia de Davoi, 2682 m

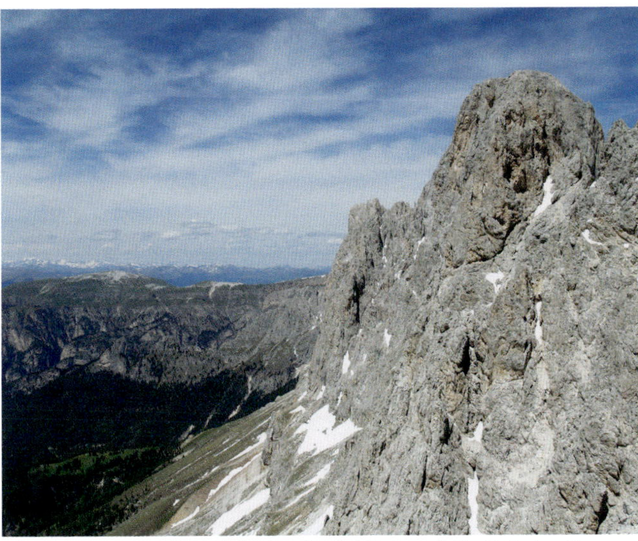

Die Rosengartenspitze, dahinter der Schlern und die Stubaier Alpen.

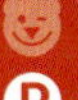
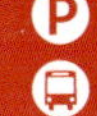
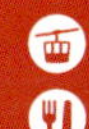
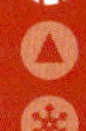
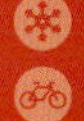
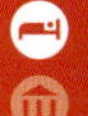

Osten zeigen sich dagegen die Palagruppe, die Marmolada und die benachbarten Bergriesen der Larsechgruppe.

Von der **Bergstation Ciampedie** 01 folgen Sie der Beschilderung „Rif. Gardeccia, Rif. Vaiolet e Preuss“ nach links, wandern über den Rücken zum Rifugio Negritella und zweigen danach rechts auf die Route Nr. 540 ab. Durch das Skigebiet kommen Sie zur nächsten Gabelung, von der Sie rechts auf einem breiten, flachen Weg in den Wald marschieren. Bald danach wird eine weitere Skipiste überquert, dann geht's durch Waldhänge weiter. Nach gut 45 Minuten erreichen Sie den Boden des Valle del Vaiolet mit dem **Rifugio Gardeccia** 02 (1950 m) und anderen Einkehrstationen.

Schon 200 m davor – bei einem meist trockenen Bachlauf gleich nach dem einstigen Rifugio Catinaccio – weist ein Schild links Richtung „Passo delle Cigolade, Passo delle Coronelle“. Diesem folgen Sie auf dem Pfad Nr. 550 über die Hochweiden von Prè da Para und durch Schutt ins ausgedehnte Kar Ciamp hinauf. Auf 2416 m Seehöhe erreichen Sie dort die **Kreuzung** 03 mit dem Pfad Nr. 541 (Tour 19).

Mit der Beschilderung „Passo delle Coronelle, Rif. Fronza“ geht's auf dem Pfad Nr. 550 geradeaus weiter hinauf (siehe Tour 16). Durch Grashänge, Geröll und Schrofen gelangen Sie ins Kar unter dem Baumannkamm und dem Pas da le Coronele/Passo delle Coronelle/Tschagerjoch.

Nach ca. 500 m verlassen Sie den Pfad dort nach rechts und steigen weglos durch steile, teils schrofige Grashänge zur **Forcia de Davoi** 04 (Baumannpass, 2682 m) an. Schon von dieser grasigen Gratsenke genießt man ein weites Panorama nach Westen bis zu den Stubaier und Ötztaler Alpen. Die Aussicht wird noch weiter, wenn man rechts noch ein Stück durch Gras und Schutt neben dem jähen Wandabbruch des Baumannkamms ansteigt, bis allzu schroffe Felsen ein Weiterkommen verhindern. 2:15 h.

Abstieg in 1:30 h zum **Rifugio Gardeccia** 02 und Rückweg zur **Bergstation Ciampedie** 01 auf derselben Route in 45 Minuten.

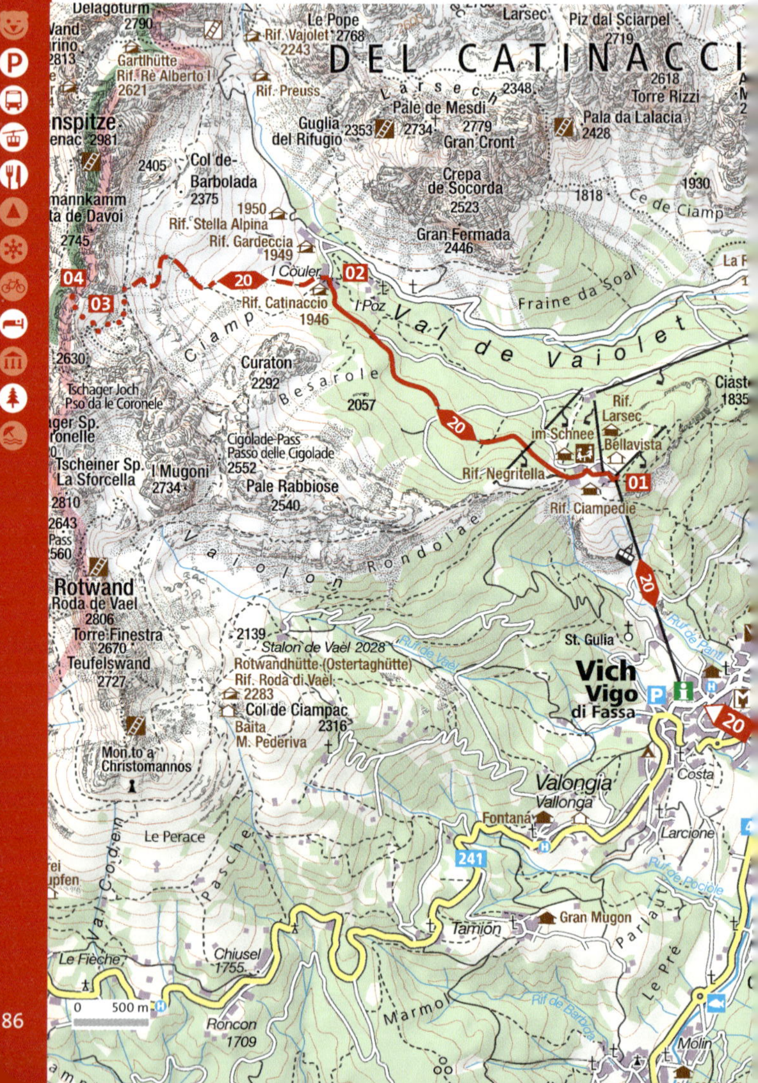

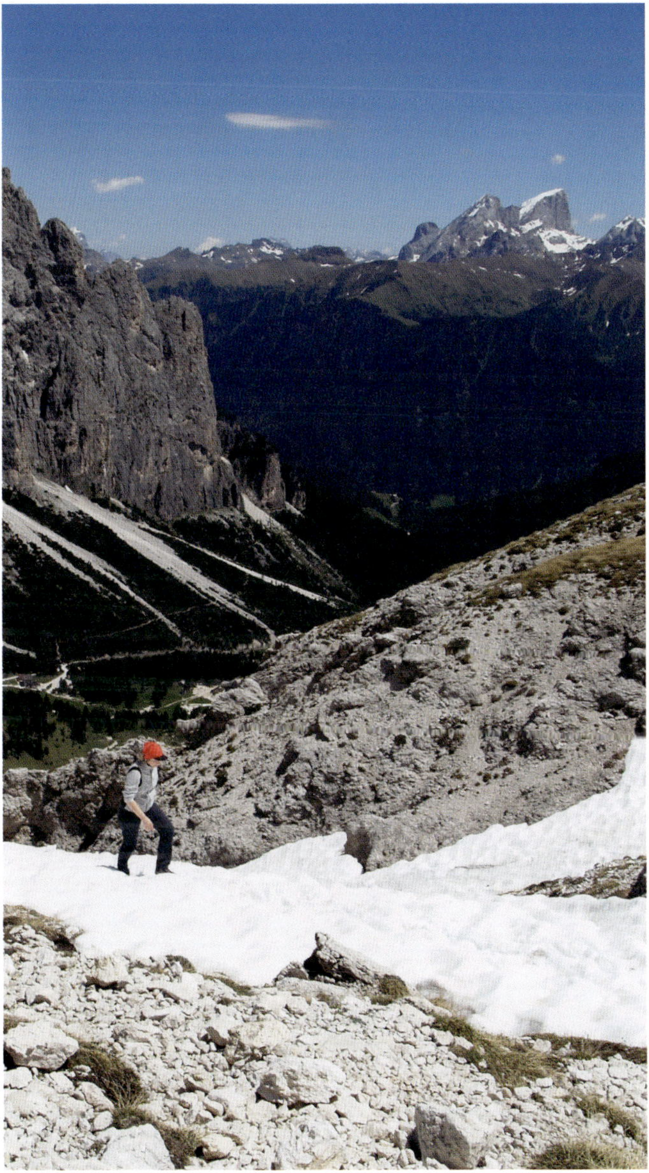

Beim Aufstieg zum Baumannpass erscheint u. a. auch die Marmolada.

ZUM SANTNERPASS • 2734 m

Der „Touren-Klassiker“ zu den berühmten Vajolettürmen

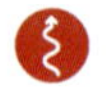 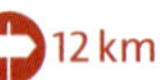 12 km 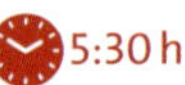 5:30 h 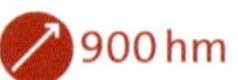 900 hm 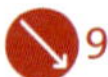 900 hm  59

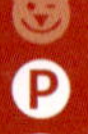

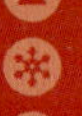

START | Vigo di Fassa/Vich, Talstation der Seilbahn Ciampedie, 1393 m; Parkplatz, Bus von der Haltestelle der Tal-Buslinie 101 (zu Fuß ca. 15 Minuten). Auffahrt zur Bergstation Ciampedie, 1992 m, Talfahrt ebenfalls mit der Seilbahn (www.catinacciodolomiti.it). Alternativ kann man auch von Pera mit dem Sessellift Vaiolet (3 Sektionen) hinauffahren. [GPS: UTM Zone 33 x: 244.228 m y: 5.146.254 m]
CHARAKTER | Alpine Bergwanderung auf breiten Wegen und felsigen, stellenweise auch gesicherten Pfaden, die Trittsicherheit und Schwindelfreiheit erfordern. Einkehren kann man auf Ciampedie, im Valle del Vaiolet, im Rifugio Vaiolet und im Rifugio Preuss, im Rifugio Rè Alberto I und am Santnerpass.

Auf dem Weg aus dem Valle del Vaiolet zu den Vajolettürmen muss man ein wenig Hand an den Fels legen; bei trockenen und schneefreien Verhältnissen ist er jedoch für Geübte keine Hexerei. Dann steht man vor den drei Vajolettürmen: Winkler, Stabeler, Delago – benannt nach ihren Erstbegehern (1887, 1892, 1895). Der Anblick der drei schlanken, geradezu magisch wirkenden Felsgebilde und die gewaltige Aussicht vom Santnerpass – westwärts liegt halb Südtirol in der Tiefe, direkt daneben fahren die Felswände der Rosengartenspitze empor – belohnen alle Mühen reichlich.

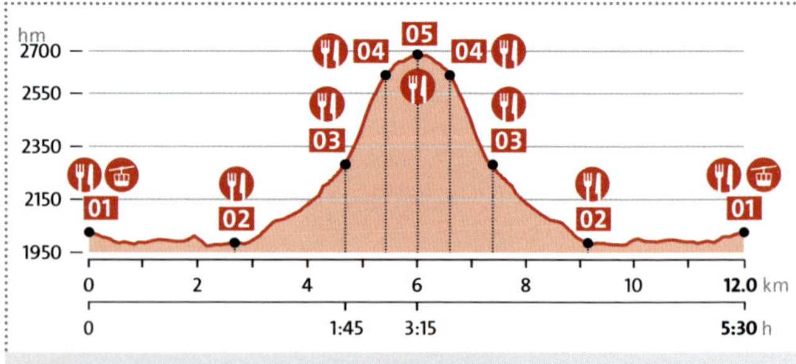

01 Bergstation Ciampedie, 1992 m; 02 Rifugio Gardeccia, 1950 m; 03 Rifugio Vaiolet, 2243 m; 04 Rifugio Rè Alberto I, 2621 m; 05 Santnerpass, 2734 m

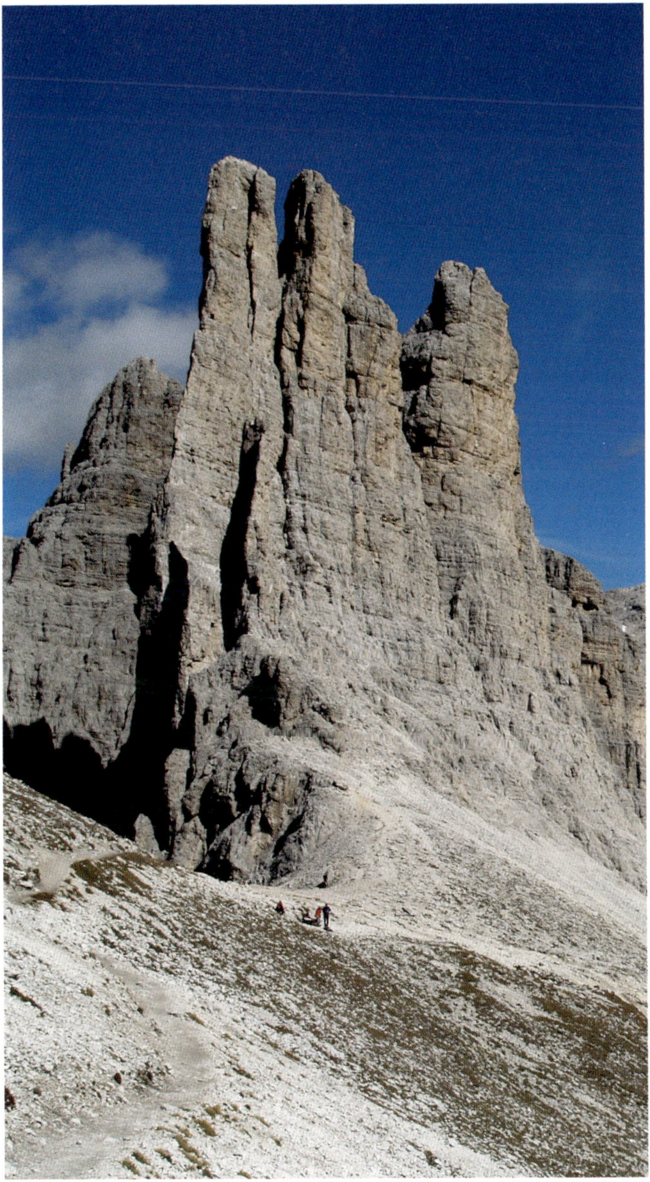

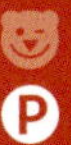

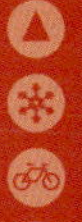

Das sind sie, die berühmten Vajolettürme im Rosengarten!

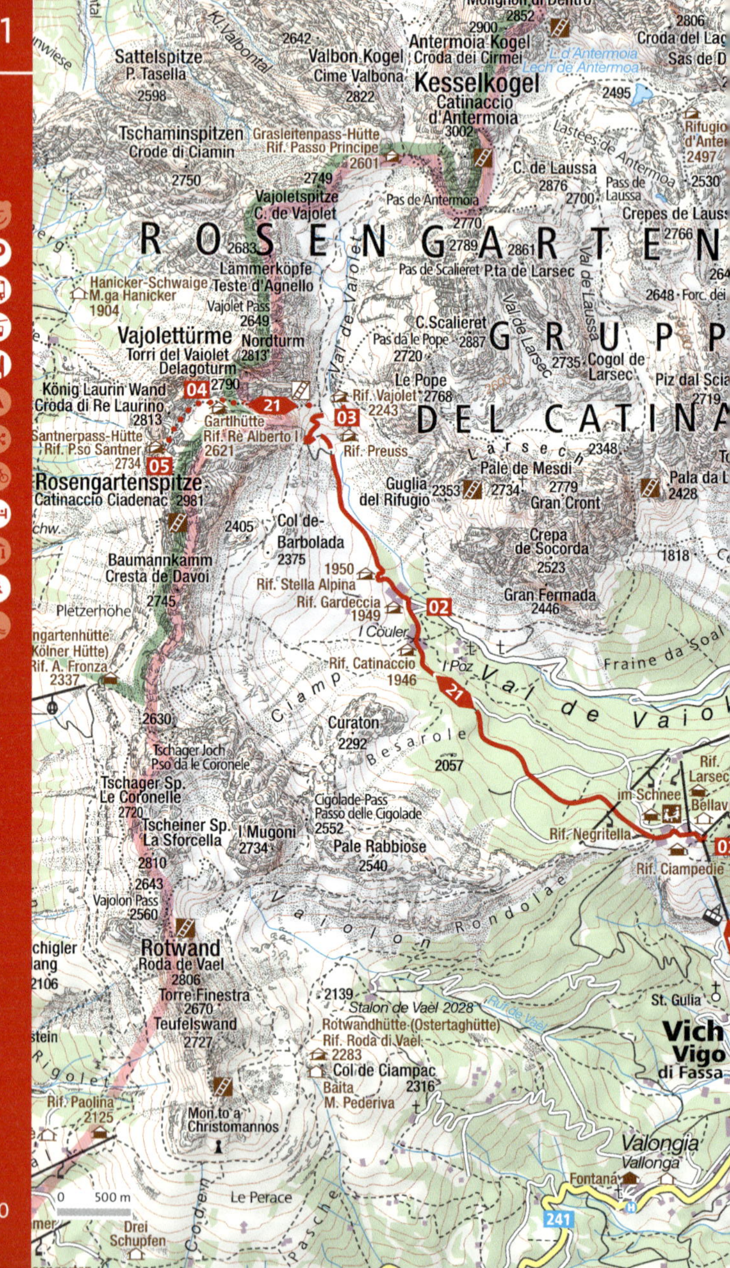
ROSENGARTEN
GRUPPO DEL CATINACCIO
Kesselkogel
Catinaccio d'Antermoia
3002
Antermoia Kogel
Croda dei Cirmei
Molignon di Dentro
Valbon Kogel
Cime Valbona
Sattelspitze
P. Tasella
Tschaminspitzen
Crode di Ciamin
Grasleitenpass-Hütte
Rif. Passo Principe
Vajoletspitze
C. de Vajolet
Lämmerköpfe
Teste d'Agnello
Vajolet Pass
Vajolettürme
Torri del Vaiolet
Nordturm
Delagoturm
König Laurin Wand
Croda di Re Laurino
Gartlhütte
Rif. Re Alberto I
Santnerpass-Hütte
Rif. P.so Santner
Rosengartenspitze
Catinaccio Ciadenac
Rif. Vajolet
Rif. Preuss
Hanicker-Schwaige
M.ga Hanicker
Pas de Antermoia
Pas de Scalieret
P.ta de Larsec
C. Scalieret
Pas da le Pope
Le Pope
Val de Vaiolet
Val de Larsec
Val de Lausa
C. de Lausa
Pale de Mesdi
Gran Cront
Guglia del Rifugio
Col de Barbolada
Rif. Stella Alpina
Rif. Gardeccia
I Couler
Crepa de Socorda
Gran Fermada
Fraine da Soal
Baumannkamm
Cresta de Davoi
Pletzerhöhe
Rif. A. Fronza
Rif. Catinaccio
I Poz
Val de Vaiolet
Ciamp
Curaton
Besarole
Tschager Joch
P.so da le Coronele
Tschager Sp.
Le Coronelle
Tscheiner Sp.
La Sforcella
I Mugoni
Cigolade-Pass
Passo delle Cigolade
Pale Rabbiose
Vajolon Pass
Rif. Negritella
Rif. Ciampedie
Rif. Larsec
Bellavista
Rotwand
Roda de Vael
Torre Finestra
Teufelswand
Stalon de Vaèl 2028
Rotwandhütte (Ostertaghütte)
Rif. Roda di Vaèl
Col de Ciampac
Baita M. Pederiva
Rif. Paolina
Mon.to a Christomannos
St. Gulia
Vich
Vigo di Fassa
Valongia
Vallonga
Fontana
Le Perace
Drei Schupfen
0 500 m
241
01
02
03
04
05
21

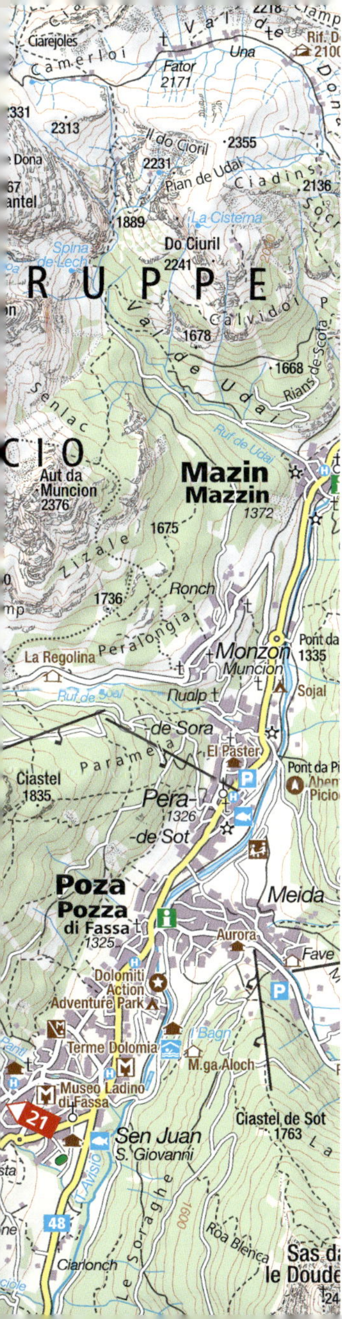

Allerdings: Um in diesem Gebiet allein zu sein – dazu müsste man schon in einer der Hütten am Weg übernachten und/oder (sehr) frühmorgens starten!

▶ Von der **Bergstation Ciampedie** 01 folgen Sie der bei Tour 20 beschriebenen Route in 45 Minuten zum **Rifugio Gardeccia** 02 (1950 m) im Val de Vaiolét. Von dort wandern Sie ca. 1:00 h auf der Schotterstraße taleinwärts, zuletzt in steilen Kehren zum **Rifugio Vajolet** 03 (Vajolethütte, 2243 m) und zur benachbarten, kleineren, aber mit einem Türmchen geschmückten Preuss-Hütte hinauf.
Der zweite, wesentlich alpinere Abschnitt dieser Tour beginnt ein paar Schritte weiter taleinwärts, wo der Pfad Nr. 542 links abzweigt. Beim folgenden Aufstieg dominiert die links aufragende Rosengartenspitze, jenseits über dem Talgrund stehen die Felsflanken des Larsech und des Kesselkogels. Durch eine felsige Rinne und steiles, grobes Schuttgelände kommt man rasch hinauf; an anspruchsvolleren Stellen helfen Stahlseile. Nach ungefähr 1:00 h stehen Sie vor dem **Rifugio Rè Alberto I** 04 (Gartlhütte, 2621 m), über dem die Vajolettürme alle Blicke auf sich ziehen. Über der Gartlmulde mit ihrem kleinen (und leider oft ausgetrockneten) See erhebt sich die mächtige Laurinswand; sie gibt die weitere Aufstiegsrichtung vor. Auf dem Pfad Nr. 542 gelangen Sie in knapp 30 Minuten auf den **Santnerpass** 05 (2734 m) mit seiner kleinen, feinen Schutzhütte. Dort befindet man sich in einer der schönsten Aussichtslogen der Dolomiten!
Der **Abstieg** erfolgt auf derselben Route; er nimmt gut 2:15 h in Anspruch.

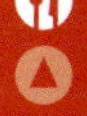
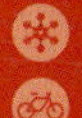

ZUM GRASLEITENPASS • 2599 m

Eine lange, aber prachtvolle Rosengarten-Talwanderung

  13,5 km 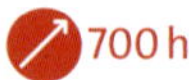 5:30 h  700 hm 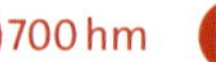 700 hm  59

START | Vigo di Fassa/Vich, Talstation der Seilbahn Ciampedie, 1393 m; Parkplatz, Bus von der Haltestelle der Tal-Buslinie 101 (zu Fuß ca. 15 Minuten). Auffahrt zur Bergstation Ciampedie, 1992 m, Talfahrt ebenfalls mit der Seilbahn (www.catinacciodolomiti.it). Alternativ kann man auch von Pera mit dem Sessellift Vaiolet (3 Sektionen) hinauffahren. [GPS: UTM Zone 33 x: 244.227 m y: 5.146.261 m]
CHARAKTER | Lange Tal- und Hüttewanderung auf breiten Wegen. Einkehren kann man auf Ciampedie, im Valle del Vaiolet, im Rifugio Vaiolet, im Rifugio Preuss und in der Grasleitenpasshütte.

1952 hat Francesco Kofler aus Campitello im Val di Fassa auf dem Grasleitenpass eine Holzhütte erbaut. Genauer gesagt: Errichtet wurde die Konstruktion unten im Tal, dann in Einzelteile zerlegt, Stück für Stück auf dem Rücken hinaufgeschleppt und oben, am Fuß des Kesselkogels, wieder zusammengefügt. So entstand eines der gemütlichsten Dolomitendomizile für Bergsteiger.

▶ Von der **Bergstation Ciampedie** 01 wandern Sie – wie bei den Touren 20 und 21 beschrieben – über das **Rifugio Gardeccia** 02 (1950 m) zum **Rifugio Vajolet** 03 (Vajolethütte, 2243 m) bzw. zur benachbarten Preuss-Hütte. 1:45 h. Weiter geht's auf dem breiten Schotterweg Nr. 584, der zunächst sanft und dann steiler durch die Schutthänge auf der Westseite des Valle del Vaiolet bis zur **Gras-**

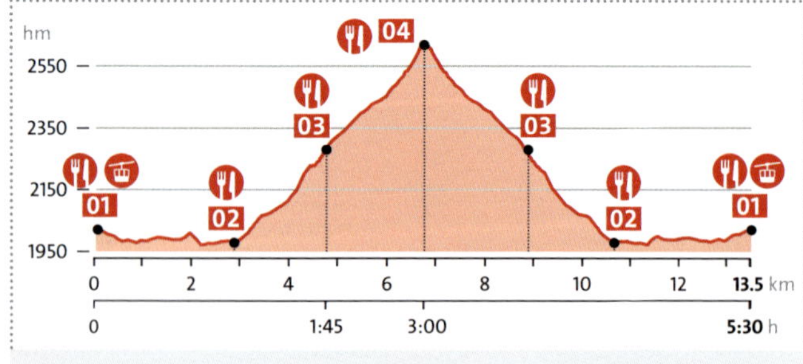

01 Bergstation Ciampedie, 1992 m; 02 Rifugio Gardeccia, 1950 m; 03 Rifugio Vaiolet, 2243 m; 04 Grasleitenpasshütte, 2599 m

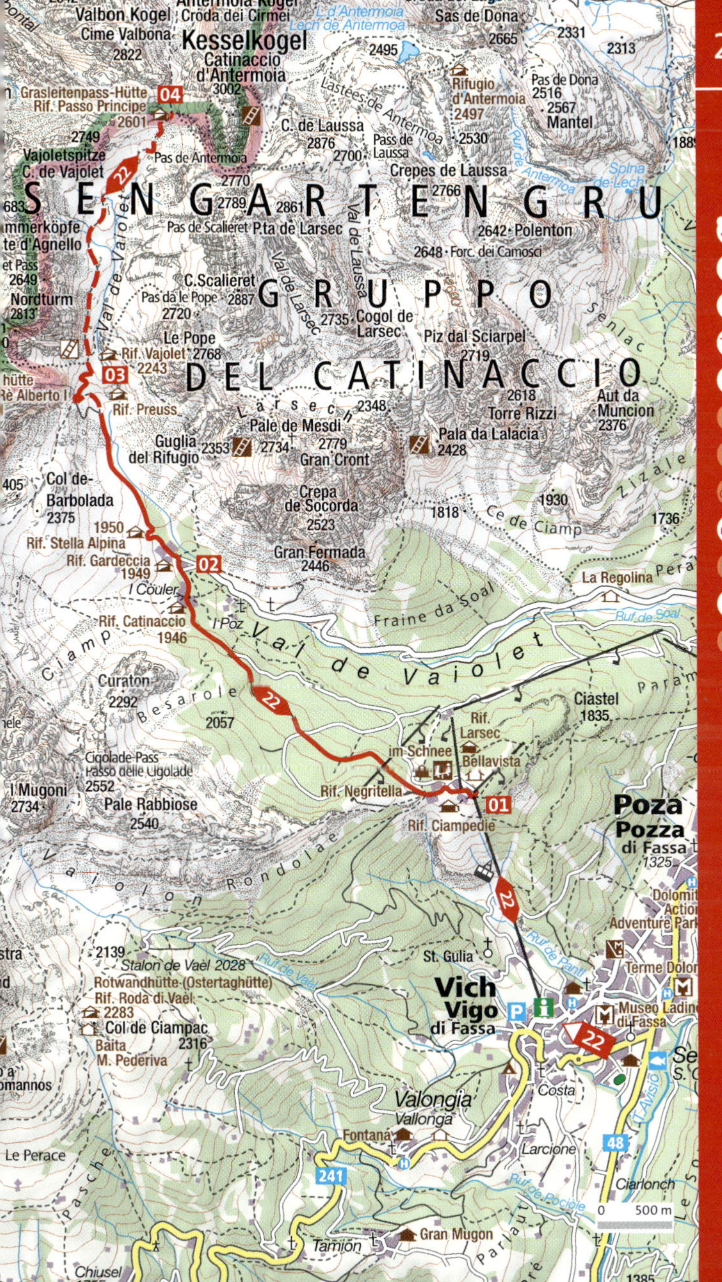
Kesselkogel
Catinaccio d'Antermoia
3002
SENGARTENGRUPPE
GRUPPO DEL CATINACCIO
Grasleitenpass-Hütte
Rif. Passo Principe
Rif. Vajolet
Rif. Preuss
Rif. Stella Alpina
Rif. Gardeccia
Rif. Catinaccio
Val de Vaiolet
Rif. Negritella
Rif. Ciampedie
Poza
Pozza di Fassa
Vich
Vigo di Fassa
Valongia
Vallonga
0 500 m

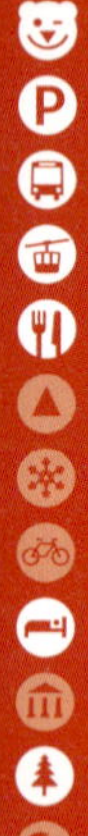

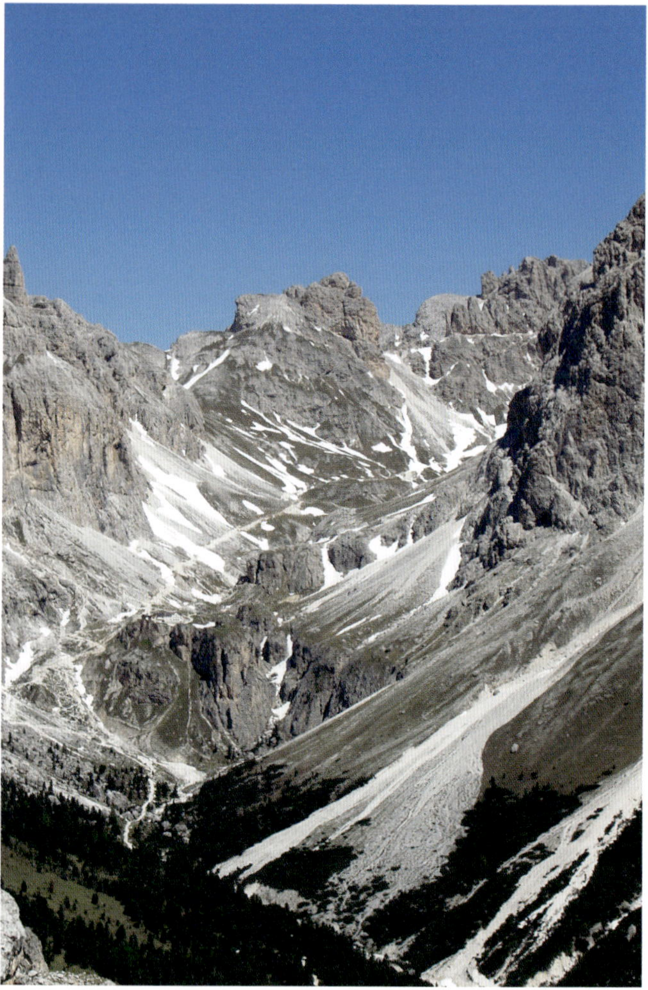

Der wilde Felszirkus des obersten Valle del Vaiolet.

leitenpasshütte 04 (Rifugio Passo Principe, 2599 m) ansteigt. Das urgemütliche und mittlerweile etas erweiterte Holzgebäude duckt sich im Angesicht des 3002 m hohen Kesselkogels in die Felsen. Nach ungefähr 1:15 h blicken Sie vom namensgebenden Pass am Fuß des 3004 m hohen Kesselkogels in den Grasleitenkessel auf der Südtiroler Seite des Rosengartens hinab.

Abstieg und Rückweg auf derselben Route. 2:30 h.

AUF DEN KESSELKOGEL • 3002 m

Der höchste Gipfel des Rosengartens

15,2 km  8:00 h 1100 hm 1100 hm 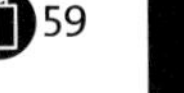 59

START | Vigo di Fassa/Vich, Talstation der Seilbahn Ciampedie, 1393 m; Parkplatz, Bus von der Haltestelle der Tal-Buslinie 101 (zu Fuß ca. 15 Minuten). Auffahrt zur Bergstation Ciampedie, 1992 m, Talfahrt ebenfalls mit der Seilbahn (www.catinacciodolomiti.it). Alternativ kann man auch von Pera mit dem Sessellift Vaiolet (3 Sektionen) hinauffahren.
[GPS: UTM Zone 33 x: 244.228 m y: 5.146.242 m]
CHARAKTER | Lange und hochalpine Bergtour auf breiten Wegen und einer ausgesetzten Felsroute im Schwierigkeitsgrad 1- mit gesicherten Passagen (B); Klettersteigset und Steinschlaghelm obligatorisch, Probleme können Altschneefelder im Gipfelbereich bereiten. Einkehrmöglichkeit auf Ciampedie, im Valle del Vaiolet, im Rifugio Vaiolet und im Rifugio Preuss; die Nächtigung in der Grasleitenpasshütte wird empfohlen.

Zentral, aber von vielen Gipfeln verdeckt – so zeigt sich der Kesselkogel, der Catinaccio d'Antermoia, der höchste Berg des Rosengarten-Massivs. Die mit Stahlseilen und kurzen Leitern gesicherten Routen, die erfahrene Bergsteigerinnen und Bergsteiger zu seiner Überschreitung einladen, sind – gemäß Klettersteig-Klassifikation – nicht allzu schwierig (B), setzen aber Kletterfertigkeit, alpine Erfahrung und natürlich gute Verhältnisse voraus. Bei Nebel oder Schneelage wird aus der Traumtour rasch ein alpiner Alptraum!

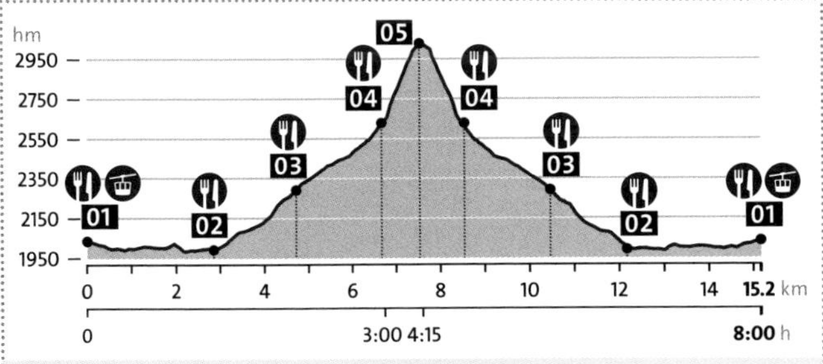

01 Bergstation Ciampedie, 1992 m; 02 Rifugio Gardeccia, 1950 m; 03 Rifugio Vaiolet, 2243 m; 04 Grasleitenpasshütte, 2599 m; 05 Kesselkogel, 3002 m

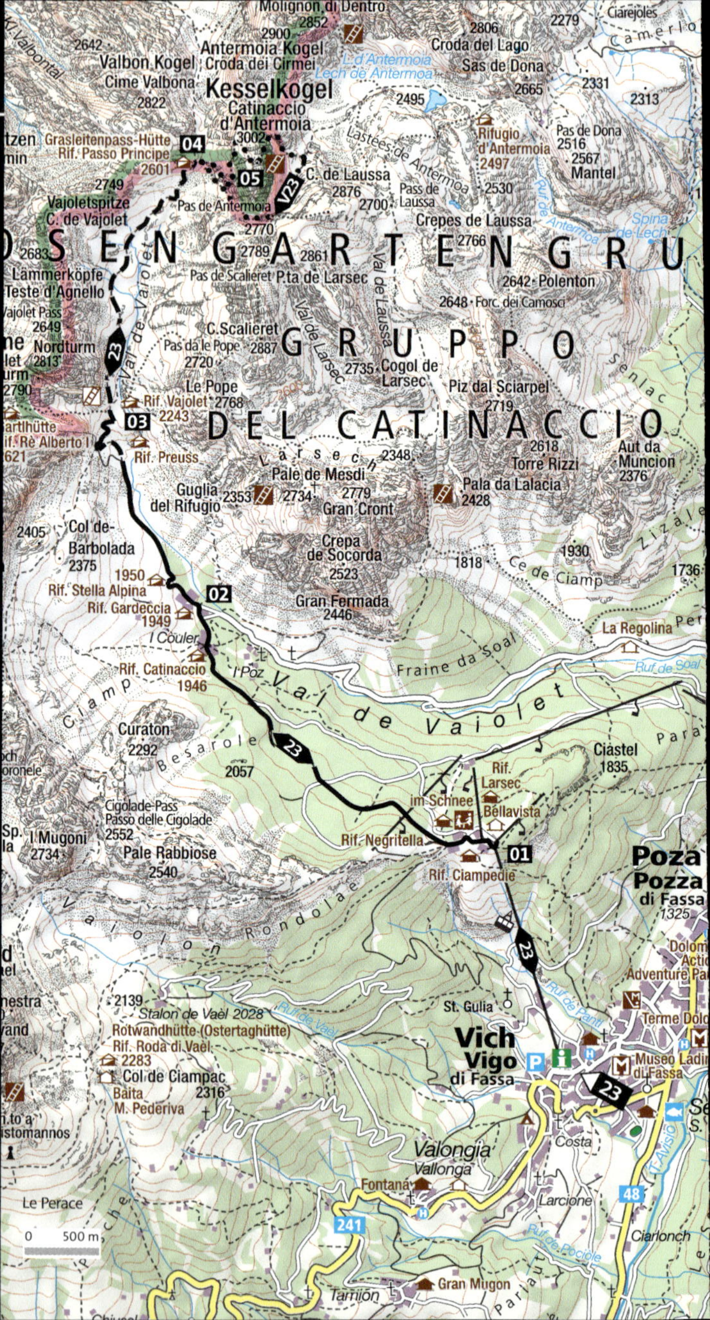

Molignon di Dentro
2852
2900
Antermoia Kogel
Croda dei Cirmei
Kesselkogel
Catinaccio d'Antermoia
3002
Valbon Kogel
Cime Valbona
2822
2642
Croda del Lago
Sas de Dona
2806
2279
2665
2331
2313
L. d'Antermoia
Lech de Antermoa
2495
Rifugio d'Antermoia
2497
Pas de Dona
2516
2567
Mantel
Grasleitenpass-Hütte
Rif. Passo Principe
2601
04
05
V23
C. de Laussa
2876
2700
Pass de Laussa
2530
Lastées de Antermoa
Ruf de Antermoa
Spina de Lech
Vajoletspitze
C. de Vajolet
2749
Pas de Antermoia
2770
Crepes de Lausa
2766
ROSENGARTENGRUPPE
GRUPPO DEL CATINACCIO
2683
2789
2861
Lämmerköpfe
Teste d'Agnello
Pas de Scalieret
P.ta de Larsec
2642 · Polenton
2648 · Forc. dei Camosci
Vajolet Pass
2649
Nordturm
2813
2790
C. Scalieret
2887
Pas da le Pope
2720
Val de Vaiolet
Val de Larsec
Val de Lausa
2735
Cogol de Larsec
Piz dal Sciarpel
2719
Senlac
23
Le Pope
2768
Rif. Vajolet
2243
03
Rif. Re Alberto I
Rif. Preuss
Larsech
2348
Pale de Mesdi
2734
2779
Gran Cront
2618
Torre Rizzi
Aut da Muncion
2376
Pala da Lalacia
2428
Guglia del Rifugio
2353
2405
Col de Barbolada
2375
Crepa de Socorda
2523
1818
Ce de Ciamp
1930
1736
Zizale
1950
Rif. Stella Alpina
Rif. Gardeccia
1949
02
Gran Fermada
2446
La Regolina
I Couler
Rif. Catinaccio
1946
I Poz
Fraine da Soal
Ruf de Soal
Ciamp
Val de Vaiolet
Curaton
2292
Besarole
23
2057
Ciastel
1835
Rif. Larsec
im Schnee
Bellavista
Cigolade-Pass
Passo delle Cigolade
2552
I Mugoni
2734
Pale Rabbiose
2540
Rif. Negritella
01
Rif. Ciampedie
Poza
Pozza di Fassa
1325
Vaiolon
Rondolae
23
Dolomiti Action Adventure Park
2139
Stalon de Vaèl 2028
Ruf de Vaèl
Ruf de Pantl
St. Gulia
Rotwandhütte (Ostertaghütte)
Rif. Roda di Vaèl
2283
Col de Ciampac
Baita M. Pederiva
2316
Vich
Vigo di Fassa
Terme Dolomia
Museo Ladin de Fassa
23
Costa
Valongia
Vallonga
Fontana
Larcione
T. Avisio
48
Le Perace
241
Ciarlonch
Ruf de Pociole
0 500 m
Gran Mugon
Tamion

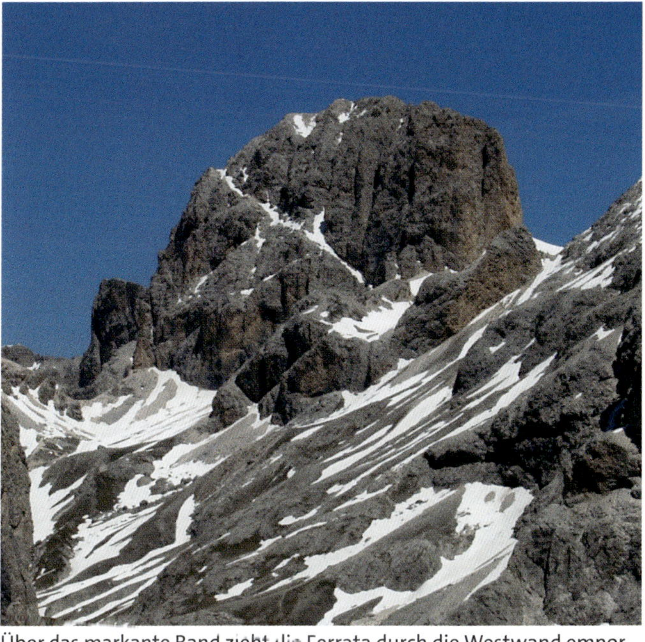

Über das markante Band zieht die Ferrata durch die Westwand empor.

Von der **Bergstation Ciampedie** 01 wandern Sie wie bei den Touren 20, 21 und 22 beschrieben – via **Rifugio Gardeccia** 02 und **Rifugio Vajolet** 03 (Vajolethütte) zur **Grasleitenpasshütte** 04 (Rifugio Passo Principe, 2599 m). 3:00 h.
Von dort führt der Pfad Nr. 585 („Catinaccio d'Antermoia, Via ferata") kurz in die Schutthalden am Fuß der Westwand des Kesselkogels empor. Dort biegen Sie links ab und queren zu einer Rinne, die sich hinter einem Felsvorbau verbirgt und die den Aufstieg zu einem Felsband ermöglicht (Stellen 1-). Auf diesem Band gelangen Sie entlang der Stahlseile zu einer Leiter, auf der Sie zu einem unterhalb gelegenen, anfangs recht schmalen, aber gesicherten Band absteigen. Auf diesem gelangen Sie im sanften Anstieg zu einer steilen Felsstufe. Über diese erklimmen Sie links ein weiteres Querband, das links durch die gesamte Westwand zu einer Scharte ansteigt. Noch davor steigen Sie rechts durch gestuftes Gelände zum Grat an und gelangen auf diesem zum Gipfelkreuz des **Kesselkogels** 05 (3002 m, Kreuz). 1:15 h.
Abstieg: Wer nicht auf der Aufstiegsroute zurückkehren will, folgt einem Pfad scharf nach rechts und quert unter der Ostwand (ebenfalls gesichert, A, Leiter) zum Antermoiapass (2770 m) hinab. Von dort gelangt man in wenigen Minuten auf dem Pfad 584 durch Schutthänge zur **Grasleitenpasshütte** 04 zurück. 1:15 h.
Von dort erfolgt der **Abstieg** auf der Zugangsroute. 2:15 h.

DURCH DIE LARSECH-GRUPPE

Durch das einsame Val de Lausa zum Lech de Antermoia

 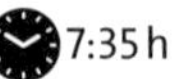 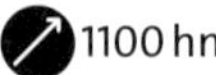 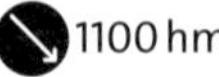 

17,9 km 7:35 h 1100 hm 1100 hm 59

START | Vigo di Fassa/Vich, Talstation der Seilbahn Ciampedie, 1393 m; Parkplatz, Bus von der Haltestelle der Tal-Buslinie 101 (zu Fuß ca. 15 Minuten). Auffahrt zur Bergstation Ciampedie, 1992 m, Talfahrt ebenfalls mit der Seilbahn (www.catinacciodolomiti.it). Alternativ kann man auch von Pera mit dem Sessellift Vaiolet (3 Sektionen) hinauffahren.
[GPS: UTM Zone 33 x: 244.230 m y: 5.146.271 m]
CHARAKTER | Anspruchsvolle und hochalpine Zwei-Tage-Tour mit Hüttenübernachtung. Unterwegs ist man auf breiten Wegen und felsigen Pfaden mit einer längeren gesicherten Passage (B); Klettersteigset und Steinschlaghelm werden empfohlen. Nur bei guten Verhältnissen ratsam; bei Schneelage gefährlich und bei Nebel kann man sich leicht verirren! Wer die Tour an einem Tag absolvieren möchte, kann sie zwischen dem Passo di Lausa und dem Valon de Antermoia unterhalb des Passo d'Antermoia auf dem Pfad Nr. 583B abkürzen – damit erspart man sich eine Gehzeit von etwa 45 Minuten, aber auch eine Rast am Lech de Antermoia. Einkehr- und Nächtigungsmöglichkeit im Valle del Vaiolet, im Rifugio Antermoia, in der Grasleitenpasshütte, im Rifugio Vaiolet bzw. im Rifugio Preuss.

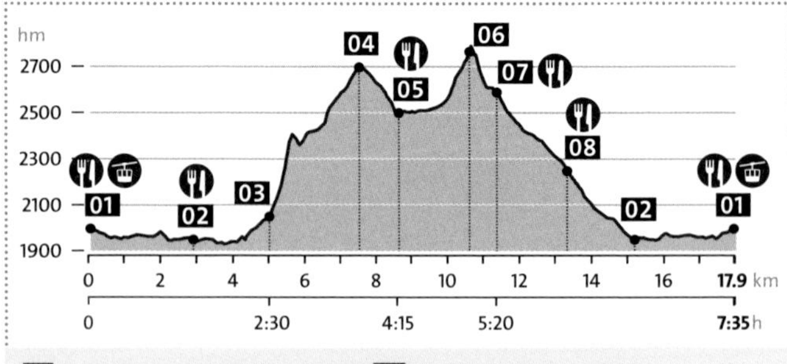

01 Bergstation Ciampedie, 1992 m; 02 Rifugio Gardeccia, 1950 m;
03 Pas de le Scalete, 2348 m; 04 Pas de Laussa, 2715 m;
05 Rifugio Antermoia, 2496 m; 06 Passo d'Antermoia, 2770 m;
07 Grasleitenpasshütte, 2599 m; 08 Rifugio Vaiolet, 2243 m

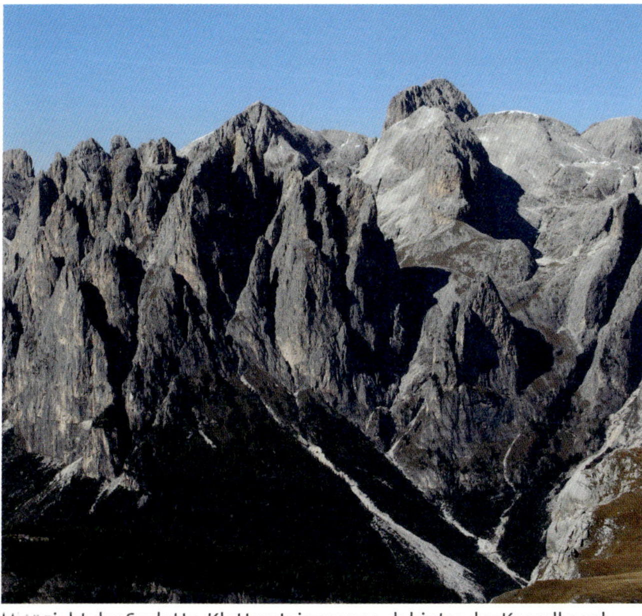

Hier zieht der Scalette-Klettersteig empor; dahinter der Kesselkogel.

Auch die Larsech-Gruppe zählt trotz ihrer imposanten Wände und Türme zu den einsameren Gebieten des Rosengarten-Massivs. Sie lädt zu einer anspruchsvollen, aber sehr abwechslungsreichen Erkundung durch steile Felsflanken und ein wüstenhaftes, hinter hohen Gipfeln verborgenes Hochtal ein. Den Höhepunkt dieser Rundtour bildet jedoch der Lech de Antermoia, ein sagenumwobener See am Fuß des Kesselkogels.

▶ Von der **Bergstation Ciampedie** **01** marschieren Sie zunächst – wie bei Tour 20 beschrieben – in gut 45 Minuten zum **Rifugio Gardeccia** **02** (1949 m).
Davor folgen Sie dem Wegweiser „Sentiero Attrezzato delle Scalette" nach rechts, gehen 150 m zur Brücke über den Ruf de Soal und zweigen jenseits links auf den Sentiero Attrezzato delle Scalette (Nr. 583) ab. Dieser zieht im Auf und Ab durch Latschenfelder und Schutthalden unter den Wänden der Larsech/Dirupi di Larsec dahin. Man quert Schuttgräben und Waldhänge, biegt hinter einem Sattel (1837 m) nach links (Norden) um und erreicht in einem imposanten Felskessel unter einer scharf eingeschnittenen Scharte den Beginn der gesicherten Route (2026 m).
Diese führt neben bzw. durch eine Rinne und über eine steile, aber meist gut gestufte Wandbarriere empor (Stahlseile, Eisenklammern). Neben dem markanten Spitz der Pala da la Lacia ereichen Sie schließlich den **Passo delle Scaletta** **03** (Pas de le Scalete, 2348 m). 1:45 h.

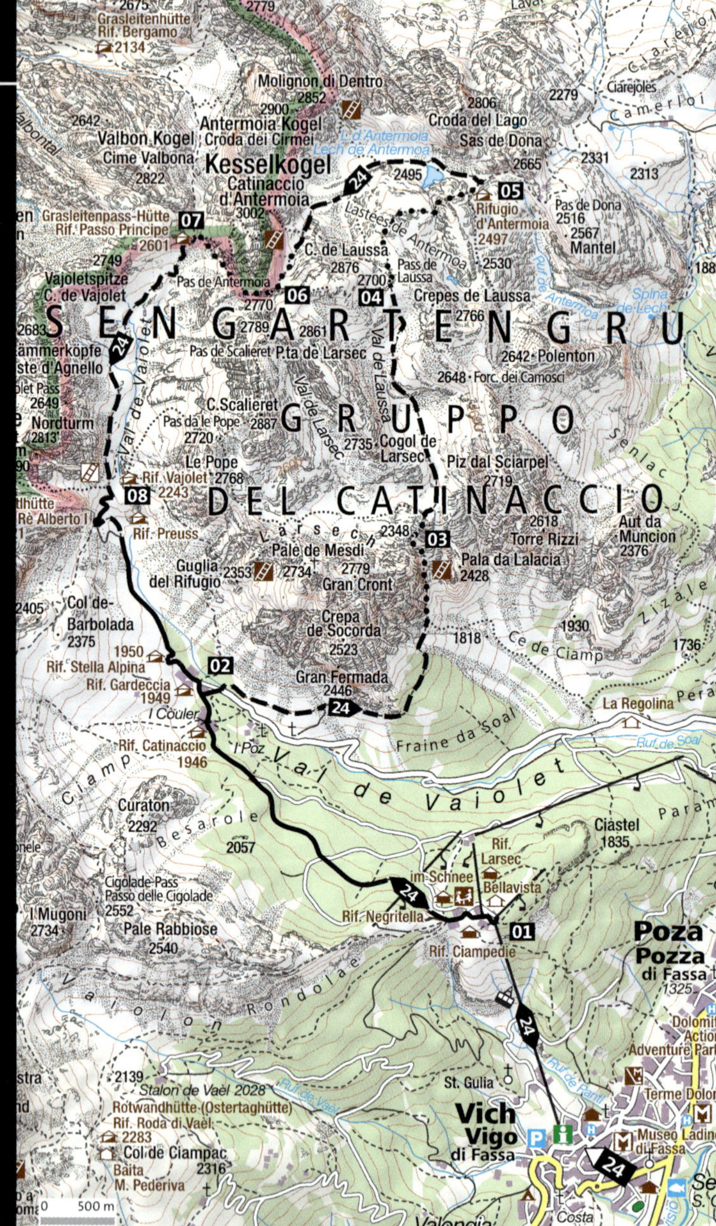
SENGARTENGRUPPO
GRUPPO
DEL CATINACCIO
Kesselkogel
Catinaccio d'Antermoia
3002
Rif. d'Antermoia
2497
Rif. Vajolet
2243
Rif. Preuss
Rif. Stella Alpina
Rif. Gardeccia
1949
Rif. Catinaccio
1946
Val de Vaiolet
Rif. Negritella
Rif. Ciampedie
Poza
Pozza
di Fassa
Vich
Vigo
di Fassa
0 500 m

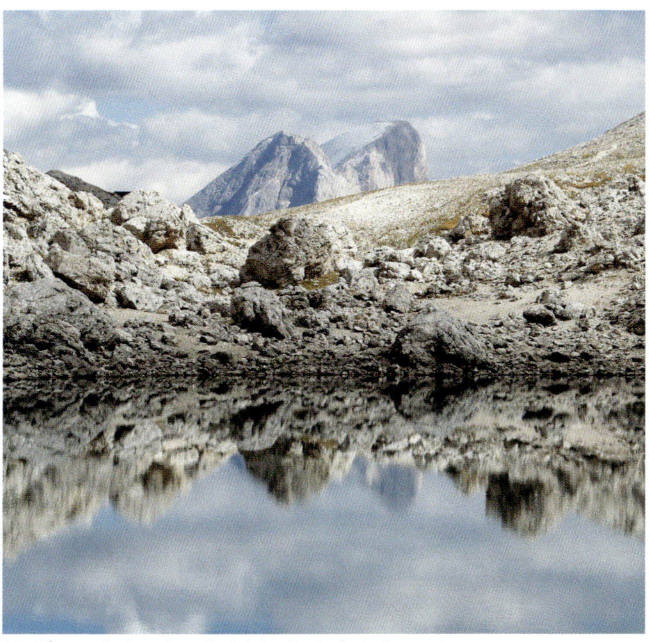

Die Marmolada spiegelt sich im Lech de Antermoia.

Dahinter beginnt das ausgedehnte, wüstenhaft öde und nur spärlich begrünte Hochtal von Laussa/Lausa. Vorbei am oft ausgetrockneten Laghetto di Larsech/Lago Secco wandern Sie über einige Karschwellen nach Norden in die unwirtliche Mondlandschaft um den **Passo di Lausa** **04** (Pas de Laussa, 2715 m) hinauf. Jenseits geht's durch felsige Mulden und Schutthänge zum traditionsreichen, aber gut ausgebauten **Rifugio Antermoia** **05** (2496 m) hinunter. 1:45 h.

Dort schwenken Sie links auf den Pfad Nr. 584 ein, der zum nahen, trotz der kargen Felslandschaft idyllisch gelegenen Lech de Antermoia (2496 m) führt. In der Folge führt er durch das wilde Vallone dell'Antermoia zwischen dem mächtigen Kesselkogel und der Punta de Larsech zum **Passo d'Antermoia** **06** (2770 m) hinauf. 45 Minuten. Jenseits steigen Sie unter dem Kesselkogel zu einer Anhöhe und dann durch steile Schutthalden zur **Grasleitenpasshütte** **07** (Rifugio Passo Principe, 2599 m) ab. 20 Minuten.

Zuletzt wandern Sie links auf dem breiten Schotterweg (Nr. 584) durch das Valle del Vaiolet hinunter zum **Rifugio Vajolet** **08** (Vajolethütte, 2243 m) bzw. zur benachbarten Preuss-Hütte (schöner Blick zu den Vaiolettürmen) und auf der Schotterstraße weiter talauswärts bis zum **Rifugio Gardeccia** **02** (1950 m). Von dort gelangen Sie auf der Zugangsroute (Nr. 540) rechts zur **Bergstation Ciampedie** **01** zurück. 2:15 h.

DIE ROSENGARTEN-RUNDTOUR

Das ganz große Dolomiten-Erlebnis

  22,6 km 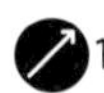 10:30 h 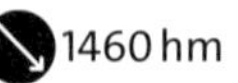 1460 hm 1460 hm  59

START | Vigo di Fassa/Vich, Talstation der Seilbahn Ciampedie, 1393 m; Parkplatz, Bus von der Haltestelle der Tal-Buslinie 101 (zu Fuß ca. 15 Minuten). Auffahrt zur Bergstation Ciampedie, 1992 m, Talfahrt ebenfalls mit der Seilbahn (www.catinacciodolomiti.it). Alternativ kann man auch von Pera mit dem Sessellift Vaiolet (3 Sektionen) hinauffahren.
[GPS: UTM Zone 33 x: 244.235 m y: 5.146.259 m]
CHARAKTER | Hochalpine Zwei-Tage-Tour mit Hüttenübernachtung. Unterwegs ist man auf felsigen Pfaden (gesicherte Passage, B); Klettersteigset und Steinschlaghelm werden empfohlen. Nur bei guten Verhältnissen ratsam; bei Schneelage gefährlich, bei Nebel kann man sich leicht verirren! Wer das Rifugio Antermoia auslassen möchte, kann vom Passo di Lausa auf dem Pfad Nr. 583B direkt ins Valon de Antermoia wandern und erspart sich damit 45 Minuten Gehzeit. Abkürzen lässt sich die Tour auch von der Kreuzung unterhalb des Tschagerjochs und auf dem Vial delle Feide.
Einkehr- und Nächtigungsmöglichkeit im Valle del Vaiolet, im Rifugio Antermoia, am Grasleitenpass, im Rifugio Vaiolet bzw. im Rifugio Preuss, im Rifugio Roda di Vaèl und im Rifugio Pederiva.

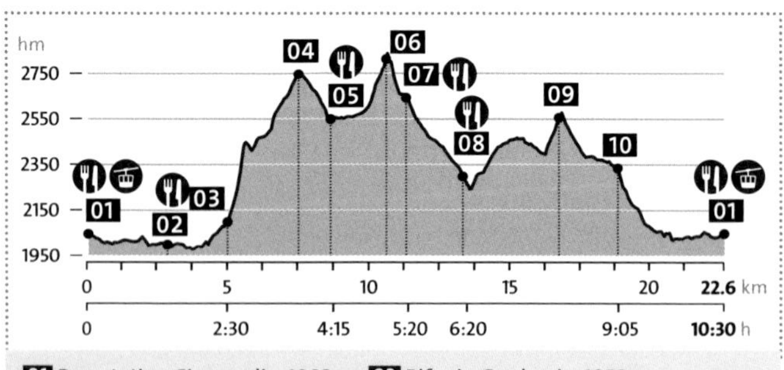

01 Bergstation Ciampedie, 1992 m; **02** Rifugio Gardeccia, 1950 m; **03** Pas de le Scalete, 2348 m; **04** Pas de Laussa, 2715 m; **05** Rifugio Antermoia, 2496 m; **06** Passo d'Antermoia, 2770 m; **07** Grasleitenpasshütte, 2599 m; **08** Rifugio Vaiolet, 2243 m; **09** Jouf da le Zigolade, 2552 m; **10** Rifugio Pederiva, 2280 m

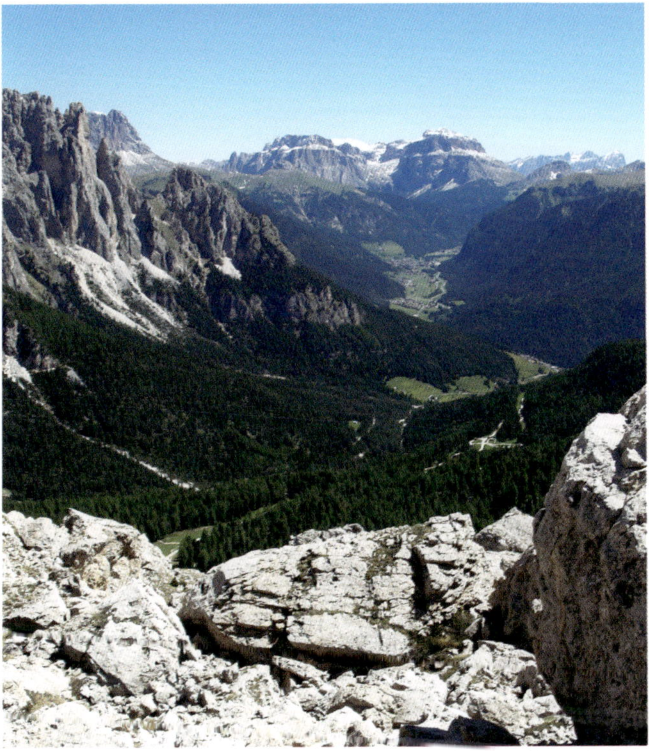

Vom Zigolade-Pass blickt man über das obere Val di Fassa bis zur Sella.

Die ganze landschaftliche Vielfalt der Fassataler Seite des Rosengarten-Massivs erschließt sich denjenigen, die zwei oder vielleicht sogar drei Tage für eine große Rundtour einplanen. Krönen lässt sich diese Unternehmung natürlich noch mit der Überschreitung des Kesselkogels (Beschreibung in umgekehrter Richtung bei Tour 23), aber auch mit Abstechern zum Santnerpass (Tour 21) oder zur Forcia de Davoi (Baumannpass, 2682 m). In jedem Fall sollte man für so ein „Mini-Trekking" eine stabile Schönwetterphase abwarten und einen Schlafplatz reservieren.

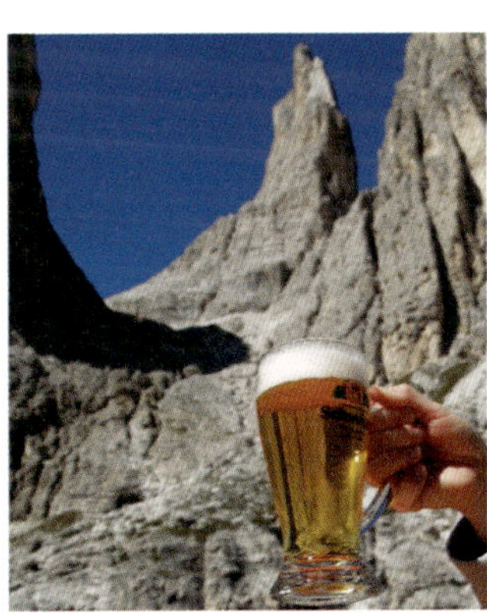
Ein Prosit auf den Rosengarten!

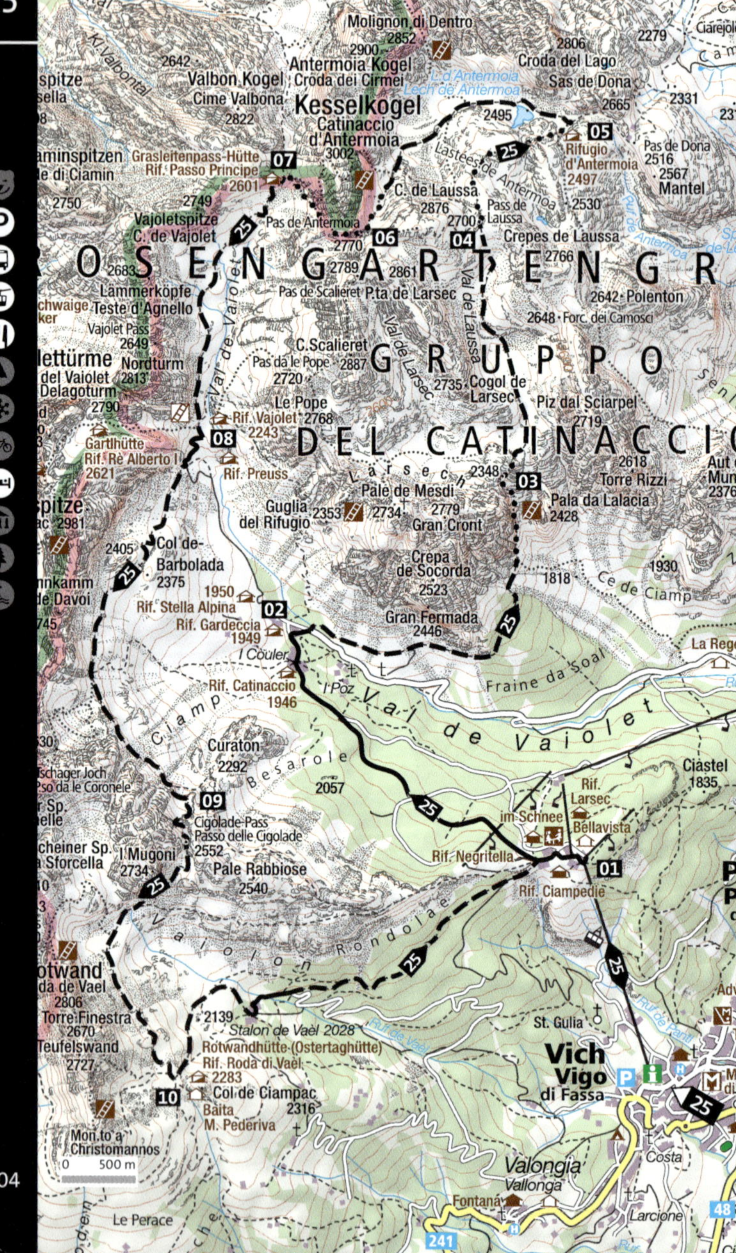
Rosengarten Gruppo del Catinaccio
Kesselkogel
Catinaccio d'Antermoia
3002
Antermoia Kogel
Croda dei Cirmei
Molignon di Dentro
2852
Valbon Kogel
Cime Valbona
2822
Grasleitenhütte
Rif. Bergamo
2134
Grasleitenpass-Hütte
Rif. Passo Principe
2601
Rifugio d'Antermoia
2497
L. d'Antermoia
Lech de Antermoia
Pas de Antermoia
2770
C. de Lausa
2876
Pass de Lausa
2700
Crepes de Lausa
2766
Croda del Lago
Sas de Dona
2665
Pas de Dona
2516
Mantel
2567
Vajoletspitze
C. de Vajolet
Lämmerkopfe
Teste d'Agnello
Vajolet Pass
2649
Nordturm
Delagoturm
2790
Rif. Vajolet
2243
Rif. Preuss
Gartlhütte
Rif. Re Alberto I
2621
Pas de Scalieret
P.ta de Larsec
C. Scalieret
2887
Pas da le Pope
2720
Le Pope
2768
Val de Larsec
Val de Lausa
Val de Vaiolet
Cogol de Larsec
2735
Piz dal Sciarpel
2719
Polenton
2642
Forc. dei Camosci
2648
Pale de Mesdi
2734
Guglia del Rifugio
2353
Gran Cront
2779
Torre Rizzi
2618
Pala da Lalacia
2428
Crepa de Socorda
2523
Gran Fermada
2446
Col de Barbolada
2375
Rif. Stella Alpina
1950
Rif. Gardeccia
1949
I Couler
Rif. Catinaccio
1946
I Poz
Ce de Ciamp
Fraine da Soal
Val de Vaiolet
Curaton
2292
Besarole
2057
Ciamp
Cigolade-Pass
Passo delle Cigolade
2552
I Mugoni
2734
Pale Rabbiose
2540
Rif. Larsec
im Schnee
Bellavista
Rif. Negritella
Rif. Ciampedie
Ciastel
1835
La Rega
Valolon
Rondolae
Rotwand
Roda de Vael
2806
Torre Finestra
2670
Teufelswand
2727
2139
Stalon de Vaèl 2028
Rotwandhütte (Ostertaghütte)
Rif. Roda di Vaèl
2283
Col de Ciampac
2316
Baita M. Pederiva
Mon.to a Christomannos
St. Gulia
Vich
Vigo di Fassa
Costa
Valongia
Vallonga
Fontana
Larcione
Le Perace
Rur de Vael
Rur de Pent
01
02
03
04
05
06
07
08
09
10
25
241
48
0
500 m

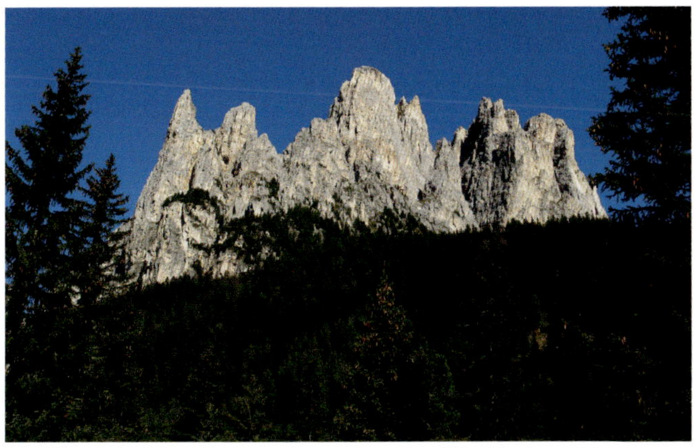

Die Türme der Larsechgruppe bewachen ein stilles Zauberreich.

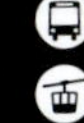
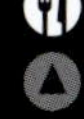
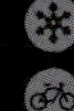

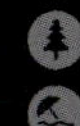

▶ Von der **Bergstation Ciampedie** 01 marschieren Sie zunächst – wie bei Tour 20 beschrieben – in gut 45 Minuten zum **Rifugio Gardeccia** 02 (1949 m).

Dann folgen Sie der Route von Tour 24 auf dem Sentiero Attrezzato delle Scalette in 1:45 h zum **Passo delle Scaletta** 03 (Pas de le Scalete, 2348 m).

Weiter geht's über den **Passo di Lausa** 04 (Pas de Laussa, 2715 m) zum **Rifugio Antermoia** 05 (2496 m) 1:45 h.

Dann wandern Sie auf dem Pfad Nr. 584 zum Lech de Antermoia (2496 m) und über den **Passo d'Antermoia** 06 (2770 m) zur **Grasleitenpasshütte** 07 (Rifugio Passo Principe, 2599 m) ab. 1:05 h.

Es folgt der Abstieg durch das Valle del Vaiolet zum **Rifugio Vajolet** 08 (Vajolethütte, 2243 m,) bzw. zur benachbarten Preuss-Hütte. 1:00 h.

300 m weiter unten zweigen Sie rechts auf den Pfad Nr. 541 ab, der mit der Beschilderung „Passo Coronelle, Passo Cigolade, Rif. Roda die Vael" durch die Schutt- und Grashänge unterhalb der Rosengartenspitze ansteigt. Bei der Kreuzung unterhalb dem Passo delle Coronelle/Tschagerjoch bleiben Sie geradeaus (Nr. 541) und wandern hoch über dem Valle del Vaiolet zwischen Geröll und Steinblöcken zur felsigen Einsenkung des **Jouf da le Zigolade** 09 (Passo delle Cigolade, 2552 m). 1:45 h.

Jenseits wandern Sie unterhalb der Tscheinerspitze in den Unteren Valolonkessel (Pael, 2330 m) hinunter und zum **Rifugio Pederiva** 10 (2280 m) bzw. zum benachbarten Rifugio Roda di Vaèl (Rotwandhütte) hinüber. 1:00 h.

Gemäß dem Wegweiser „Ciampedie" steigen Sie daraufhin links auf dem Pfad Nr. 545 zur Malga Vaèl (2028 m) ab und folgen von dort der beschilderten Alta Via dei Fassani.

Dieser wunderschöne Weg, der bei Tour 17 in umgekehrter Richtung beschrieben ist, führt durch Waldhänge und über ein luftiges Felsband hoch über dem Fassatal zum Rifugio Negritella (1990 m), von dem Sie die **Bergstation Ciampedie** 01 in Kürze wieder erreichen. 1:25 h.

AUF DEN SAS DE ADAM • 2430 m

Panoramawandern über dem Skigebiet

  10,5 km  4:00 h 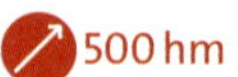 500 hm  1150 hm  59

START | Pozza di Fassa/Poza, Talstation der Ski Area Buffaure, 1310 m; Bushaltestelle im Ort, Parkplätze. Auffahrt mit der Gondelbahn zur Station Buffaure, 2050 m (www.fassa.com). [GPS: UTM Zone 33 x: 246.324 m y: 5.146.879 m]

CHARAKTER | Einfache Berg- und Almwanderung auf breiten Wegen, stellenweise steilen Pfaden und Forststraßen; langer Talabstieg. Einkehren kann man im Rifugio Buffaure und in der Malga Jumèla.

Der Name des Sas de Adam leitet sich nicht vom ersten Menschen, sondern wahrscheinlich vom ladinischen Begriff Dagn = Lamm ab. Das erscheint glaubhaft, denn Gras gibt's auf diesem Kamm über dem zentralen Val di Fassa wirklich genug. Ein Grund dafür ist u. a. die vulkanische Entstehungsgeschichte dieses Gebiets: Im geologischen Zeitalter der Trias kam es hier zu gewaltigen Ausbrüchen. Unmengen des feurigen Auswurfgesteins haben die Grundlagen für weitgeschwungene Hänge gebildet, die etwa 240 Millionen Jahre später Touristiker zum Bau von Gondelbahnen und Skiliften verführte. Trotz der intensiven Erschließung zwischen Buffaure und Ciampac ist die Gratwanderung zur Sella del Brunéch eine der schönsten Panoramatouren der Region geblieben.

▶ Von der **Station Buffaure** 01 (2015 m) folgen Sie einem Fahr-

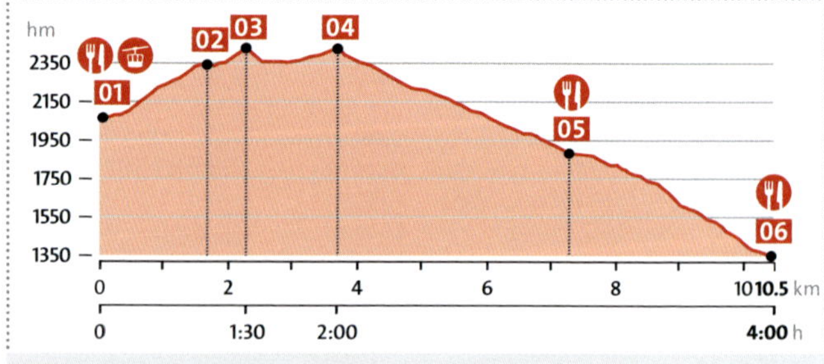

01 Station Buffaure, 2015 m; 02 Col de Valvacin, 2372 m; 03 Sas de Adam, 2430 m; 04 Sella del Brunéch, 2428 m; 05 Malga Jumèla, 1863 m; 06 Talstation der Ski Area Buffaure, 1310 m

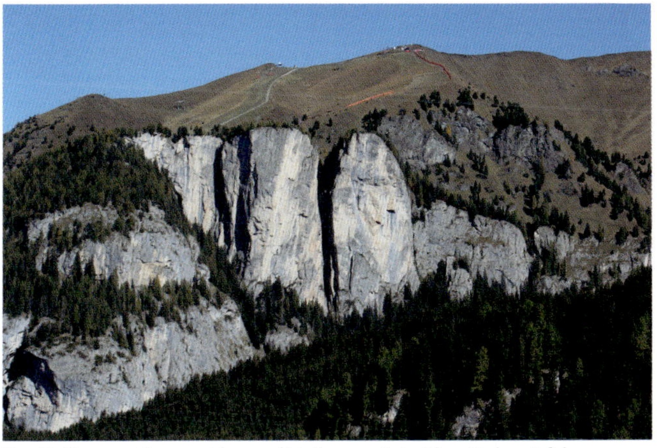
Der Buffaure – Grasmatten auf Vulkangestein über Dolomitfelsen.

weg 100 m bergab, biegen dann links ab (Nr. 613) und wandern auf der Almstraße (Lehrweg) durch Grashänge (Skigebiet, Lawinenverbauungen) zum Rifugio Baita Cruz auf der Anhöhe von Buffaure di Sotto (2213 m).
Von dort geht's nach links und entweder auf dem Fahrweg oder rechts daneben auf einem Serpentinenweg hinauf zum **Col de Valvacin** 02 (Ristorante El Zedron, Liftstation, 2372 m).
Dort beginnt rechts der Weg über einen aussichtsreichen Grasrücken mit mehreren Buckeln, der das Val San Nicolò/Val de Sen Nicolò (im Süden) vom höher gelegenen, unbewaldeten Val Jumèla (im Norden) trennt. Das dunkle,

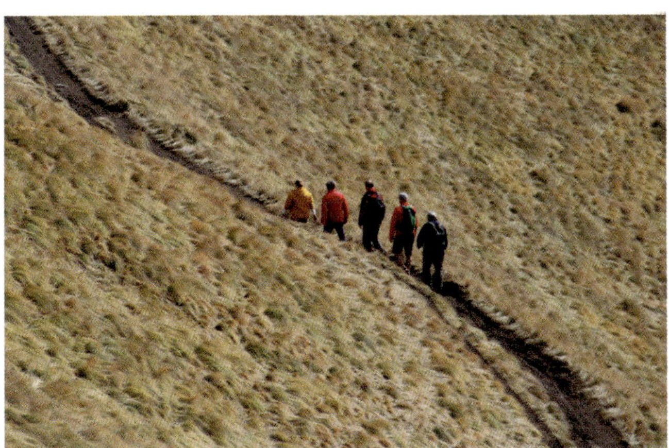
Der Weg ist das Ziel – oder doch die bald erreichte Sella del Brunéch?

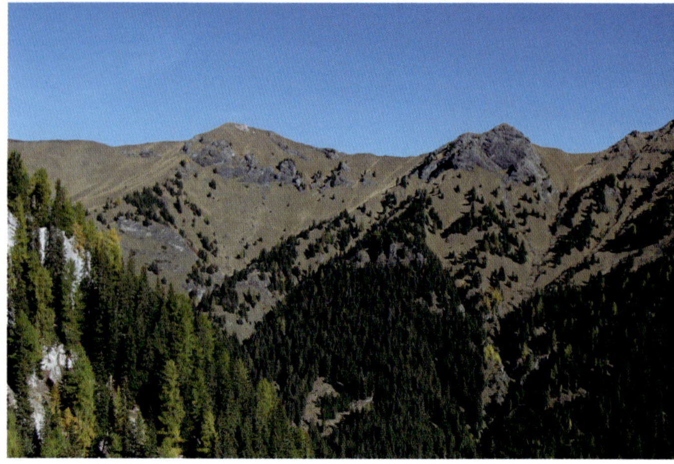

Der dunkle Kamm des Sas de Adam hat eine heiße Vergangenheit.

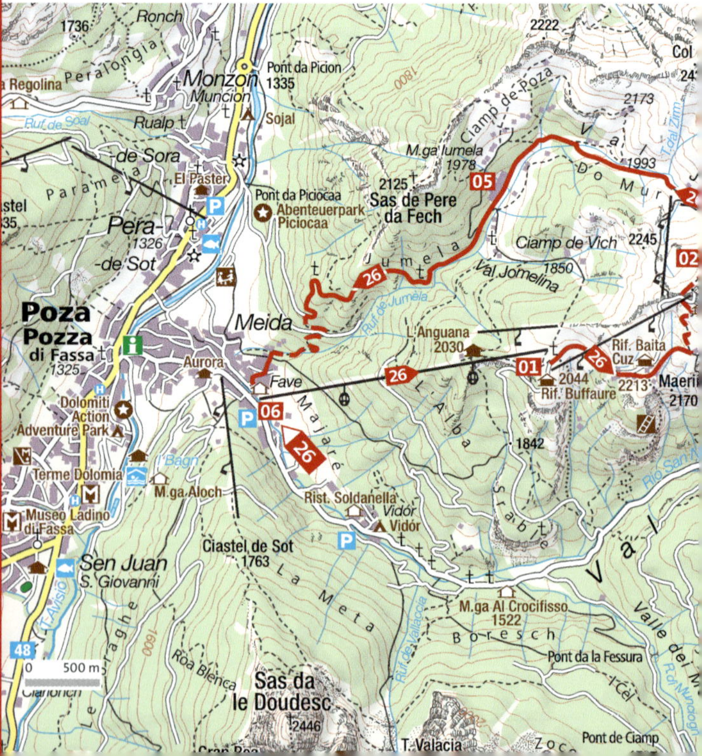

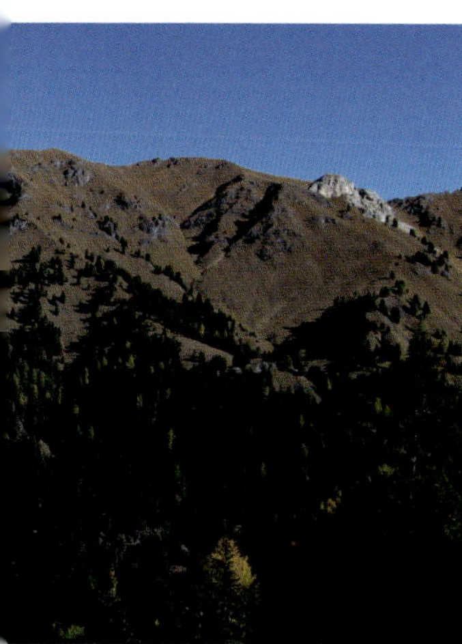

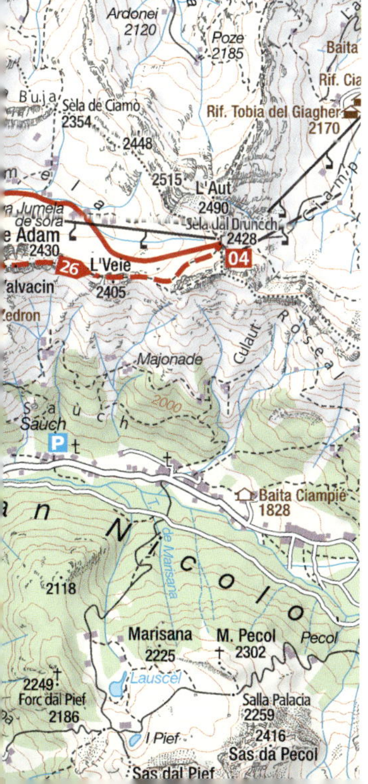

vulkanische Gestein des Rückens bildet einen Gegensatz zum hellen Dolomit- und Kalkgestein der Berge rundum. Nach etwa 1:30 h Gehzeit erreichen Sie in ein paar Kehren den höchsten Punkt des ebenfalls dunkelfelsigen **Sas de Adam** 03 (Sas da Dam, 2430 m), auf dem eine Rastbank zum Panoramagenuss einlädt.

Der Gratweg führt weiter in eine Senke (2405 m) hinab, links an einer weiteren Erhebung vorbei und wieder auf die Schneide. Zuletzt wandern Sie durch die Grashänge über dem obersten Val Jumèla zur **Sella del Brunéch** 04 (Sela dal Brunech, 2428 m) hinüber. In diesem Sattel, der den Übergang ins Hochtal von Ciampac freigibt, treffen Sie auf die nächsten Liftstationen und eine Schotterstraße. Schöner Blick zur Marmolada! 30 Minuten.

Auf dieser steigen Sie scharf links ins Skigebiet des Val Jumèla ab (Nr. 644). Vorbei an der Malga Juela de Sora (2250 m) geht's weiter dem Bach entlang talabwärts. Kurz vor den untersten Liftstationen an der Waldgrenze zweigen Sie rechts auf den alten Talweg (Nr. 644) ab und wandern steiler durch den Graben zur **Malga Jumèla** 05 (1863 m) hinunter. Der Fahrweg (Nr. 643 m), der danach links abzweigt, führt zur Station Buffaure hinüber – einfacher ist es aber, geradeaus auf der Forststraße weiter hinabzumarschieren.

Nach einer Kehre hoch über dem Tal (ca. 1500 m) biegen Sie links ab, steigen weiter unten auf dem Waldpfad Nr. 644 B zum Ruf de Jumèla ab und gelangen nach der Brücke zum Weg Nr. 643, der rechts nach Pozza di Fassa/Poza hinunterzieht. Links kommen Sie zur **Talstation der Ski Area Buffaure** 06 (1310 m). 2:00 h.

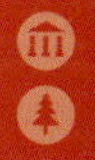

AUF DIE PUNTA VALACIA • 2637 m

Ein Top-Aussichtsgipfel über dem Val di Fassa

 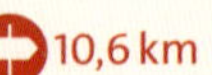 10,6 km  4:50 h  1020 hm  1020 hm  59

START | Parkplatz im Val dei Monzoni, 1620 m; Zufahrt von Pozza di Fassa/Poza durch das Val San Nicolò, nach 3 km bei der Kapelle neben dem Ristorante Malga Crocifisso rechts auf die schmale Teerstraße zur Malga Munciogn/Malga Monzoni abzweigen – Parkplätze nach ca. 800 m vor einer Kurve auf 1620 m Seehöhe. [GPS: UTM Zone 33 x: 248.620 m y: 5.145.302 m]
CHARAKTER | Bergwanderung auf Straßen, Wegen und steilen Pfaden. Einkehrmöglichkeit in der Malga Munciogn/Malga Monzoni und im Rifugio Vallaccia.

Die Punta Valacia zählt nicht zu den bekanntesten Bergen der Dolomiten – aber zu den empfehlenswertesten, was die Aussicht betrifft. Sie bildet den westlichen Eckpunkt des Monzonikamms, der das Val di San Pellegrino vom Val San Nicolò trennt – und den höchsten Punkt eines zerklüfteten Dolomitmassivs, das einen augenscheinlichen Kontrast zum dunklen Vulkangestein seiner östlichen Bergnachbarn bildet. Besonders eindrucksvoll ist dort oben der Tiefblick in die nordseitige Felsschlucht der Valacia, über dem in der Ferne die Langkofelgruppe steht. Aber auch Sella, Marmolada, Civetta, Pala, Latemar und der Rosengarten fügen sich ins Gipfelpanorama. An Tagen mit ganz klarer Luft erblickt man sogar die Gardaseeberge und die Ortlergletscher, die Stubaier und die Zillertaler Alpen.

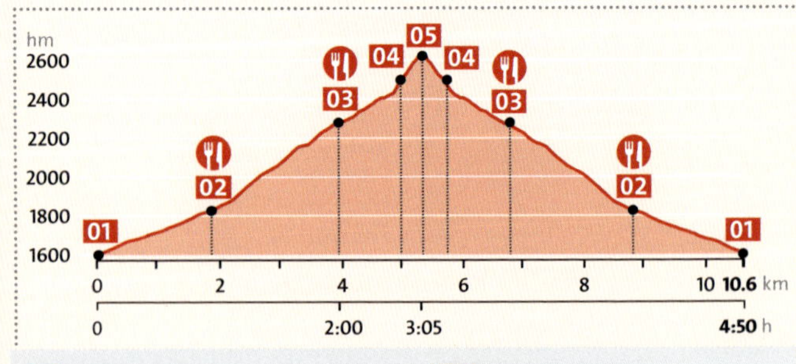

01 Parkplatz im Val dei Monzoni, 1620 m; 02 Malga Munciogn/Malga Monzoni, 1820 m; 03 Rifugio Vallaccia, 2275 m; 04 Forcella de la Costela, 2510 m; 05 Punta Valacia, 2637 m

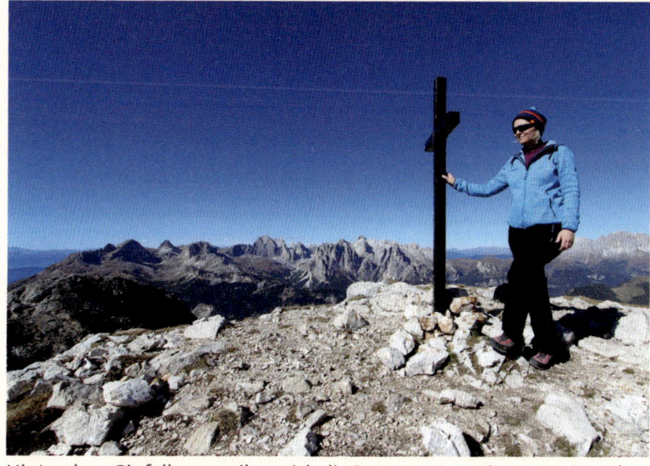

Hinter dem Gipfelkreuz reihen sich die Rosengartenspitzen aneinander.

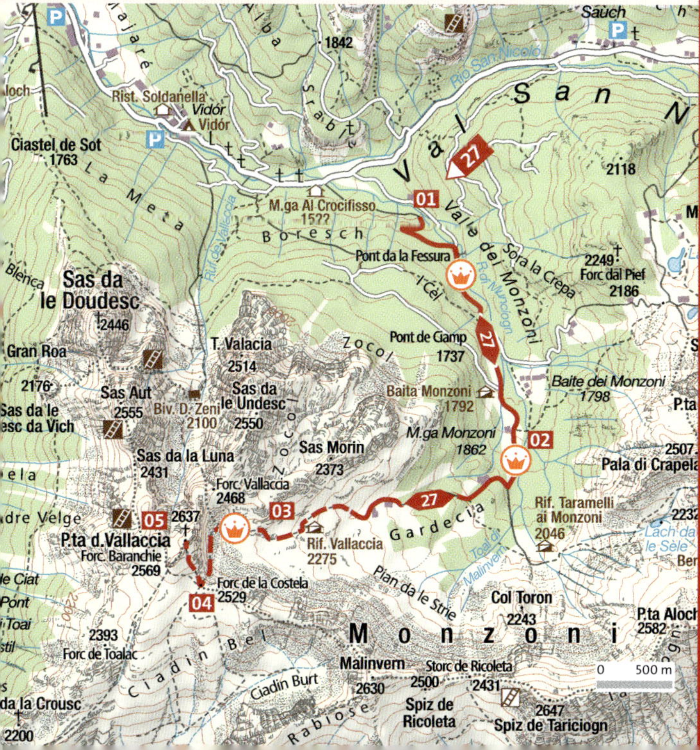

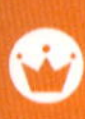

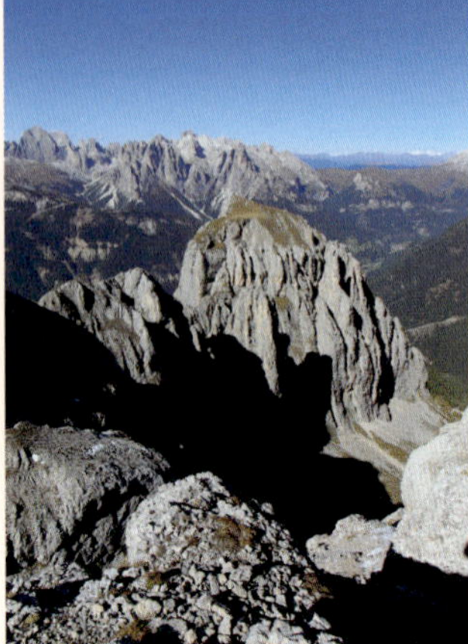

Schluchtblick nach Norden.

▶ Vom **Parkplatz im Val dei Monzoni** 01 (1620 m) wandern Sie etwa 45 Minuten auf der Teerstraße durch das bewaldete Tal hinauf zu den Wiesen der **Malga Munciogn/Malga Monzoni** 02 (1820 m, Kapelle, Parkplatz nur für Besucher). Weiter geht's Richtung „Rifugio T. Taramelli, Rifugio Vallacia" (Nr. 624) auf dem geschotterten Fahrweg, der sich nach wenigen Minuten teilt. Von dort wandern Sie rechts hinauf zum Pian di Munciogn (1900 m), wo Sie nochmals rechts abbiegen. Ein rauer Fahrweg führt zu den Hochweiden von Gardecia, wo die Abzweigung zum Rifugio Taramelli unbeachtet bleibt. Zuletzt führt ein Pfad (Nr. 624) zum herrlich gelegenen **Rifugio Vallaccia** 03 (2275 m) empor. 1:15 h.

Der Pfad führt weiter Richtung „Punta Valacia" in das von Felsen begrenzte Kar hinauf; im Rückblick erscheinen der Passo San Nicolò und die Marmolada. Von der Abzweigung zum Sas da le Undes/Cima Undici gehen Sie links weiter. Direkt vor einer Wand biegen Sie nochmals links ab (Aufschrift „Forcella de la Costela") und steigen durch steiles Geröll neben den Felsabstürzen in die **Forcella de la Costela** 04 (2510 m) an. 45 Minuten.

Zuletzt wandern Sie rechts in 20 Minuten über den Gras- und Schrofenrücken (Spalten im Gestein) zum Gipfelkreuz auf der **Punta Valacia** 05 (2637 m) hinauf.

Der **Abstieg erfolgt** auf derselben Route. 1:45 h.

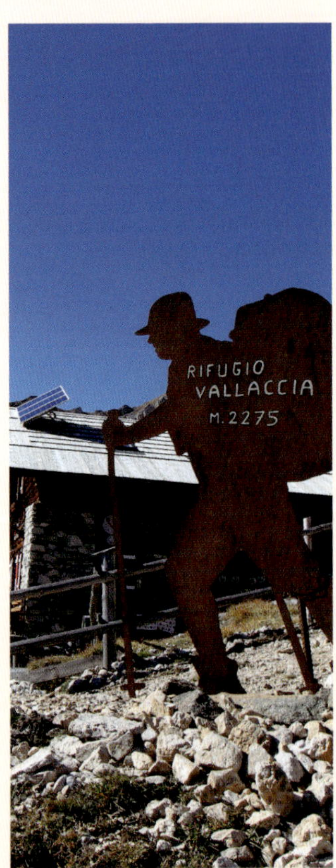

Einladung zur Einkehr!

RIFUGIO TARAMELLI – RIFUGIO PASSO LE SELLE • 2531 m

Himmel und Hölle – geologisch gesehen

  9,9 km  4:45 h 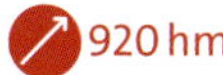 920 hm 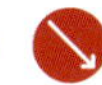 920 hm  59

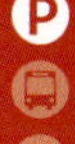

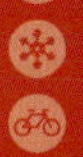
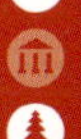

START | Parkplatz im Val dei Monzoni, 1620 m; Zufahrt von Pozza di Fassa/Poza durch das Val San Nicolò, nach 3 km bei der Kapelle neben dem Ristorante Malga Crocifisso rechts auf die schmale Teerstraße zur Malga Munciogn/Malga Monzoni abzweigen – Parkplätze nach ca. 800 m vor einer Kurve auf 1620 m Seehöhe. [GPS: UTM Zone 33 x: 248.614 m y: 5.145.315 m]
CHARAKTER | Bergwanderung auf Straßen, Wegen und steilen Pfaden. Einkehrmöglichkeiten: Malga Munciogn/Malga Monzoni, Rifugio Taramelli, Rifugio Passo le Selle.

Das Rifugio Passo le Selle haben Sie schon bei Tour 7 kennen gelernt – hier finden Sie nun auch den Zugangsweg aus dem Val San Nicolò. Diese Route zeigt wie kaum eine andere die geologische Vielfalt dieser Region zwischen hellem Dolomitgestein und den fast schwarzen Relikten einstiger Vulkane, die den Monzoni-Kamm aufgebaut haben.

▶ Vom **Parkplatz im Val dei Monzoni** 01 (1620 m) wandern Sie etwa 45 Minuten auf der Teerstraße durch das bewaldete Tal hinauf zu den Wiesen der **Malga Munciogn/ Malga Monzoni** 02 (1820 m, Kapelle, Parkplatz nur für Besucher). Weiter geht's Richtung „Rifugio Torquato Taramelli" (Nr. 603) auf dem geschotterten Fahrweg, der sich nach wenigen Minuten teilt.

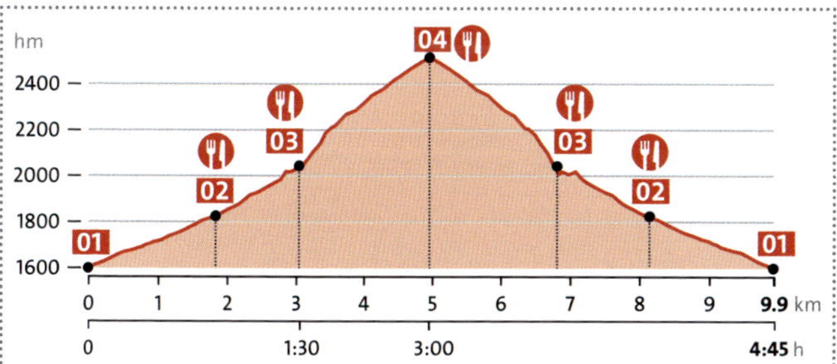

01 Parkplatz im Val dei Monzoni, 1620 m; 02 Malga Munciogn/Malga Monzoni, 1820 m; 03 Rifugio Tamarelli, 2040 m; 04 Passo le Selle, 2528 m

Von dort folgen Sie dem linken Weg Nr. 603 Richtung „Rifugio Taramelli, Rifugio Passo Selle“ nach Süden weiter. Unter den dunkelfelsigen Bergen des Monzonikammes zweigen Sie nochmals links ab und steigen steiler zum winzigen **Rifugio Tamarelli** 03 (2040 m) an. 45 Minuten.
Nun wandern Sie auf dem Pfad Nr. 604, dem Wegweiser „Passo delle Selle“ folgend, durch das wilde Val de le Sele zum kleinen, gleichnamigen und im Sommer oft ausgetrockneten See hinauf. Von dort steigen Sie durch die Gras- und Schutthänge im Talschluss unter der Pala de Crapela und der Cresta de le Sele zum **Passo Le Selle** 04 (Pas da la Sele, 2528 m) an. Ein paar Meter oberhalb davon lädt das gleichnamige, urgemütliche und doch komfortabel ausgebaute Rifugio, die alte Bergvagabundenhütte, zu Rast, Einkehr und auch zu einer Nächtigung ein. Nach Südosten tut sich der Blick ins Gebiet um den Passo di San Pellegrino auf. 1:30 h.
Der **Abstieg** erfolgt auf derselben Route und nimmt etwa 1:45 h in Anspruch.

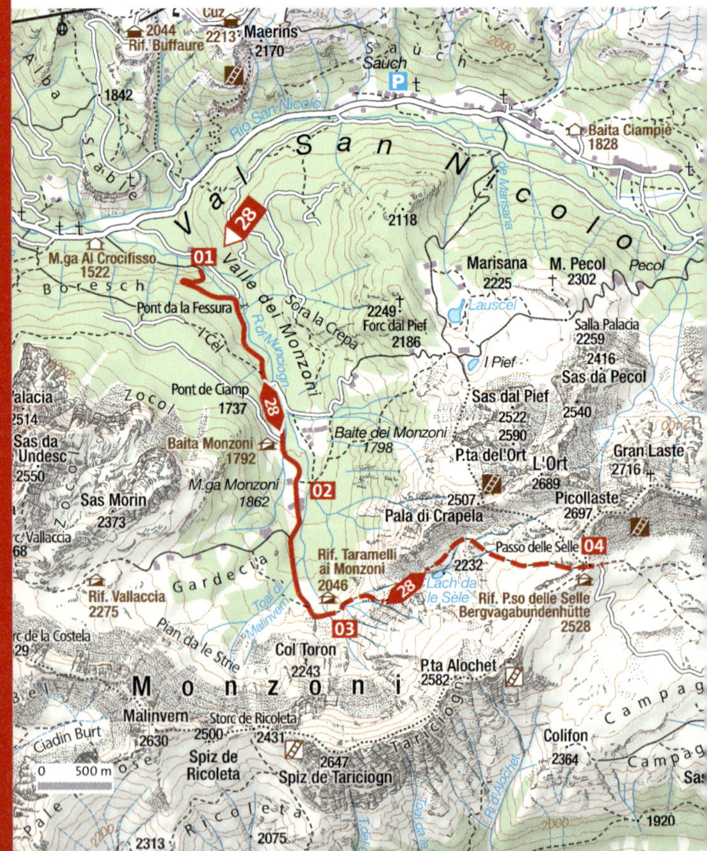

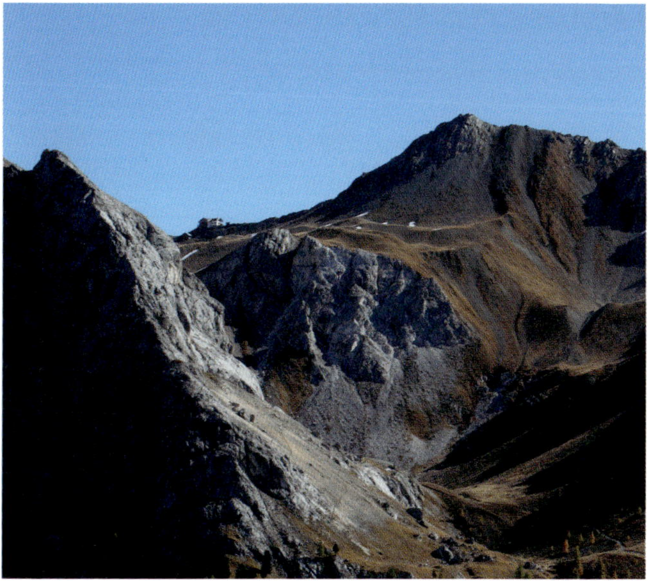

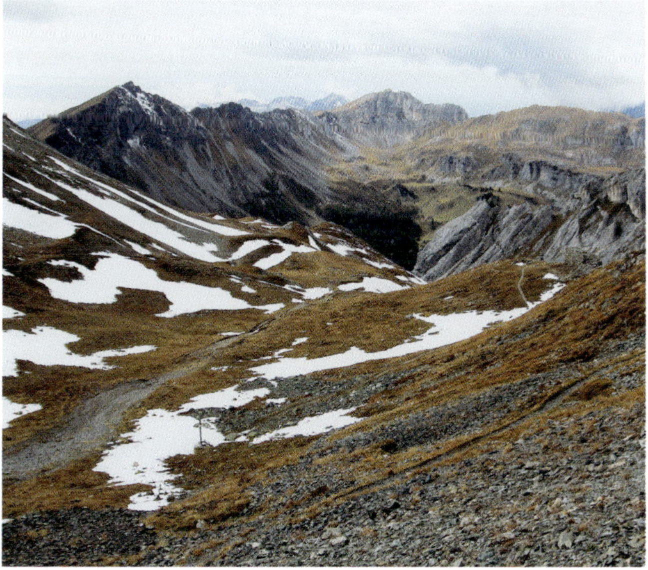

Das Val de le Sele ist eines der großen Naturwunder der Dolomiten.

LAGUSEL/LAUSCÈL • 2103 m

Der schönste Bergsee im Val di Fassa?

 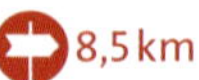 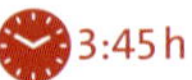 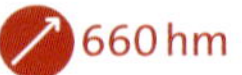  

8,5 km · 3:45 h · 660 hm · 660 hm · 59

START | Ristorante Malga Crocifisso im Val San Nicolò, 1522 m; von Pozza di Fassa/Poza 3 km, Parkplatz bei der nahen Abzweigung. [GPS: UTM Zone 33 x: 247.976 m y: 5.145.597 m]
CHARAKTER | Einfache Bergwanderung auf Straßen und Pfaden. Einkehrmöglichkeit nur im Ristorante Malga Crocifisso.

Wer in den Dolomiten nur raue Felswucht erwartet, wird von der Lieblichkeit des Lagusel/Lauscèl überrascht sein. Der gerade einmal 100 Meter breite Almsee schmückt eine verborgene, licht bewaldete Hochfläche über dem Val San Nicolò, die vom schroffen Sas dal Pief überragt wird. Es gibt keine Einkehrstation dort oben, daher wird man die Schönheit dieser Landschaft kaum einmal mit vielen Menschen teilen müssen.

▶ Von der Abzweigung neben der Kapelle beim **Ristorante Malga Crocifisso** 01 gehen Sie neben der Talstraße noch 200 m weiter taleinwärts zu einem Kreuz und zweigen dann rechts auf eine Forststraße (Nr. 603) ab. Sie führt durch das bewaldete Val dei Monzoni hinauf, bis Sie nach einer Brücke über den Ruf di Munciogn die Teerstraße erreichen. Dieser folgen Sie weiter taleinwärts, bis nach gut 600 m links eine weitere **Forststraße** 02 über den Ponte de Ciamp führt (641, Wegweiser „Lagusel, Forcella del Pief", 1737 m). Jenseits zweigen Sie links ab und wandern auf einem rauen Fahrweg am Wiesenrand der Baita de Monzoni entlang und dann links

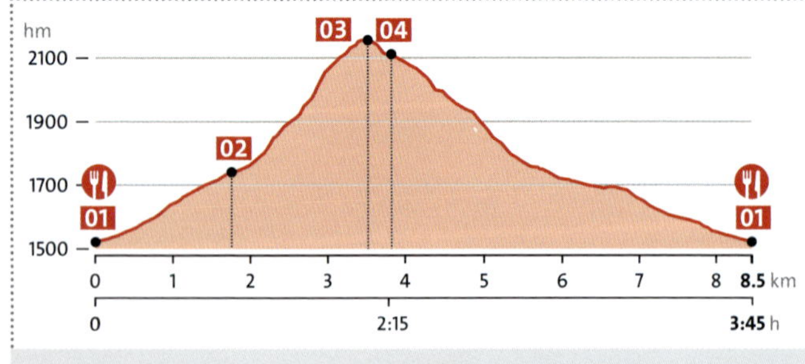

01 Ristorante Malga Crocifisso, 1522 m; 02 Forststraße, 1720 m; 03 Forcella del Pief, 2184 m; 04 Lagusel/Lauscèl, 2103 m

in eine Waldschneise. Weiter oben gelangen Sie zu einsamen Almwiesen mit einigen Hütten und zur **Forcella del Pief** 03 (2184 m) hinauf. Die Absperrung in diesem Almsattel lässt sich auf einer kleinen Metallleiter leicht übersteigen. 2:00 h.

Gleich dahinter treffen Sie auf die nächste Weggabelung bei einer idyllisch gelegenen Wiesenlacke, von der Sie links auf dem Weg Nr. 640 in 15 Minuten zum **Lagusel/Lauscèl** 04 (2103 m) absteigen. Dieses landschaftliche Schmuckstück verleitet natürlich zu einer längeren Rast, bevor Sie zu einem Almstall weitergehen. Ein rauer Fahrweg führt zu weiteren Hütten und dann durch steile Waldhänge hinab. Nach der Querung einer instabilen Felszone geht's zu einer Kreuzung bei einem schönen Holzkreuz hinab. Dort biegen Sie links Richtung „Sauch – Parcheggio" ab und marschieren auf der Forststraße talauswärts.

Am rechts gelegenen Parkplatz der Talstraße gehen Sie vorbei, bis Sie nach knapp 500 m die geteerte Fahrbahn erreichen. Auf dieser müssen Sie nun noch 1,8 km bis zum Ausgangspunkt beim **Ristorante Malga Crocifisso** 01 hinuntermarschieren. 1:30 h.

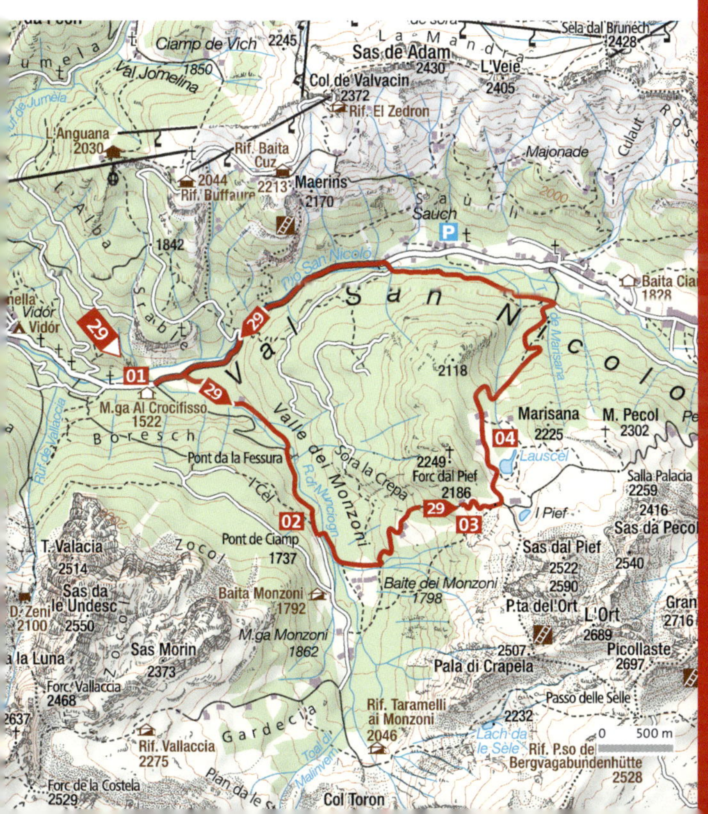

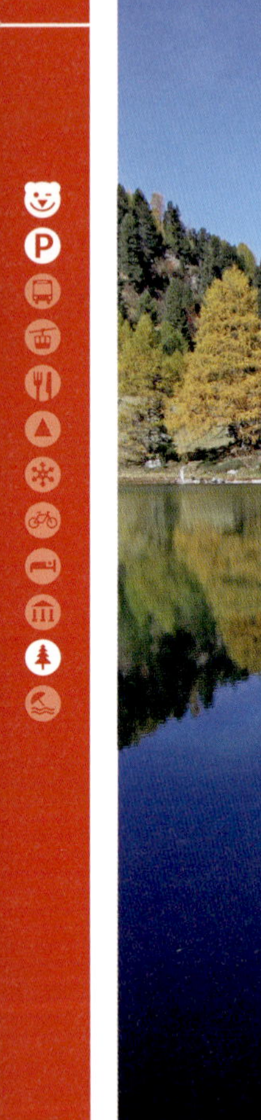

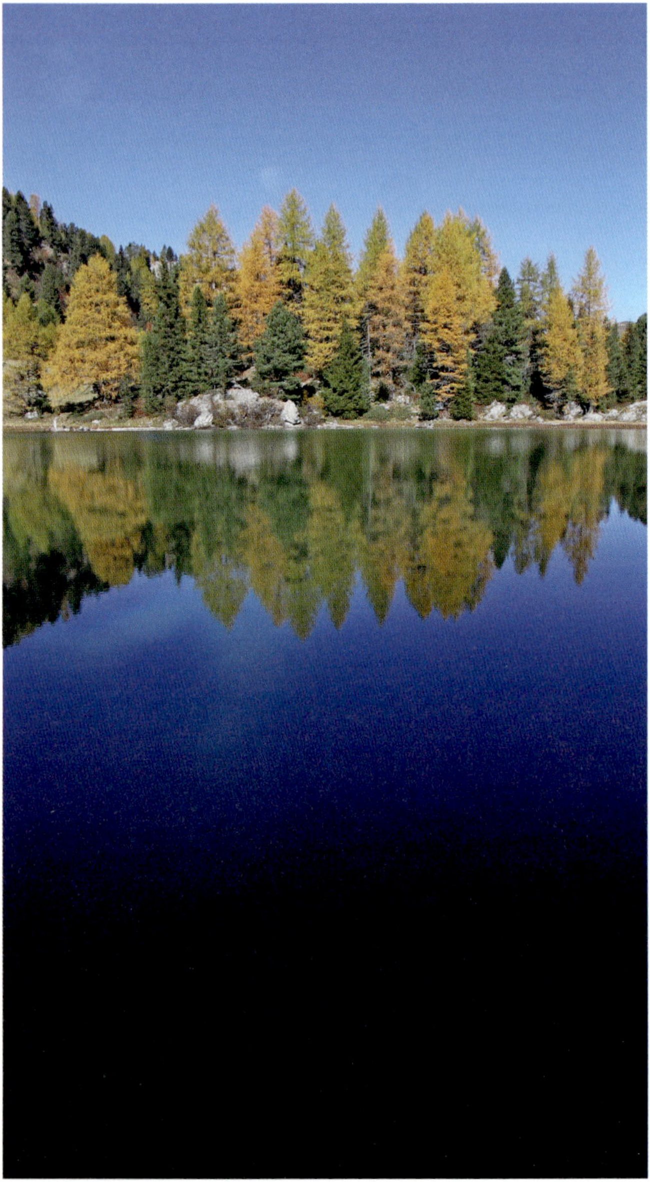

Hinter dem Gipfelkreuz reihen sich die Rosengartenspitzen aneinander.

AUF DEN MONTE PECOL • 2302 m

Ein einsamer Gipfel über dem Lagusel/Lauscèl

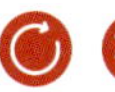  8,5 km  3:45 h 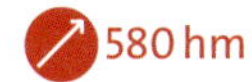 580 hm 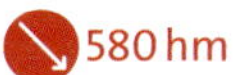 580 hm  59

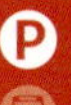
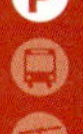

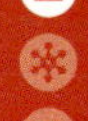
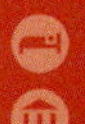

START | Parkplatz im Val San Nicolò (Sauch), 1738 m; von Pozza di Fassa/Poza ca. 5 km; im Sommer Bus bzw. Bimmelbahn ab Pozza (www.fassa.com/DE/Bimmelbahnen-und-Shuttle-Busse).
[GPS: UTM Zone 33 x: 249.939 m y: 5.146.393 m]
CHARAKTER | Einfache Bergwanderung auf Straßen und Pfaden. Einkehrmöglichkeit in der Baita Ciampie.

Wer eine Rast am Ufer des Lagusel/Lauscèl mit einem kleinen Gipfelerlebnis verbinden möchte, muss etwas weiter oben im Val San Nicolò starten. Der mit einem Felszapfen geschmückte Graskamm der Palacia, der den See im Nordosten umfängt, ist ein bezaubernder Aussichtsplatz in diesem wenig bekannten Bereich der Marmoladagruppe.

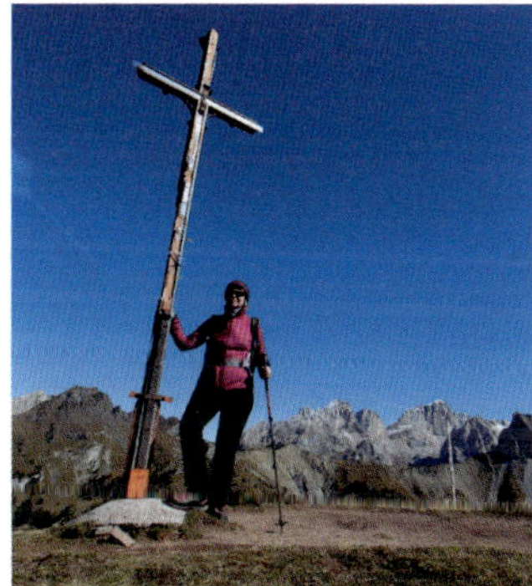

Hinter dem Kreuz die Marmolada.

▶ Vom **Parkplatz im Val San Nicolò** 01 gehen Sie zunächst über die Brücke zu den Stellflächen auf der südlichen Talseite und folgen

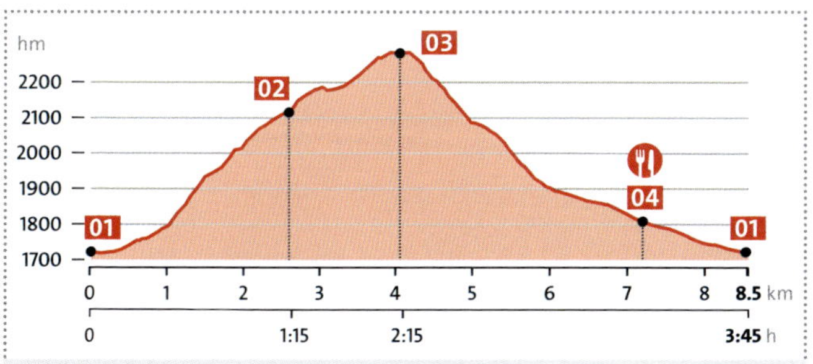

01 Parkplatz im Val San Nicolò, 1738 m; 02 Lagusel/Lauscèl , 2103 m; 03 Monte Pecol, 2302 m; 04 Baita Ciampie, 1826 m

der Schotterstraße, der Strada di Rusci, gemäß dem Wegweiser „Lagusel" nach links. So marschieren Sie gut 500 m durch den Wald taleinwärts, bevor Sie bei einem Kreuz rechts Richtung „Lagusel, Passo le Selle" (Nr. 640) abbiegen und steiler emporwandern. Nach einer instabilen Felspassage erreichen Sie schöne Almwiesen mit einigen Holzhütten, über denen sich linksdie kleine Felsspitze der Marisana (2225 m) zeigt. Der raue Fahrweg führt weiter aufwärts zu einem größeren Almstall, von dem Sie auf einem Pfad zum nahen **Lagusel/Lauscèl** 02 (2103 m) gelangen. 1:15 h.

Auf dem Pfad geht's nun durch licht bewaldetes Almgelände zu einer Gabelung bei einer Wasserlacke, von der Sie links auf dem Pfad Nr. 641 weiterwandern. Über Grashänge steigen Sie in eine freie Mulde und zur Sela de la Palacia (2259 m) an. Von dieser Scharte aus lohnt sich der Abstecher links auf den luftigen Graskamm des **Monte Pecol** 03 (2302 m), den ein Metallkreuz ziert. Nach 1:00 h erfreut dort der Blick über den Lagusel zur Punta Valacia, während man über dem tief eingeschnittenen Val San Nicolò die Marmolada sieht. Auch der Rosengarten und die südliche Ortlergruppe zählen

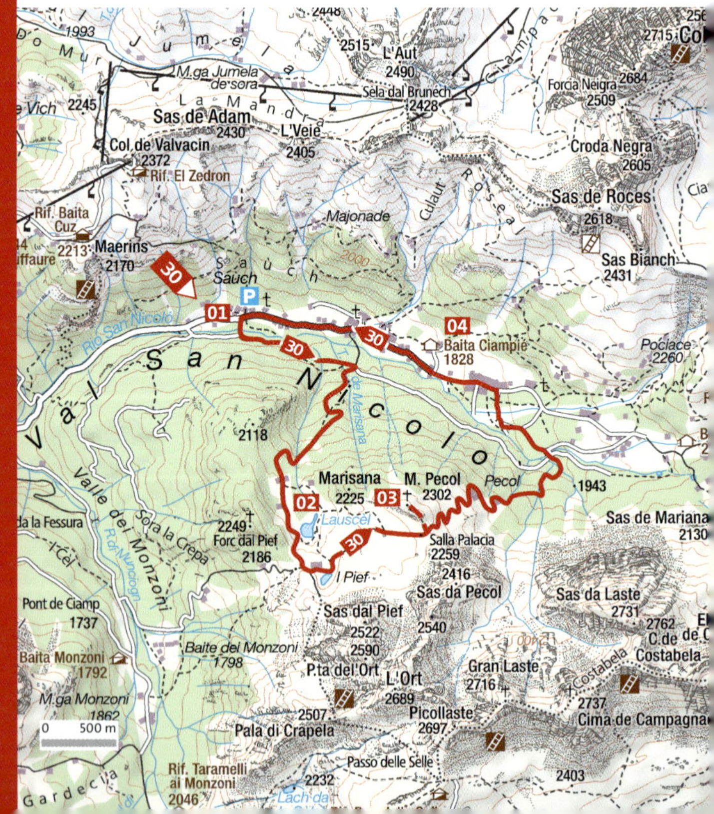

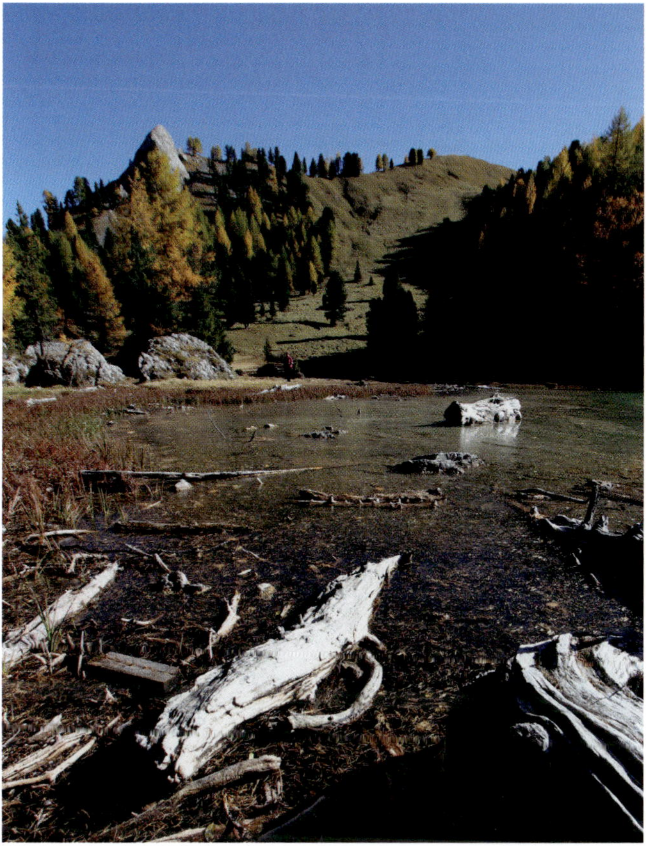

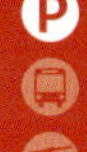

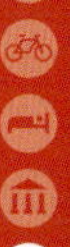

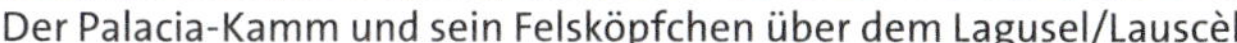

Der Palacia-Kamm und sein Felsköpfchen über dem Lagusel/Lauscèl.

zum Panorama (zum erwähnten Felsspitz des Kammes müsste man noch absteigen, zusätzlich 15 Minuten).

Nach der Rückkehr zur Sela de la Palacia folgen Sie dem Pfad Nr. 641 Richtung „Ciampiè, Val S. Nicolò" hinab. Durch Wald und über die kleine Alm Pecol erreichen Sie schließlich wieder die Strada di Rusci (1896 m), auf der sie links durch das Val San Nicolò direkt zum Ausgangspunkt zurückkehren können. Wer zum Abschluss noch einkehren möchte, kreuzt die einst von russischen Kriegsgefangenen erbaute Straße, überschreitet den Ruf de Sen Nicolò und erreicht danach links ein breites Bachbett. Gleich danach geht's links auf der geschotterten Talstraße zur gastlichen **Baita Ciampie** 04 (1826 m) abwärts. Von dort folgt der Marsch auf Asphalt bis zum 1,3 km entfernten **Parkplatz im Val San Nicolò** 01. 1:30 h.

ZUM PASSO SAN NICOLÒ • 2340 m

Ein Top-Aussichtsgipfel über dem Val di Fassa

 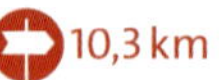 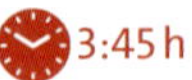 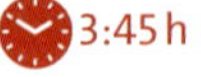 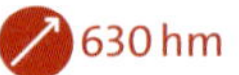 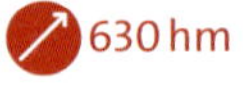 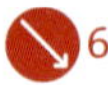 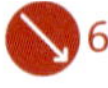 

10,3 km | 3:45 h | 630 hm | 630 hm | 59

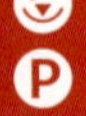
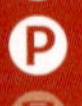
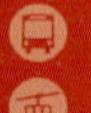

START | Parkplatz im Val San Nicolò (Sauch), 1738 m; von Pozza di Fassa/Poza ca. 5 km – zeitweise gesperrt, es fährt jedoch im Sommer ein Bus bis Sauch und eine „Bimmelbahn“ bis zur Baita Ciampie (www.fassa.com/DE/Bimmelbahnen-und-Shuttle-Busse). [GPS: UTM Zone 33 x: 249.939 m y: 5.146.393 m]
CHARAKTER | Hüttenwanderung auf Straßen, Wegen und steilen Pfaden. Einkehren kann man in der Baita Ciampie, in der Baita alle Cascate und im Rifugio Passo San Nicolò.

Der Talschluss des Val San Nicolò birgt einige Naturwunder – geologische Besonderheiten ebenso wie spritzige Kaskaden. Wer vom hinteren Talboden weiter ansteigt, genießt aber auch eine überraschende Aussicht ins östlich benachbarte Val de Contrin am Fuß des Gran Vernel und der Marmolada, die mit ihrer Südwand prunkt.

▶ Vom **Parkplatz im Val San Nicolò** 01 wandern Sie auf der asphaltierten Talstraße 1,3 km taleinwärts zur **Baita Ciampie** 02 (1826 m).

Weiter geht's auf der Kiesstraße („Ciamp de Forcia, Passo S. Nicolò“, Nr. 608) – dem spitzen und schroffen Col Ombert, der mächtig über dem Talschluss aufragt, entgegen. Bei der folgenden Abzweigung bleiben Sie geradeaus, queren ein Bachbett und erreichen die Almwiesen von **Ciamp** 03 (1960 m). Rechts könnten Sie zur 10 Minuten entfernten Baita alla Cascata gehen – der Weg Richtung „Pas

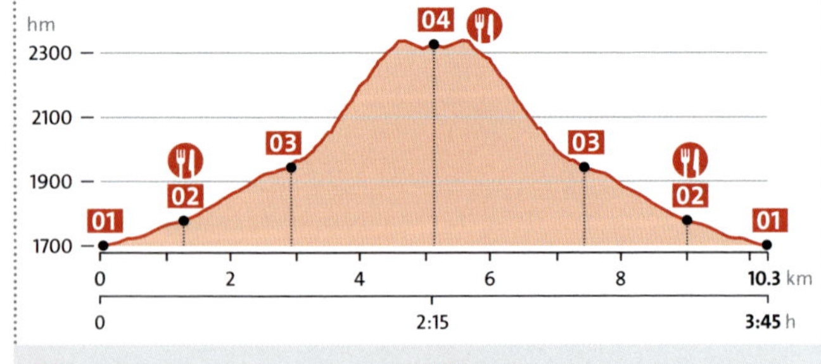

01 Parkplatz im Val San Nicolò, 1738 m; 02 Baita Ciampie, 1826 m; 03 Ciamp, 1960 m; 04 Passo San Nicolò, 2339 m

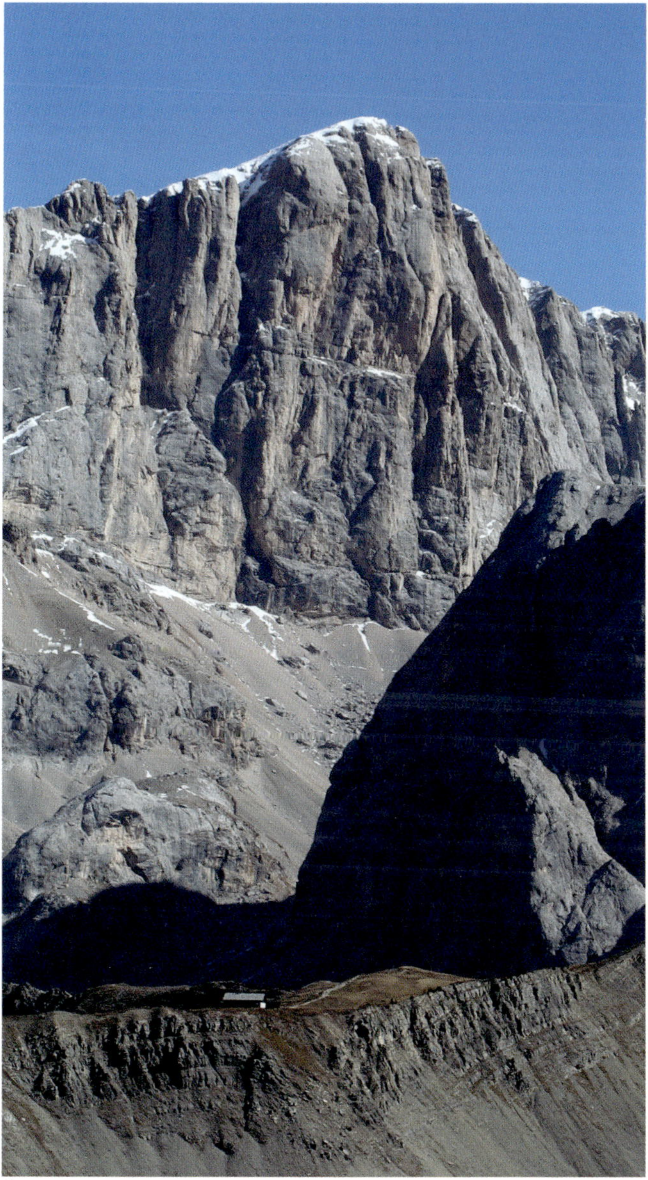

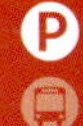

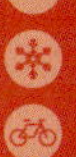
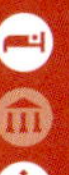

Über dem Passo San Nicolò mit seiner Hütte prunkt die Marmolada.

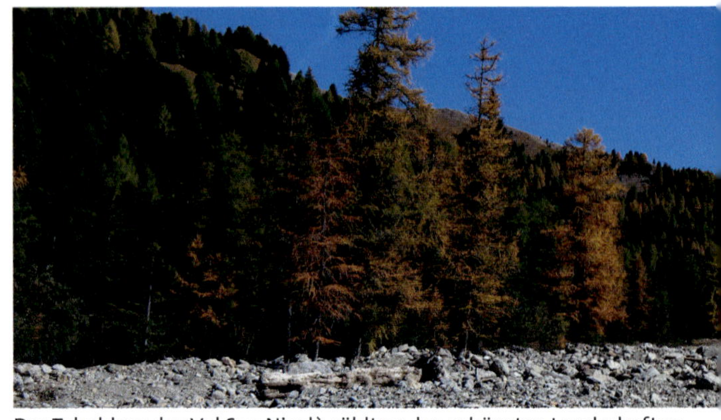

Der Talschluss des Val San Nicolò zählt zu den schönsten Landschaften

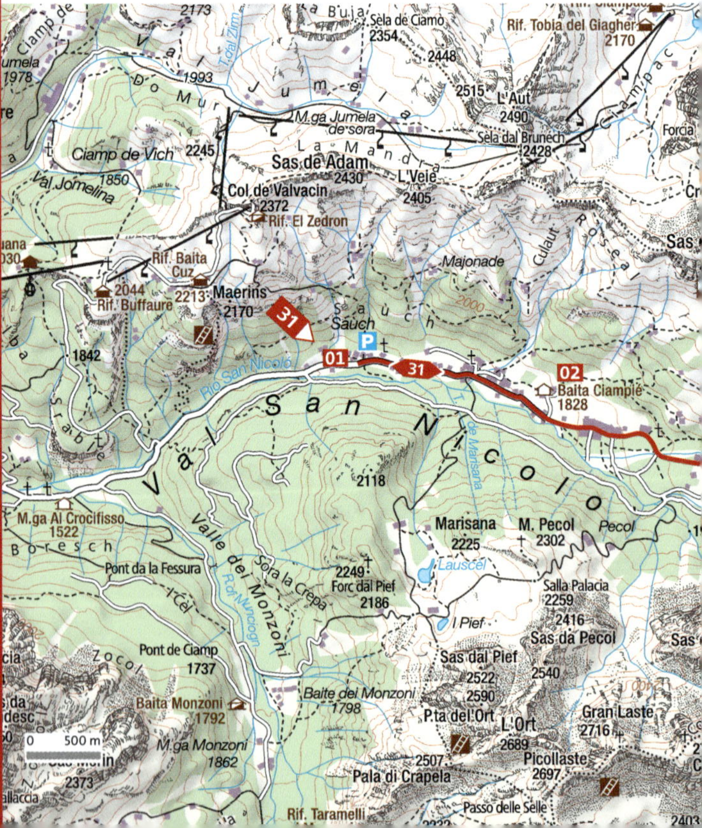

Val Jumela
Sela de Ciamo 2354
Rif. Tobia del Giagher 2170
2448
2515 L'Aut 2490
M.ga Jumela de sora
Sela dal Brunech 2428
Ciamp de Vich 2245
La Mandra
Sas de Adam 2430
L'Veie 2405
Col de Valvacin 2372
Rif. El Zedron
Val Jomelina 1850
Rif. Baita Cuz
2044 Rif. Buffaure
2213 Maerins 2170
Majonade
Saùch
1842
31
01
02
Baita Ciampiè 1828
Rio San Nicolò
Val San Nicolò
2118
M.ga Al Crocifisso 1522
Boresch
Pont da la Fessura
Valle dei Monzoni
Sora la Crepa
2249
Forc dal Pief 2186
Marisana 2225
M. Pecol 2302
Lauscel
Salla Palacia 2259
I Pief
2416
Sas da Pecol
Pont de Ciamp 1737
Sas dal Pief 2522
2540
2590
Baite dei Monzoni 1798
Baita Monzoni 1792
P.ta del Ort
L'Ort 2689
Gran Laste 2716
M.ga Monzoni 1862
2507
Picollaste 2697
Pala di Crapela
Rif. Taramelli
Passo delle Selle
0 500 m

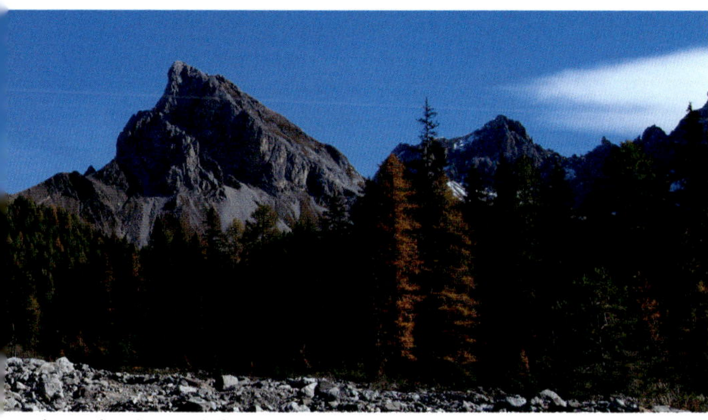

der Dolomiten – dafür sorgt nicht zuletzt der spitze Col Ombert.

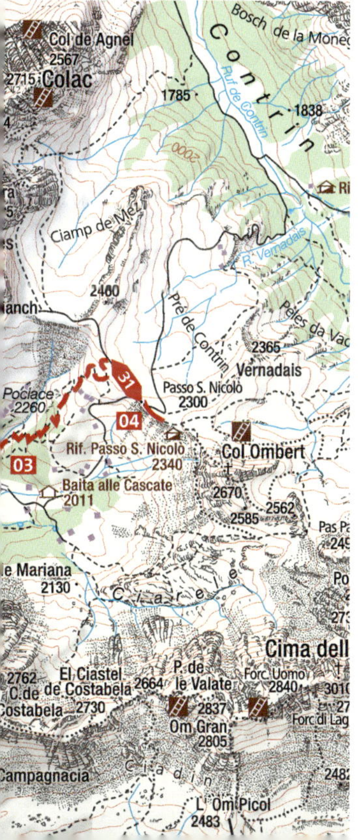

de sen Nicolò" führt jedoch nach links. Auf etwa 2010 m Seehöhe geht's auf einem breiten Pfad in einen tiefen Graben (La Roisc dal Giaf) hinein und in Kehren durch die rechte Talseite empor – jenseits sind imposante Felsverwerfungen (Bellerophonschichten aus dem Perm, die sich vor etwa 250 Millionen Jahren gebildet haben) zu sehen.

Über die Grasschulter Pociace (2270 m) gelangen Sie auf den Rücken, der das Val San Nicolò vom Val de Contrin am Fuß der Marmolada trennt (2359 m). Von dort wandern Sie rechts (Nr. 608) zum 350 m entfernten, breiten Sattel des **Passo San Nicolò** 04 (Pas de sèn Nocolò, 2339 m) hinab. Die gleichnamige Hütte lädt gleich daneben zu Rast, kulinarischer Stärkung und auch zu einer Übernachtung ein. 2:15 h.

Abstieg auf der Zugangsroute – vielleicht verbunden mit einem Abstecher zur gemütlichen Baita alla Cascata, hinter der zwei Wildbäche über steile Waldhänge rauschen, oder mit einer Einkehr in der weiter unten gelegenen **Baita Ciampie** 02. 1:30 h.

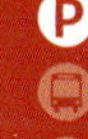

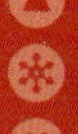

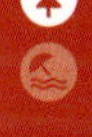

AUF DEN COL OMBERT • 2670 m

Ein Top-Aussichtsgipfel über dem Val San Nicolò

 12,2 km  6:00 h 950 hm 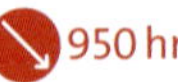 950 hm 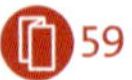 59

START | Parkplatz im Val San Nicolò (Sauch), 1738 m; von Pozza di Fassa/Poza ca. 5 km – zeitweise gesperrt, es fährt jedoch im Sommer ein Bus bis Sauch und eine „Bimmelbahn“ bis zur Baita Ciampie (www.fassa.com/DE/Bimmelbahnen-und-Shuttle-Busse). [GPS: UTM Zone 33 x: 249.934 m y: 5.146.388 m]
CHARAKTER | Hüttenwanderung auf Straßen, Wegen und steilen Pfaden. Einkehren kann man in der Baita Ciampie und in der Baita alle Cascate.

Der Col Ombert steht zwar im Schatten des südlich benachbarten, über 3000 Meter hohen Cima dell’Uomo – das Val San Nicolò beherrscht er trotzdem. Er bildete im Ersten Weltkrieg einen strategisch wichtigen Gipfel der Dolomitenfront, der mit dem heute noch bei Klettersteigfans beliebten Kaiserjägersteig erschlossen wurde. Der Normalweg über seine Südostseite ist viel einfacher zu erklimmen,

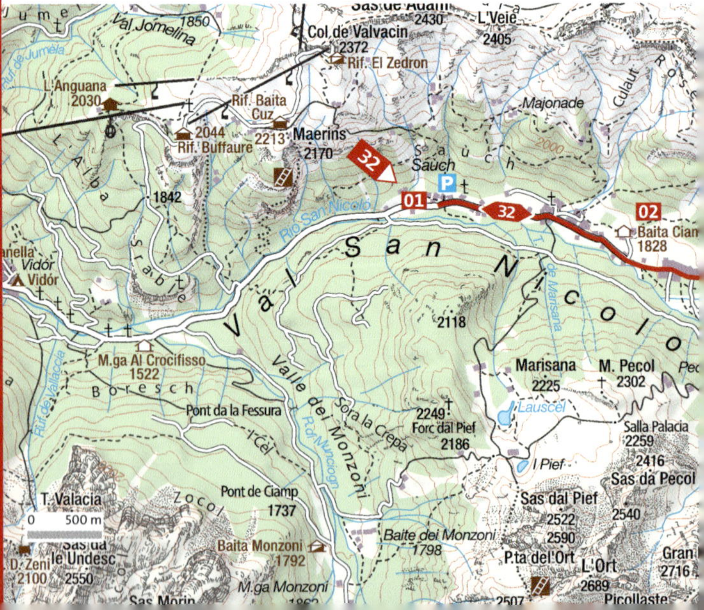

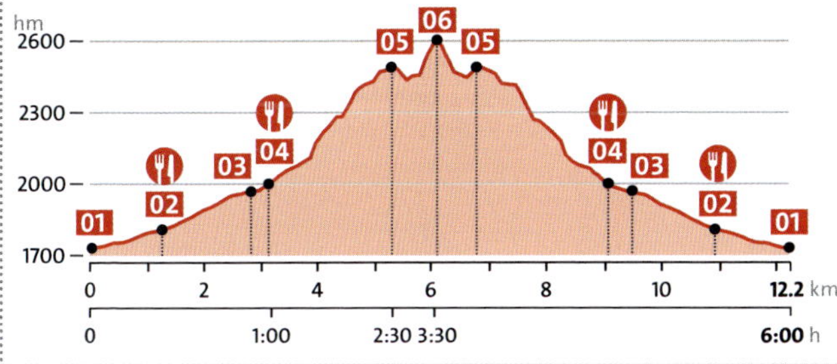

01 Parkplatz im Val San Nicolò, 1738 m; **02** Baita Ciampie, 1826 m; **03** Ciamp, 1960 m; **04** Baita alle Cascata, 2011 m; **05** Forcella Paschè, 2498 m; **06** Col Ombert, 2670 m

aber landschaftlich sehr lohnend.
▶ Vom **Parkplatz im Val San Nicolò** 01 wandern Sie – wie bei Tour 31 beschrieben – taleinwärts zur **Baita Ciampie** 02 (1826 m) und weiter nach **Ciamp** 03 (1960 m). Dort biegen Sie rechts auf den Weg Nr. 609 zur nahen **Baita alle Cascata** 04 (2011 m) ab. 1:00 h.

100 m hinter dieser gastlichen Einkehrstation zweigt der Weg Nr. 609 rechts Richtung „Jonta, Pas Paschè“ ab und führt durch Wald zu den wunderbar gelegenen Weiden von Jontea (2071 m) hinauf. Von der dortigen Gabelung folgen Sie links dem Pfad Nr. 609 durch lichten Lärchenbestand und über

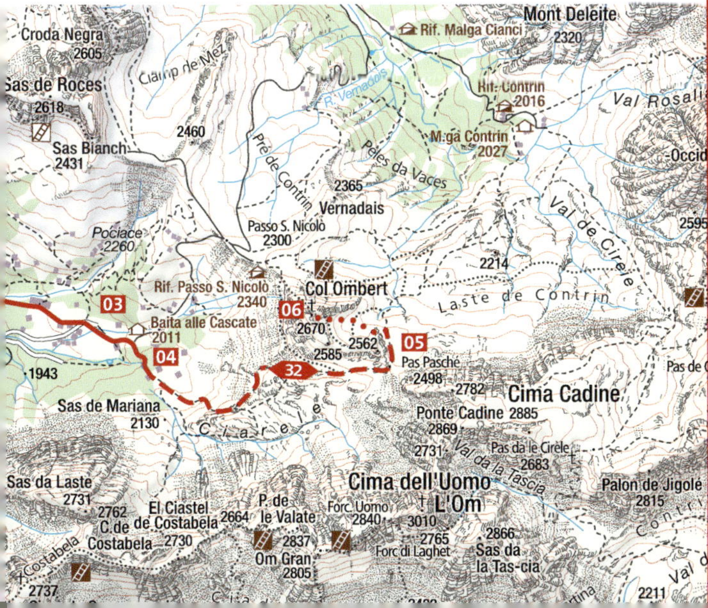

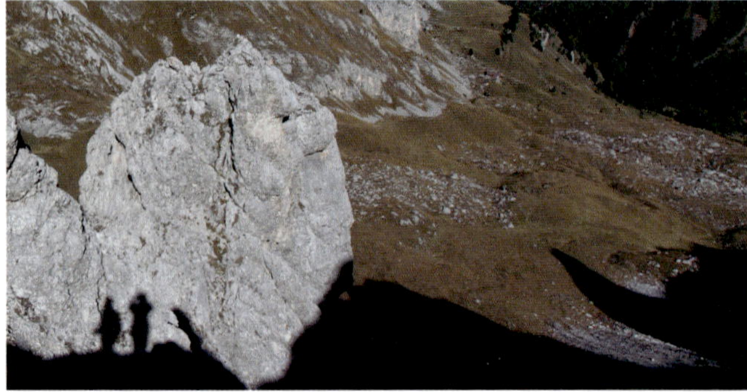
Schattenspiel am Gipfelpfad.

einen freien Rücken gegen die Schutthalden und Felsabbrüche des Col Ombert empor. Nach einer kleinen Anhöhe durchqueren Sie ein weites, in der Mitte durch einen kleinen Rücken geteiltes Schutt- und Graskar und erreichen die **Forcella Paschè** 05 (2498 m) zwischen dem Col Ombert und den beiden Spitzen der Cime Cadine bzw. der noch mächtigeren Cima dell'Uomo. 1:30 h.
Jenseits tut sich der Blick über ein Kar mit einem winzigen See ins Val de Contrin am Fuß der Marmolada auf. In diese Richtung steigen Sie nun ein wenig ab, bis Sie nach ungefähr 400 m in einem Geröllkar links auf den Gipfelpfad einschwenken können. Dieser führt im Zickzack durch eine breite, aber steiler werdende Gras- und Schuttrinne empor, bis er rechts noch einige Meter über den Grat bis zum Gipfelkreuz des **Col Ombert** 06 (2670 m) ansteigt. 1:00 h.
Abstieg auf derselben Route in 2:30 h.

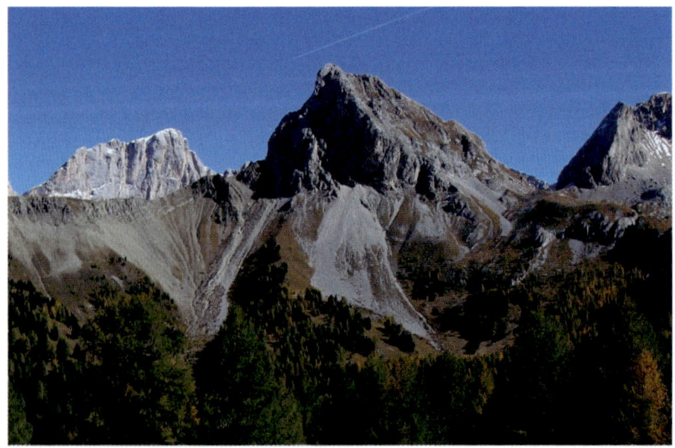
Der Col Ombert zwischen der Marmolada und der Forcella Paschè.

VAL DE UDAI – VAL DE DONA

Wildnis, Weite, Wasserfälle

 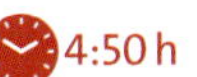 10,7 km 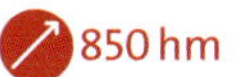 4:50 h  850 hm  850 hm 59

START | Mazzin/Mazin, 1367 m; Bushaltestelle, Parkplatz am Südrand des Ortes. [GPS: UTM Zone 33 x: 246.622 m y: 5.150.102 m]
CHARAKTER | Schöne Berg- und Almwanderung auf Forststraßen und guten Pfaden. Einkehrmöglichkeit im Rifugio Dona.

Ganz im Osten der Rosengartengruppe verbergen sich zwei grundverschiedene, aber gleichermaßen einsame Täler. Sie verlorcken zu einer Rundwanderung, die auch ohne Gipfelerlebnis unvergesslich bleiben wird, denn eine weite Graslandschaft wie das obere Val de Dona würde man wohl eher in Tibet vermuten als im Trentino.

Die angeführte Routenvariante führt immerhin auf einen Kamm über dem Hochtal, von dem man wie mit einem Paukenschlag das benachbarte Val Duron und die darüber aufragenden Gipfel zwischen der Seiseralm und der Sella überblickt.

▶ In **Mazzin/Mazin** 01 folgen Sie der gepflasterten Strèda dò Ruf ins Val de Udai hinein (Nr. 580). Bald geht's auf Schotterbelag neben dem Bach dahin, links über eine Brücke und dann über dem schluchtartigen Talabschnitt unterhalb der Crepe di Lausa zu einem breiten, mit Schutt erfüllten Bachbett hinauf. Hinter einer Holzbrücke (1693 m) unterhalb der hohen **Cascate di Socorza** 02 beginnt dann der Pfad, der weiterhin die Markierungsnummer 580 führt. Er steigt durch Wald zum Pian de Udai am Fuß mächtiger Felsabstürze an (kleine Holzhütte direkt an der Wand). Weiter geht's durch den wildromantischen Gra-

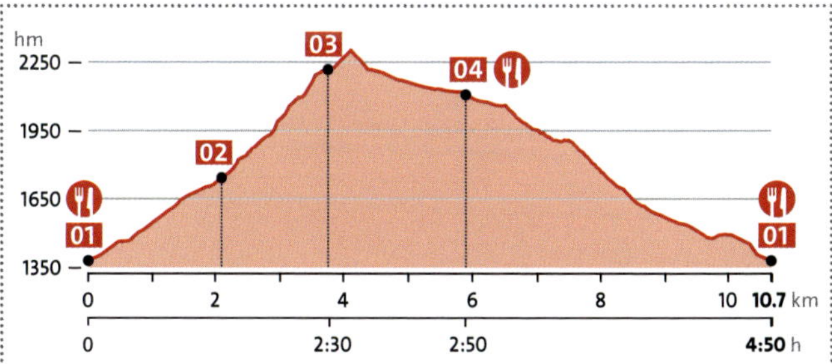

01 Mazzin/Mazin, 1367 m; 02 Cascate di Socorza, 1693 m;
03 Camerloi, 2200 m; 04 Rifugio Dona, 2100 m

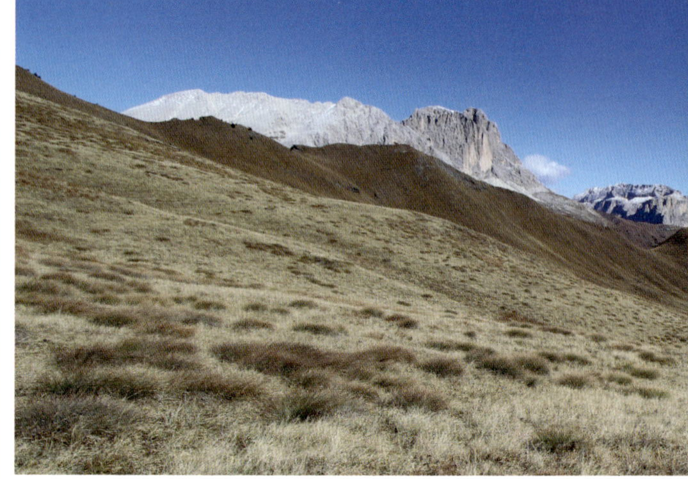

Über der Weite des Val de Dona werden Dolomitenriesen ganz klein:

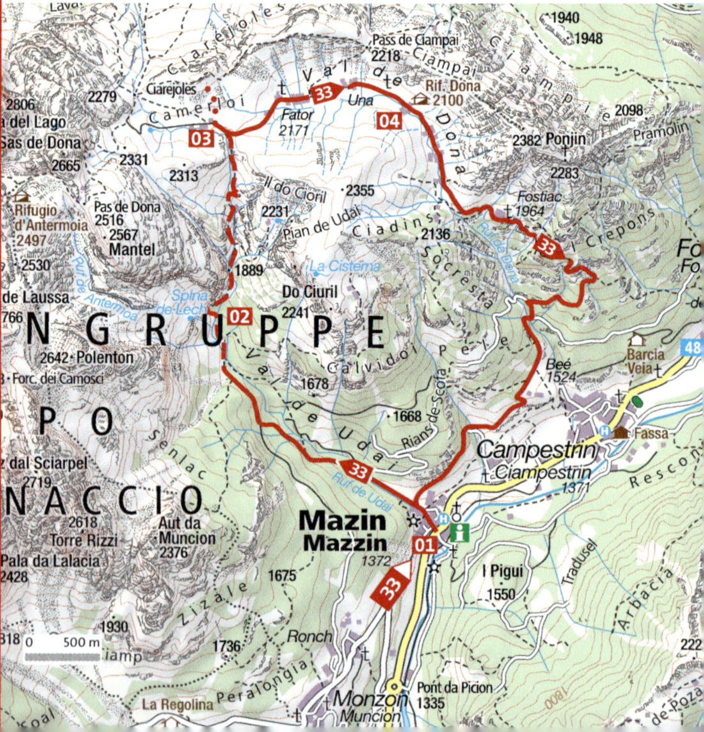

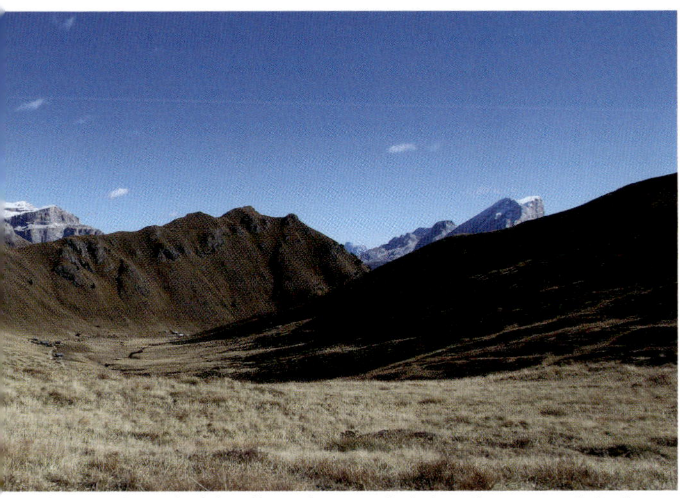

Platt- und Langkofel, Sella und Marmolada in „Tibet-Perspektive“.

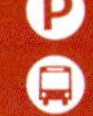

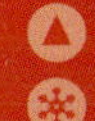

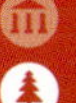

ben – links helles Dolomit- und Kalkgestein, rechts dunkle, vulkanische Konglomerate – zur Mündung einer ganz schmalen Felsschlucht empor.

Oberhalb der Waldgrenze steigen Sie schließlich durch einen grasigen Graben an, bis Sie den Pian da lae Giallnes Im obersten, fast an die Tundra erinnernden Val de Dona erreichen. In der Flur **Camerloi** 03 (2200 m) treffen Sie dort auf den quer verlaufenden Weg Nr. 577, dem Sie rechts Richtung „Val de Dona, Rif. Dona, Fontanazzo di Sotto“ folgen. 2:30 h.

Nun wandern Sie auf einem alten Fahrweg durch das breite Wiesen-Hochtal zu den ersten Holzhütten und zum kleinen, aber feinen **Rifugio Dona** 04 (Località Masarousa, 2100 m). 20 Minuten.

Weiter geht's auf der Almstraße oberhalb des Bachs talauswärts und auf stellenweise betonierten Abschnitten in den Wald hinunter. Unter den mächtigen Felsen aus Vulkangestein, die den Gipfel des Ponsin aufbauen und von denen große Brocken herabgestürzt sind, passieren Sie ein Kreuz. Der beschilderte Jagdsteig, der links zum Pra da Molin führt, wird ebenso ignoriert wie die folgende Abzweigung nach Fontanazzo. Erst unten in einem Waldgraben folgen Sie der Beschilderung „Mazzin“ nach rechts. Die Forststraße führt über dem Talboden zum Ausgang des Val di Udai und links in die nahe Ortschaft **Mazzin/Mazin** 01 zurück. 2:00 h.

Variante: Wenn Sie von Camerloi links Richtung „Passo Dona“ (Nr. 580) gehen, können Sie nach ungefähr 100 m – nach einer kleinen Hütte – gemäß dem Wegweiser „Ciarèjoles“ rechts abzweigen. Auf Pfadspuren und weglos gelangen Sie durch weite Wiesenhänge zur Kammschneide über dem Val de Dona hinauf. Prachtvolle Aussicht über das Val Duron und zum Langkofel! 30 Minuten, Abstieg auf derselben Route in 20 Minuten.

ZUM LECH DE ANTERMOIA • 2496 m

Das Seenwunder im Rosengarten

 11,1 km 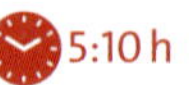 5:10 h 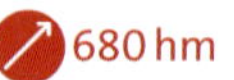 680 hm 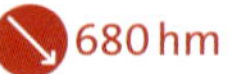 680 hm  59

START | Campitello di Fassa/Ciàpedel, 1410 m; Shuttlebus von der Strèdada Salin bis zum Rifugio Micheluzzi im Val Duron, 1860 m (www.fassa.com/DE/Bimmelbahnen-und-Shuttle-Busse).
[GPS: UTM Zone 33 x: 247.350 m y: 5.153.876 m]
CHARAKTER | Hüttenwanderung auf Schotterstraßen, Wegen und steilen Pfaden. Einkehren kann man im Rifugio Micheluzzi, in der Baita Lino Brach und im Rifugio Antermoia.

Den kleinen See von Antermoia, ein ganz besonderes Schmuckstück des Catinacco/Rosengartens (siehe Tour 24), kann man auch im Zuge einer erlebnisreichen Tageswanderung aus dem Val Duron erleben. Schon der Startpunkt lässt die Herzen von Wanderfreunden höher schlagen, doch dann steigern sich die landschaftlichen Eindrücke mit jedem Schritt weiter. Der Gang aus dem romantischen Almtal in die bizarre Steinwelt der Dolomiten ist einmalig!

Vom **Rifugio Micheluzzi** 01 wandern Sie auf dem Weg Nr. 532 bzw. der Almstraße knapp 2 km ins Val Duron hinein. In der Flur **Zopei** 02 (1890 m) zweigen Sie links Richtung „Rif. Antermoia, Val de Dono, Passo de Ciaregole" auf den Weg Nr. 555 ab und steigen durch Gebüsch zu den Wiesen am Ciamp de Grèvena in einen Graben und zum **Passo de Ciaregole** 03 (2282 m) an. 1:45 h.
Jenseits öffnen sich die weiten Grasflächen des oberen Val de

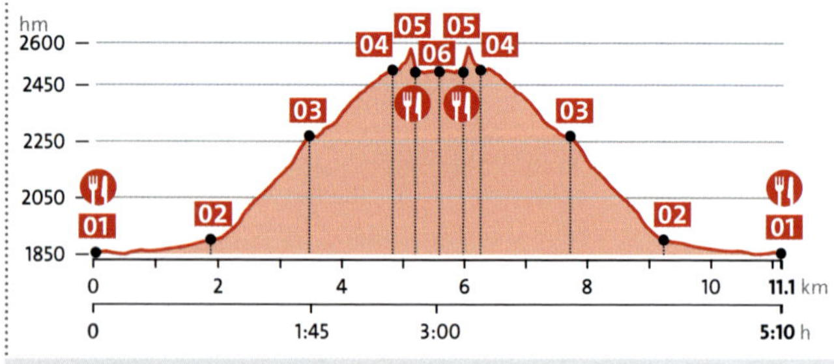

01 Rifugio Micheluzzi, 1860 m; 02 Zopei, 1890 m; 03 Passo de Ciaregole, 2282 m; 04 Passo di Dona, 2516 m; 05 Rifugio Antermoia, 2497 m; 06 Lech de Antermoia, 2496 m

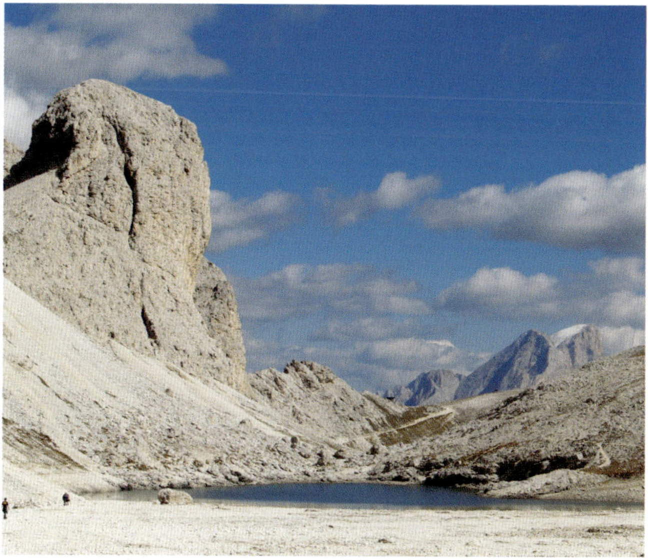

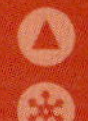

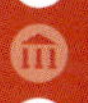

Das Rifugio Antermoia verspricht nicht nur Landschaftsgenuss!

Dona am Fuß des schroffen Javal (2516 m), unter dessen dunklen Felsen Sie nach Süden queren. Bald mündet der Pfad Nr. 580 ein, dem Sie weiter bergauf zum Pian da Gialines folgen. Von dort geht's unterhalb der Cima di Dona zum **Passo di Dona** 04 (2516 m) am Fuß des Sas de Dona hinauf (Materialseilbahn). Dahinter führt der Pfad Nr. 580 rechts durch Schutthalden – teils sanft absteigend – in ein weites, von felsigen Bergen begrenztes Kar hinein (Blick bis zum 3002 m hohen Kesselkogel).

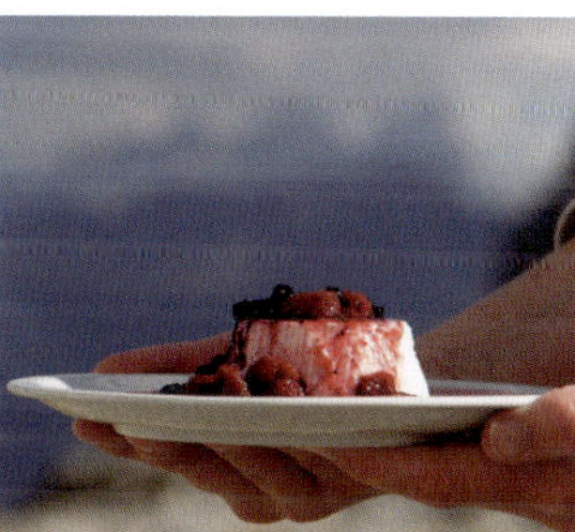

Nach ungefähr 1:00 h erreichen Sie dort das einladende **Rifugio Antermoia** 05 (2497 m).

Dort trennen Sie dann nur mehr 10 Minuten vom herrlich am Fuß der Croda del Lago (2806 m) gelegenen **Lech de Antermoia** 06 (2496 m).

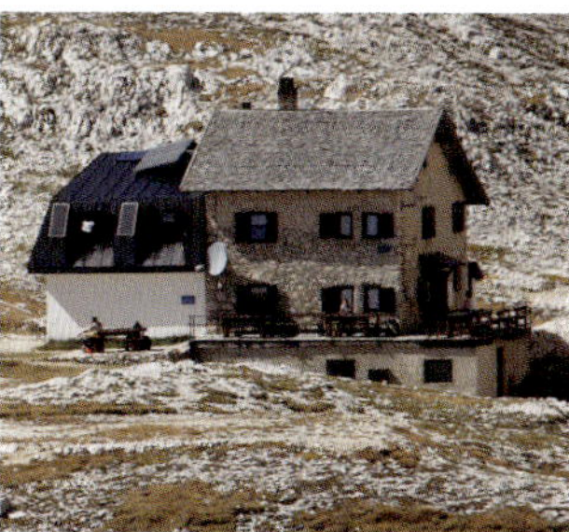

Der **Rückweg** erfolgt auf derselben Route. 2:15 h.

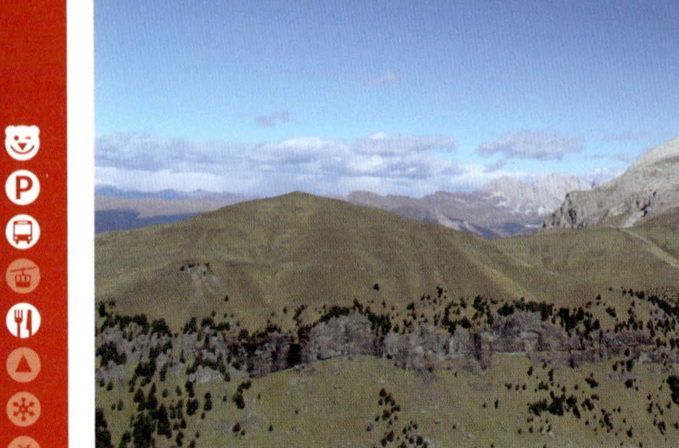

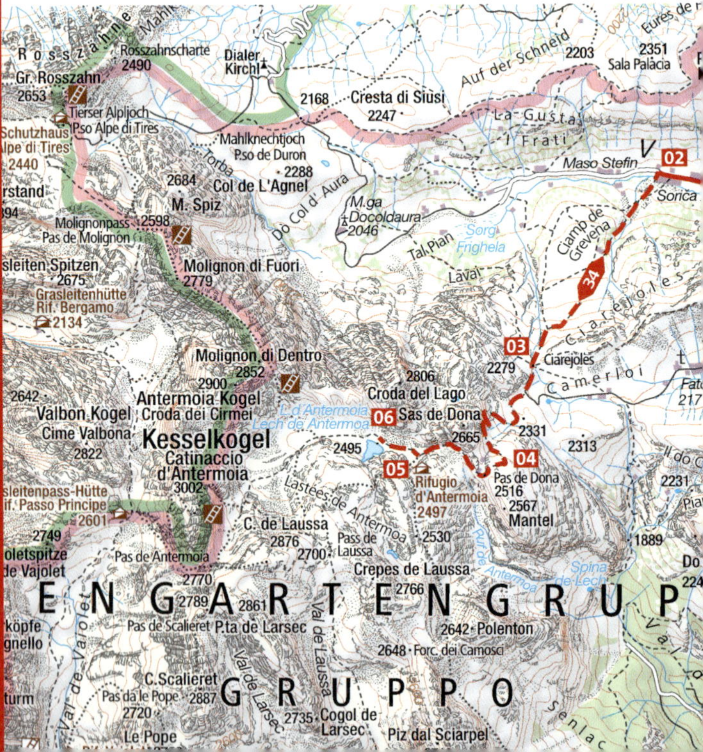

Vom Passo de Ciaregole schweift der Blick über das weite Val Duron

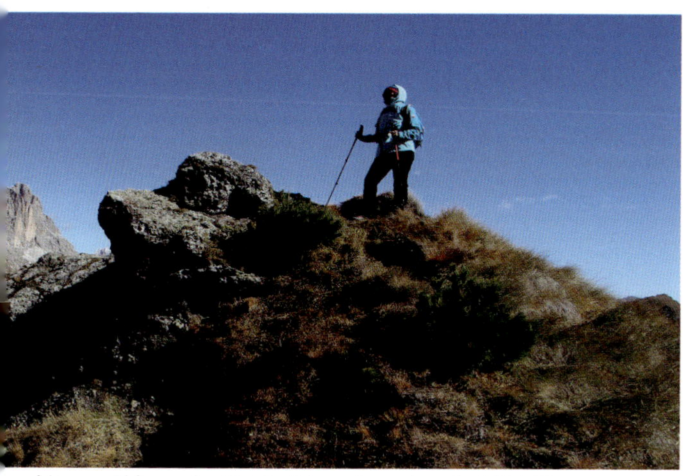

bis zum Abhang des Plattkofels und zum Langkofel hinüber.

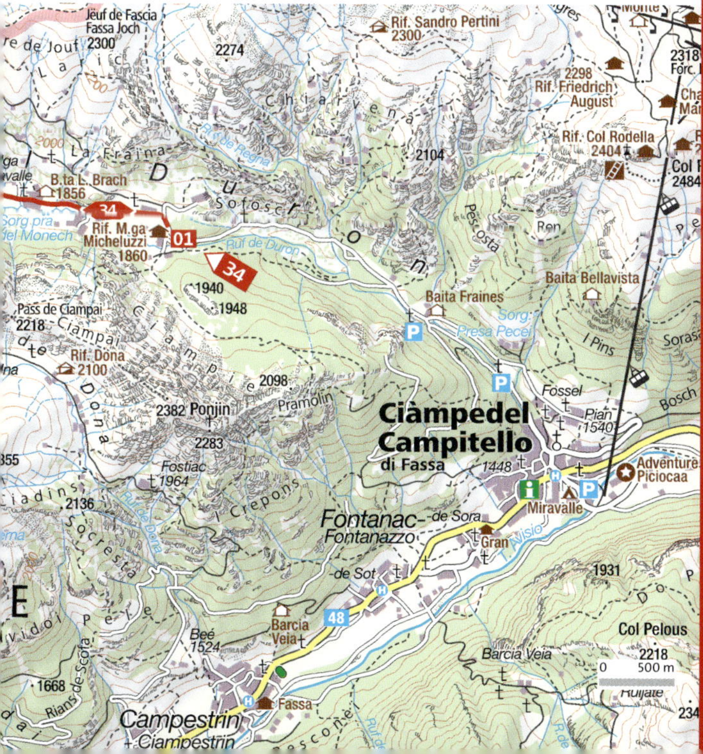

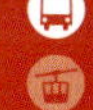

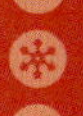

35

DER FRIEDRICH-AUGUST-WEG (WEST)

Ein wahrer Königsweg, Teil 1

 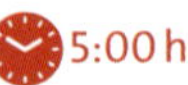 13 km 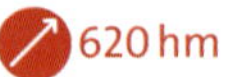 5:00 h  620 hm  620 hm 59

START | Campitello di Fassa/Ciàpedel, 1410 m; Shuttlebus von der Strèda da Salin bis zum Rifugio Micheluzzi im Val Duron, 1860 m (www.fassa.com/DE/Bimmelbahnen-und-Shuttle-Busse).
[GPS: UTM Zone 33 x: 247.363 m y: 5.153.878 m]
CHARAKTER | Lange Alm- und Höhenwanderung auf Straßen, Wegen und guten Pfaden. Einkehren kann man im Rifugio Micheluzzi, in der Baita Lino Brach, in der Plattkofelhütte und in der Malga del Sasso Piatto.

Auch so mancher blaublütige Herrscher wandert gern. Zumindest ist das von Friedrich August III. (1865 – 1932), dem letzten König des Königreichs Sachsen, überliefert. Er war mit seiner Familie mit Vorliebe in Seis am Schlern zu Gast und daher benannte man den Höhenweg vom Mahlknecht- bis zum Sellajoch nach dem Monarchen. Es ist aber auch wirklich eine königliche Wanderung, von der wir Ihnen hier den westlichen Abschnitt bis zur Plattkofelhütte vorstellen.

Vom **Rifugio Micheluzzi** 01 wandern Sie auf dem Weg Nr. 532 bzw. der Almstraße ins weite Val Duron hinein, vorbei an der Baita Lino Brach. In der Flur **Zopei** 02 (1890 m) bleiben Sie geradeaus und marschieren weiter taleinwärts. Nach etwa 4 km begleitet der Fahrweg das von Schutt erfüllte Bachbett (Tal Pian) und führt dann im Talschluss unter dem schroffen Molignon (2820 m) rechts zwischen lichten Zirbenbeständen zur Malga Docoldaura

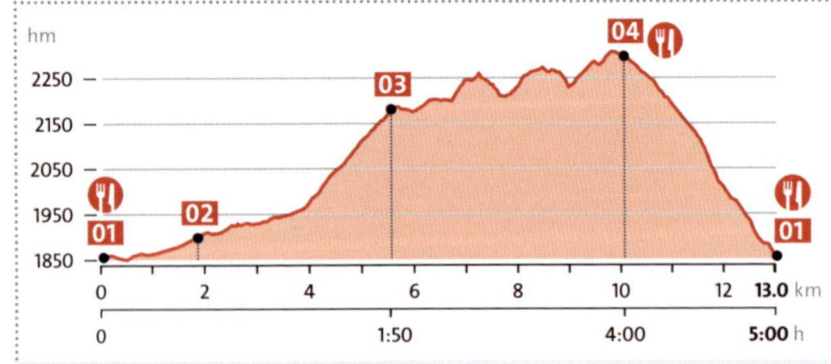

01 Rifugio Micheluzzi, 1860 m; 02 Zopei, 1890 m;
03 Mahlknechtjoch, 2188 m; 04 Plattkofelhütte, 2300 m

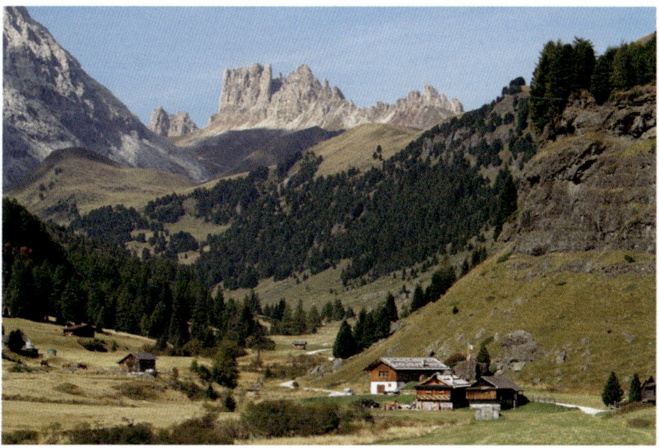

Auf geht's ins Val Duron hinein! Im Hintergrund die Roßzähne.

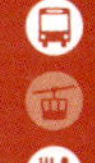
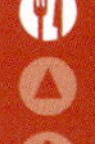

(2046 m) hinauf. Auf der nun rauere und auch steileren Trasse (stellenweise betoniert) geht's schließlich durch freies Wiesengelände zu einer Gabelung hinauf.

Wenige Meter rechts davon gibt das **Mahlknechtjoch** 03 (Pas de Duron, 2188 m) einen Übergang über den Höhenzug „Auf der Schneid" zur Seiser Alm auf Südtiroler Gebiet frei. 1:50 h.

Dort folgen Sie dem Wegweiser „Rif. Sasso Piatto, Passo Sella" nach rechts. Nun sind Sie auf dem Friedrich-August-Weg (Nr. 594) nach Osten unterwegs – erst noch auf einem Fahrweg und dann auf einem breiten Pfad, der meist etwas südlich des Höhenrückens verläuft. Der Tiefblick ins Val Duron ist ebenso schön wie die Sicht auf den Plattkofel (2958 m), dem Sie nun entgegenwandern, und nordseitig über die Seiser Alm und die Geislerspitzen jenseits des Grödnertals, hinter denen sogar die Zillertaler Alpen zu sehen sind. Besonders imposant zeigen sich die bizarren Roßzähne im Rückblick.

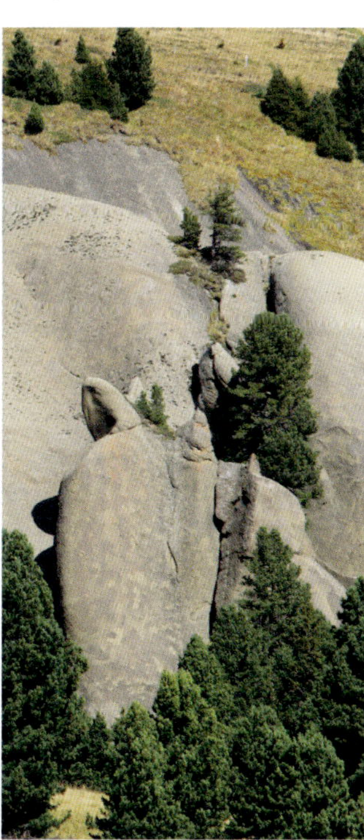

Die „Mönche", vulkanisches Erbe.

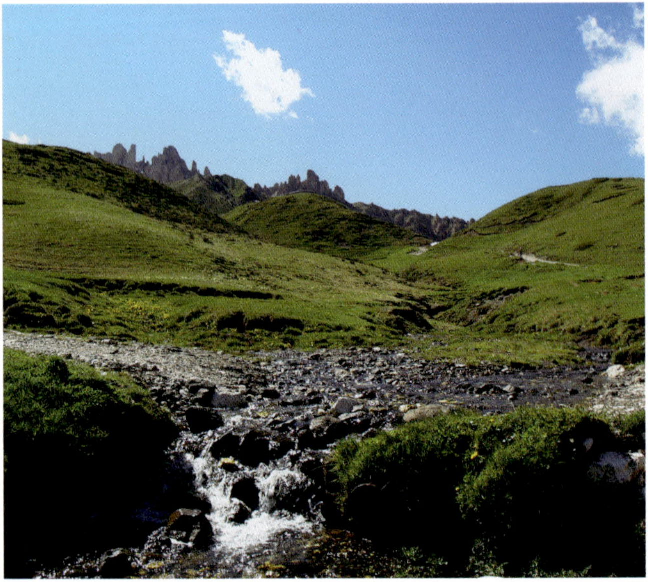

Die vielgezackten Roßzähne bewachen das hintere Val Duron.

Im sanften Auf und Ab erreichen Sie die Einsenkung der Sela Palaccia (2230 m) und flanieren dann südseitig weiter, bis Sie nach dem höchsten Bereich der „Schneid“ (2301 m) kurz in die Nordseite wechseln. Nach etwa 2:10 h stehen Sie vor der großen, gastlichen **Plattkofelhütte** 04 (Rifugio Sasso Piatto, 2300 m) am Fuß des gleichnamigen Berges. Von dort führt rechts ein Fahrweg mit der Markierungsnummer 533 zur Malga del Sasso Piatto (Melga del Luch, Plattkofelalm, 2248 m) hinab. Von dort zieht ein Pfad neben einem grünen Graben abwärts. Zwischen den ersten Bäumen überschreiten Sie den Ruf de Pegna und gelangen über einen felsigen Waldrücken (2054 m) zu einem Almstall hinüber. Etwas unterhalb davon erreichen Sie nach 1:00 h das **Rifugio Micheluzzi** 01.

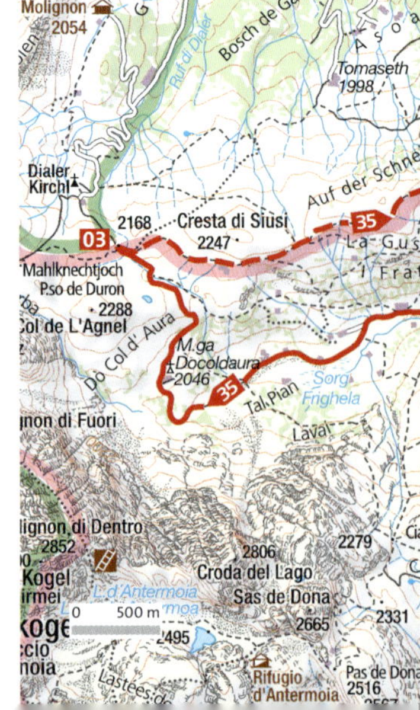

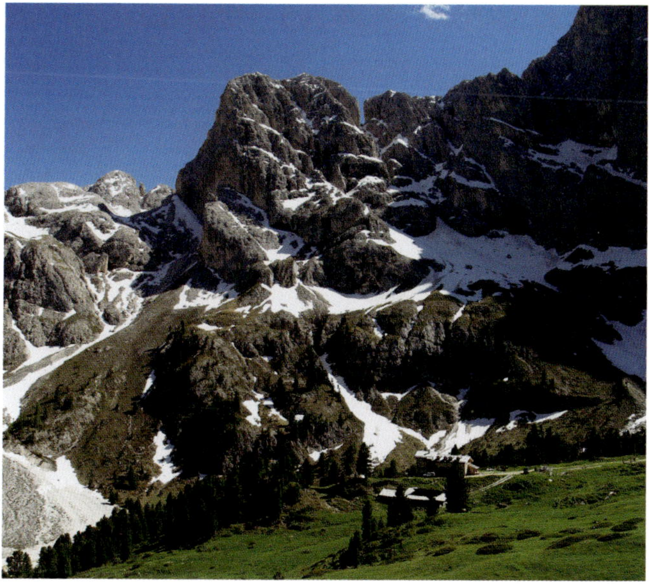

Auf dem Weg von der Malga Docoldaura zum Mahlknechtjoch.

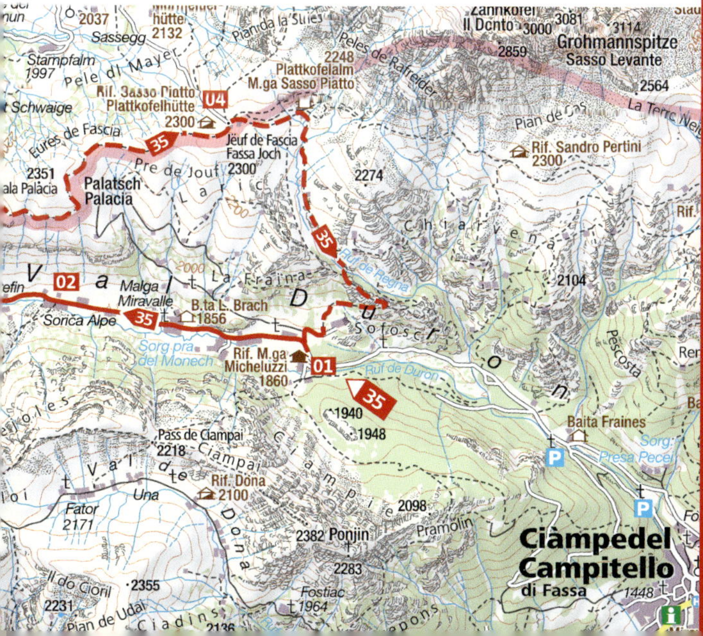

AUF DEN PLATTKOFEL • 2958 m

Auf den einzigartigen Sasplat/Sasso Piatto

 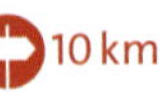 10 km 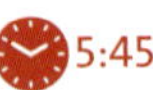 5:45 h  1100 hm  1100 hm  59

START | Campitello di Fassa/Ciàpedel, 1410 m; Shuttlebus von der Strèda da Salin bis zum Rifugio Micheluzzi im Val Duron, 1860 m (www.fassa.com/DE/Bimmelbahnen-und-Shuttle-Busse). [GPS: UTM Zone 33 x: 247.362 m y: 5.153.872 m]
CHARAKTER | Sehr lohnende Bergtour auf guten Wegen und Pfaden, die jedoch Trittsicherheit und Schwindelfreiheit erfordern. Einkehren kann man im Rifugio Micheluzzi, in der Malga del Sasso Piatto und in der Plattkofelhütte.

Der Plattkofel ist der einzige Gipfel der Langkofelgruppe im Norden des Val di Fassa, der auch von geübten Bergwanderern erklommen werden kann. Das verdanken sie der riesigen, steilen und felsigen, aber gut gangbaren Westflanke des fast 3000 Meter hohen Berges. Geologen sehen in ihr den Geröllabhang eines mächtigen Korallenriffs, das vor 230 Millionen Jahren in einem tropischen Meer entstanden ist. Die Aussicht vom Gipfelkreuz ist fantastisch – nach Norden bis zum Alpenhauptkamm ebenso wie nach Süden zum Rosengarten. Unterbrochen wird sie nur vom 3181 Meter hohen Langkofel und der Grohmannspitze, die an den großen Dolomitenerschließer Paul Grohmann aus Wien erinnert.

▶ Vom **Rifugio Micheluzzi** 01 folgen Sie der Straße gut 100 m taleinwärts, biegen dann rechts auf den Fahrweg Richtung „Rifugio Sasso Piatto" (Nr. 533) ab und wandern vor einem Almstall auf

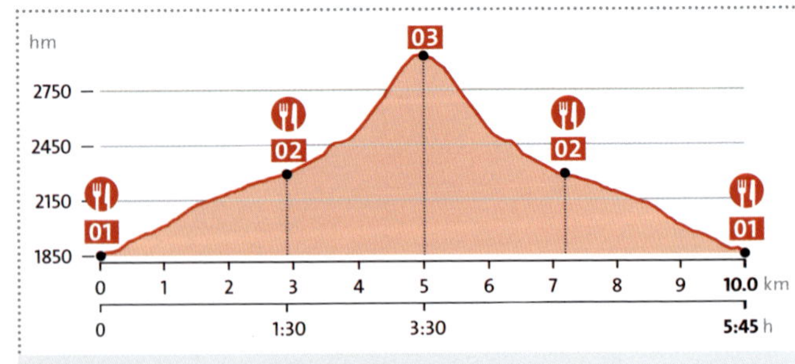

01 Rifugio Micheluzzi, 1860 m; 02 Plattkofelhütte, 2300 m;
03 Sasplat/Sasso Piatto/Plattkofel, 2958 m

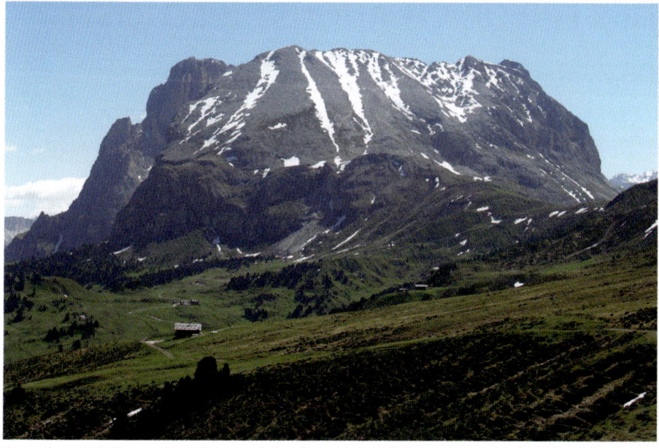

Aus dem Riff wurde ein prachtvoller Aussichtsberg: der Plattkofel.

dem links abzweigenden Pfad auf einen Waldrücken (2054 m). Jenseits überschreiten Sie den Ruf de Pegna und steigen durch die Wiesenhänge über dem Graben zur Malga del Sasso Piatto (Melga del Luch, Plattkofelalm, 2248 m) an. Von dort führt ein Fahrweg zur **Plattkofelhütte** 02 (Rifugio Sasso Piatto, 2300 m) hinauf, 1:30 h.

Der Pfad auf den Plattkofel trägt die Nummer 527; er zieht zunächst auf einen grasigen Rücken und dann rechts zum Beginn der riesigen Westflanke des Berges empor. Das karge, von einigen Rinnen zerfurchte Schutt- und Felsgelände lässt sich auf dem kehrenreichen Pfad überraschend einfach durchwandern – der Anstieg verlangt aber Ausdauer.

Zuletzt wird es dann noch etwas steiler, bis Sie eine Scharte im Gipfelgrat erreichen. Links gelangen Sie auf den mit einem Kreuz geschmückten Mittelgipfel des **Sasplat** 03 (Sasso Piatto/Plattkofel, 2958 m). 2:00 h.

Abstieg auf der Anstiegsroute. 2:15 h.

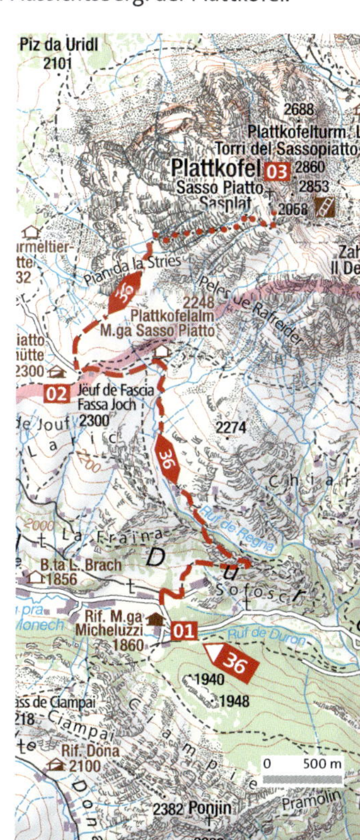

DER FRIEDRICH-AUGUST-WEG (OST)

Ein wahrer Königsweg, Teil 2

 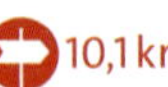 10,1 km  3:00 h  220 hm 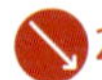 220 hm  59

START | Campitello di Fassa/Ciàpedel, 1410 m; Talstation der Seilbahn Col Rodella, 1410 m; Bushaltestelle im Ort, Parkplatz. Auffahrt zur Bergstation, 2387 m; Talfahrt ebenfalls mit der Seilbahn (www.fassa.com/DE/Betriebszeiten-und-Preise-der-Liftanlagen). Erreichbar ist der Friedrich-August-Weg auch von der Sellapass-Straße beim Hotel Passo Sella Resort in etwa 20 Minuten. [GPS: UTM Zone 33 x: 250.207 m y: 5.151.971 m]
CHARAKTER | Sehr beliebte und dementsprechend vielbegangene Höhenroute auf Wegen und Pfaden, die an kurzen Stellen Trittsicherheit erfordern. Einkehrmöglichkeiten: Rifugio des Alpes, Baita Rodella, Friedrich-August-Hütte, Rifugio Sandro Pertini, Plattkofelhütte.

Planen Sie eine Wanderung auf dem östlichen Abschnitt des Friedrich-August-Weges nicht an einem Wochenende oder zur Zeit des Ferragosto. Die Landschaft zwischen den bizarren Türmen der Langkofelgruppe und dem Val Duron, über dem sich der Rosengarten aufbaut, ist zwar immer gleich großartig, doch das hat sich natürlich herumgesprochen. Erst im späten Herbst lässt sich diese Panoramatour, die mit Recht zu den schönsten Höhenwegen der Alpen zählt, meist ohne Trubel und Wanderkarawanen so richtig genießen.

▶ Von der **Seilbahnstation Col Rodella** 01 folgen Sie der Beschilderung „Sasso Piatto Plattkofel,

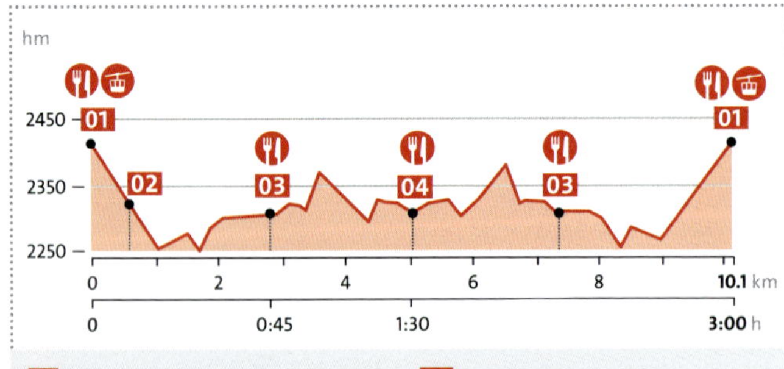

01 Seilbahnstation Col Rodella, 2387 m; 02 Forcella Rodella, 2318 m; 03 Rifugio Sandro Pertini, 2300 m; 04 Plattkofelhütte, 2300 m

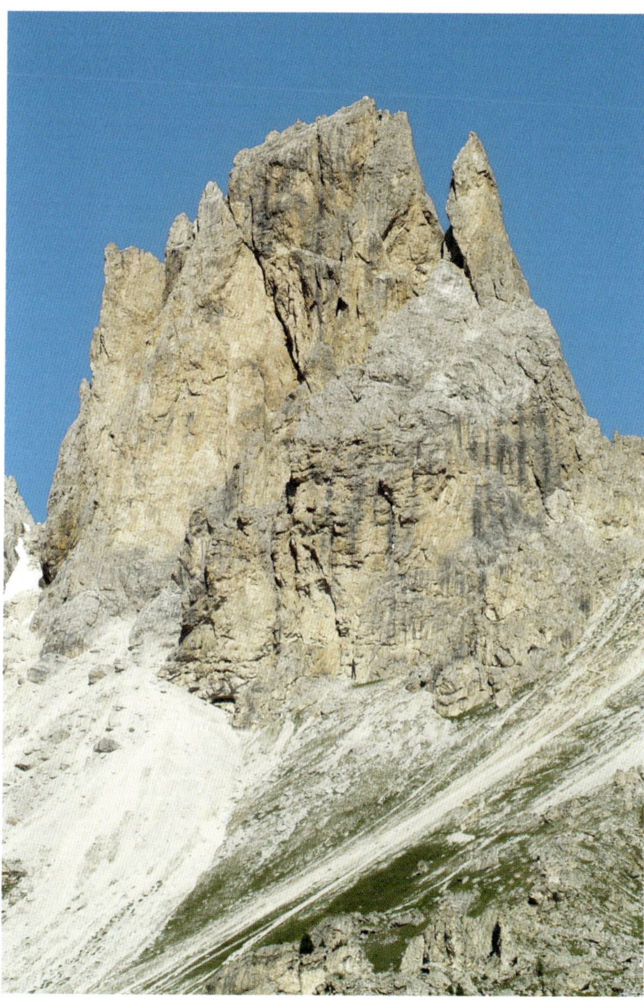

Eine Hand aus Stein: die Fünffingerspitze in der Langkofelgruppe.

Friedrich August Weg" und gehen auf dem Fahrweg am Rifugio des Alpes (2395 m) vorbei und dann durch das Skigebiet in den weiten Wiesensattel der **Forcella Rodella** 02 (2318 m) hinunter.
Dort mündet rechts der Fahrweg ein, der vom Sasso Sella/Sellajoch heraufzieht. Sie schwenken dagegen links auf den Friedrich-August-Weg (Nr. 557) ein und wandern zum nahen Rifugio Friedrich August (Friedrich-August-Hütte, 2298 m) am Fuß der Grohmann-

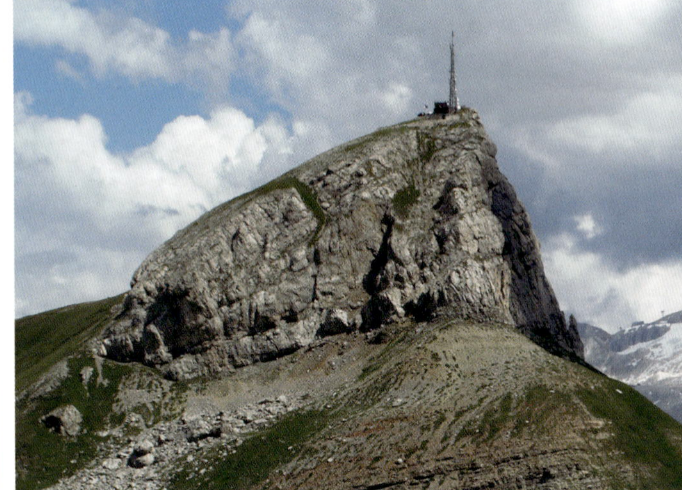

Der Col Rodella ist ein kleiner, aber recht markanter Dolomitengipfel.

spitze (3114 m) hinab. Nun wird der Weg schmal und stellenweise etwas rutschig. Er quert einen Graben unter grauen, auffällig waagrechten Gesteinsschichten (Cassianer Formation), wobei einige Stufen zu überwinden sind, und führt dann ohne große Höhenunterschiede durch die teils steinigen Grashänge bis zum **Rifugio Sandro Pertini** 03 (2300 m), das unterhalb des unverwechselbar geformten und exakt 3000 m hohen Zahnkofels zur nächsten Rast einlädt. 45 Minuten.

Weiter geht's durch die Abhänge unter der schroffen Plattkofel-Südflanke, wo das Gelände felsiger wird und einen kurzen, aber kräftigeren Anstieg bereithält. Nach einer kleinen Anhöhe gelangen Sie schließlich unter einer Felsflanke hinüber zum **Rifugio Sasso Piatto** 04 (Plattkofelhütte, 2300 m). 45 Minuten.

Rückweg auf derselben Route. 1:30 h.

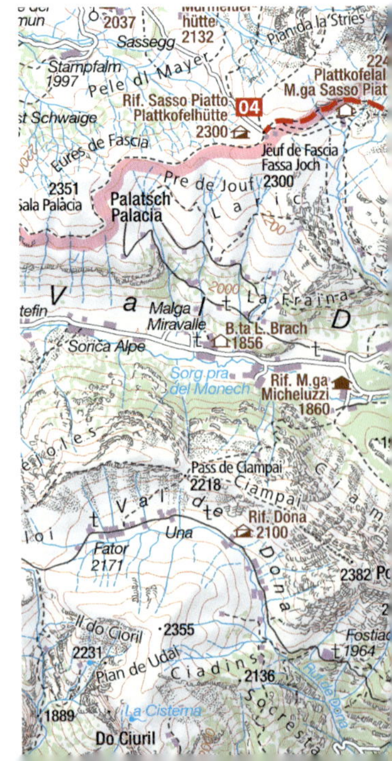

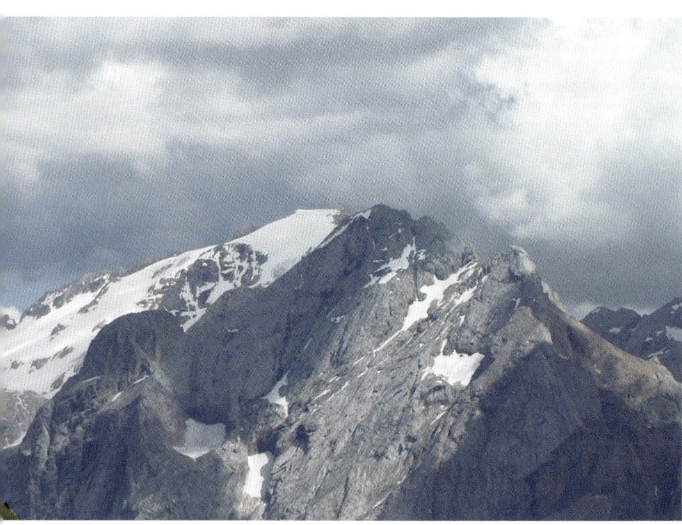

Die hinter ihm aufragende Marmolada überhöht ihn um 859 Meter.

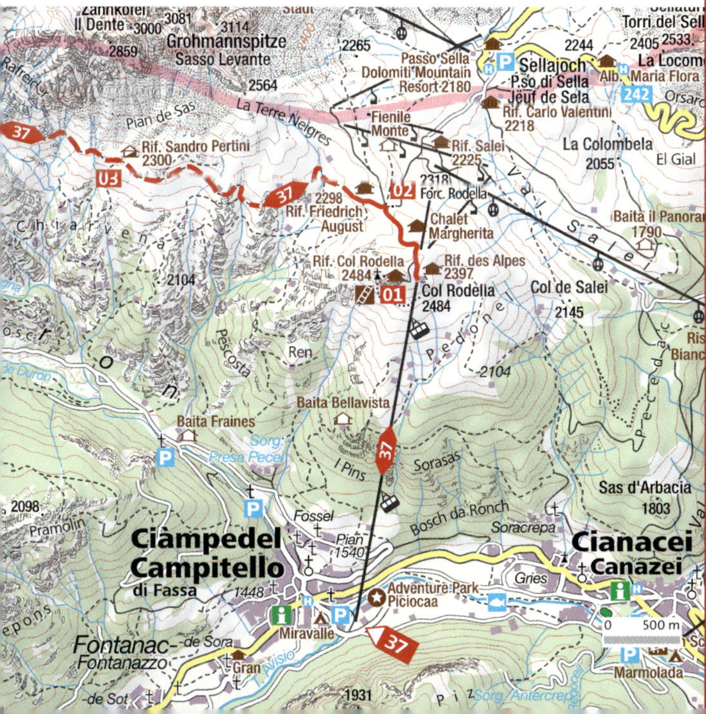

RUND UM DEN PLATTKOFEL

Ins schattige Innere der Langkofelgruppe

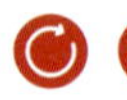 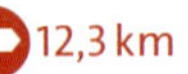 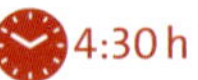 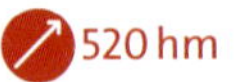  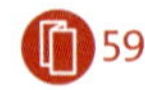

12,3 km | 4:30 h | 520 hm | 1120 hm | 59

START | Talstation der Kabinenbahn zur Langkofelscharte nahe dem Hotel Passo Sella Resort, 2180 m (1 km westlich des Passo Sella/Sellajoch, Richtung Gröden); Bushaltestelle, Parkplatz. Auffahrt zur Bergstation Langkofelscharte/Forcella Sassolungo, 2685 m (www.valgardena.it/de/sommerurlaub-dolomiten/lifte-groeden). Alternativ kann man von Campitello di Fassa/Ciàmpedel mit der Seilbahn auf den Col Rodella hinauffahren (www.fassa.com/DE/Betriebszeiten-und-Preise-der-Liftanlagen) und in ca. 30 Minuten zum Startpunkt gehen.
[GPS: UTM Zone 33 x: 251.189 m y: 5.155.685 m]
CHARAKTER | Hochalpine Bergwanderung auf breiten Wegen und stellenweise steilen und steinigen Pfaden, die Trittsicherheit erfordern. Einkehrmöglichkeiten: Hotel Passo Sella Resort, Rifugio Toni Demetz, Langkofelhütte, Plattkofelhütte, Rifugio Sandro Pertini, Friedrich-August-Hütte.

Mit einer der seltsamsten Seilbahnen der Dolomiten, einer Steh-Gondelbahn, in deren Kabinen zwei Personen Platz finden, gelangt man in die wilde Langkofelscharte zwischen dem geichnamigen Dreitausender und der bizarr verwitterten Fünffinger-

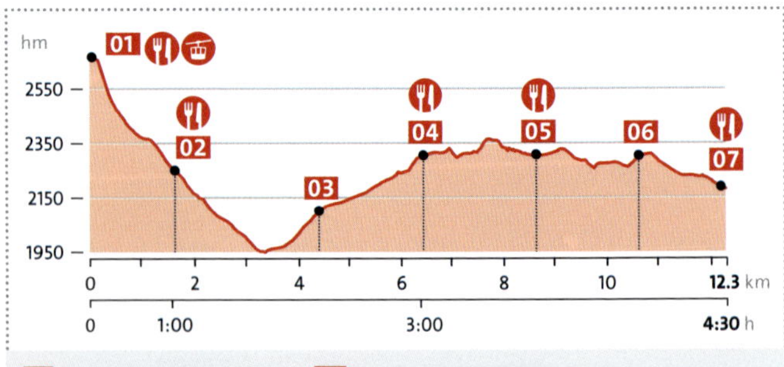

01 Langkofelscharte, 2685 m; 02 Langkofelhütte, 2685 m; 03 Piz da Uridl, 2690 m; 04 Plattkofelhütte, 2300 m; 05 Rifugio Sandro Pertini, 2300 m; 06 Forcella Rodella, 2318 m; 07 Hotel Passo Sella Ressort, 2180 m

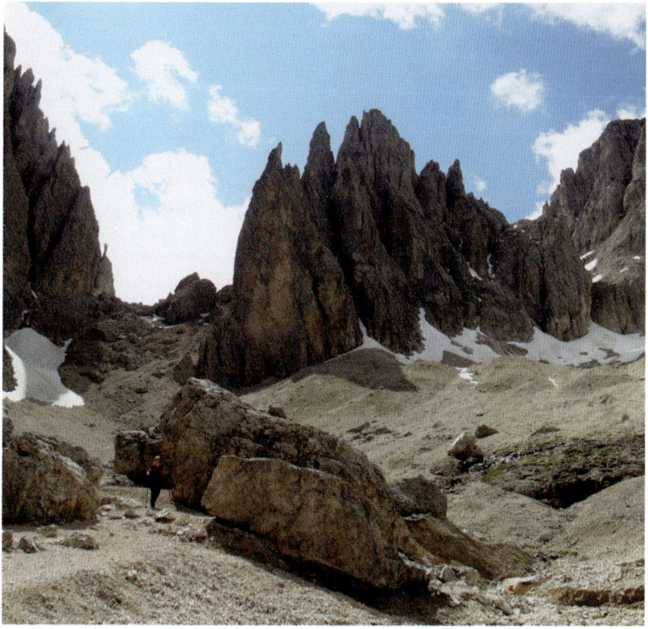

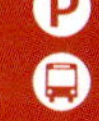

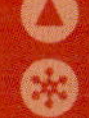

Im Langkofelkar geht's zwischen Riesenbergen flott bergab.

spitze. Wer diesem Unikum nicht traut, kann von der Sellapass-Straße recht steil und in vielen Kehren dort hinaufwandern, muss dafür aber zusätzlich 1:30 h einrechnen. Dann folgt eine der eindrucksvollsten Dolomiten-Touren, bei der man den gesamten Plattkofel umrundet und wilden Wänden, in denen einst Klettergeschichte geschrieben wurde, ganz nahe kommt.

▶ Vor dem Rifugio Toni Demetz neben der Seilbahnstation in der **Langkofelscharte** 01 folgen Sie dem Schild „Utia de Dantersasc, Langkofelhütte" und wandern auf dem Pfad Nr. 525 zwischen Schutthalden und Felsblöcken durch das schmale Langkofelkar zu einem kleinen Boden hinunter. Am Fuß der schroffen Langkofelkarspitze geht's weiter abwärts, bis Sie nach knapp 1:00 h die **Langkofelhütte** 02 (Rifugio Vicenca, 2685 m) erreichen.

Unterhalb des aus Stein erbauten Schutzhauses wird das Kar weiter und auch etwas grüner. Sie steigen am rechten Rand des Kars noch bis zu den obersten Bäumen ab; hinter dem sich öffnenden Plattkofelkar wird bald der Zahnkofel sichtbar. Von der folgenden Abzweigung wandern Sie links auf dem Pfad Nr. 527 Richtung „Plattkofel Hütte" durch die Geröllhalden unter dem Plattkofel nach Westen abwärts (Blick zum Schlern), bis Sie durch lichten Baumbestand wieder etwas ansteigen. Auf der grasigen Schulter des **Piz da Uridl** 03 (2122 m) wird die Sicht über die Seiser Alm frei. Dort biegt der Weg nach links und führt am Fuß der Plattkofel-Felsen durch Wiesen, Schutt und zwischen einzelnen Zirben nach Süden. Oberhalb der Murmeltierhütte gelangen Sie schließlich zur **Plattkofelhütte** 04 (Rifugio Sasso Piatto, 2300 m) hinüber. 2:00 h.

Der letzte Wegabschnitt verläuft links auf dem Friedrich-August-Weg (Nr. 557). Diese wunderbare Höhenroute führt unter Felsen und durch einen felsigen Graben auf eine kleine Anhöhe und weiter durch die teils steinigen Grashänge zum **Rifugio Sandro Pertini** 05 (2300 m). Ohne größere Höhenunterschiede und mit einem traumhaften Blick bis zur Marmolada geht's unterhalb der Grohmannspitze weiter, bis nach einer etwas rutschigen Passage das Rifugio Friedrich August (Friedrich-August-Hütte, 2298 m) zur nächsten Rast einlädt. Von dort ist es nicht mehr weit bis zur **Forcella Rodella** 06 (2318 m). Von diesem breiten Grassattel führt rechts ein Fahrweg zur Seilbahnstation am Col Rodella – die Schotterstraße zum **Hotel Passo Sella Ressort** 07 (2180 m) nahe der Talstation der Seilbahn zur Langkofelscharte zieht dagegen links durch das Skigebiet hinab. 1:30 h.

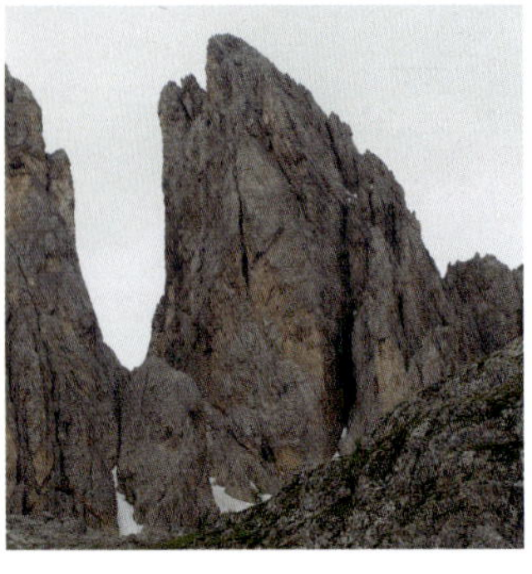

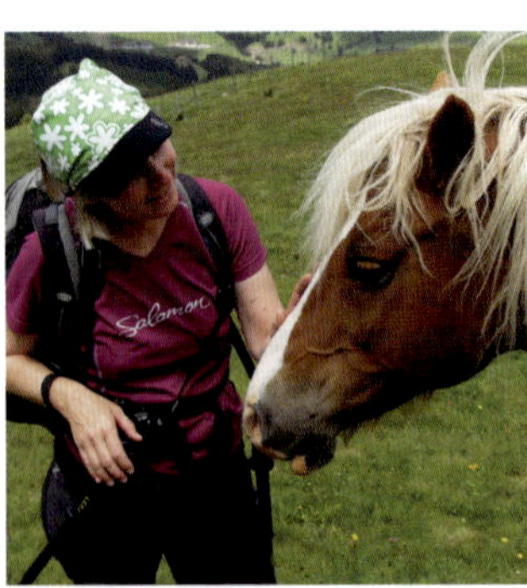

Strenge Felsen wie der Zahnkofel und fröhliche Begegnungen ...

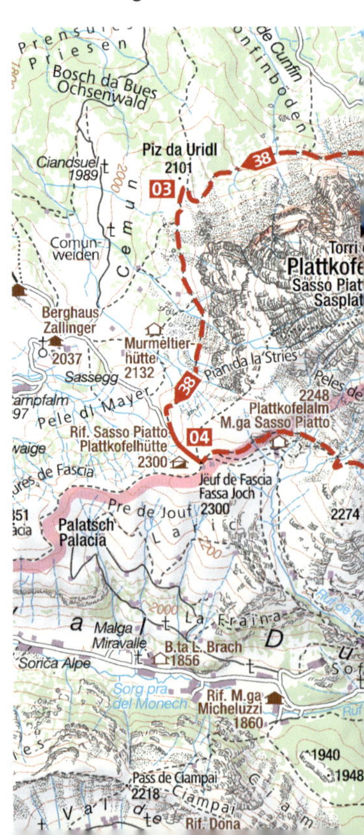

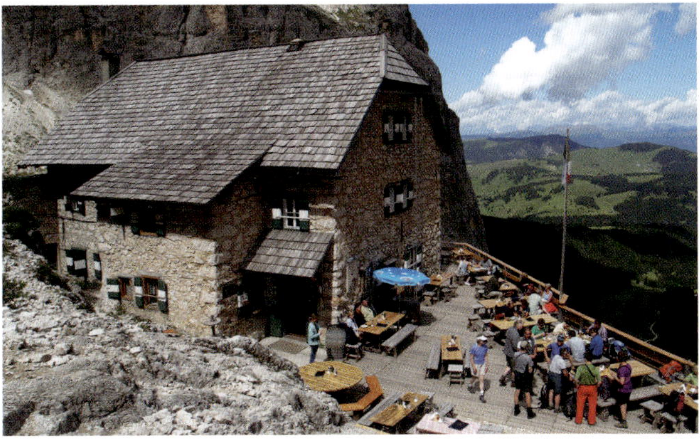

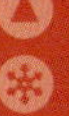
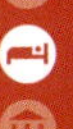

Die gastliche Langkofelhütte bietet eine Einkehr mit Seiser-Alm-Blick.

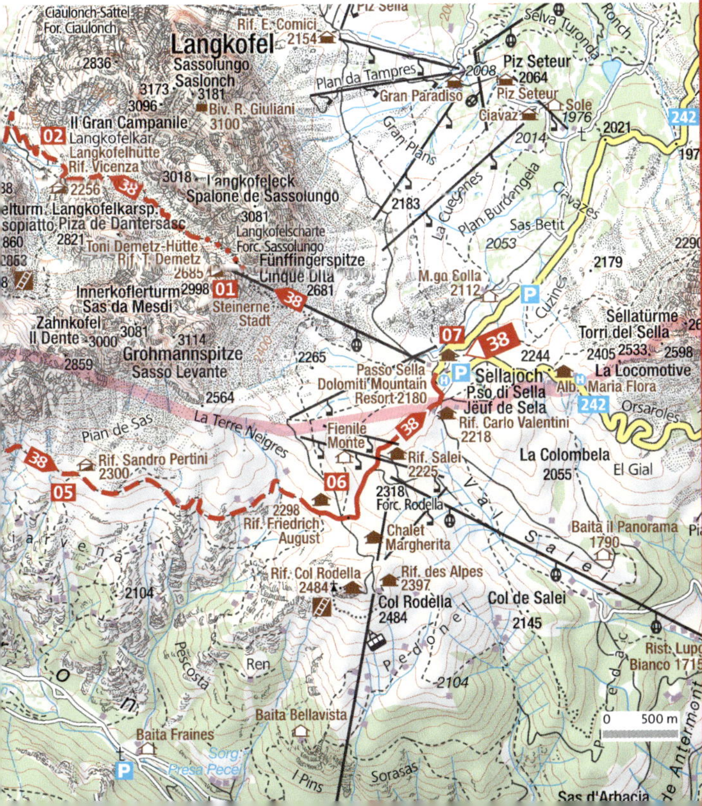

RUND UM DEN LANGKOFEL

Grüne Wiesen, schroffe Felswucht

 8,2 km 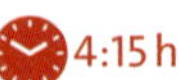 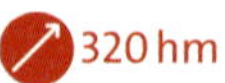  820 hm 

START | Talstation der Kabinenbahn zur Langkofelscharte nahe dem Hotel Passo Sella Resort, 2180 m (1 km westlich des Passo Sella/Sellajoch, Richtung Gröden); Bushaltestelle, Parkplatz. Auffahrt zur Bergstation Langkofelscharte/Forcella Sassolungo, 2685 m (www.valgardena.it/de/sommerurlaub-dolomiten/lifte-groeden). Alternativ kann man von Campitello di Fassa/Ciàmpedel mit der Seilbahn auf den Col Rodella hinauffahren (www.fassa.com/DE/Betriebszeiten-und-Preise-der-Liftanlagen) und in ca. 30 Minuten zum Startpunkt gehen.
[GPS: UTM Zone 33 x: 251.189 m y: 5.155.707 m]

CHARAKTER | Hochalpine Bergwanderung auf breiten Wegen und stellenweise steilen und steinigen Pfaden, die Trittsicherheit erfordern. Einkehrmöglichkeiten: Hotel Passo Sella Resort, Rifugio Toni Demetz, Langkofelhütte, Rifugio Comici.

Nicht nur der platte, sondern auch der lange Kofel, den die Ladiner den Saslonch nennen, lässt sich genussvoll umwandern. Romantischen Gemütern erscheint der 3181 Meter hohe Felskoloss wie ein gotisches Bauwerk, während ihn Geologen als 240 Millionen Jahre alten Schlerndolomit und Überrest eines Korallenriffs definieren. Nicht nur seine riesigen Wände, sondern auch all seine verbor-

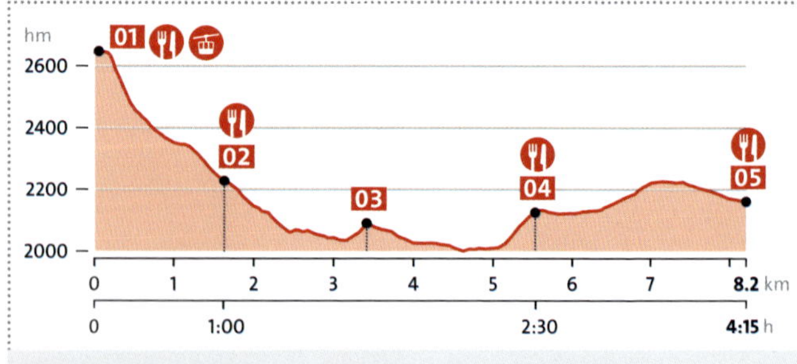

01 Langkofelscharte, 2685 m ; 02 Langkofelhütte, 2685 m;
03 Ciaulonch-Sattel, 2118 m; 04 Rifugio Emilio Comici, 2154 m;
05 Hotel Passo Sella Ressort, 2180 m

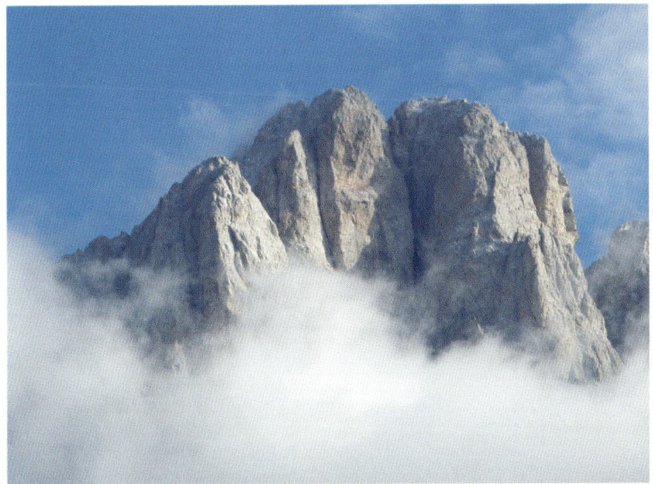

Der umwölkte Langkofel, auch Saslonch oder Sasso Lungo genannt.

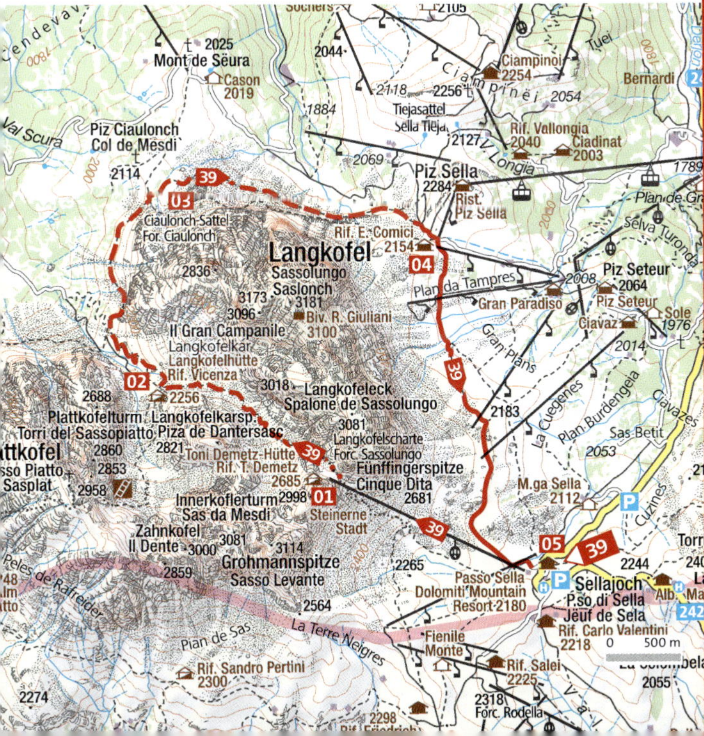

genen Rinnen, Kare und Spitzen entdeckt man im Verlauf des hier vorgestellten „Wander-Klassikers", der natürlich sehr viele Bewunderer anzieht.

▶ Vom Rifugio Toni Demetz neben der Seilbahnstation in der **Langkofelscharte** 01 gehen Sie – wie bei Tour 38 beschrieben – in knapp 1:00 h zur **Langkofelhütte** 02 (Rifugio Vicenca, 2685 m) hinunter.

Nun steigen Sie am rechten Rand des Langkofelkars bis zu den obersten Bäumen ab. Von der folgenden Abzweigung (2085 m) wandern Sie rechts auf dem breiten Weg Nr. 526 ziemlich flach durch die Hänge und Schutthalden unter dem Langkofel nach Norden. Nach einem kurzen Aufstieg stehen Sie im **Ciaulonch-Sattel** 03 (2118 m) zwischen Felsabstürzen und dem kleinen Piz Ciaulonch/Col de Mesdi. Dahinter teilt sich der Weg: Der rechte – obere – Pfad (Nr. 526A) führt direkt durch die Schutthänge unter der Nordwand des Langkofels; er ist jedoch zeitweise wegen Steinschlaggefahr gesperrt. Der breite Weg Nr. 526 durchquert die Hänge etwas weiter unten und hält zuletzt einen 100-Meter-Gegenanstieg bereit. Beide Routen treffen beim **Rifugio Emilio Comici** 04 (2154 m), das an einen großen Kletterer erinnert und unter Feinschmeckern einen sehr guten Ruf hat, wieder zusammen. 1:30 h.

Nun biegt der Weg Nr. 526 nochmals nach rechts um und zieht am Fuß der Langkofel-Ostwände (Skigebiet) zur „Steinernen Stadt" hinüber. Dieses Bergsturzgebiet mit seinen riesigen Felsbrocken ist ein ganz besonderes Naturwunder der Dolomiten und entlässt Sie schließlich beim **Hotel Passo Sella Ressort** 07 (2180 m) an der Sellapass-Straße. 1:45 h.

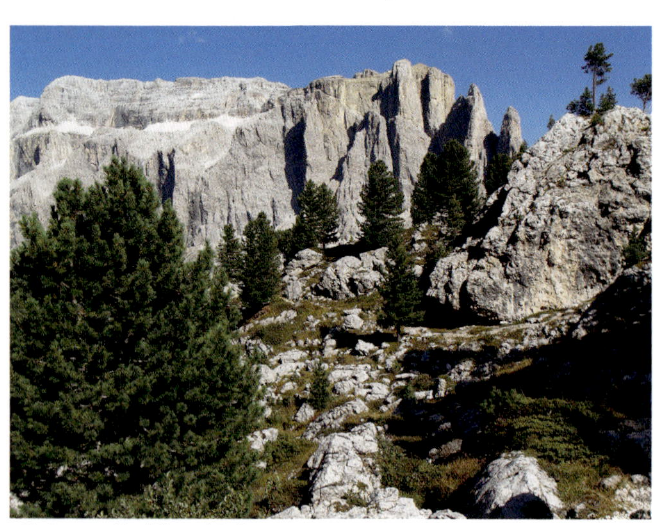

„Steinerne Stadt" und Sella.

RUND UM DIE LANGKOFELGRUPPE

Die große Panoramatour im Herzen der Dolomiten

  16,8 km  5:35 h 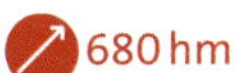 680 hm 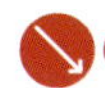 680 hm 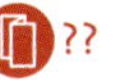 ??

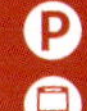

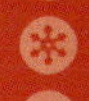

START | Campitello di Fassa/Ciàpedel, 1410 m; Talstation der Seilbahn Col Rodella, 1410 m; Bushaltestelle im Ort, Parkplatz. Auffahrt zur Bergstation, 2387 m; Talfahrt ebenfalls mit der Seilbahn (www.fassa.com/DE/Betriebszeiten-und-Preise-der-Liftanlagen). Alternativ kann man auch an der Sellajoch-Straße beim Hotel Passo Sella Resort starten.
[GPS: UTM Zone 33 x: 250.210 m y: 5.151.970 m]
CHARAKTER | Lange, aber sehr beliebte und vielbegangene Höhenroute auf Wegen und Pfaden, die an kurzen Stellen Trittsicherheit erfordern. Einkehrmöglichkeiten: Rifugio des Alpes, Baita Rodella, Hotel Passo Sella Resort, Rifugio Comici, Friedrich-August-Hütte, Rifugio Sandro Pertini, Plattkofelhütte.

Wer aus dem Val di Fassa nach Norden auf die Langkofelgruppe blickt, wird wohl bald den Wunsch verspüren, dieses bizarr verwitterte Steinwunder auch einmal per pedes zu umrunden. Dies setzt zwar gute Kondition voraus und empfiehlt sich auch nur bei gutem Wetter, die überaus abwechslungsreiche Route hält für trittsichere Wanderfreunde jedoch keine besonderen Hindernisse bereit. Der Gegensatz zwischen den jäh emporfahrenden Felspfeilern

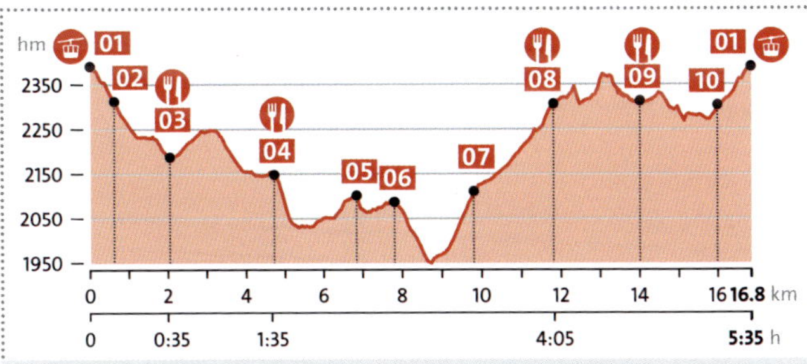

01 Bergstation Col Rodella, 2387 m; 02 Forcella Rodella, 2318 m; 03 Hotel Passo Sella Ressort, 2180 m; 04 Rifugio Emilio Comici, 2154 m; 05 Ciaulonch- Sattel, 2118 m; 06 Abzweigung, 2085 m; 07 Piz da Uridl, 2690 m; 08 Plattkofelhütte, 2300 m; 09 Rifugio Sandro Pertini, 2300 m; 10 Friedrich-August-Hütte, 2298 m

des Langkofels und dem gewaltigen, namensgebenden Westabhang des Plattkofels ist nur ein Versprechen, das zu dieser Unternehmung motiviert.

▶ Von der **Seilbahnstation Col Rodella** 01 folgen Sie der Beschilderung „Sasso Piatto Plattkofel, Friedrich August Weg" und gehen auf dem Fahrweg am Rifugio des Alpes (2395 m) vorbei. Nach einem kurzen Abstieg durch das Skigebiet biegen Sie im Wiesensattel der **Forcella Rodella** 02 (2318 m) rechts ab und wandern auf einem Fahrweg zum **Hotel Passo Sella Ressort** 03 (2180 m) an der Sellapass-Straße hinab. 35 Minuten.
Bei der Sesselliftstation unterhalb des Hotels schwenken Sie links auf den Weg Nr. 526 ein, der ins nahe Bergsturzgebiet der „Steinernen Stadt" unter dem Lang-

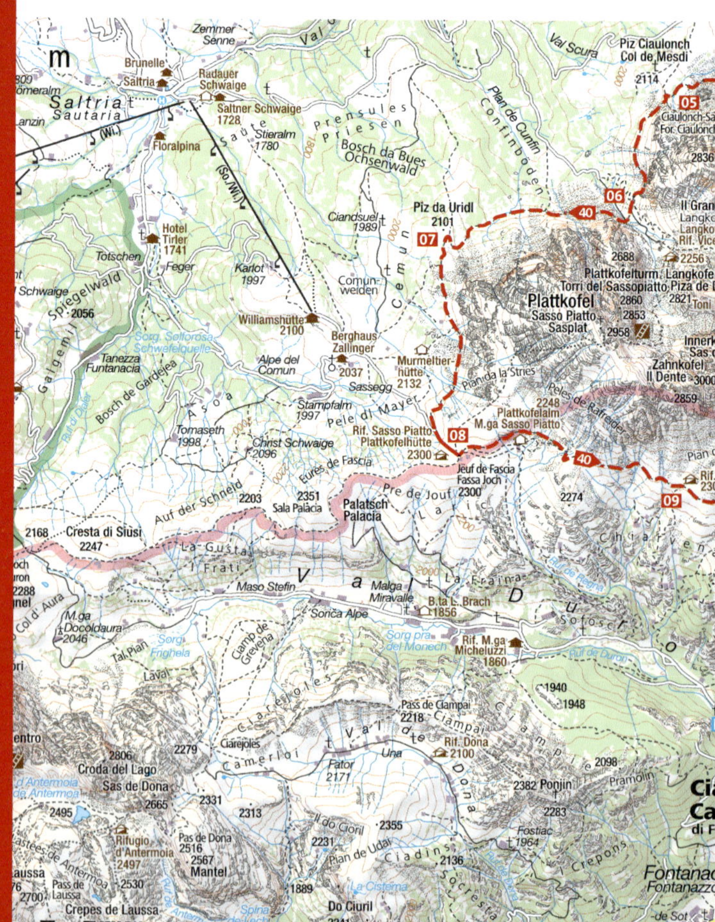

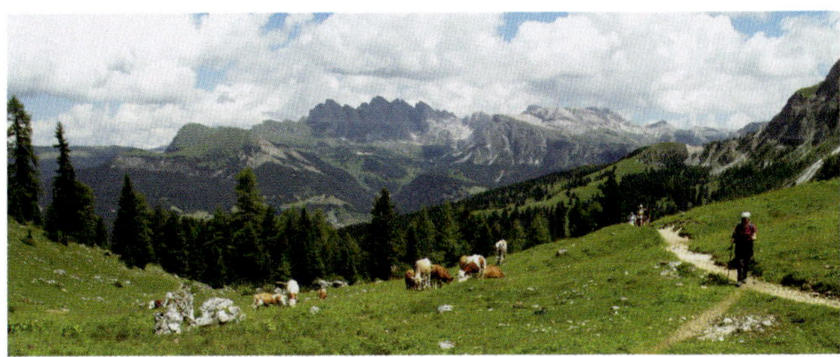

Bei der Langkofel-Umrundung blickt man auch zu den Geislerspitzen.

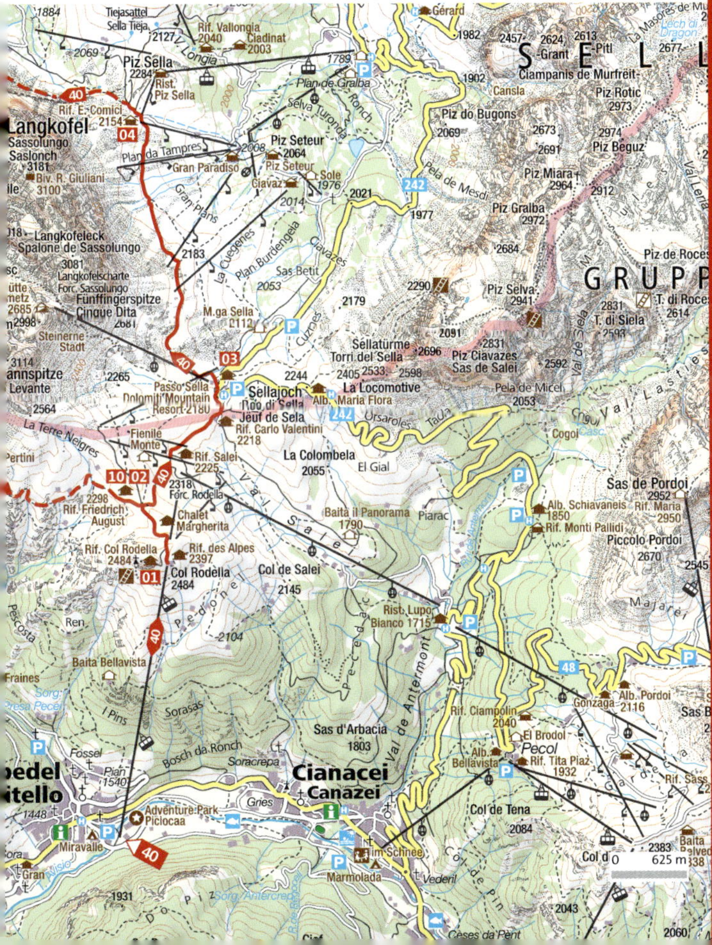

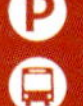

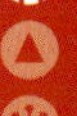

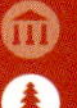

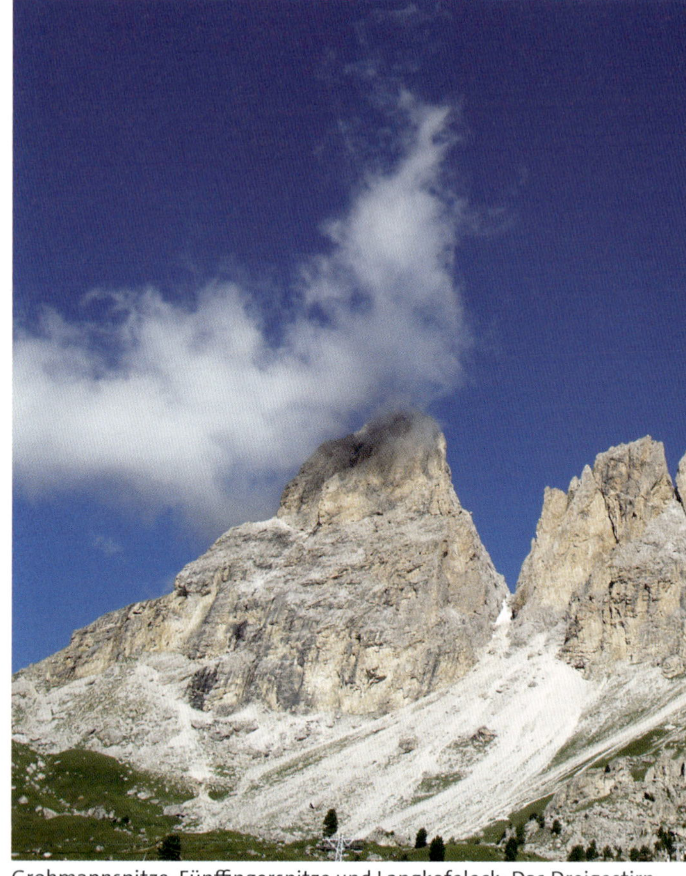

Grohmannspitze, Fünffingerspitze und Langkofeleck: Das Dreigestirn

kofeleck (3081 m) führt. Danach geht's durch Wiesenhänge der Gran Plans (Skigebiet) weiter zum **Rifugio Emilio Comici** 04 (2154 m). 1:00 h.

Dahinter teilt sich der Weg: Der linke – obere – Pfad (Nr. 526A) führt direkt durch die Schutthänge unter der Nordwand des Langkofels; er ist jedoch zeitweise wegen Steinschlaggefahr gesperrt. Der breite Weg Nr. 526 durchquert die Hänge rechts etwas weiter unten und hält zuletzt noch einen 100-Meter-Gegenanstieg bereit. Beide Routen treffen im **Ciaulonch-Sattel** 05 (2118 m) zwischen den Felsabstürzen und dem kleinen Piz Ciaulonch/Col de Mesdi wieder zusammen.

Nun zieht der Pfad Nr. 526 nach links und – anfangs etwas abfallend, dann ziemlich flach – durch die Schutt- und Grashänge unter

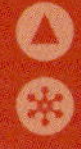

über dem Sellajoch zählt zu den Foto-Hotspots der Dolomiten.

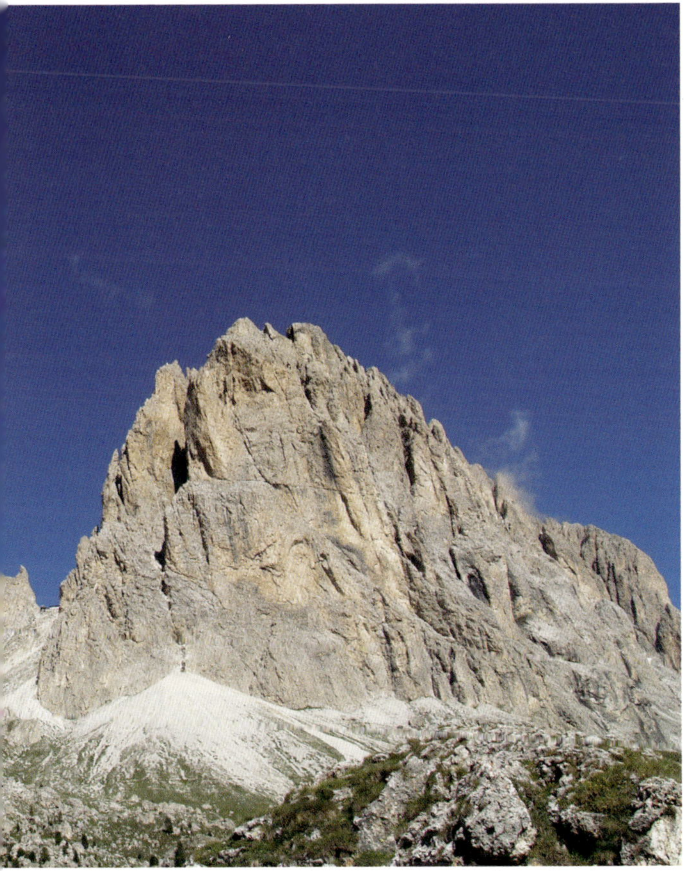

der Ostwand des Langkofels zu einer **Abzweigung** 06 (2085 m) am Ausgang des großen Langkofelkars hinüber. 1:45 h.

Von dort folgen Sie der bei Tour 38 beschriebenen Route geradeaus zur Schulter des **Piz da Uridl** 07 (2122 m) und weiter zur **Plattkofelhütte** 08 (Rifugio Sasso Piatto, 2300 m). 1:45 h.

Der letzte Routenabschnitt verläuft ebenfalls wie bei Tour 38 auf dem Friedrich-August-Weg (Nr. 557) zum **Rifugio Sandro Pertini** 09 und vorbei an der **Friedrich-August-Hütte** 10 (Rifugio Friedrich August, 2298 m) zur **Forcella Rodella** 02 (2318 m).

Von dort führt links der Fahrweg zum **Hotel Passo Sella Ressort** 03 (2180 m) an der Sellajoch-Straße hinunter – zur **Seilbahnstation Col Rodella** 01 geht's dagegen rechts hinauf. 1:30 h.

41

SAS DAI CIAMORCES • 2999 m

See-Sicht in der Steinwüste des Sella-Hochplateaus

 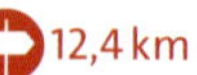 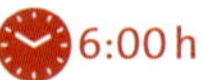 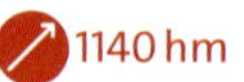  

12,4 km | 6:00 h | 1140 hm | 1140 hm | 59

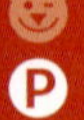
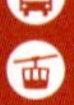

START | Sellapass-Straße zwischen Canazei und der Passhöhe, Wanderparkplatz 300 m nördlich des Ristorante Pian Schiavaneis/ Rifugio Monti Palladi, 1875 m; Bushaltestelle beim Rifugio Monti Palladi. [GPS: UTM Zone 33 x: 253.855 m y: 5.154.818 m]
CHARAKTER | Hochalpine Bergwanderung auf stellenweise steilen und felsigen Pfaden, die Trittsicherheit erfordern; nur bei guten Verhältnissen ratsam, bei Schneelage oder Nebel gefährlich! Einkehrmöglichkeit: eventuell Rifugio Boè (abseits der Route).

Nicht jedes Gebiet der Dolomiten besteht aus schlanken Steinnadeln: Der Altipiano delle Mesules im Nordwesten der Sellagruppe zeigt sich als riesiges, sanft nach Süden abfallendes Felsdach über massiven Wandabstürzen. Nicht wenige Klettersteigfans, die den berühmten Pössnecker Steig über dem Sellajoch bezwungen haben, staunen nicht schlecht über diese Mondlandschaft, durch die sie nun noch stundenlang absteigen müssen. Es lohnt sich aber auch für Bergwanderer, durch die Gebirgskerbe des Val Lasties dort hinaufzusteigen. Auch sie erwarten dort Überraschungen – beispielsweise das Panorama des bei Skibergsteigern beliebten Mittagstals, die Sicht zum zauberhaften Piciadùsee oder der sagenhafte Drachensee, den man – bloß einen Meter von der Dreitausendermarke entfernt – von einem Gipfel mit dem schönen deutschen Namen Gamsburg erblickt. Das verborgene Gewässer

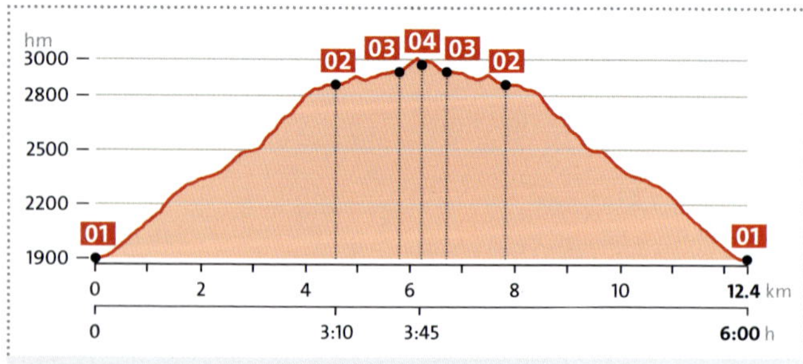

01 Parkplatz, 1875 m; 02 Forcella d'Antersas, 2839 m;
03 Sela de Pisciadù, 2908 m; 04 Sas dai Ciamorces, 2999 m

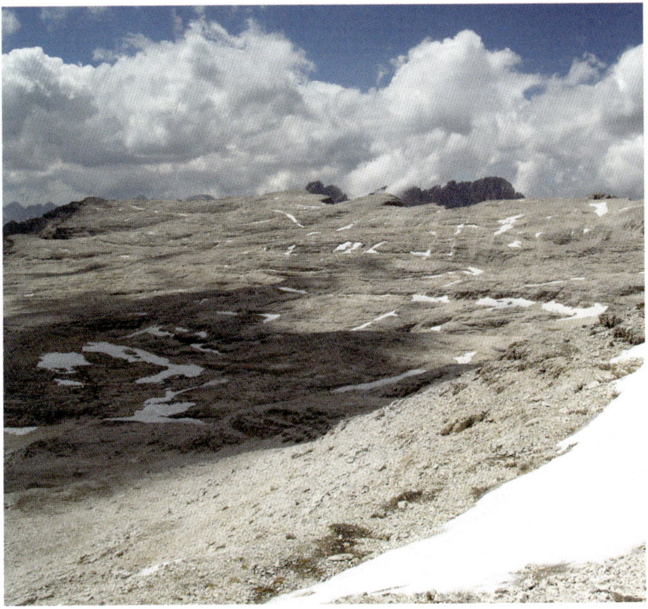

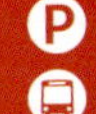

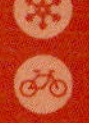
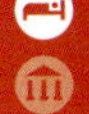

Hinter dem weiten Altipiano delle Mesules lugt der Langkofel hervor.

ist ein echter Gletschersee, denn unter den Massen von Geröll und Bergschutt, die ihn auf einer Terrasse hoch über dem Grödner Joch umgeben, verbirgt sich tatsächlich „ewiges“ Eis, das im Schatten seiner Steinauflage wohl noch eine Zeitlang überdauern wird.

▶ Vom **Parkplatz** 01 an der Straße wandern Sie auf dem Fahrweg Nr. 647 Richtung „Val Lasties“ erst flach neben einem meist trockenen Bachbett durch den Pian Schiavaneis ins Val Lasties zwischen den mächtigen Felswänden des Sellastocks hinein. Nach 300 m folgen Sie rechts dem Pfad durch den Wald. Bald stärker ansteigend, in Kehren und über Schuttfelder direkt unter den Abstürzen des Sas de Pordoi (Steinschlaggefahr!) gelangen Sie zum grasigen Boden des Plan de Siela, wo von links der Pfad Nr. 656 einmündet (dieser führt von einer höher gelegenen Kehre der Sellajoch-Straße herauf, doch dort gibt's kaum Parkmöglichkeit). Rechts geht's weiter durch das Hochtal bergauf. Nach einer weiteren Karstufe öffnet sich der Plan de Roces im Talschluss, von dem Sie nun links durch ein karges Tal gehen. So gelangen Sie schließlich rechts über felsige Stufen auf das wüstenhaft öde Hochplateau des Sellastocks hinauf und zur **Forcella d'Antersas** 02 (Zwischenkofelscharte, 2839 m), von der sich die Sicht ins Val de Mesdi/Mittagstal mit seinem berühmten Felsturm auftut. 3:10 h.
Nun schwenken Sie links auf den Pfad Nr. 649 ein, der südlich am Sas de Mesdi (2980 m) vorbeiführt.

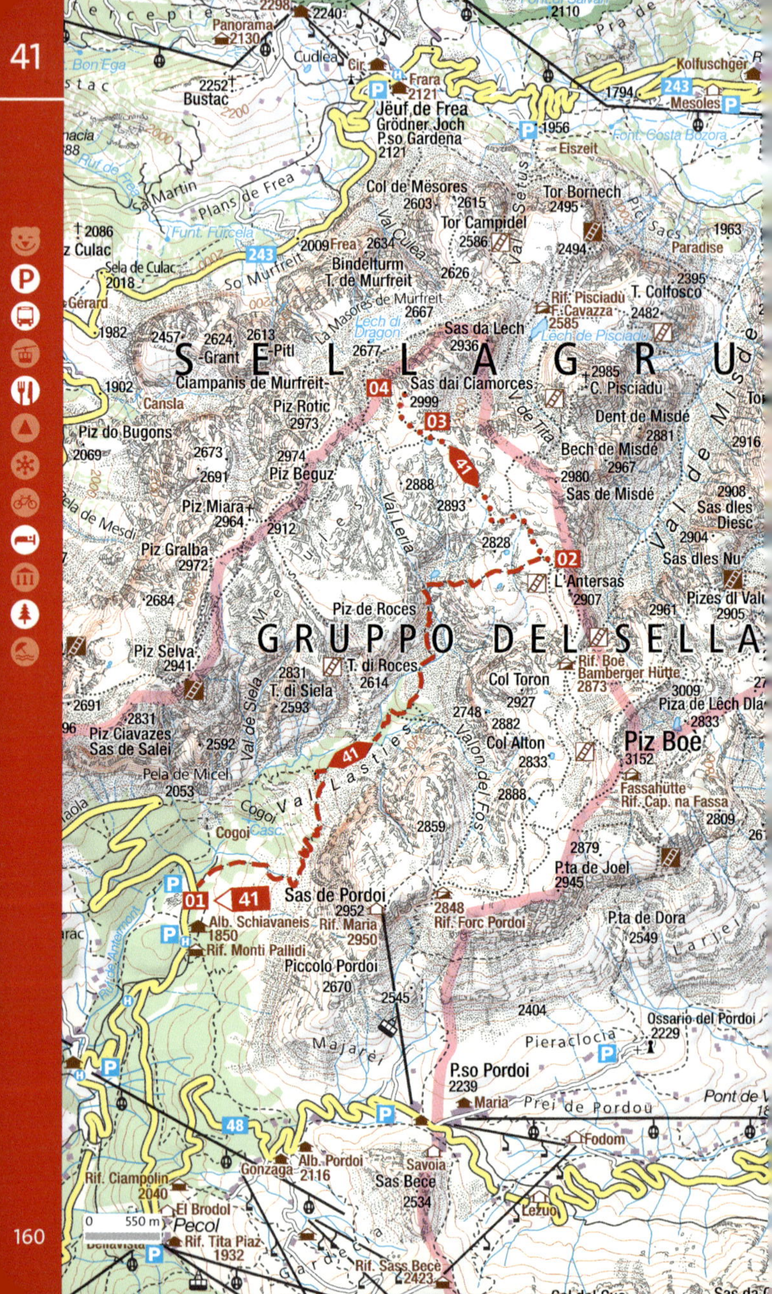
SELLA GRU
GRUPPO DEL SELLA
Piz Boè
Sas de Pordoi
Jëuf de Frea
Grödner Joch
P.so Gardena
P.so Pordoi
Rif. Boè
Bamberger Hütte
Fassahütte
Rif. Cap. na Fassa
Rif. Pisciadù
F. Cavazza
Alb. Schiavaneis
Rif. Monti Pallidi
Rif. Maria
Rif. Forc Pordoi
Val Lasties
Piz Ciavazes
Sas de Salei
Piccolo Pordoi
Ossario del Pordoi
Sas Becè
Rif. Ciampolin
Pecol
0 550 m

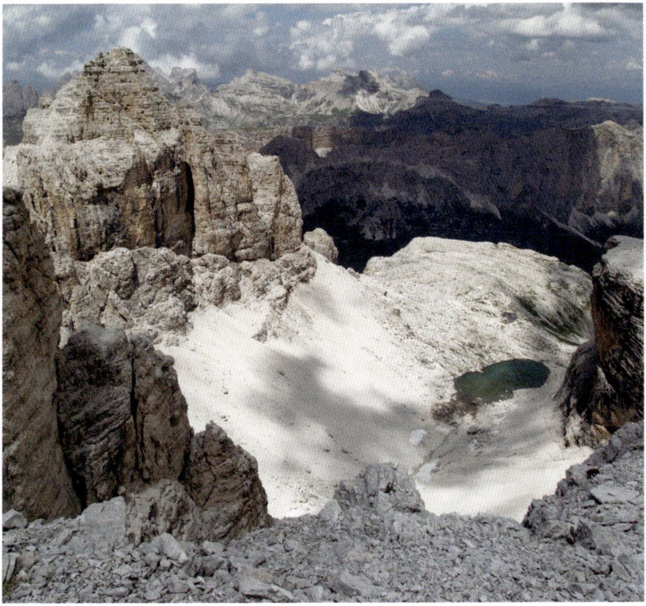

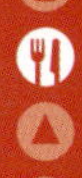
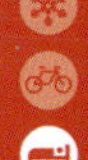

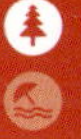

Tiefblick zum Lech de Pisciadù, dahinter Puez- und Geislergruppe.

Von der folgenden Gabelung bleiben Sie links auf dem Pfad Nr. 649, auf dem Sie in 20 Minuten durch sanft gewelltes, felsiges Gelände zur **Sela de Pisciadù** 03 (2908 m) hinüberkommen. Von dort sehen Sie rechts durch das Valun dl Pisciadù zum türkisen Lech de Pisciadù mit seiner gleichnamigen Schutzhütte hinunter.

Nordwestlich der Scharte erhebt sich der **Sas dai Ciamorces** 04 (2999 m) wie eine breite Felsrampe, die nach Süden hin jedoch einen sanft ansteigenden Schuttrücken aufweist. Über diesen erklimmen Sie auf unmarkierten Pfadspuren den höchsten Punkt in gut 15 Minuten. Besonders eindrucksvoll ist von dort der Tiefblick zum nördlich darunter gelegenen Schuttplateau (La Masores de Murfreit), in dem sich mit dem kleinen Lech di Dragon ein echter Gletschersee zeigt.

Rückweg auf derselben Route in gut 30 Minuten zur **Forcella d'Antersas** 02 und Abstieg durch das Val Lasties zum **Parkplatz** 01 an der Sellapass-Straße. 1:45 h.

Variante: Von der Forcella d'Antersas führt der Pfad Nr. 666 südwärts über die aussichtsreiche Felskuppe des Antersas (Zwischenkofel, 2907 m) zum Rifugio Boè (Bamberger Hütte, 2871 m). 30 Minuten; der Rückweg nimmt ebenfalls 30 Minuten in Anspruch. Spannender ist die gesicherte Route Nr. 647, die die steile, ausgesetzte Südwestflanke des Zwischenkofels durchquert – diese „schwarze" Route setzt jedoch Trittsicherheit und Schwindelfreiheit voraus.

ÜBER DEN PIZ BOÈ • 3152 m

Hochgefühle mit Traumaussicht

 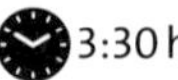5,8 km 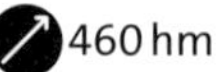3:30 h 460 hm 460 hm 59

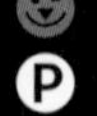

START | Passo Pordoi/Jouf de Pordoi, 2239 m, Talstation der Seilbahn auf den Sas de Pordoi, Bushaltestelle, Parkplatz. Auffahrt zur Bergstation am Sas de Pordoi, 2950 m. Talfahrt ebenfalls mit der Seilbahn (www.fassa.com/DE/Betriebszeiten-und-Preise-der-Liftanlagen).
[GPS: UTM Zone 33 x: 255.203 m y: 5.153.320 m]
CHARAKTER | Hochalpine Gipfeltour auf stellenweise gesicherten Pfaden, die Trittsicherheit und Schwindelfreiheit voraussetzen. Nur bei guten Verhältnissen ratsam! Einkehren kann man im Rifugio Forcella del Pordoi und im Rifugio Capanna Piz Fassa.

Die festungsartige Gebirgsgruppe zwischen den ladinischen Dolomitentälern ist natürlich ein Sehnsuchtsziel für Bergerfahrene. Da der höchste Gipfel der Sellagruppe seit 1969 sogar ein gastliches Schutzhaus trägt, ist man dort an schönen Sommertagen selten allein. Trotz des zeitweise großen Andrangs zählt die hier vorgeschlagene Route jedoch zu den allerschönsten Dolomitentouren.

▶ Von der **Seilbahnstation am Sas de Pordoi** 01 wandern Sie auf dem Pfad Nr. 627A über das Gipfelplateau und dann steil durch felsiges Gelände zur **Forcella Pordoi** 02 (2848 m) hinunter. 15 Minuten. Weiter geht's auf dem Pfad Nr. 627 Richtung „Piz Boè, Capanna Fassa" durch Schutt zu einer Gabelung, von der Sie rechts (Nr. 638) durch das felsige Gelände der Punta di Soèl in eine Schutt-

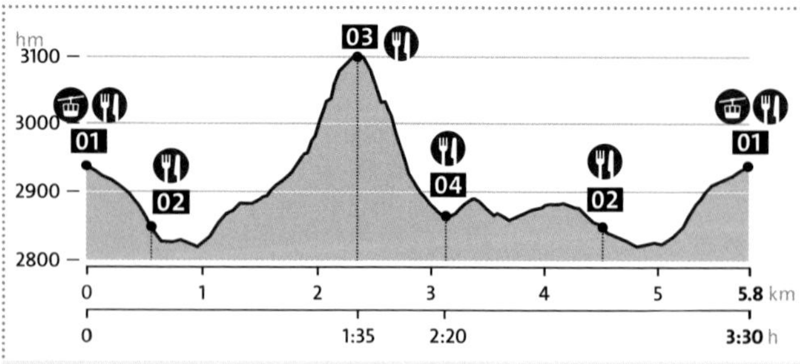

01 Seilbahnstation Sas de Pordoi, 2950 m; 02 Forcella Pordoi, 2848 m; 03 Rifugio Capanna Piz Fassa, 3152 m; 04 Rifugio Boè, 2873 m

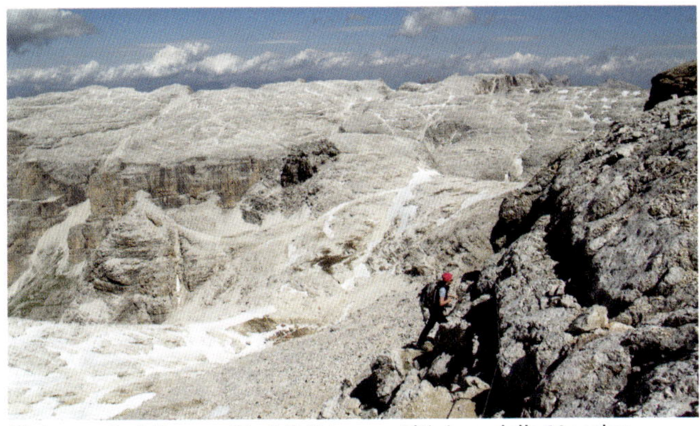

Blick vom Aufstieg zur Gipfelhütte zum Altipiano delle Mesules.

senke am Fuß des Piz Boè ansteigen. Dieser wird nun über die Felsstufen seines Südwestrückens (Stahlseile) erstiegen. Nach 1:20 h haben Sie das **Rifugio Capanna Piz Fassa 03** (3152 m) erreicht.

Der **Abstieg** erfolgt nun auf dem Pfad Nr. 638 über den teils luftigen Nordgrat. Aus der nahen Forcella dai Ciamorces (3110 m) geht's dann links durch die mit Schutt bedeckte Westflanke hinab

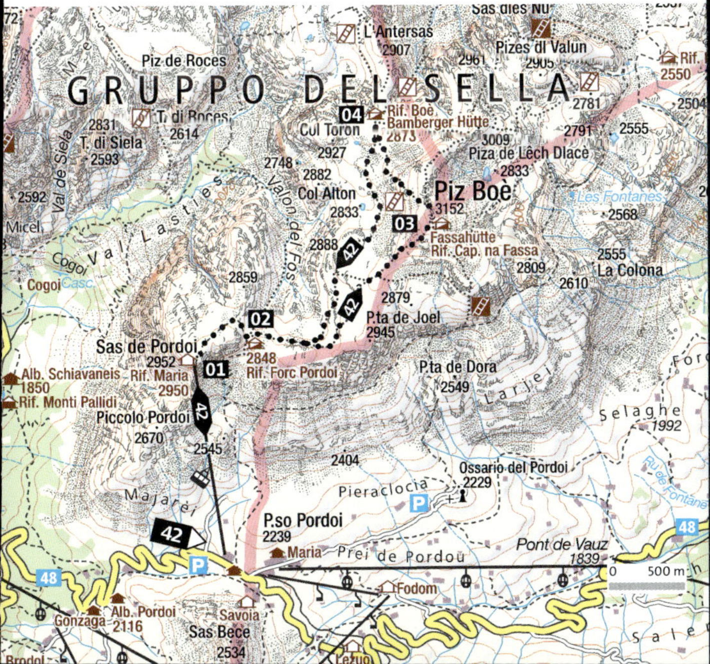

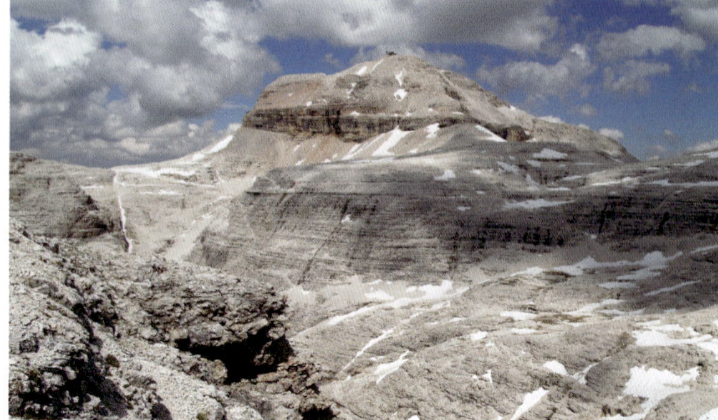
Piz Boè: rechts hinauf, links hinab.

(weiterhin Nr. 638). Eine 40 m hohe Felsstufe wird mit Hilfe von Stahlseilen und Stufen überwunden, bis Sie wieder durch Geröll zum Plateau mit dem **Rifugio Boè** **04** (2873 m), der einstigen Bamberger Hütte, gelangen. 45 Minuten.
Der **Rückweg** verläuft auf dem Pfad Nr. 627 nach Süden – erst auf einen nahen Sattel (2888 m) und dann zwischen dem Gipfelaufbau des Piz Boè und dem Vallon del Fos zu einer felsigen Anhöhe mit einer Lacke. Es folgt ein gesicherter Wegabschnitt, nach dem Sie wieder den Aufstiegspfad und die **Forcella Pordoi** **02** (2848 m) erreichen. Ein letzter Aufstieg bringt Sie zur **Seilbahnstation am Sas de Pordoi** **01**. 1:10 h.

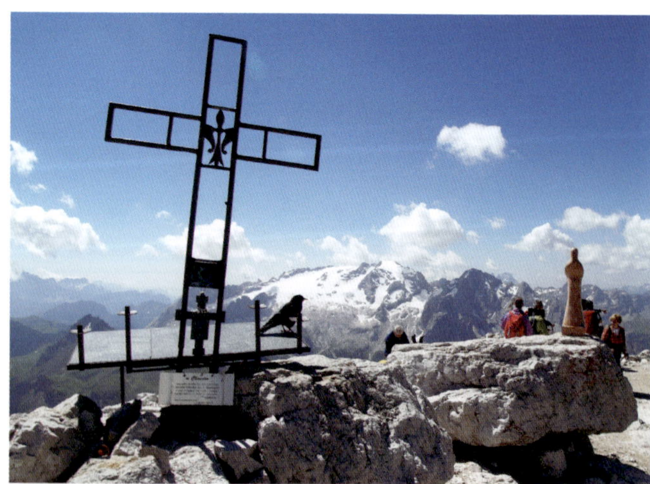
Das Gipfelkreuz vor der eisigen Kulisse der Marmolada.

PIZ BOÈ • 3152 m – SELLA-RINGBAND

Der Lichtenfelser Weg und der Ringbandweg

 10,7 km  5:50 h 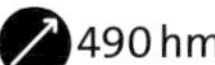 490 hm  970 hm 59

START | Passo Pordoi/Jouf de Pordoi, 2239 m, Talstation der Seilbahn auf den Sas de Pordoi; Bushaltestelle, Parkplatz. Auffahrt zur Bergstation am Sas de Pordoi, 2950 m (www.fassa.com/DE/Betriebszeiten- und-Preise-der-Liftanlagen). [GPS: UTM Zone 33 x: 255.203 m y: 5.153.320 m]
CHARAKTER | Hochalpine Gipfeltour auf stellenweise gesicherten Pfaden, die alpine Erfahrung, Trittsicherheit und Schwindelfreiheit voraussetzen. Nur bei guten Verhältnissen ratsam! Einkehren kann man bei der Seilbahn-Bergstation, im Rifugio Forcella del Pordoi, im Rifugio Capanna Piz Fassa und in der Franz-Kostner-Hütte.

Zwei Dreitausender, eine herliche Gratüberschreitung und eine Wanderung über das weithin auffallende, gut begehbare Sella-Ringband auf halber Höhe des Bergmassivs – das sind die Highlights der hier präsentierten Tour. Zudem bieten drei Schutzhütten Speis und Trank und ein Dach über dem Kopf, und einen Gutteil der Aufstiegsmühen erspart eine Seilbahn.

▶ Von der **Seilbahnstation am Sas de Pordoi** 01 wandern Sie – wie bei Tour 42 beschrieben – zur **Forcella Pordoi** 02 (2848 m) und erklimmen dann den Piz Boè, auf dem das **Rifugio Capanna Piz Fassa** 03 (3152 m) zu Rast und Einkehr einlädt. 1:35 h.

Nach dem kurzen **Abstieg** auf dem Pfad Nr. 638 über den Nordgrat zweigen Sie in der Forcella

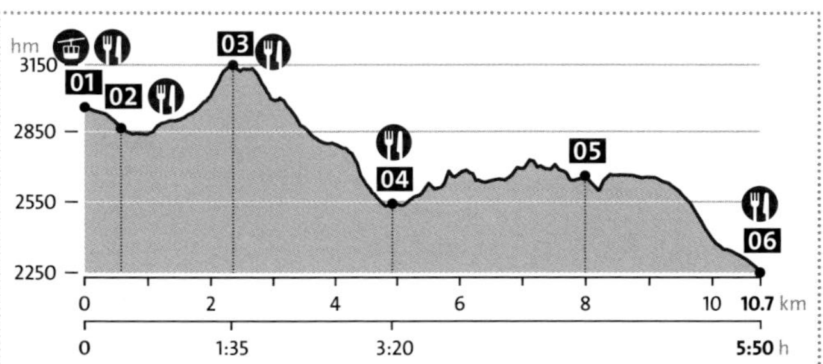

01 Seilbahnstation Sas de Pordoi, 2950 m; 02 Forcella Pordoi, 2848 m; 03 Rifugio Capanna Piz Fassa, 3152 m; 04 Franz-Kostner-Hütte, 2500 m; 05 Abzweigung, 2560 m; 06 Passo Pordoi/Jouf de Pordoi, 2239 m

dai Ciamorces (3110 m) rechts auf den Lichtenfelser Weg (Nr. 672) ab. Diese einst von Mitgliedern der deutschen Alpenvereinssektion Lichtenfels angelegte und gesicherte Route führt weiterhin über die stellenweise recht luftige Schneide abwärts (Cresta Strenta, Stahlseile). Bald überschreiten Sie den 3009 m hohen Gipfel des Piz Lech Dlacè (Eisseespitze). Rechts unten erblicken Sie den kleinen See, dem der zweite Dreitausender dieses Tages seinen Namen verdankt. In der Folge steigen Sie ins Schuttkar am Fuß der Pizes dl Valun (Vallonspitzen) ab. Dort bleiben Sie bei einer Gabelung rechts und steigen unter den felsigen Südostflanken weiter ab, bis Sie links über ein Band in eine breite, zwischen rötlich-gelben Felsen eingetiefte Rinne gelangen. Der Pfad führt nun erst auf

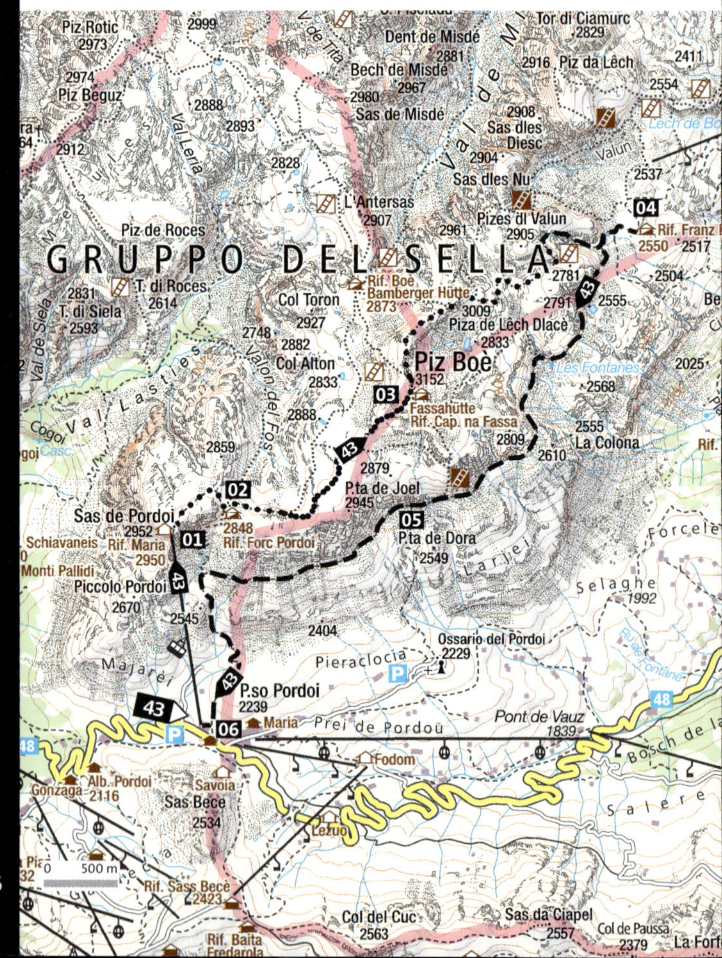

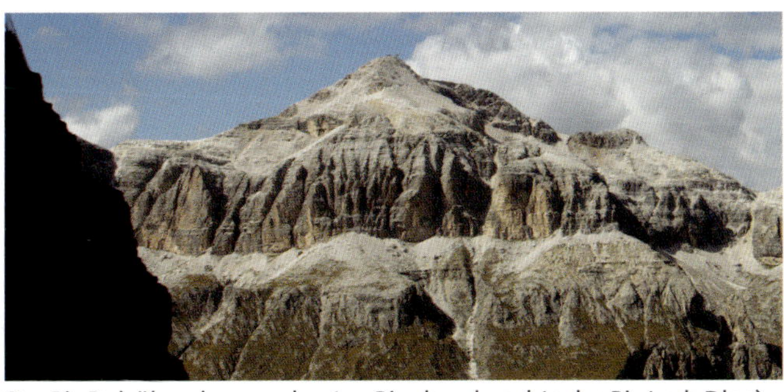

Der Piz Boè über dem markanten Ringband, rechts der Piz Lech Dlacè.

ihrer rechten und dann auf ihrer linken Seite hinunter (Stahlseile), dann wird eine schroffe Geländestufe mit Hilfe von künstlich angelegten Stufen und weiteren Seilen überwunden. Durch bizarr verwittertes, aber gut gangbares Felsgelände und über eine letzte Steilstufe erreichen Sie schließlich die karg begrünte Schuttterrasse des Sella-Ringbands und damit eine Abzweigung. Links gelangen Sie durch eine Mulde zur nahen **Franz-Kostner-Hütte 04** (2500 m), die auf einem aussichtsreichen Schutthügel am Fuß des Piz da Lech (Boeseekofel, 2911 m) thront. Der in den 1980er-Jahren revovierte Bau erinnert an einen bekannten Bergsteiger und Tourismuspionier aus dem Gadertal. 1:45 h.

Nach der Einkehr (oder einer Übernachtung) wandern Sie auf dem Pfad Nr. 638 mit der Beschilderung „Passo Pordoi" wieder zur Abzweigung des Lichtenfelser Weges zurück. Von dort folgen Sie links dem Ringbandweg (Nr. 638) um einen Felsvorsprung herum und passieren einen winzigen See. Dann wandern Sie unter den überhängenden Wänden des Ponte (2791 m, verfallener Unterstand) zur nächsten Abzweigung un folgen von dort dem Pfad Nr. 626 links durch Schutthalden zu einer Geländekante (ca. 2600 m), die Sie auf dem nun schmaleren und steileren Ringband umrunden. Dahinter liegen große Gesteinsbrocken, die von den hohen Wänden der Punta delle Fontane (2809 m) heruntergestürzt sind. Nach der Umgehehung einer kurzen Kletterpassage unterhalb der Blöcke erreichen Sie den Einstieg der Via Ferrata Cesare Piazzetta, der direkt zum Piz Boè emporzieht. Der Pfad quert weiterhin die Schutthalden unterhalb der hohen Felsabstürze. Auf den unten ausgebreiteten Wiesen erblicken Sie das runde Ossario del Pordoi, den Soldatenfriedhof, zu dem links ein Pfad hinabführt. Von der **Abzweigung 05** (2560 m) gehen Sie geradeaus auf dem Ringbandweg (Nr. 626) durch das Geröll am Fuß der Punta de Joel (2945 m) ins Kar unter der Forcella del Pordoi hinüber.

Dort schwenken Sie links auf den Pfad Nr. 627 ein, der sich durch Schutt neben der Abfahrtspiste zu einer kleinen Graskuppe hinabschlängelt. Zuletzt wandern Sie durch weite Wiesenhänge zur Talstation der Seilbahn am **Passo Pordoi 06** (Jouf de Pordoi, 2239 m) hinunter. 2:30 h.

COL DEL CUC • 2563 m

Eine Panoramawanderung über den Padònkamm

 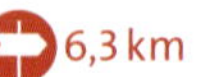 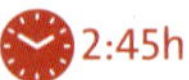 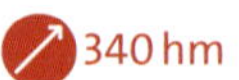  

6,3 km | 2:45h | 340 hm | 340 hm | 59

START | Passo Pordoi/Jouf de Pordoi, 2239 m, Bushaltestelle, Parkplatz. [GPS: UTM Zone 33 x: 255.348 m y: 5.153.097 m]
CHARAKTER | Einfache Bergwanderung auf Wegen und Pfaden, die an kurzen Stellen Trittsicherheit erfordern. Einkehrmöglichkeit: Rifugio Fredarola, Rifugio Vièl dal Pan.

Es ist noch gar nicht so lange her, da war man nicht für wissenschaftliche Exkursionen, aus Abenteuerlust oder gar nur zur Unterhaltung im Gebirge unterwegs, sondern um sein tägliches Brot zu erwerben. Auf dem Pfad zwischen dem Fedàiapass und dem Pordoijoch war das im Wortsinn so, denn dort brachten Getreidehändler aus Venetien ihr Gut ins Tirolerische, ohne dafür lange Umwege auf Straßen auf sich zu nehmen. Mehl galt als gute Tauschware, die man in den ladinischen Tälern der Dolomiten u. a. zum Kauf von Gegenständen des täglichen Gebrauchs verwendete. Erst im 19. Jahrhundert fiel auswärtigen Bergsteigern auf, dass der Vièl dal Pan, der uralte Brotweg, die vielleicht schönste Sicht zur gegenüber aufragenden Marmolata bietet. Einer der ersten „Entdecker" dieser Zeit war der deutsche Arzt Karl Bindel, an den der Höhenweg mit seinem zweiten Namen erinnert.

▶ Neben dem Albergo Savoia am **Passo Pordoi/Jouf de Pordoi** 01 folgen Sie der Beschilderung „Viel del Pan, Rif. Viel del Pan". Auf einem breiten Weg (Nr. 601) wan-

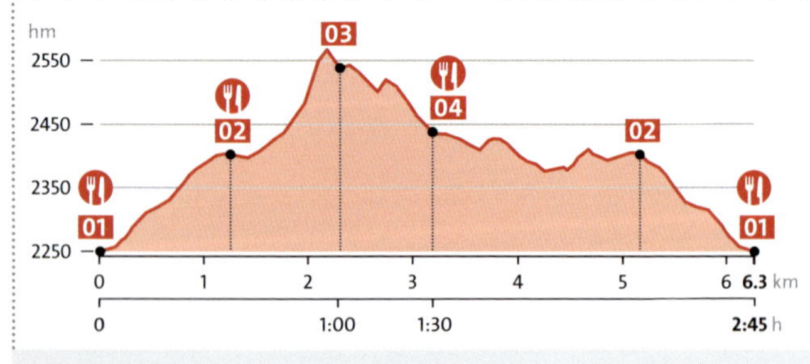

01 Passo Pordoi/Jouf de Pordoi, 2239 m; 02 Rifugio Fredarola, 2388 m; 03 Col de Cuc, 2563 m; 04 Rifugio Vièl dal Pan, 2432 m

dern Sie bergauf – vorbei an der Kapelle Santa Maria della Difesa, unter der felsigen Ostflanke des Sas Becè (2534 m) und links neben dem Skihügel mit dem Rifugio Sass Becè.

So erreichen Sie nach gut 30 Minuten das **Rifugio Fredarola** 02 (2388 m) in der Senke eines Grasrückens (Blick zur Marmolata), dem Sie auf einem Fahrweg noch 150 m nach links folgen. Dann zweigen Sie gemäß der Beschilderung „Sent. Attr. delle Creste" links auf den Pfad Nr. 636 ab, der über den grünen Padònkamm ansteigt. Stellenweise tritt hier dunkles Gestein zutage: vulkanische Relikte aus der Trias, etwa 228 Millionen Jahre alt. Diese bauen auch die aussichtsreiche Kuppe des **Col de Cuc** 03 (2563 m) auf. 30 Minuten.

Weiter geht's auf der stellenweise schmalen und felsigen Kammschneide nach Osten, bis Sie auf rechts abzweigenden Pfadspuren zum längst sichtbaren **Rifugio Viél dal Pan** 04 (Bindelhütte, 2432 m) absteigen können. 30 Minuten.

Zurück wandern Sie dann rechts auf dem berühmten Bindelweg (Nr. 601), der fast eben die Südhänge des Padònkamms durchquert.

Ab der Abzweigung östlich vom **Rifugio Fredarola** 02 (2388 m) sind Sie wieder auf dem Zugangsweg unterwegs, bis Sie nach ungefähr 1:15 h am **Passo Pordoi/Jouf de Pordoi** 01 ankommen.

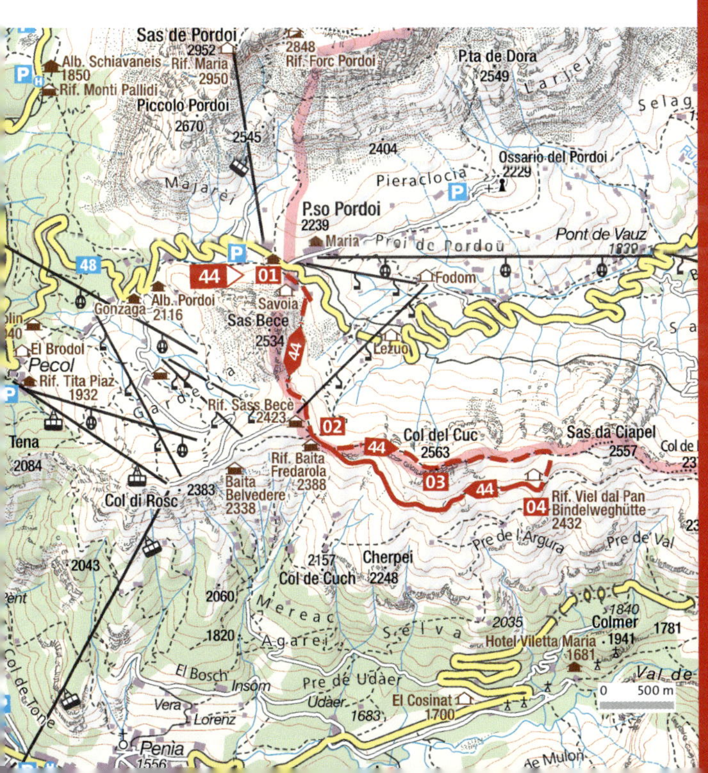

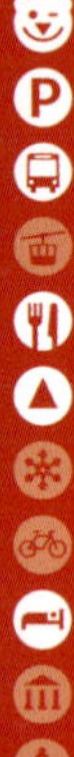

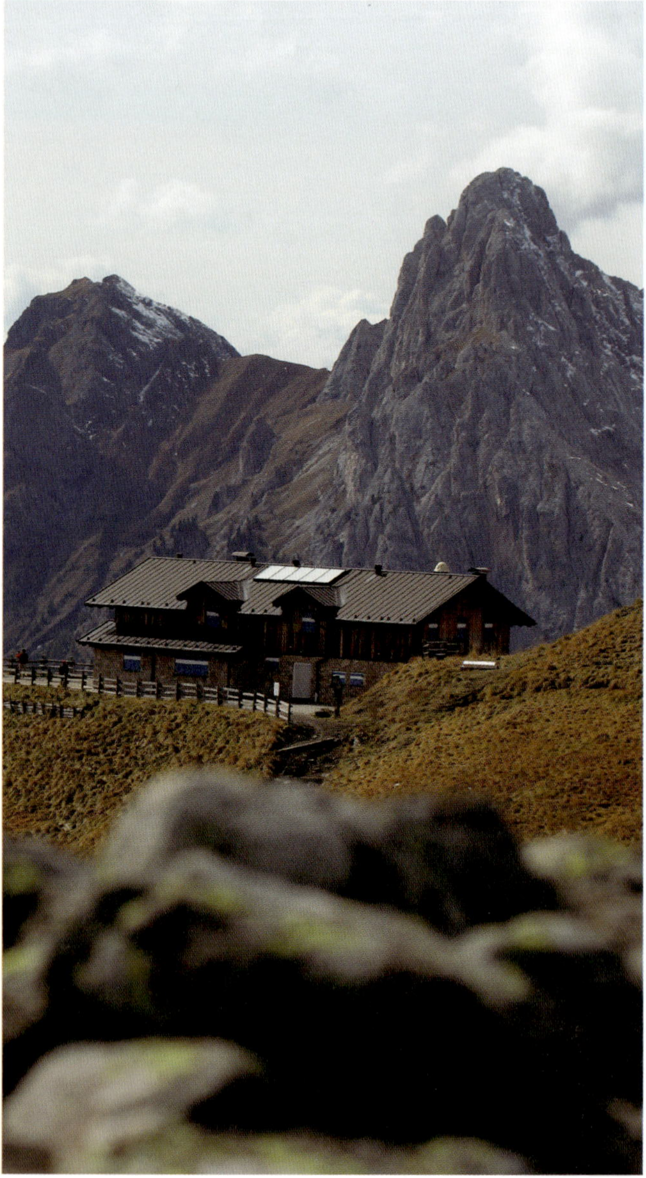

Dunkle Steine, helle Steine – Blick vom Rifugio Vièl dal Pan zum Colac.

RUND UM DEN PADÒNKAMM

Ganz große Aussicht – Bindelweg und Porta Vescovo

 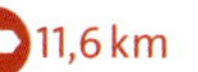 11,6 km  4:10 h 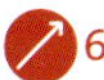 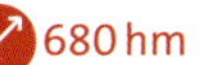 680 hm 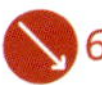 680 hm 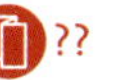 ??

START | Passo Pordoi/Jouf de Pordoi, 2239 m, Bushaltestelle, Parkplatz. [GPS: UTM Zone 33 x: 255.384 m y: 5.153.097 m]
CHARAKTER | Lange, aber einfache Bergwanderung auf Wegen und Pfaden. Einkehrmöglichkeit: Rifugio Fredarola, Rifugio Vièl dal Pan, Rifugio Luigi Gorza in der Porta Vescovo.

Wer den gesamten Bindelweg vom Pordoijoch bis zur monumentalen Scharte der Porta Vescovo erwandern möchte, muss danach entweder auf derselben Route zurückkehren oder auf der Nordseite des Padònkamms ein wenig Straßenmarsch zwischen Skiliften in Kauf nehmen. Der Lohn dafür ist jedoch ein ungehinderter Blick zum Sellastock mit seinem charakteristischen Ringband und zu den Bergen um die Fanesalm jenseits des Gadertals, mit dem sich die Panoramaschau vom Bindelweg zur gletscherweißen „Königin der Dolomiten" ideal fortsetzt.

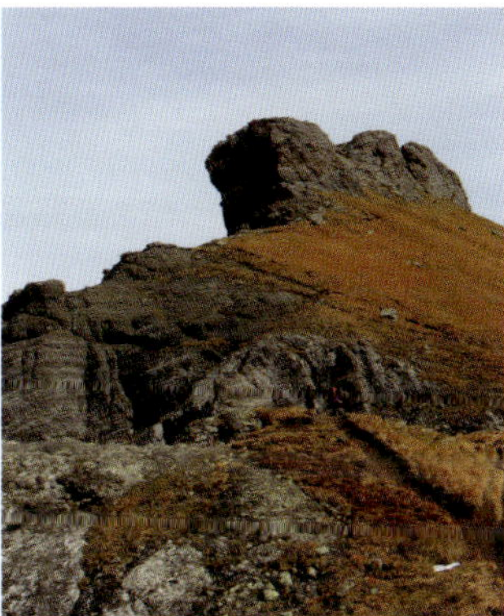
Der seltsame Sas da Ciapel.

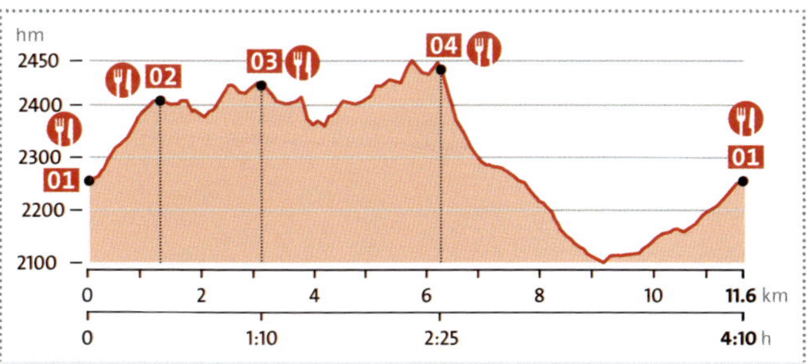

01 Passo Pordoi/Jouf de Pordoi, 2239 m; 02 Rifugio Fredarola, 2388 m; 03 Rifugio Vièl dal Pan, 2432 m; 04 Porta Vescovo, 2478 m

▶ Vom **Passo Pordoi/Jouf de Pordoi** 01 wandern Sie – wie bei Tour 44 – in gut 30 Minuten bis zum **Rifugio Fredarola** 02 (2388 m) und dann links auf dem Fahrweg noch 150 m weiter. Dort bleiben Sie jedoch rechts auf dem Bindelweg (Nr. 601), der durch die grasigen Südhänge des Padònkamms zum **Rifugio Vièl dal Pan** 03 (Bindelhütte, 2432 m) hinüberzieht. 40 Minuten.

Nun wird der Bindelweg Richtung „Passo Fedaia" schmaler; er führt unterhalb einer Scharte am Fuß des auffällig geformten Sas da Ciapel (2557 m) vorbei. Weiter geht's zum Col de Paussa (2415 m), einer weiteren Scharte mit Sella-Blick, bevor Sie erneut quer durch die Südhänge unter dem Belvedere (2648 m) wandern. Von der dortigen Abzweigung gehen Sie links weiter und steigen hoch über dem Stausee am Passo di Fedàia wieder etwas an, bis Sie die breite Scharte der **Porta Vescovo** 05 (2478 m) erreichen. Dort finden Sie das mit Stahl, Holz und Glas gestaltete Rifugio Luigi Gorza. 1:15 h.

Auf der Nordseite des Padònkamms folgt nun der Abstieg auf einem Fahrweg (Wegweiser „Passo Pordoi", Nr. 698) durch das Skigebiet hoch über Arabba. Folgen Sie der ersten Linkskurve zu einer Liftstation, von der Sie dann links (Nr. 680) weiterwandern. Nun durchqueren Sie die Nordhänge unter dem Belvedere, bis Sie nach etwa 2 km links auf einen Pfad abzweigen (weiterhin Nr. 680). So gelangen Sie im sanften Abstieg oberhalb des Fahrwegs zur Pordoijoch-Straße, der Sie rechts zum nahen Albergo Lezuo (2142 m) hinab folgen. Von dort führt der Weg Nr. 630 links zum nahen **Passo Pordoi/Jouf de Pordoi** 01 (2239 m) hinauf. 1:45 h.

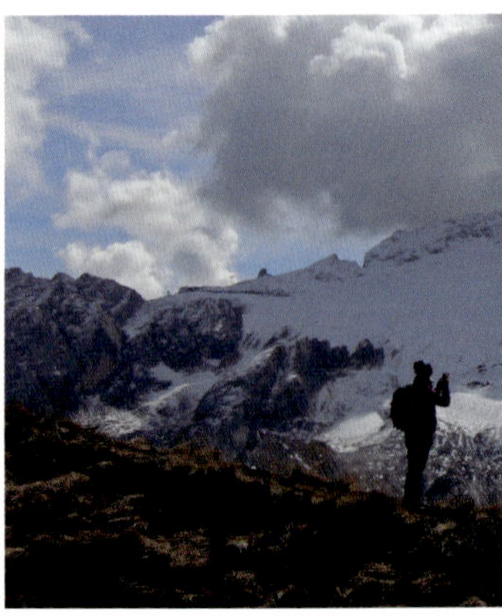

Dieses Panorama genießt man auf

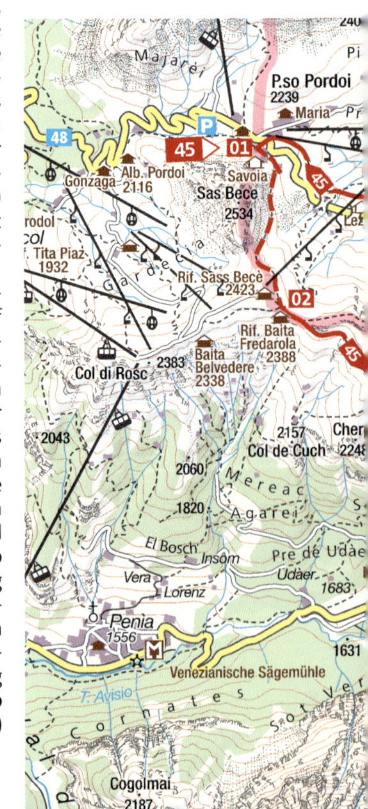

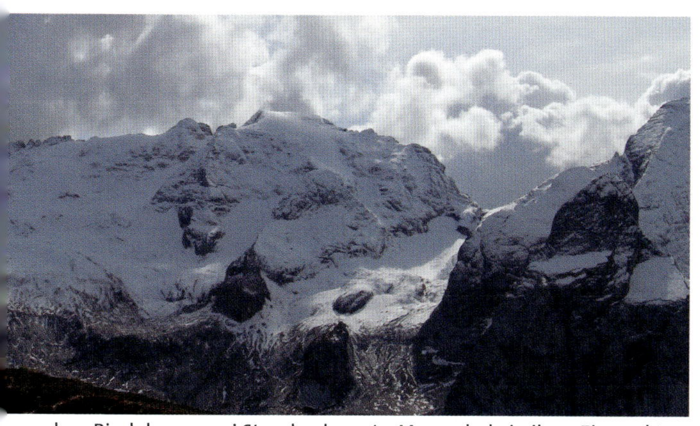

dem Bindelweg zwei Stunden lang: La Marmoleda in ihrer Eispracht.

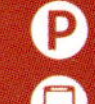

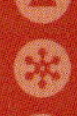

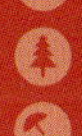

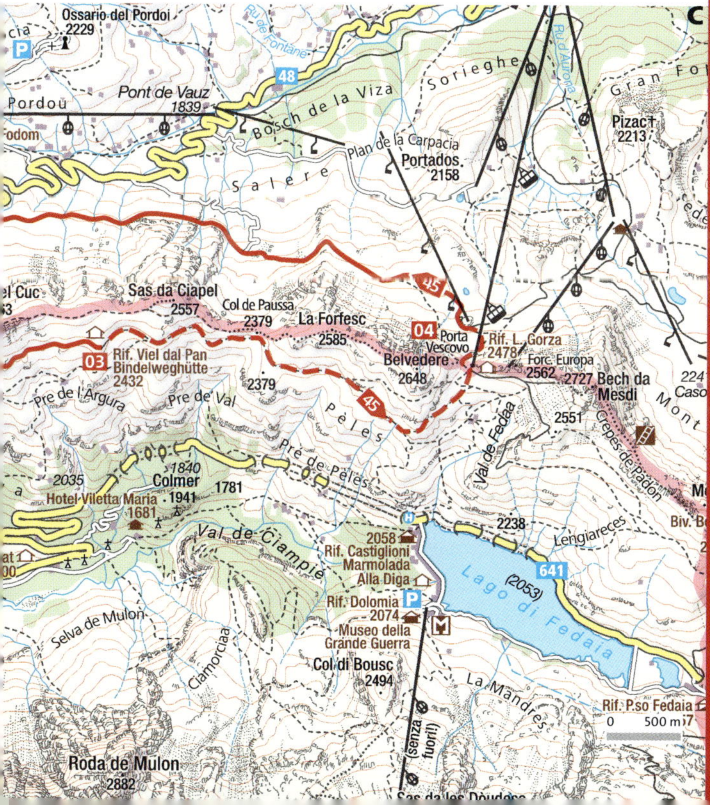

Ossario del Pordoi
2229
Ru de Fontane
48
Pordoi
Pont de Vauz
1839
Fodom
Bosch de la Viza
Sorieghe
Ru d'Auronia
Gran Fo
Pizac
2213
Plan de la Carpacia
Portados
2158
Salere
45
el Cuc
Sas da Ciapel
2557
Col de Paussa
2379
La Forfesc
2585
04
Porta Vescovo
Rif. L. Gorza
2478
Belvedere
2648
Forc. Europa
2562
2727
Bech da Mesdi
03
Rif. Viel dal Pan
Bindelweghütte
2432
2379
Pre de l'Argura
Pre de Val
Pèles
45
Val de Fedaa
2551
Mont
Crepes de Padon
Pré de Pèles
1840
Colmer
1941
1781
2035
Hotel Viletta Maria
1681
Val de Ciampie
2058
Rif. Castiglioni
Marmolada
Alla Diga
2238
Lengiareces
Biv. B
641
Lago di Fedaia
(2053)
Rif. Dolomia
2074
Museo della
Grande Guerra
Selva de Mulon
Ciamorciaa
Col di Bousc
2494
La Mandres
(senza fuori!)
Rif. P.so Fedaia
0 500 m
Roda de Mulon
2882
Sas da les Dòudes

COL DI ROSC – LAGO DI FEDÀIA

Auf dem Bindelweg zum Stausee

 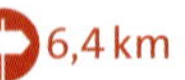 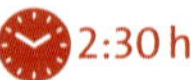  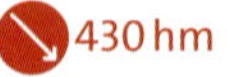 

START | Canazei, 1440 m, Talstation der Seilbahn Pecol – Col dei Rossi; Bushaltestelle, Parkplatz. Auffahrt zur Bergstation Col dei Rossi, 2383 m (www.fassa.com/DE/Betriebszeiten-und-Preise-der-Liftanlagen). Rückfahrt vom Lago di Fedàia mit dem Bus. [GPS: UTM Zone 33 x: 253.453 m y: 5.149.974 m]
CHARAKTER | Einfache Bergwanderung auf Wegen und Pfaden. Einkehrmöglichkeit: Rifugio Fredarola, Rifugio Vièl dal Pan, Rifugio Castiglioni Marmolada.

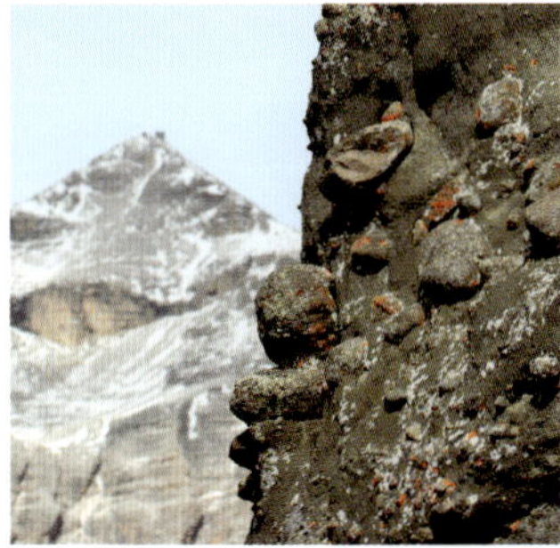
Dolomit und Lava-Konglomerat.

Eine gute Möglichkeit, zum einzigartigen Vièl dal Pan/Bindelweg zu gelangen, offeriert die Seilbahn von Canazei auf den Col dei Rossi. Nach der Wanderung erwartet Sie die traditionsreiche Rifugio Castiglioni Marmolada mit regionalen Köstlichkeiten. Es war einst der Ausgangspunkt für die Ersteigung des höchsten Dolomitengipfels und erinnert mit seinem Namen heute an den Alpinisten Ettore Castiglioni. Gleich daneben stoppt auch der Bus für Sie.

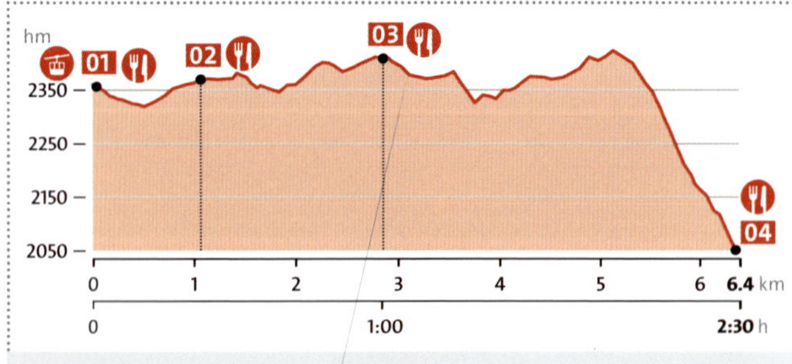

01 Bergstation Col dei Rossi, 2383 m; 02 Rifugio Fredarola, 2388 m; 03 Rifugio Vièl dal Pan, 2432 m; 04 Rifugio Castiglioni Marmolada, 2044 m

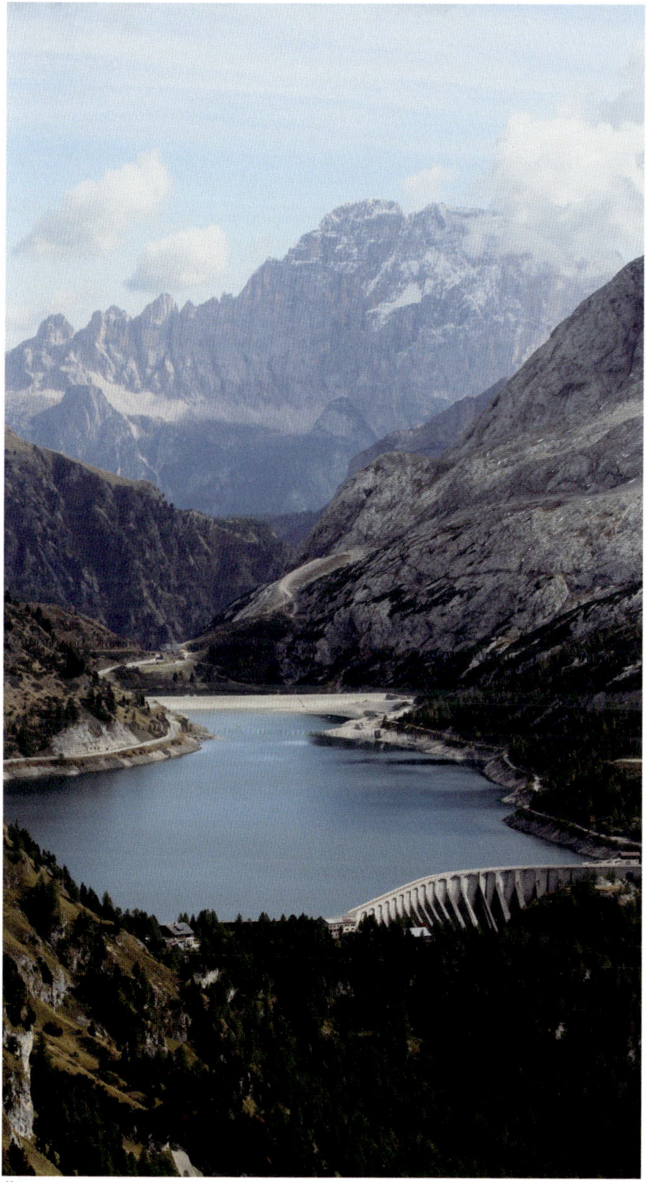

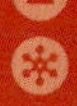

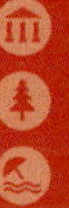

Über dem Lago di Fedàia ist die Riesenwand der Civetta zu sehen.

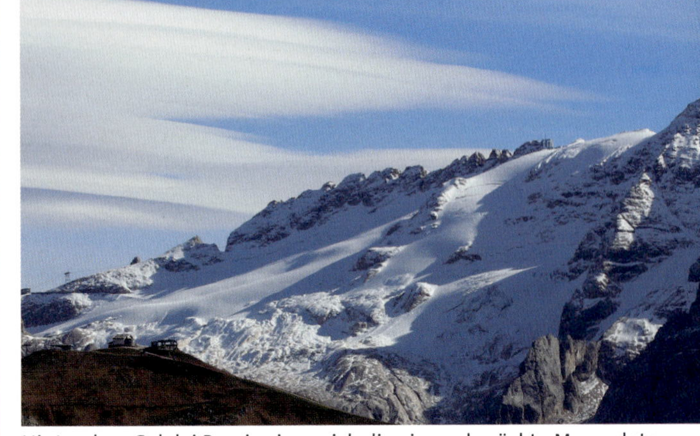

Hinter dem Col dei Rossi zeigen sich die eisgeschmückte Marmolata

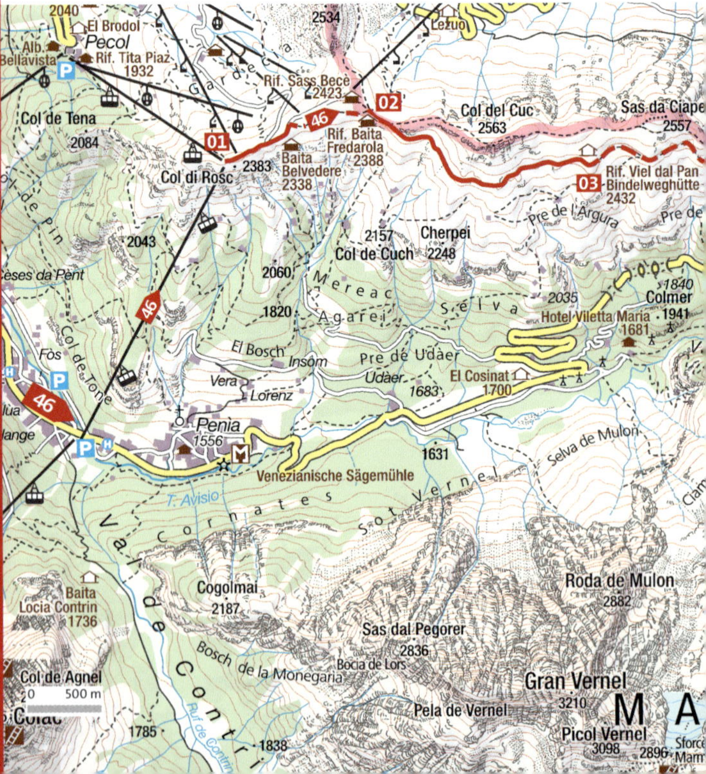

2040
El Brodol
Pecol
Alb. Bellavista
Rif. Tita Piaz 1932
2534
Lezuo
Gardeccia
Rif. Sass Becè 2423
02
Col del Cuc 2563
Sas da Ciape 2557
Col de Tena
2084
01
46
Rif. Baita Fredarola 2388
Col di Rosc
2383
Baita Belvedere 2338
Rif. Viel dal Pan Bindelweghütte 2432
03
Pre de l'Argura
Pre de
Col de Pin
2043
2157
Cherpei
Col de Cuch
2248
Cèses da Pènt
2060
Mereac
1840
2035
Colmer
Hotel Viletta Maria 1681
1941
46
1820
Agarei
Selva
Fos
Col de Tone
El Bosch
Insom
Pre de Udàer
Udàer
El Cosinat 1700
1683
Vera
Lorenz
46
Penia 1556
lange
1631
Selva de Mulon
Venezianische Sägemühle
T. Avisio
Cornates
Sot Vernel
Val de Contrin
Roda de Mulon 2882
Baita Locia Contrin 1736
Cogolmai 2187
Sas dal Pegorer 2836
Bosch de la Monegaria
Bocia de Lors
Col de Agnel
0 500 m
Gran Vernel 3210
Pela de Vernel
Picol Vernel 3098
2896
1785
1838
Ruf de Contrin

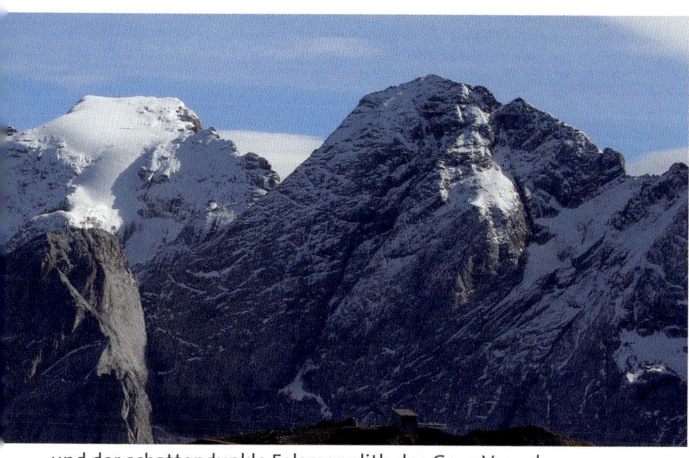

und der schattendunkle Felsmonolith des Gran Vernel.

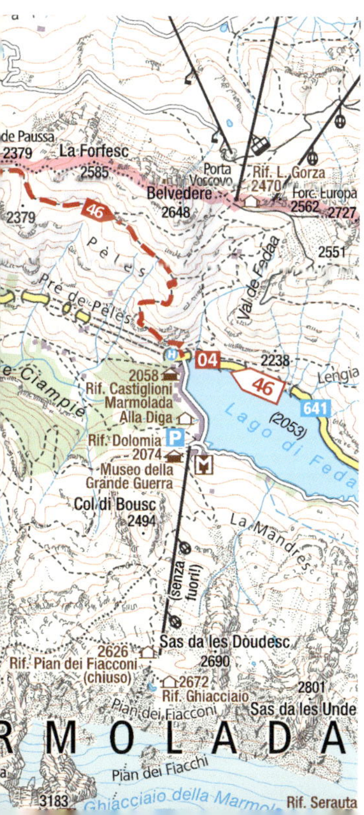

▶ Von der **Seilbahnstation Col dei Rossi** 01 marschieren Sie zunächst auf einem Fahrweg nach Osten aufwärts, vorbei am Chalet Belvedere. Danach zweigen Sie rechts ab und gelangen nach ungefähr 20 Minuten zum **Rifugio Fredarola** 02 (2388 m) hinüber.

Weiter geht's auf dem Bindelweg – siehe Tour 44 – durch die Südhänge des Padònkamms zum **Rifugio Vièl dal Pan** 03 (Bindelhütte, 2432 m). 40 Minuten.

Weiter geht's auf dem Bindelweg über den Col de Paussa (2415 m) zur Gabelung unter dem Belvedere (2648 m). Dort zweigen Sie jedoch rechts Richtung „Passo Fedaia" ab (weiterhin Nr. 601) und wandern durch die Wiesenhänge bergab. Die Einmündung des Pfades Nr. 601A bleibt unbeachtet. Weiter unten führt der Weg durch lichten Wald und links durch eine felsige Flanke, durch die Sie bis zum **Rifugio Castiglioni Marmolada** 04 (2044 m) an der Fedàiapass-Straße absteigen (Bushaltestelle). Daneben befindet sich die Staumauer des Fedàiasees. 1:30 h.

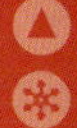
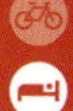
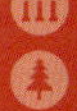

DURCH DAS VAL DE CREPA

Zu einsamen Almen

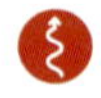  6,6 km 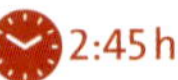 2:45 h 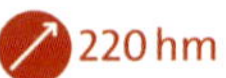 220 hm 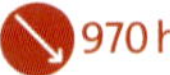 970 hm  59

START | Alba/Delba, 1487 m (2,5 km südöstlich von Canazei), Talstation der Seilbahn Ciampac; Bushaltestelle, Parkplatz. Auffahrt zur Station Cimpac, 2170 m (www.fassa.com/DE/Betriebszeiten-und-Preise-der-Liftanlagen). Rückfahrt von Fontanazzo mit dem Bus.
[GPS: UTM Zone 33 x: 253.448 m y: 5.149.991 m]
CHARAKTER | Einfache Berg- und Almwanderung auf Almstraßen, Wegen und Pfaden; kurzer Auf- und langer Abstieg. Einkehren kann man im Rifugio Ciampac und im Rifugio Tobià del Giagher.

Der Almweg durch das kaum bekannte Val di Crepa ist ein Erlebnis für sich. Die stellenweise gepflasterte Route führt durch steile, mit Felsen gespickte Waldhänge; stellenweise gibt's sogar Stahlseile zum Anhalten. Bevor man ihn für den Abstieg unter die Wanderschuhe nimmt, muss man den Pian de Sele, einen Wiesensattel, erklimmen, was dank Seilbahn-Auffahrt nur mäßigen Schweißtribut fordert.

▶ Von der **Seilbahnstation Ciampac** 01 gehen Sie Richtung „Val de Crepa, Fontanazzo" auf einem Fahrweg am Rifugio Ciampac vorbei zum Rifugio Tobià del Giagher. Von dort führt der Pfad Nr. 645 rechts durch die Wiesenhänge bergauf, der dunklen Crepa Neigra (2534 m) entgegen. Durch eine Karmulde mit alten, teils verfallenen Holzhütten erreichen Sie eine steile, grasige Rippe, über die Sie in Kehren und dann links

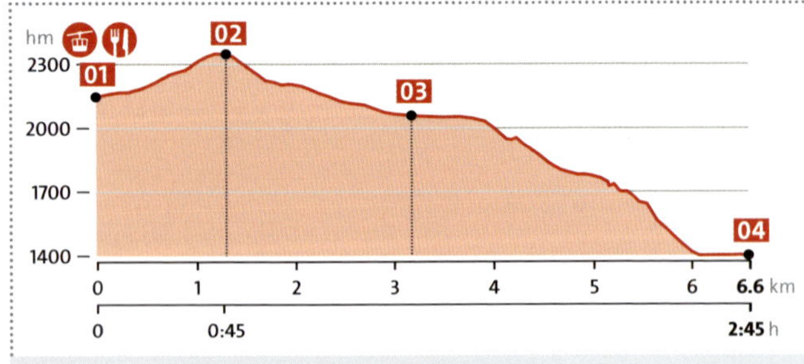

01 Seilbahnstation Cimpac, 2170 m; 02 Pian de Selle, 2361 m; 03 Freina, 2048 m; 04 Fontanazzo/Fontanac', 1395 m

bis zum **Pian de Selle** 02 (2361 m) ansteigen. Dieser weite Sattel unter der Crepa Neigra bietet eine herrliche Sicht zum gegenüber aufragenden Colac (2715 m), zum Gran Vernel und zur Marmolada mit ihrer Südwand. Jenseits – im Westen – erblicken Sie Teile des Rosengartens und der Langkofelgruppe über dem Val de Grepa. 45 Minuten.

In dieses Hochtal steigen Sie nun ab. Der Pfad Nr. 645 schlängelt sich durch steile Grashänge in den Talschluss (Poze) hinab. Nach dem Steg über den Ruf de Grepa geht's nach rechts und neben dem Bach zu den Almhütten auf Ardonèi (2185 m) und zum ebenen Boden von **Freina** 03 (2048 m) hinab.

Unterhalb der Baite di Medèl (2000 m) bricht das Tal steiler ab. Von einem Zauntor zieht der alte, stellenweise noch gepflasterte Almweg nach rechts und durch schöne Zirbenbestände in einen Seitengraben unter dem Col Pelous (2218 m). Links wandern Sie in Serpentinen ins untere, dicht bewaldete Val de Crepa hinab. Dort muss man den Bach ohne Brücke überqueren, um zur alten Baite di Duin (1767 m) zu gelangen. Weiter geht's in Kehren durch stellenweise felsige Waldhänge und über eine Lichtung abwärts, bis Sie die Forststraße neben dem Veisc/Avisio (1390 m) erreichen. Eine Bogenbrücke führt über den Fluss zu einem Parkplatz. Links kommen Sie zur Bushaltestelle an der Staatsstraße in der nahen Ortschaft **Fontanazzo/Fontanac'** 04 (1395 m). 2:00 h.

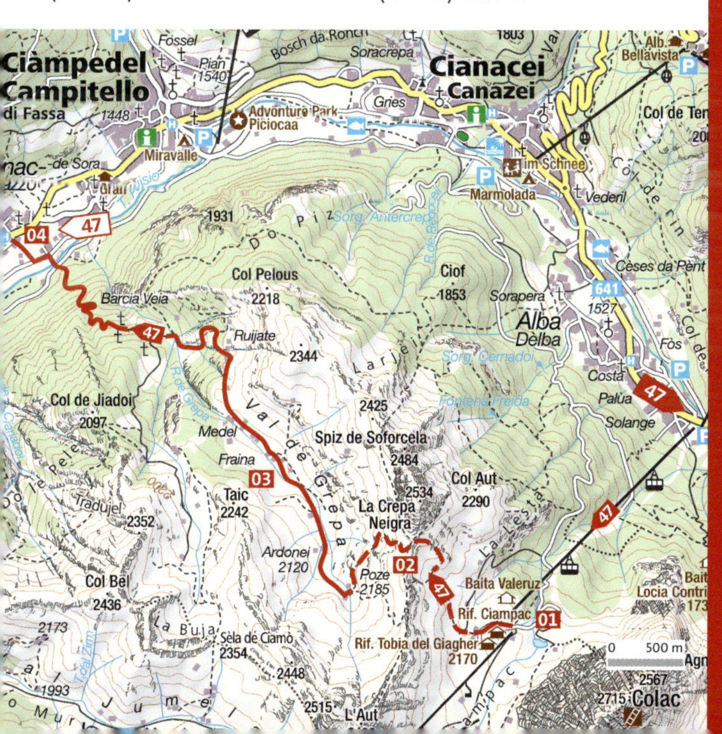

CIAMPAC – FORCIA NEIGRA • 2509 m – PASSO SAN NICOLÒ

Vom Skigebiet in die Einsamkeit

  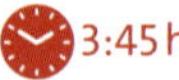 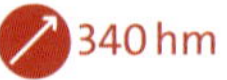 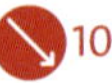 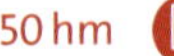 

11,4 km · 3:45 h · 340 hm · 1050 hm · 59

START | Alba/Delba, 1487 m (2,5 km südöstlich von Canazei), Talstation der Seilbahn Ciampac; Bushaltestelle, Parkplatz. Auffahrt zur Station Cimpac, 2170 m (www.fassa.com/DE/Betriebszeiten- und-Preise-der-Liftanlagen).
[GPS: UTM Zone 33 x: 253.456 m y: 5.149.974 m]
CHARAKTER | Bergwanderung auf Almstraßen, Wegen und Pfaden. Einkehrmöglichkeit: Rifugio Ciampac, Rifugio Tobià del Giagher, Rifugio Passo San Nicolò, Rifugio Contrin, Malga Contrin, Rifugio Baita Cianci, Baita Locia de Contrin.

Auch diese landschaftlich außerordentlich vielfältige Höhen- und Talwanderung führt durch eine „geologische Wundertüte" der Fassaner Bergwelt: Aus dem zwar für den Skitourismus erschlossenen, aber landschaftlich reizvollen Almkessel von Ciampac gelangt man am Fuß des Colàc, einer charaktervoll geformten Vorhut des hellkalkigen Marmolada-Massivs, in die vulkandunkle Felswelt unter der nicht zu Unrecht so benannten Croda Neigar und dann wieder inmitten weißglänzender Dolomitberge ins Val Contrin hinunter. Mehrere gut bewirtschaftete Einkehrstationen lassen hier niemanden hungrig oder durstig zurück, während sich die Augen an der Schönheit dieser Landschaft kaum sattsehen können.

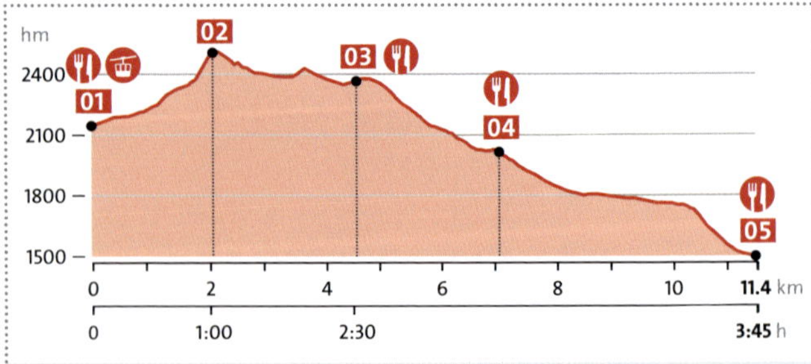

01 Seilbahnstation Cimpac, 2170 m; 02 Forcia Neigra, 2509 m; 03 Passo San Nicolò, 2340 m; 04 Rifugio Contrin, 2016 m; 05 Alba, 1487 m

▶ Von der **Seilbahnstation Ciampac** 01 gehen Sie auf einem Fahrweg (Nr. 644) südwärts durch das Skigebiet zu einer Gabelung, von der Sie links auf dem Weg Nr. 613 über die Almweiden und Schutt ins Kar Ciamp de Agnel am Fuß des Sas de Roces (2612 m) ansteigen. Von der nächsten Abzweigung geht's links auf dem Pfad Nr. 613 in Serpentinen durch den steilen Wiesenhang in die **Forcia Neigra** 02 (2509 m) empor. 1:00 h. Auf der Ostseite dieser Scharte am Fuß des Colàc wird das Val Contrin am Fuß der Marmolada sichtbar. Sie wenden sich nach rechts und durchqueren die dunkelfelsige Flanke der Croda Neigra (2605 m). Zunächst geht's etwas bergab,

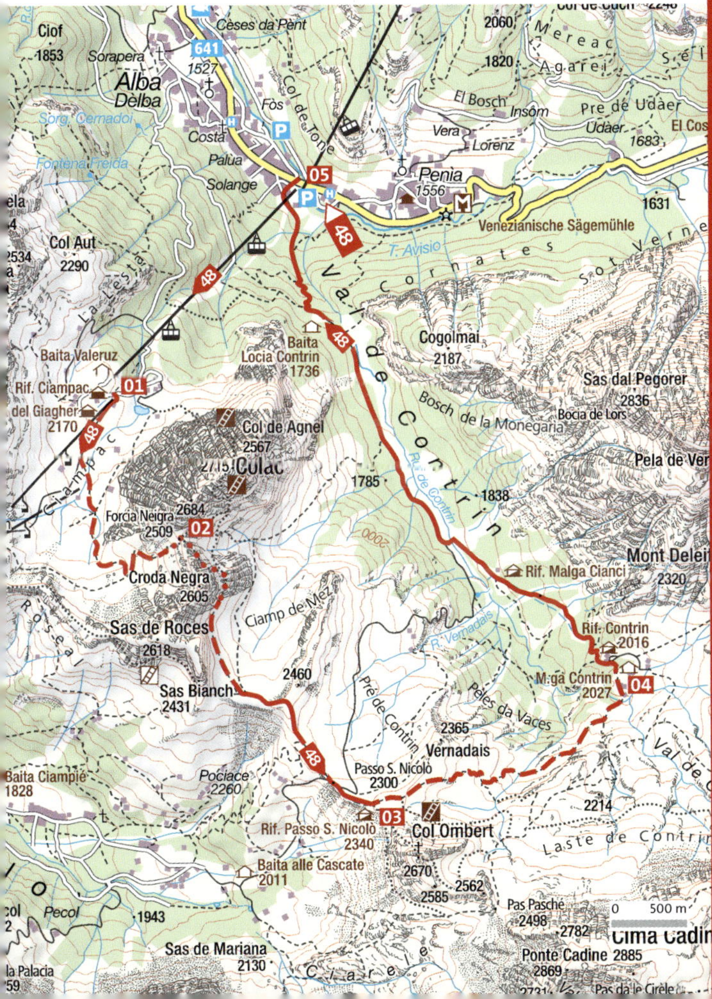

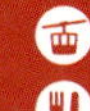

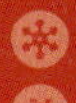

dann helfen Stahlseile und Metallklammern über felsige Passagen hinweg, bis Sie nach einem kurzen Aufstieg die Scharte unter dem mächtigen, links vorgelagerten Torre Dantone überschreiten. Dann führt der Pfad durch die grasigen Osthänge der Croda Neigra hinab ins weite, grüne Kar des Ciamp de Mez (2378 m), über dem sich wieder helles Dolomitgestein aufbaut. Von der dortigen Abzweigung wandern Sie links über einen breiten Rücken, hinter dem das Val San Nicolò liegt, und zuletzt durch einen Schutthang auf eine kleine Felserhebung (2460 m), auf der sich Kavernen und Stellungsreste aus dem Ersten Weltkrieg befinden.
Dort umgehen Sie eine kleine Kuppe auf dem breiten Kriegsweg, der dann neben den Felsflanken über dem Val San Nicolò sanft zur Einmündung des Pfades Nr. 608 (Cima Pré de Contrin, 2365 m) und weiter zum nahen **Passo San Nicolò** 03 (2340 m) absinkt. Daneben steht das gleichnamige Rifugio, das sich sehr für eine Einkehr empfiehlt. 1:30 h.
Hinter dem Schutzhaus folgen Sie dem Pfad Nr. 608 links Richtung „Rif. Contrin“ über die Almwiesen und rechts in eine Mulde unter dem Col Ombert (2670 m) hinab. Durch lichte Lärchen- und Zirbenbestände geht's weiter zur Malga Contrin (2027 m), die ein Fahrweg mit dem nahen **Rifugio Contrin** 04 (2016 m) verbinden. 45 Minuten.
Der Abstieg durch das landschaftlich sehr reizvolle Val de Contrin – am Fuß des mächtigen Gran-Vernel-Massivs (3210 m) – erfolgt auf dem breiten, steinigen Hütten-Zufahrtsweg. Erst wandern Sie durch Waldhänge über dem Talboden zum Rifugio Baita Cianci, dann über eine Brücke und neben dem Bach zur Baita Locia de Contrin hinab. Zuletzt geht's in Kehren zur Seilbahnstation in **Alba/Delba** 05 (1487 m) hinunter. 1:15 h.

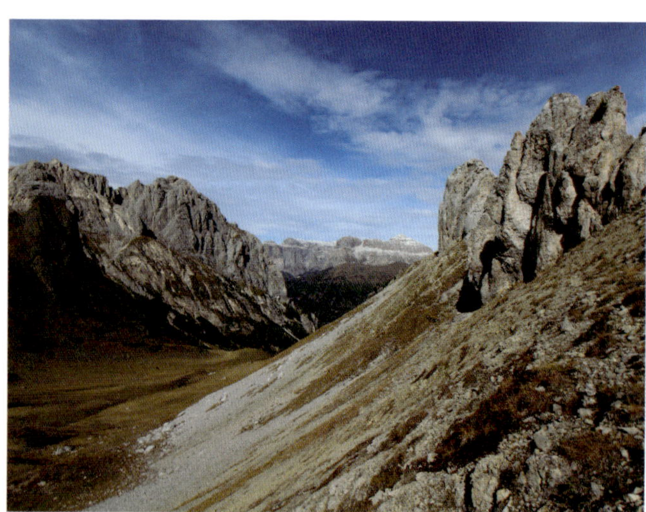

Colàc und Torre Dantone über dem Ciamp de Mez, dahinter die Sella.

INS VAL DE CONTRIN

Eine genussvolle Talwanderung zur Contrinhütte

  9 km 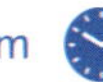 3:00 h 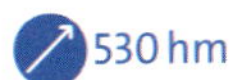 530 hm 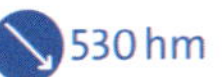 530 hm 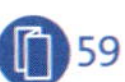 59

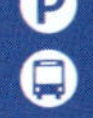
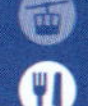
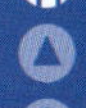

START | Alba/Delba, 1487 m (2,5 km südöstlich von Canazei), Parkplatz hinter der Seilbahn-Talstation; Bushaltestelle. [GPS: UTM Zone 33 x: 253.422 m y: 5.149.983 m]
CHARAKTER | Tal- und Hüttenwanderung auf einem Fahrweg. Einkehrmöglichkeit: Baita Locia de Contrin, Rifugio Baita Cianci, Rifugio Contrin, Malga Contrin.

Das Val de Contrin ist eines der schönsten Täler der Dolomiten; es reicht über sechs Kilometer bis ins Herz der Marmoladagruppe und bildet einen grandiosen Talschluss unter Felsriesen wie dem Gran Vernel (3210 m), den drei Cime d'Ombretta (3011 m) oder der Cima dell'Uomo (3010 m). Das Rifugio Contrin, das im Ersten Weltkrieg eine Kommandozentrale für die Stellungen in der Umgebung war, gilt heute als ideales Ziel für alle, die gern wandern, die Berge ersteigen oder sie mit dem Bike erkunden.

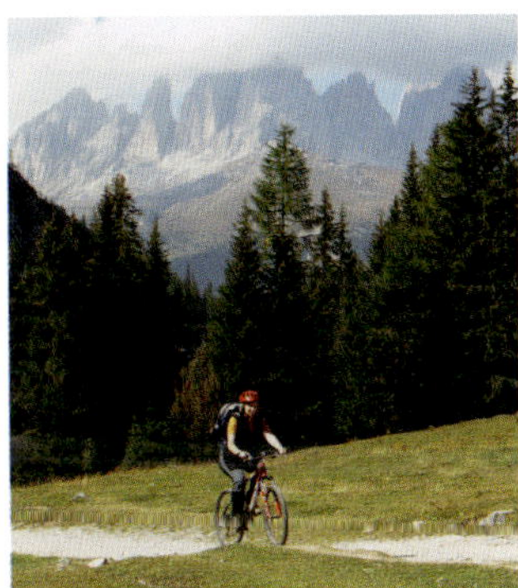

Rückblick zur Langkofelgruppe.

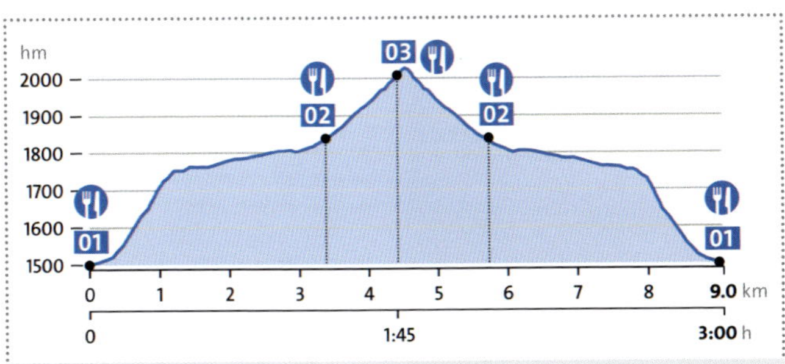

01 Alba, 1487 m; 02 Rifugio Baita Cianci, 1814 m;
03 Rifugio Contrin, 2016 m

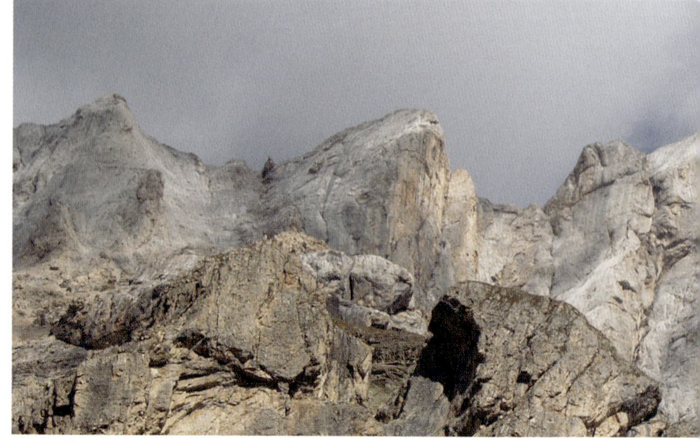

Die Felsbasis des Gran Vernel zeigt seltsam verwitterte Formationen.

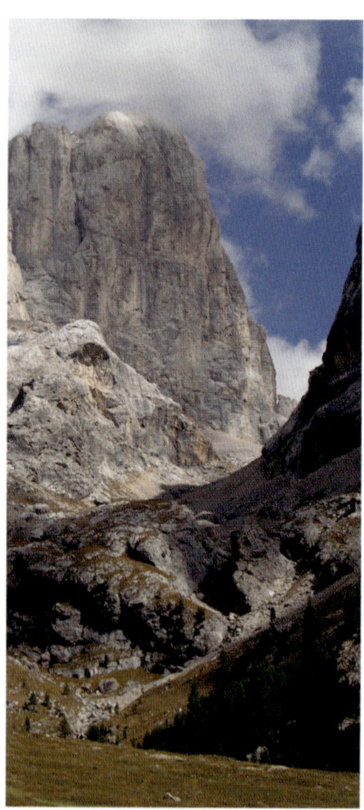

Der große Berg von Süden.

Den ersten Wegweiser „Rifugio Contrin" finden Sie neben der Cesa Griga an der Hauptstraße in **Alba/Delba** 01. Von dort führt die Streda de Contrin am großen Parkplatz der Talstation der Seilbahn Ciampac vorbei.

Vom hinteren Parkplatz wandern Sie auf Naturbelag (Nr. 602) ins Val de Contrin hinein. Erst geht's in Kehren durch Wald zur Baita Locia de Contrin (1736 m) hinauf und dann neben dem Ruf de Contrin, der durch sein breites Schuttbett am Fuß einer Felswand plätschert, flach taleinwärts. Nach der Abzweigung des Weges Nr. 648 gehen Sie dann links über die Brücke und durch die herrlichen Almwiesen um das gastliche **Rifugio Baita Cianci** 02 (1814 m).

In der Folge steigt der Fahrweg stärker durch den lichten Wald über dem Tal an, bis er das **Rifugio Contrin** 03 (2016 m) und die benachbarten Hütten der Malga Contrin (2027 m) erreicht – was für ein Wanderziel! 1:45 h.

Abstieg auf derselben Route in 1:15 h.

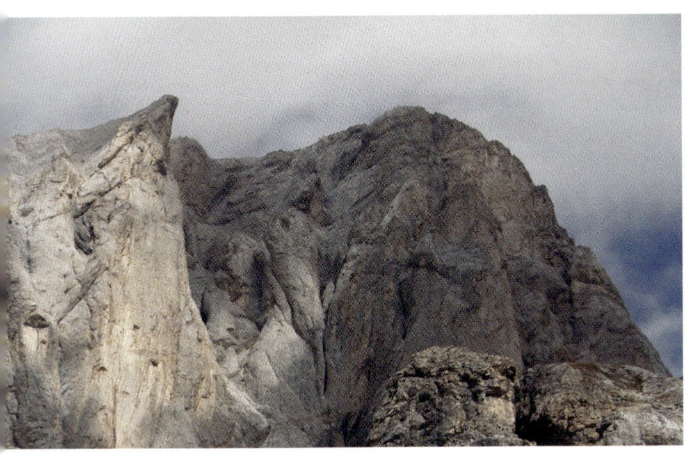

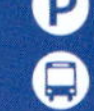

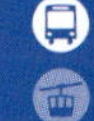

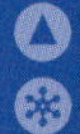

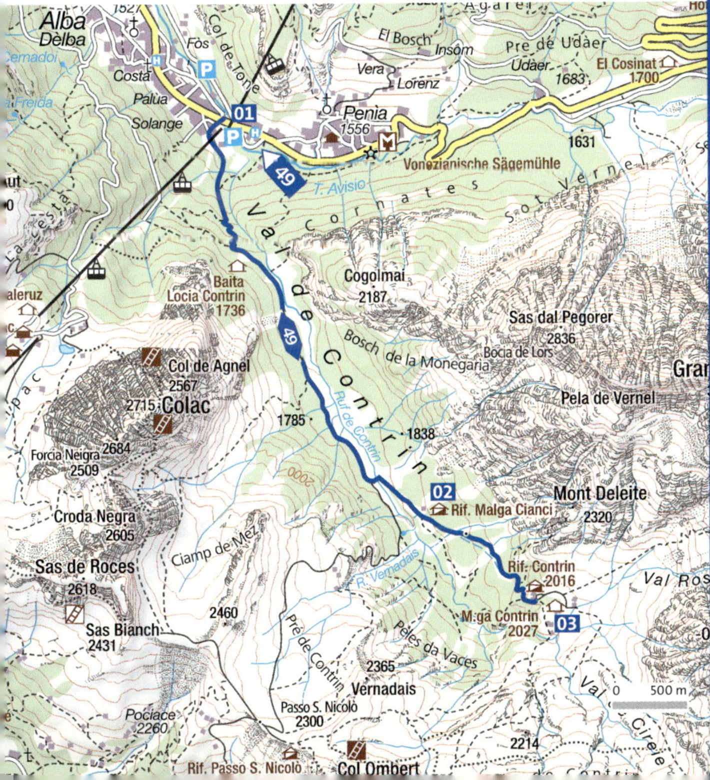

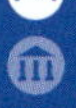

Alba
Dèlba
Fos
Col de Tone
Costa
Palua
Solange
01
El Bosch
Insóm
Vera
Lorenz
Pre de Udàer
Udàer
1683
El Cosinat
1700
Penia
1556
Venezianische Sägemühle
1631
49
T. Avisio
Cornates
Sot Vernel
Val de Contrin
Cogolmai
2187
Baita
Locia Contrin
1736
Sas dal Pegorer
2836
Bocia de Lors
Bosch de la Monegaria
Col de Agnel
2567
2715
Colac
Pela de Vernel
1785
1838
Ruf de Contrin
Forcia Neigra
2684
2509
2000
02
Rif. Malga Cianci
Mont Deleite
2320
Croda Negra
2605
Ciamp de Mez
Sas de Roces
2618
R. Vernadais
Rif. Contrin
2016
Val Rosa
2460
M.ga Contrin
2027
03
Sas Bianch
2431
Pré de Contrin
Peles da Vaces
2365
Vernadais
Passo S. Nicolò
2300
Pociace
2260
Rif. Passo S. Nicolò
Col Ombert
2214
0
500 m

VAL DE CONTRIN – PASSO SAN NICOLÒ • 2340 m

Panoramawandern im Angesicht der Marmolada

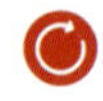 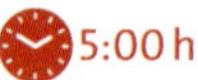 12,8 km 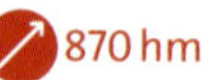 5:00 h  870 hm 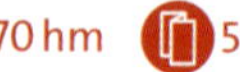 870 hm 59

START | Alba/Delba, 1487 m (2,5 km südöstlich von Canazei), Parkplatz hinter der Seilbahn-Talstation; Bushaltestelle. [GPS: UTM Zone 33 x: 253.409 m y: 5.149.902 m]
CHARAKTER | Bergwanderung auf Almstraßen, Wegen und Pfaden. Einkehrmöglichkeit: Baita Locia de Contrin, Rifugio Baita Cianci, Rifugio Contrin, Malga Contrin, Rifugio Passo San Nicolò.

Im Bereich des Val de Contrin locken mehrere Wanderungen in höhere Bereiche, etwa zum Passo San Nicolò mit seinem Schutzhaus, das zur Nächtigung einlädt. Der Gegensatz zwischen der Weite der Hochweiden über dem Tal und seiner schroffen Hochgebirgsumrahmung könnte größer nicht sein.

▶ Von **Alba/Delba** 01 wandern Sie – wie bei Tour 49 beschrieben – in den flacheren Bereich des Val de Contrin hinauf. 1,8 km nach der Baita Locia de Contrin (1736 m) – direkt vor der **Brücke** 02 (Ponte Rio Contrin, 1800 m) – zweigen Sie rechts auf den Weg Nr. 648 Richtung „Pre de Contrin, Rif. Pas de Sén Nicolò“ ab. 1:15 h.
Der Pfad führt kurz weiter taleinwärts und dann rechts durch einen steilen Waldhang neben einem Graben zu einer felsigen Anhöhe hinauf. Dahinter breitet sich das weite Wiesenkar Pre de Contrin aus, durch das Sie weiter

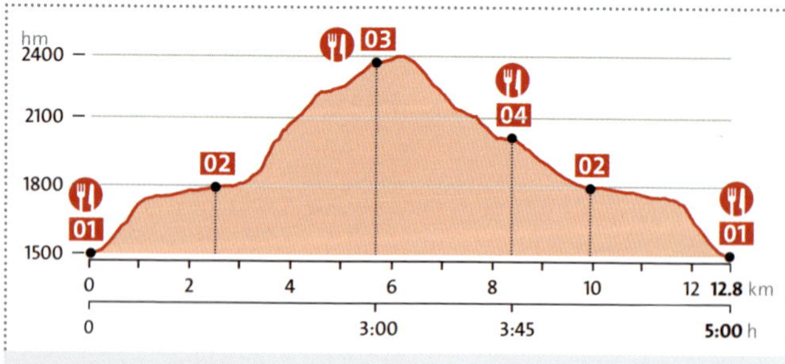

01 Alba, 1487 m; 02 Brücke, 1800 m; 03 Passo San Nicolò, 2340 m; 04 Rifugio Contrin, 2016 m

ansteigen (herrlicher Rückblick zur Marmolada und zum Gran Vernel). So erreichen Sie nach ca. 1:45 h den **Passo San Nicolò** 03 (2340 m) mit seiner Schutzhütte am Fuß des schroffen Col Ombert (2670 m). Im Osten liegt das Val San Nicolò, über dem Rosengarten und Latemar zu sehen sind.

Abstieg wie bei Tour 48 auf dem Pfad Nr. 608 zum **Rifugio Contrin** 04 (2016 m). 45 Minuten. Zuletzt wandern Sie durch das Val da Contrin zur **Brücke** 02 (1800 m), bei der Sie zum Passo San Nicolò abgezweigt sind. Weiter talauswärts zur Baita Locia de Contrin und nach Alba/Delba 01. 1:15 h.

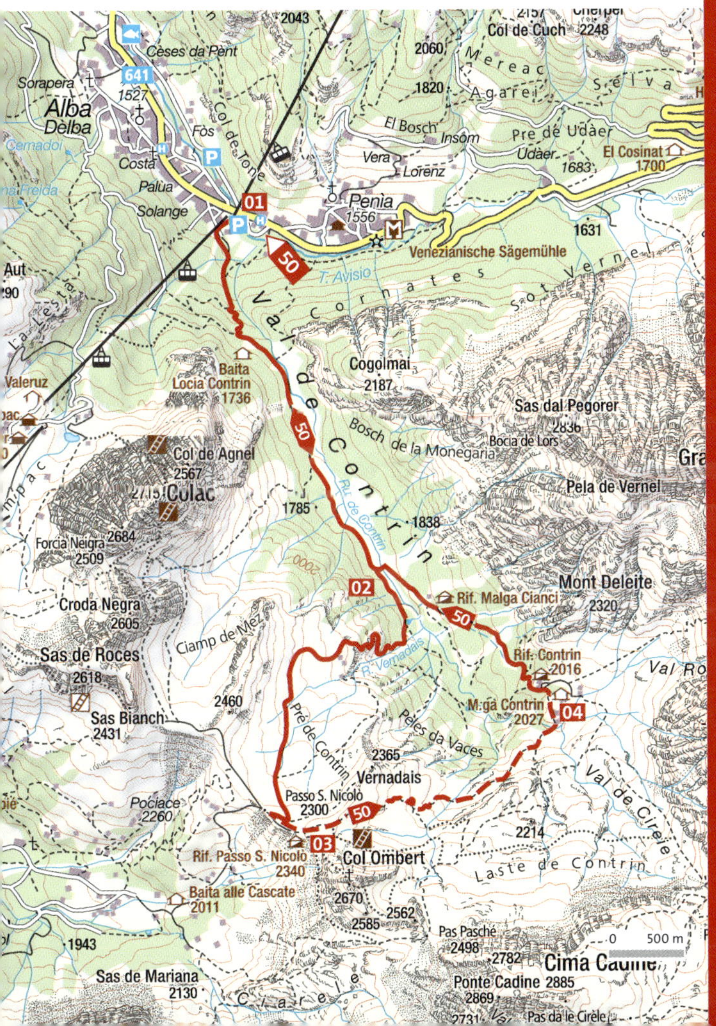

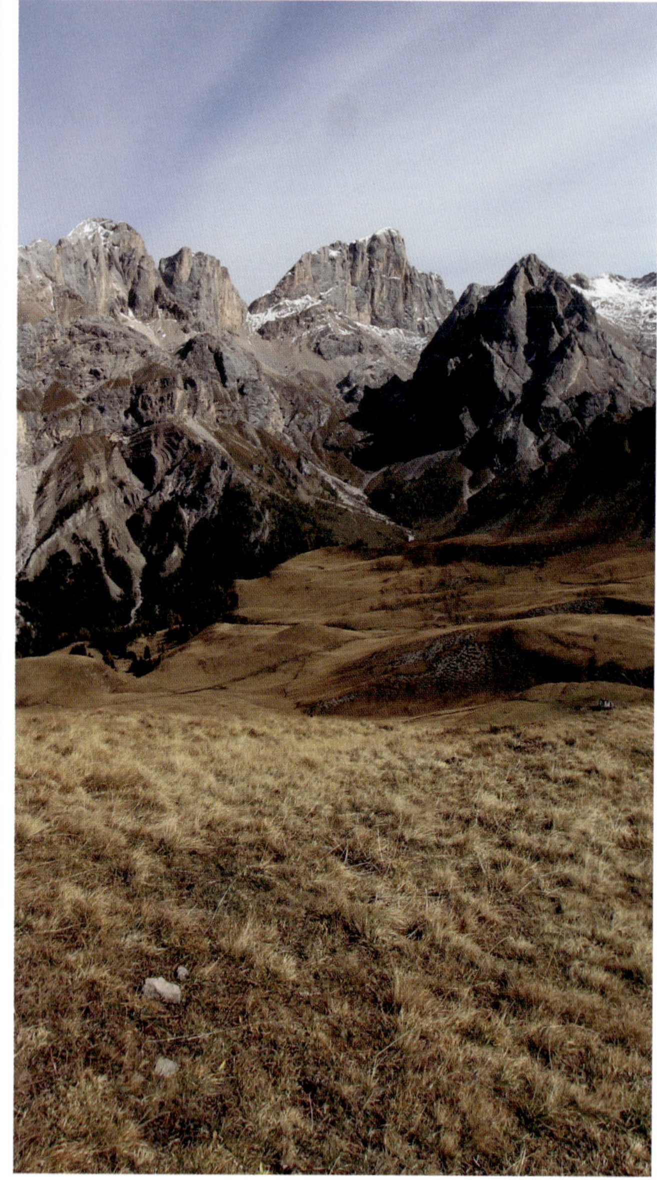

Pre de Contrin: Gran Vernel, Marmolada, Cima d’Ombretta Occientale.

VAL DE CONTRIN – CIMA CADINE EST • 2885 m

Die Felswildnis im Süden der Marmolada

 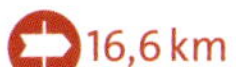 16,6 km  7:15 h  1530 hm 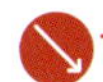 1530 hm  59

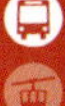
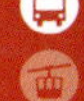

START | Alba/Delba, 1487 m (2,5 km südöstlich von Canazei), Parkplatz hinter der Seilbahn-Talstation; Bushaltestelle. [GPS: UTM Zone 33 x: 253.409 m y: 5.149.915 m]
CHARAKTER | Lange, hochalpine Bergtour auf einer Almstraße und stellenweise steilen (Schutt-)Pfaden, die Trittsicherheit, Schwindelfreiheit und Ausdauer erfordern; bei Schneelage und Nebel gefährlich. Einkehrmöglichkeit: Baita Locia de Contrin, Rifugio Baita Cianci, Rifugio Contrin, Malga Contrin.

Die hier vorgestellte Route führt aus dem grünen Val de Contrin in einen besonders wilden und wenig bekannten Winkel der Dolomiten.

▶ Von **Alba/Delba** 01 wandern Sie – wie bei Tour 49 beschrieben – durch das Val de Contrin zum **Rifugio Baita Cianci** 02 (1814 m) und zum **Rifugio Contrin** 03 (2016 m). 1:45 h.

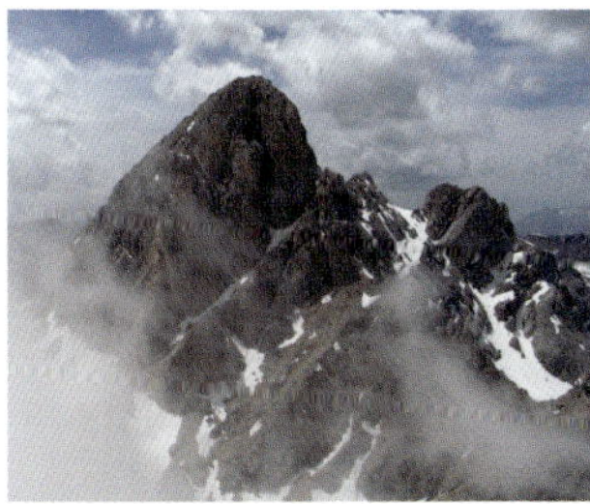
Blick zur Cima dell'Uomo.

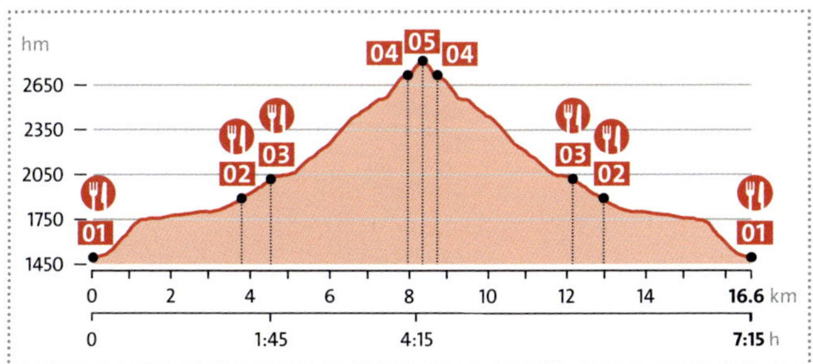

01 Alba, 1487 m; 02 Rifugio Baita Cianci, 1814 m; 03 Rifugio Contrin, 2016 m; 04 Passo Cirelle, 2683 m; 05 Cima Cadine Est, 2885 m

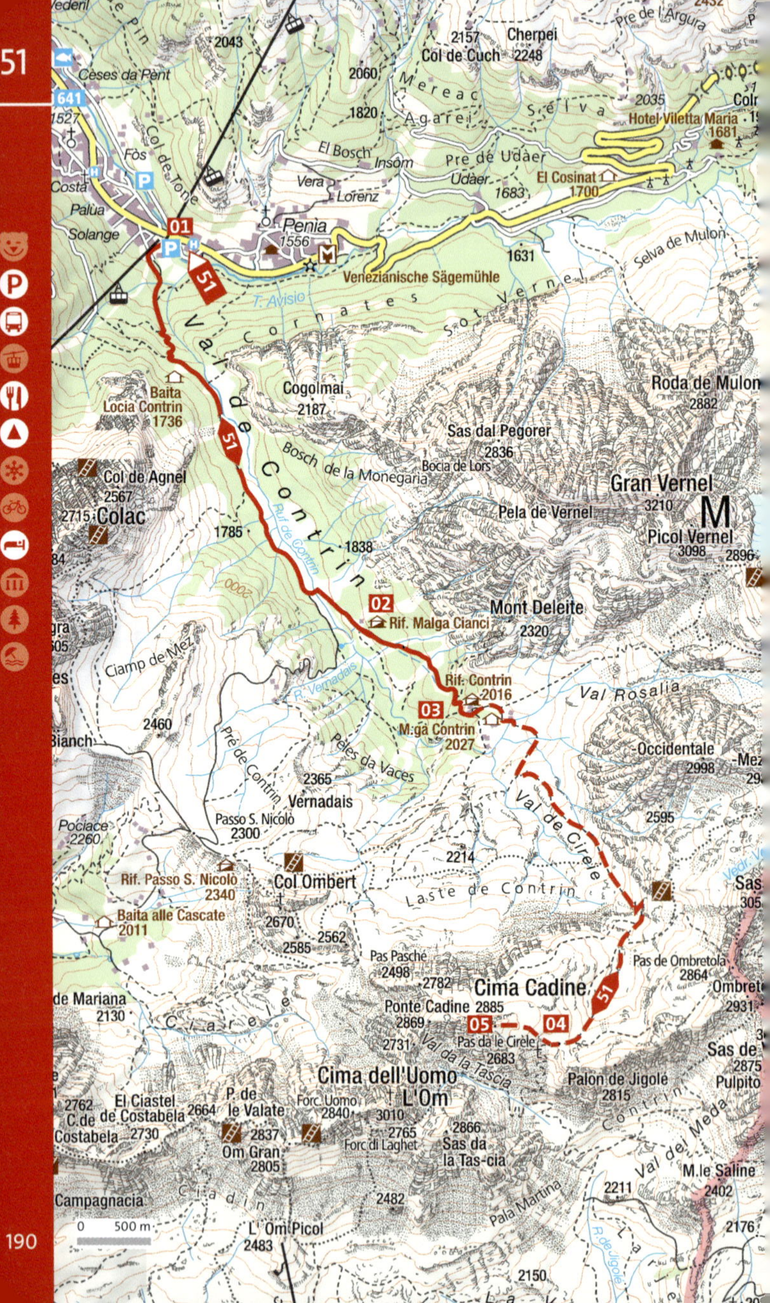
Cèses da Pènt
641
Fòs
Costa
Palùa
Solange
Col de Tone
2043
2157
Cherpei
Col de Cuch
2248
2060
Mereac
1820
Agarei
Sélva
2035
Hotel Viletta Maria
1681
El Bosch
Insòm
Pre de Udàer
Udàer
1683
El Cosinat
1700
Vera
Lorenz
Penia
1556
Venezianische Sägemühle
1631
Selva de Mulon
T. Avisio
Cornates
Sot Vernel
01
51
Val de Contrin
Baita Locia Contrin
1736
Cogolmai
2187
Roda de Mulon
2882
Sas dal Pegorer
2836
Bocia de Lors
Bosch de la Monegaria
Col de Agnel
2567
2715
Colac
1785
Ruf de Contrin
1838
Pela de Vernel
Gran Vernel
3210
M
Picol Vernel
3098
2896
02
Rif. Malga Cianci
Mont Deleite
2320
Ciamp de Mez
R. Vernadais
Rif. Contrin
2016
03
M.ga Contrin
2027
Val Rosalia
2460
Bianch
Pré de Contrin
2365
Peles da Vaces
Vernadais
Occidentale
2998
Val de Cirele
2595
Pociace
2260
Passo S. Nicolò
2300
2214
Rif. Passo S. Nicolò
2340
Col Ombert
Laste de Contrin
Baita alle Cascate
2011
2670
2562
2585
Pas Pasche
2498
2782
Pas de Ombretola
2864
Cima Cadine
de Mariana
2130
Ponte Cadine
2885
2869
05
04
2731
Pas da le Cirèle
2683
Val da la Tascia
Sas de
2875
Pulpito
Cima dell'Uomo
L'Om
Palon de Jigole
2815
2762
C.de Costabela
El Ciastel
de Costabela
2664
P. de le Valate
Forc.Uomo
2840
3010
2765
2866
Forc.di Laghet
Sas da la Tas-cia
Costabela
2730
2837
Om Gran
2805
Val del Meda
M.le Saline
2402
2211
Campagnacia
Ciadin
2482
Pala Martina
R. de Jigole
0
500 m
L'Om Picol
2483
2176
2150

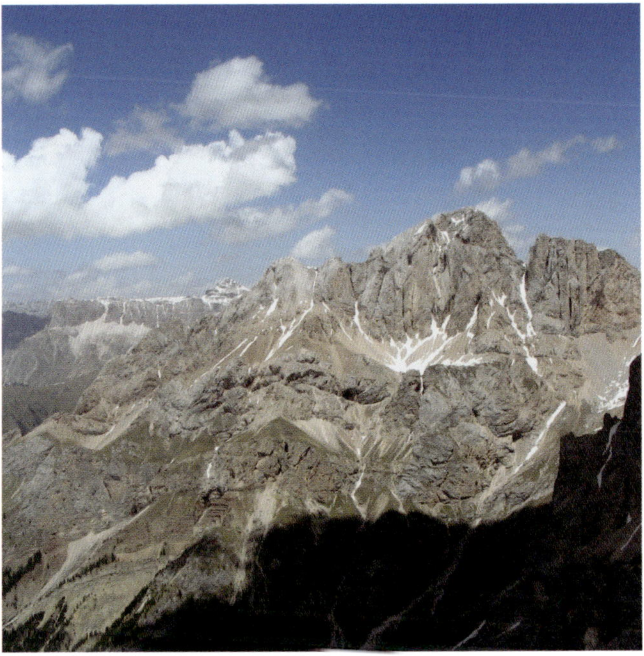

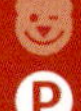

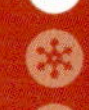
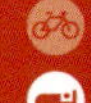
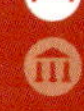
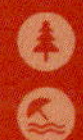

Links hinter dem Gran Vernel zeigt sich der Piz Boè in der Sella.

Vor dem Schutzhaus folgen Sie der Beschilderung „Passo Cirelle" (Nr. 607) kurz zum Wegweiser unterhalb des Val Rosalia, gehen rechts weiter und zweigen oberhalb der Magla Contrin links auf einen Pfad ab. Er führt durch lichte Lärchenbestände ins Val de Cirele hinauf. Bei der Gabelung am Ausgang dieses wilden Hochtals zwischen den Cime de Ombreta und der Cima Cadine bleiben Sie links auf dem Pfad Nr. 607, der auch ein Teilstück des Dolomiten-Höhenwegs Nr. 2 bildet. Er führt über begrünte, mit einzelnen Zirben bewachsene Moränenhügel und dann durch den Schutt unter dem Ombretta-Massiv empor. Auf etwa 2500 m Seehöhe zweigt der Pfad Nr. 607 rechts ab und steigt unter den seltsam geschichteten Felsflanken am Fuß des Sas Vernel (Sasso Vernale, 3058 m) und am linken Rand eines großen Geröllkars gegen den schroffen Palon de Jigole (2815 m) an. Unterhalb davon geht's nach rechts, an einer weiteren Abzweigung vorbei und zum Sattel des **Passo Cirelle** 04 (Pas de la Ciele, 2683 m) hinauf. 2:00 h.

Von dort gelangen Sie dann rechts – weglos, aber bei guten Verhältnissen ohne Probleme – in 30 Minuten über einen breiten Rücken auf die aussichtsreiche Schuttkuppe der **Cima Cadine Est** 05 (2885 m, siehe auch Tour 10).

Abstieg auf derselben Route zum **Rifugio Contrin** 03. 1:45 h.

Weiter durch das Val de Contrin nach **Alba/Delba** 01. 1:15 h.

ZUM PASSO OMBRETTA • 2700 m

Ganz nah an der Riesenwand

 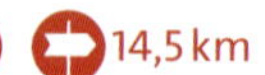 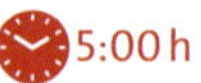  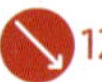 

START | Alba/Delba, 1487 m (2,5 km südöstlich von Canazei), Parkplatz hinter der Seilbahn-Talstation; Bushaltestelle. [GPS: UTM Zone 33 x: 253.414 m y: 5.149.918 m]
CHARAKTER | Lange, hochalpine Bergtour auf einer Almstraße und stellenweise steilen (Schutt-)Pfaden, die Trittsicherheit, Schwindelfreiheit und Ausdauer erfordern; bei Schneelage gefährlich. Einkehrmöglichkeit: Baita Locia de Contrin, Rifugio Baita Cianci, Rifugio Contrin, Malga Contrin.

In den meisten Reise- und Wanderführern über die Dolomiten sind viele Fotos der vergletscherten Marmolada-Nordseite zu finden – die Südseite des höchsten Dolomitengipfels schätzen dagegen vor allem die Kletterer: Dort bricht der Berg mit einer geschlossenen, zwei Kilometer breiten und bis zu 800 Meter hohen Steilwand ins Ombrettatal ab. Mehr als 200 Kletterrouten gibt es dort mittlerweile – sehenswert ist diese Felswucht jedoch auch für Wanderer!

▶ Von **Alba/Delba** 01 wandern Sie – wie bei Tour 49 beschrieben – durch das Val de Contrin zum **Rifugio Baita Cianci** 02 (1814 m) und zum **Rifugio Contrin** 03 (2016 m). 1:45 h.
Dort folgen Sie dem Wegweiser „Passo Ombretta, Rif. Onorio Falier“ kurz zur Abzweigung am Ausgang des Val Rosalia (2020 m), in das Sie nun links auf dem Pfad Nr. 606 durch Wiesen, lichten Baumstand und über Schuttrinnen ansteigen – der Südwand der

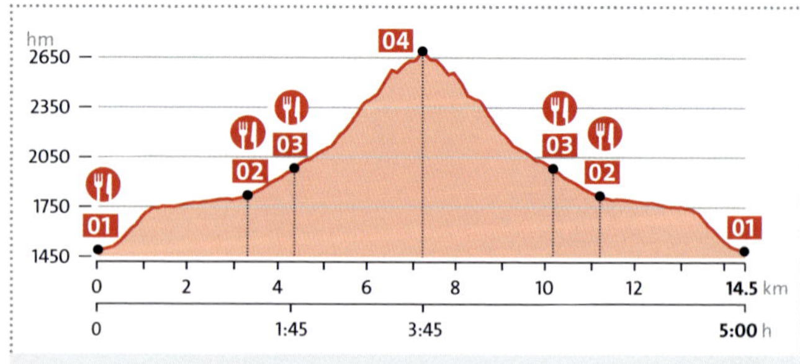

01 Alba, 1487 m; 02 Rifugio Baita Cianci, 1814 m;
03 Rifugio Contrin, 2016 m; 04 Passo Ombretta, 2700 m

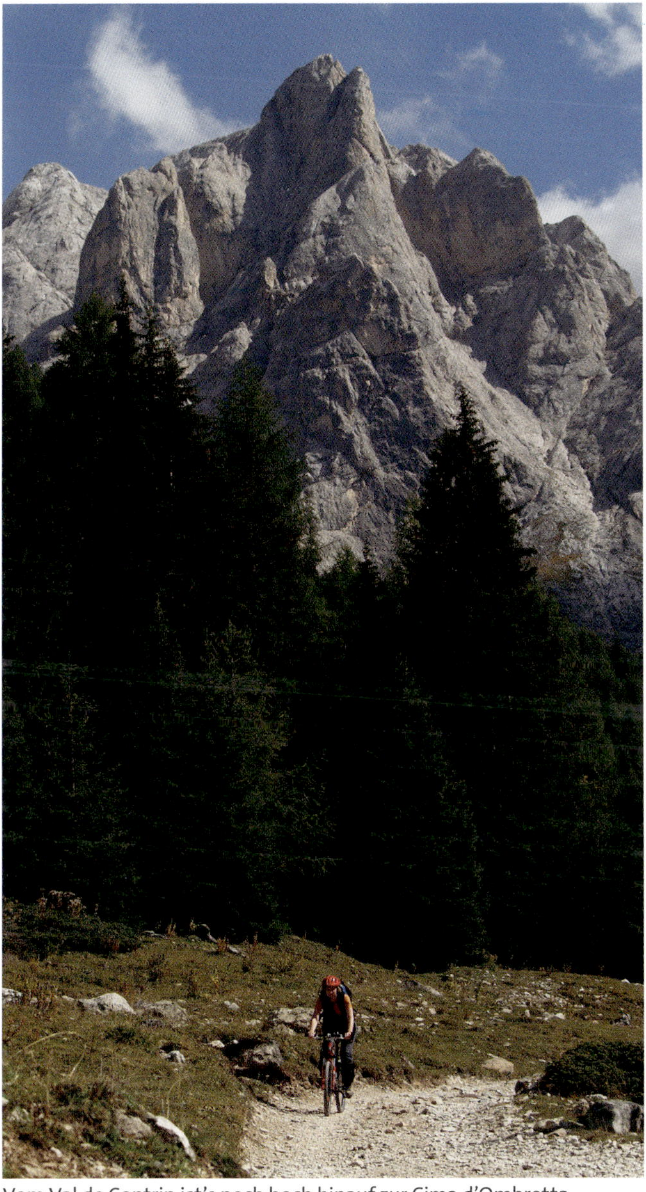

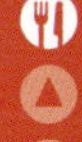

Vom Val de Contrin ist's noch hoch hinauf zur Cima d'Ombretta.

Marmolada entgegen. Zwischen hohen Felswänden und großen Gesteinsbrocken wandern Sie zur nächsten Gabelung unter der Sforcela de la Marmoleda (Marmoladascharte) hinauf. Rechts geht's auf dem Pfad Nr. 606 weiter durch Schutt empor. Über die Felsfluchten auf der linken Seite verläuft der unter Klettersteigfans berühmte Westgrat der Marmolada. Nach 2:00 h Gehzeit erreichen Sie – neben einer schmalen Halde aus dunklem Vulkangestein – die Scharte des **Passo Ombretta** 04 (Pas de Ombreta, 2700 m), in der ein kleines Kreuz mit Stacheldraht aus dem Ersten Weltkrieg steht. Oberhalb der schwarzen Felsen verbirgt sich seit 1968 eine rote Biwakschachtel, die den Namen des bei einem Autounfall verunglückten Alpinisten Marco Dal Bianco trägt. Der Anblick der hier etwa 600 m hohen Südwand der Marmolada ist atemberaubend, der Fernblick reicht vom Rosengarten bis zur Civetta.
Abstieg auf derselben Route zum **Rifugio Contrin** 03 in 1:30 h, weiter durch das Val de Contrin nach **Alba/Delba** 01. 1:15 h.

Variante: Oberhalb der Biwakschachtel kann man mit Hilfe von Stahlseilen eine Felsstufe erklettern. Danach führt ein Geröllpfad zum Sattel unter der Cima d'Ombretta di Mezzo (2983 m) und links auf den Gipfel der Cima d'Ombretta Orientale (3011 m). Auf dem höchsten Punkt des gewaltigen Felsmassivs im Süden der Marmolada genießt man einen Prachtblick über die gesamte Südwand und bis zur Palagruppe. 1:00 h Aufstieg, 45 Minuten Abstieg – eine „schwarze" Tour, die Trittsicherheit, Schwindelfreiheit und gute Verhältnisse voraussetzt.

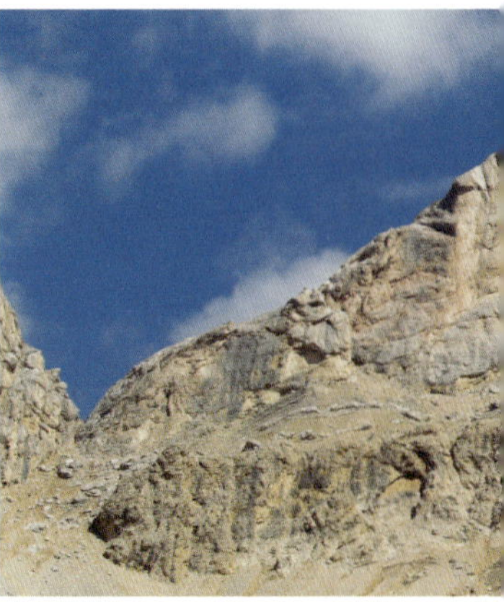

Von der Marmoladascharte bis zur

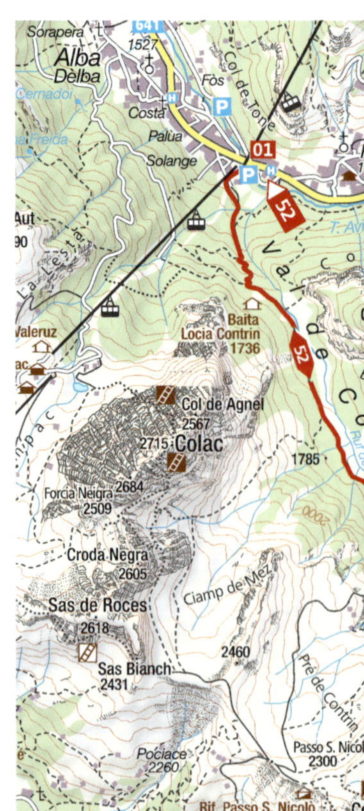

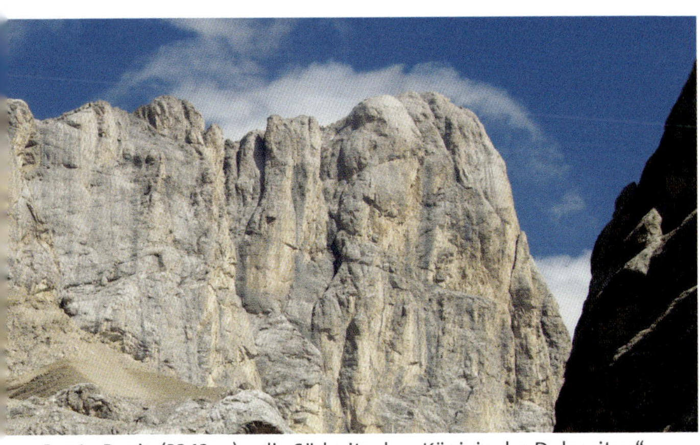

Punta Penia (3343 m) – die Südseite der „Königin der Dolomiten".

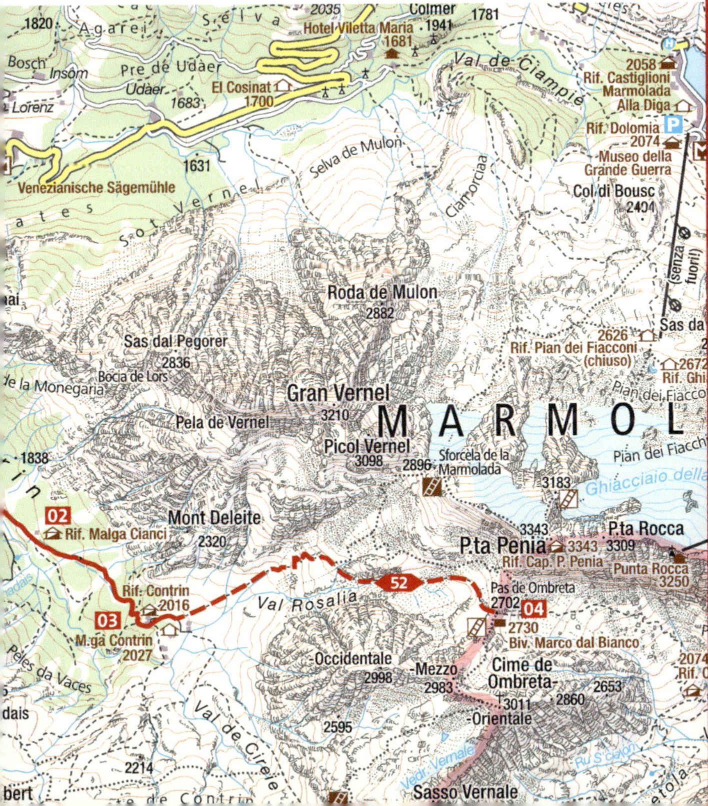

1820
Agarei
Selva
2035
Hotel Viletta Maria
1681
Colmer
1941
1781
Bosch
Insom
Pre de Udaer
Udaer
1683
El Cosinat
1700
Val de Ciampie
2058
Rif. Castiglioni Marmolada
Alla Diga
Rif. Dolomia
2074
Museo della Grande Guerra
Lorenz
Selva de Mulon
1631
Venezianische Sägemühle
Sot Vernel
Ciamorciaa
Col di Bousc
2404
(senza fuori)
Roda de Mulon
2882
Sas dal Pegorer
2836
Bocia de Lors
de la Monegaria
2626
Rif. Pian dei Fiacconi (chiuso)
2672
Sas da
Pian dei Fiacconi
Gran Vernel
3210
MARMOL
Pela de Vernel
Picol Vernel
3098
2896
Sforcela de la Marmolada
Pian dei Fiacch
3183
Ghiacciaio della
1838
02
Rif. Malga Cianci
Mont Deleite
2320
3343
P.ta Penia
3343
Rif. Cap. P. Penia
P.ta Rocca
3309
Punta Rocca
3250
Rif. Contrin
2016
52
Val Rosalia
Pas de Ombreta
2702
04
03
M.ga Contrin
2027
2730
Biv. Marco dal Bianco
2074
Peles da Vaces
Occidentale
2998
Mezzo
2983
Cime de Ombreta
3011
2860
2653
Orientale
Val de Cirele
2595
2214
Vedr. Vernale
Ru S'ciaon
de Contrin
Sasso Vernale
dais
bert

53

PENÌA – LORENZ – VERA • 1680 m

Zu den höchstgelegenen Bergbauernhöfen

 4,6 km 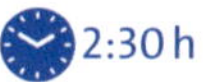 2:30 h 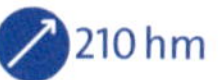 210 hm  210 hm  59

START | Penìa, 1487 m (3 km südöstlich von Canazei); Parkplatz, Bushaltestelle. [GPS: UTM Zone 33 x: 253.690 m y: 5.149.857 m]
CHARAKTER | Einfache Wanderung im Tal- und Ortsbereich auf Nebenstraßen und Wegen. Einkehrmöglichkeit in Penìa.

Oberhalb des Dorfes Penà krallen sich die höchstgelegenen der noch dauerhaft bewohnten Bauernhöfe des ganzen Trentino in steile, südseitige Hänge. Sie bilden zwei Weiler mit den eigenartigen Namen „Lorenz“ und „Vera“ – letzterer hat jedoch nichts mit einer Frau zu tun, sondern bedeutet im Ladinischen soviel wie „fruchtbare Wiese“. Von einer dritten, noch etwas höher gelegenen Ansiedlung künden heute nur noch vom Grün überwachsene Steinfundamente. Die Wanderung durch dieses Gebiet ist ein Gang durch die Geschichte des Fassatals; sie zeugt von den großen Mühen, dieses steile Kulturland zu erhalten, bietet aber auch einzigartige Ausblicke zum Colàc und zum Gran Vernel.

▶ Schräg gegenüber dem Hotel Sonia an der Talstraße in **Penìa** 01 biegen Sie auf die Strèda de Treve ab, die ins nahe **Dorfzentrum** 02 (1500 m, Kirche) ansteigt. Nach dem Brunnen biegen Sie dort links ab („Lorenz – Vera“) und wandern hinter den letzten Häusern auf dem Troi de Lorenz, einem teils gepflasterten Fahrweg, durch die steilen Wiesenhänge über dem Tal bergauf. Nach 45 Minuten erreichen Sie die alten Höfe des Weilers **Lorenz** 03 (1626 m).

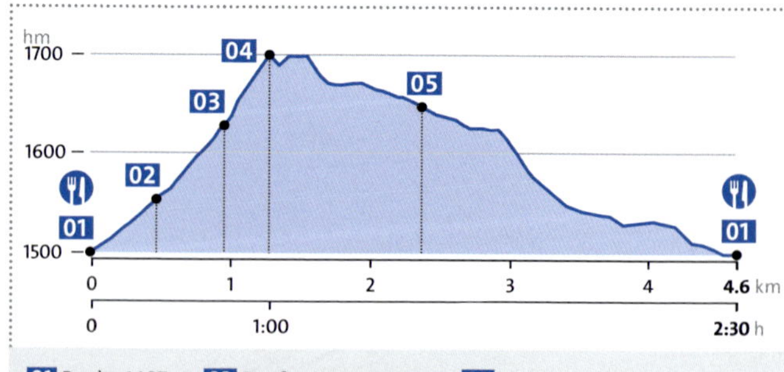

01 Penìa, 1487 m; 02 Dorfzentrum, 1500 m; 03 Lorenz, 1626 m; 04 Vera, 1680 m; 05 Fedàiapass-Straße, 1620 m

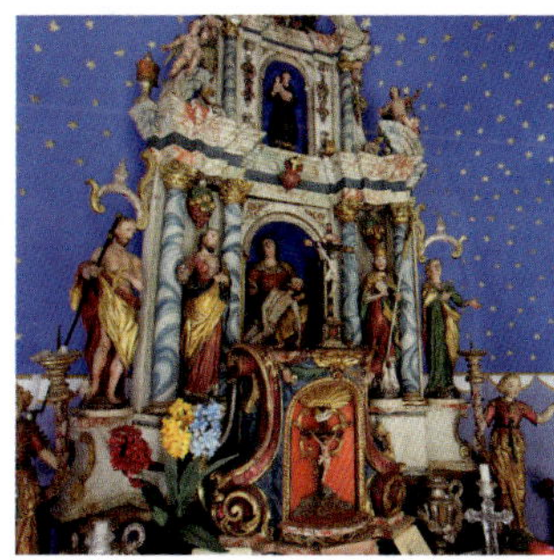

In der Marienkapelle von Lorenz.

Von der Marienkapelle führt der schmale, aber beschilderte Weg links zu den Höfen von **Vera** **04** (1680 m) hinauf. Oberhalb davon findet man am Waldrand noch die Mauerreste einer längst aufgegebenen Siedlung (ca. 1700 m). 15 Minuten.

Von der Kapelle auf Vera folgen Sie dann dem geteerten Fahrweg, der nach Osten durch die Wiesen- und Waldhänge zieht (Wegweiser „Pian Trevisan"). Nach 400 m gehen Sie beim Hof Insam über eine Abzweigung zum Graben des Ruf de Penìa (1670) und zweigen danach rechts ab. So gelangen Sie durch Waldhänge zur **Fedàia-pass-Straße** **05** (1620 m).

Dieser folgen Sie gut 150 m nach rechts (talauswärts), vorbei an einer Abzweigung. Vor der Brücke über den Torrente Avisio (Pent de Udaer) zweigen Sie rechts auf den Pfad Nr. 605 ab, der Richtung „Alba" neben dem Bach zum Pent de Giaveis (1572 m) hinabführt. Sie überqueren diese Straßenbrücke nach links, biegen 40 m danach rechts wieder auf den beschilderten Wanderweg ab und marschieren nach **Penìa** **01** hinab.

Dazwischen führt ein Steg rechts zu einem noch betriebsfähigen Sägewerk hinüber. Die Segheria veneziana geht auf das 16. Jahrhundert zurück und ist heute eine Außenstelle des Ladinischen Museums. 1:30 h.

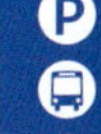

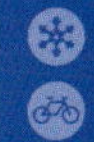

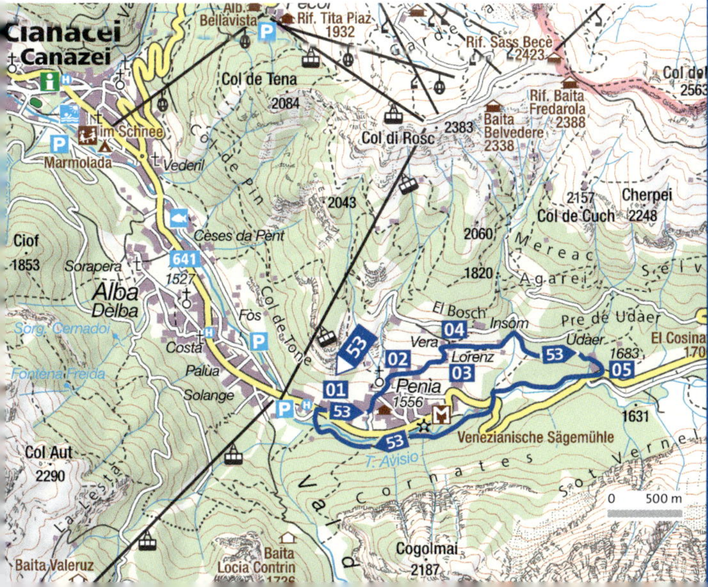

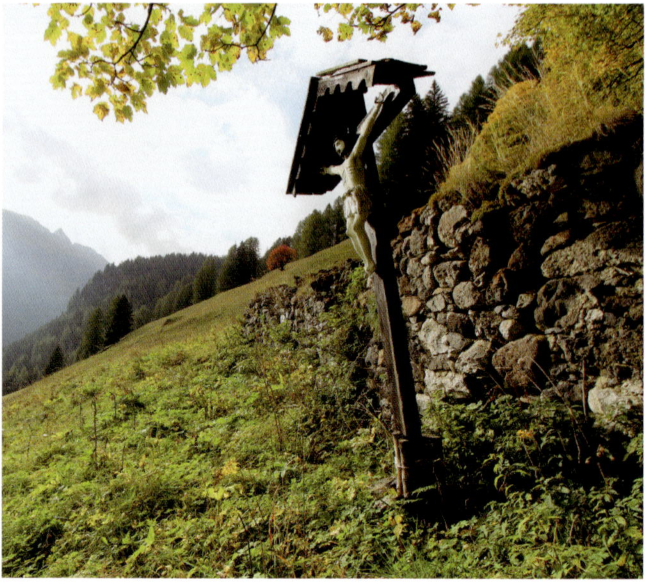

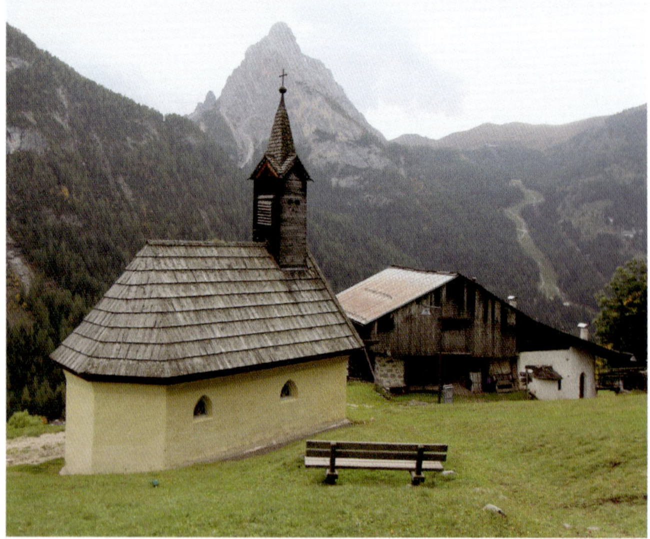

Reste eines alten Hofs (oben) und die Kapelle von Vera vor dem Colàc.

ZUM LAGO DI FEDÀIA • 2054 m

Zu Fuß ins Reich der Marmolada

 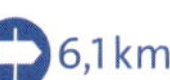 6,1 km 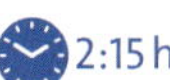 2:15 h 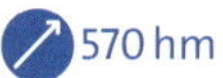 570 hm  10 hm  59

START | Penìa, 1487 m (3 km südöstlich von Canazei); Parkplatz, Bushaltestelle. Rückfahrt vom Lago di Fedàia mit dem Bus. [GPS: UTM Zone 33 x: 253.692 m y: 5.149.853 m]
CHARAKTER | Talwanderung auf Nebenstraßen und stellenweise steilen und steinigen Pfaden. Einkehren kann man im Hotel Villetta Maria und im Rifugio Castiglioni Marmolada.

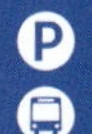
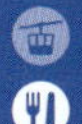
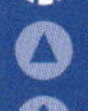
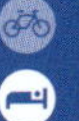
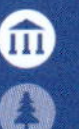

Zahllose Autos und Motorräder fahren Jahr für Jahr über den Passo di Fedaia zwischen dem Val di Fassa und dem Tal des Cordèvole. Neben der gut ausgebauten Straße besteht aber auch noch der alte Passweg mit seinen Kapellen und Bildstöcken, der sich für eine erlebnisreiche Talwanderung bis zum Stausee auf der Passhöhe empfiehlt.

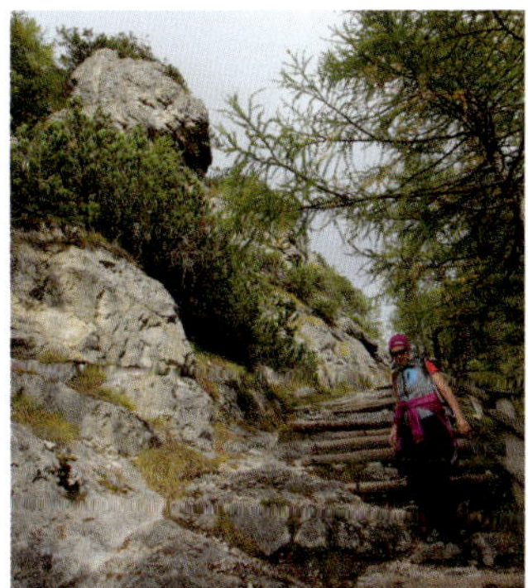
Stufensteigen am Passweg.

▶ Vom (Bus-)Parkplatz neben der Brücke am westlichen Ortsrand von **Penìa** 01 gehen Sie auf dem Ufer-Begleitweg neben dem

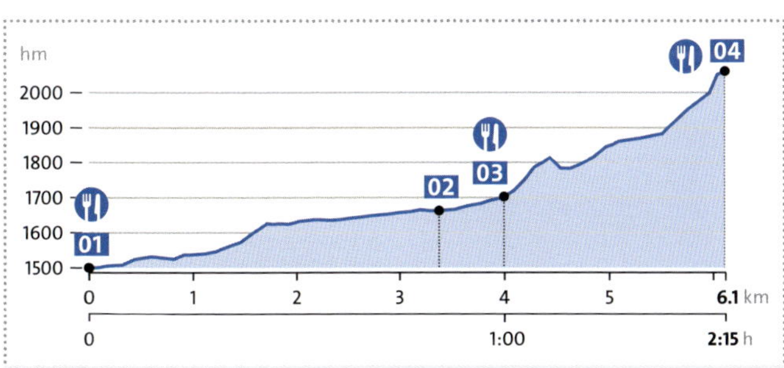

01 Penìa, 1487 m; 02 Parkplatz, 1644 m; 03 Pian Treviasan, 1681 m; 04 Rifugio Castiglioni Marmolada, 2044 m

Avisio taleinwärts. Nach 250 m biegen Sie rechts ab und überschreiten den Steg über den Bach (Zugang auch von der Bushaltestelle beim Hotel Sonia). Jenseits wandern Sie links auf dem Weg Nr. 605 weiter, vorbei am Steg zum Sägewerk. Nach 1,3 km treffen Sie auf die Fedàiapass-Straße, der Sie links über die Brücke (Pent de Giaveis, 1572 m) folgen. Gleich danach zweigen Sie weider rechts auf den Wanderweg Richtung „Plan Trevisan, Fedaia – Rif. Castiglioni“ ab, der neben dem Bach zum Pent de Giaveis (1572 m) ansteigt. Nun folgen Sie der Straße etwa 60 m taleinwärts, bis Sie auf die rechts abzweigende Teerstraße Richtung „Albergo Viletta Maria“ einschwenken. Sie führt zu einem **Parkplatz** 02 (1644 m), von dem es auf Kiesbelag und dann wieder auf Asphalt bis zum Hotel Villetta Maria (1681 m) am **Pian Treviasan** 03 (1681 m, Kapelle) weitergeht. 1:00 h.

Dort beginnt der alte Saumweg zum Fedàiapass (Wegweiser „Capanna Col Ciampiè, Fedaia – Rif. Castiglioni (Nr. 605), der gleich steiler und felsiger wird. Vorbei an gemauerten Bildstöcken und über Holzstufen gelangen Sie zur Kapelle Crist de Fedàa hoch über der Schlucht des Avisio hinauf. Weiter geht's durch die Hänge zur Capanna Col Ciampiè (1842 m), wo sich der Weg teilt. Links (Nr. 605) gelangen Sie zu einer weiteren Hütte und zu einer Geröllhalde, neben der Sie kurz ansteigen und dann wieder rechts durch Waldhänge weitergehen. Nach einem letzten Anstieg erreichen Sie das **Rifugio Castiglioni Marmolada** 04 (2044 m) an der Fedàiapass-Straße (Bushaltestelle). Gleich daneben befindet sich die Staumauer des Fedàiasees. 1:15 h.

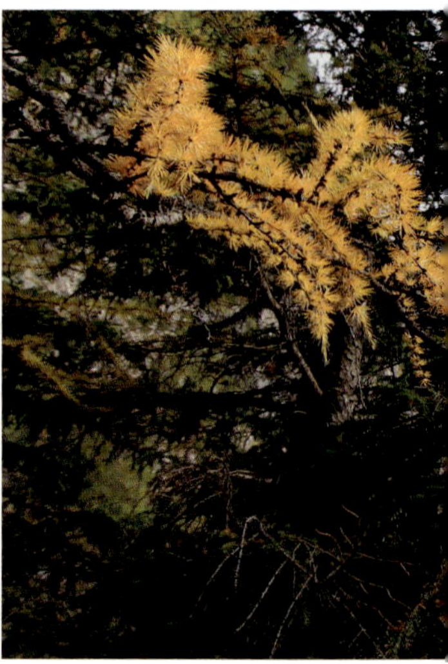

Der Herbst ist die schönste Zeit

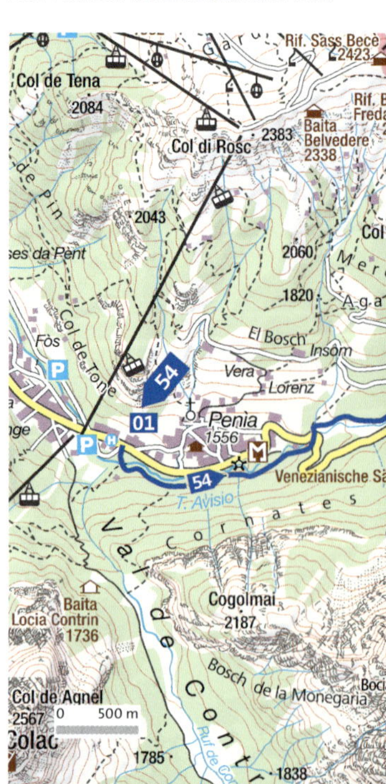

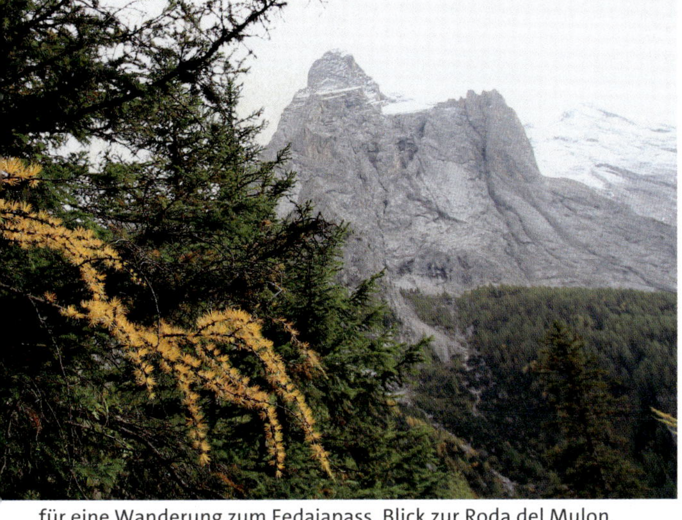

für eine Wanderung zum Fedaiapass. Blick zur Roda del Mulon.

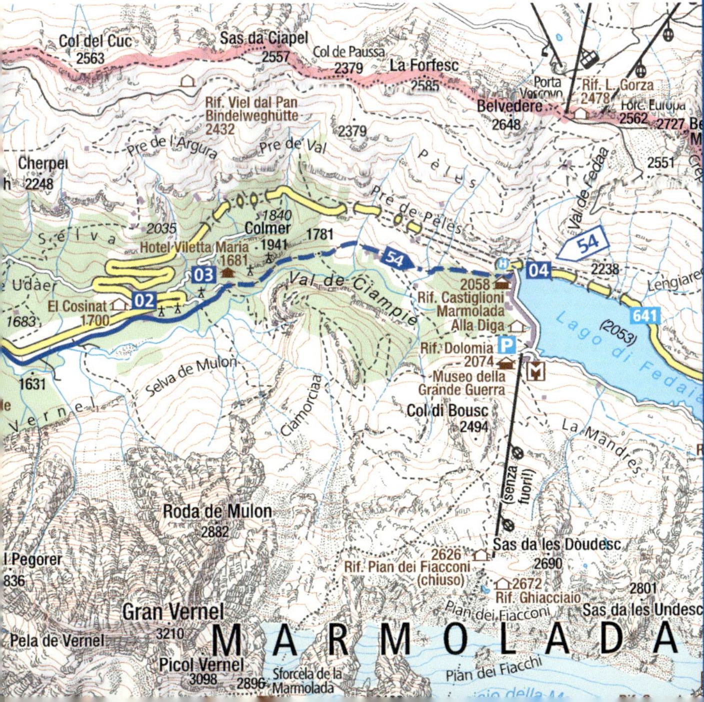

Col del Cuc
2563
Sas da Ciapel
2557
Col de Paussa
2379
La Forfesc
2585
Porta
Vescovo
Rif. L. Gorza
2478
Belvedere
2648
Forc. Europa
2562
2727
Rif. Viel dal Pan
Bindelweghütte
2432
2379
Pre de l'Argura
Pre de Val
Pèles
Cherpei
2248
2551
Val de Fedaa
Pré de Pèles
1840
Colmer
1941
1781
Sélva
2035
Hotel Viletta Maria
1681
54
03
04
2238
Udaer
Val de Ciampié
2058
Rif. Castiglioni
Marmolada
Alla Diga
Lengiarel
El Cosinat
1700
02
641
1683
Lago di Fedaia
(2053)
Rif. Dolomia
2074
Museo della
Grande Guerra
1631
Selva de Mulon
Vernel
Ciamorciaa
Col di Bousc
2494
La Mandres
(senza
fuori!)
Roda de Mulon
2882
Sas da les Doudesc
2690
Pegorer
836
2626
Rif. Pian dei Fiacconi
(chiuso)
2672
Rif. Ghiacciaio
2801
Pian dei Fiacconi
Sas da les Undesc
Gran Vernel
3210
Pela de Vernel
MARMOLADA
Picol Vernel
3098
2896
Sforcela de la
Marmolada
Pian dei Fiacchi

55

ÜBER DEN COL DE BOUSC • 2438 m

Auf alten Kriegswegen

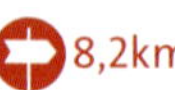

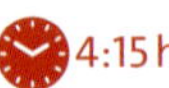

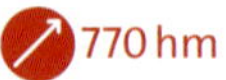

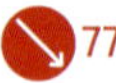
770 hm

START | Parkplatz am Pian Trevisan vor dem Hotel Villetta Maria zwischen Alba/Delba und dem Passo Fedàia, 1681 m; Abzweigung („Villetta Maria, Passo Fedàia, Pian dei Fiacconi“) 4 km östlich von Alba, dort auch Bushaltestelle (Zugang 10 Minuten).
[GPS: UTM Zone 33 x: 257.013 m y: 5.150.220 m]
CHARAKTER | Anspruchsvolle Bergwanderung auf Wegen und stellenweise felsigen und gesicherten Pfaden, die Trittsicherheit und Schwindelfreiheit erfordern. Einkehrmöglichkeit: Hotel Villetta Maria, Rifugio Castiglioni Marmolada.

Im Ersten Weltkrieg hatte die Marmolada eine besondere strategische Bedeutung im Verlauf der Dolomitenfront. Am Pian Trevisan an ihrem Fuß befand sich der Hauptumschlagplatz für das ganze Gebiet – samt Unterkünften, Material- und Munitionslagern, Lazarett und Behausungen für 6000 russische Kriegsgefangene, die Trägerdienste verrichten und Kriegswege aus dem Fels schlagen mussten. Die deshalb so genannte Strada di Rusci verband das Tal – neben einer Seilbahn – mit den höher gelegenen Stellungen und der schier unglaublichen „Stadt des Eises“, den acht Kilometer langen Gängen im Gletschereis. Täglich mussten allein zwei Tonnen Proviant hinaufgeschafft werden. Der Tod herrschte dort jedoch nicht nur durch Waffengewalt: So starben im Dezember 1916 230 Kaiserschützen und 102 Bosniaken unter einer Lawine.

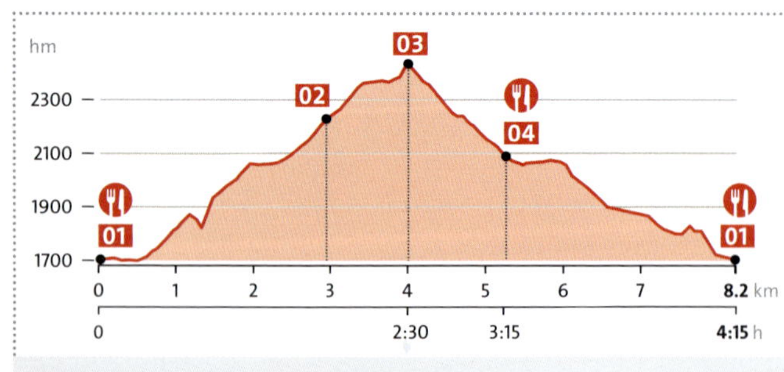

01 Pian Trevisan, 1681 m; 02 Gabelung, 2200 m;
03 Col de Bousc, 2438 m; 04 Lago di Fedàia, 2044 m

Direkt beim Parkplatz unterhalb des Hotels Villetta Maria am **Pian Trevisan** 01 folgen Sie der Beschilderung „Pian de Scarlet, Forcella Col de Bousc“ auf dem Pfad Nr. 619 zur nahen Brücke über den Avisio. Jenseits wandern Sie durch Wald gegen das Felsfundament des Marmolada-Massivs hinauf. Der 1917 mit Trockensteinmauern und durch ausgesprengte Felspassagen angelegte, nach Oberst Gellinek benannte Kriegsweg schlängelt sich in vielen Kehren durch einen breiten Graben empor, bis er links – schräg und luftig – durch eine große, doch mit Bäumen bewachsene Wand ansteigt. Nach dieser etwa 180 m langen Traverse erreichen Sie einen Waldrücken und – nun nach rechts ansteigend – eine Lichtung (Pian de Scalet, 2032 m). Dort befand sich ein Militärlager, das durch eine Seilbahn von Pian Trevisan versorgt wurde.

Danach wandern Sie rechts unter Felswänden des Col dal Baranchie in die weite Karmulde von Ciamorciaa hinauf (schöner Blick zum Gran Vernel und zum westlichen Marmoladagletscher). Dort wird Wasser für den Fedàia-Stausee abgeleitet; oberhalb davon ist eine kleine Klamm mit ausgewaschenen Gletschermühlen zu entdecken.

Auf etwa 2200 m Seehöhe, zwischen riesigen Steinblöcken und den obersten Bäumen, biegt der

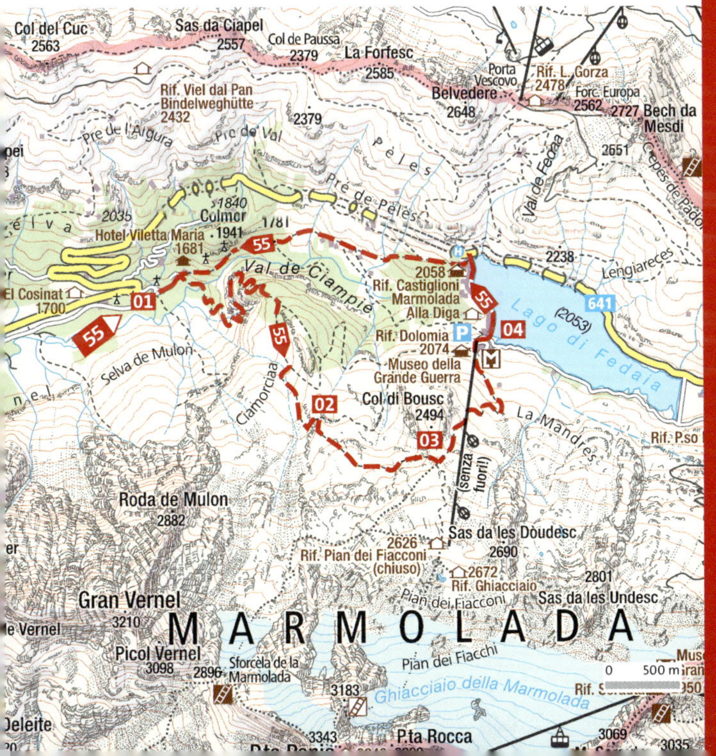

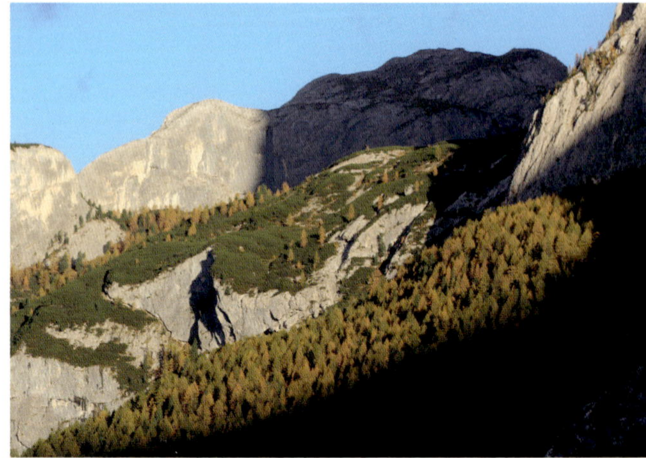

Über diese Rampe verläuft der Kriegsweg zum Col de Bousc.

Kriegspfad nach links ab (Reste eines weiteren Militärlagers, Brunnen). Von der nahen **Gabelung** 02 gehen Sie rechts (Nr. 619) noch etwa 100 Höhenmeter bergauf, bis der Pfad nach links in kuppiges Gelände und über eine kleine Schutthochfläche führt. Rechts klafft eine enge Klamm, die unter dem einst viel weiter herabreichenden Gletschereis entstanden ist. Dann geht's durch felsiges Gelände oberhalb des Kars Gran Poz (in dem sich ebenfalls ein Kriegslager befand) zu einer schrägen Gesteinsflanke, aus der der Weg herausgeschlagen wurde (Stahlseile). Nach einem letzten Anstieg erreichen Sie den **Col de Bousc** 03 (2438 m), einen Sattel am Fuß eines Kalkkopfs. Dort sind ebenfalls Reste militärischer Befestigungen erhalten geblieben. Und dort begann der oberste Abschnitt jener Seilbahn, mit der man die Kavernen und Stollen im Gletscher mit dem Nötigsten versorgte. 2:30 h.

Nun ist es nicht mehr weit bis zur Einmündung in den Pfad Nr. 606, auf dem Sie links durch Geröll und Wiesen im Nahbereich der Seilbahn absteigen. Nach etwa 45 Minuten erreichen Sie die Gasthöfe vor der Staumauer des **Lago di Fedàia** 04 (2044 m). Jenseits steht das Rifugio Castiglioni Marmolada an der Fedàiapass-Straße (Bushaltestelle).

An der Nordseite der Staumauer beginnt ein Fahrweg mit dem Wegweiser „Pian Trevisan, Penia" (Nr. 605), von dem nach 100 m rechts der alte Passweg abzweigt. Dieser führt durch die licht bewaldeten Hänge unterhalb der Passstraße zu einer Schutthalde, davor kurz links hinab und zur Capanna Col Ciampiè (1842 m) – dort mündet der Pfad Nr. 618 von der Südseite der Staumauer ein. Geradeaus geht's weiter talwärts, vorbei an der Kapelle Crist de Fedàa und einigen Bildstöcken; der steinige Weg wurde mit Holzstufen ausgestattet.

Nach 1:00 h erreichen Sie wieder das Hotel Villetta Maria am **Pian Trevisan** 01.

ZUM RIFUGIO GHIACCIAIO MARMOLADA • 2700 m

Eine Fast-Bergabwanderung aus dem Gletscherreich

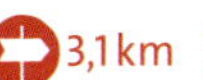

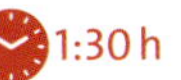

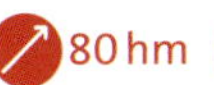

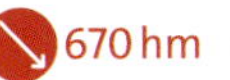

START | Lago di Fedàia, 2044 m; Bushaltestelle, Parkplatz südlich der Staumauer bei der Talstation der Funivia (Korblift). Auffahrt zum Pian dei Fiacconi, 2625 m (www.fedaia-marmolada.it). [GPS: UTM Zone 33 x: 258.808 m y: 5.148.478 m]
CHARAKTER | Hochalpine Bergabwanderung auf steinigen Pfaden. Einkehrmöglichkeit: Gasthöfe bei der Staumauer, Rifugio Pian dei Fiacconi, Rifugio Ghiacciaio Marmolada.

Ein Nostalgie-Korblift erspart die Aufstiegsmühen ins Vorfeld des Marmoladagletschers, der seit seinem Höchststand um das Jahr 1850 um fast einen Kilometer kürzer geworden ist, die Hälfte seiner Masse verloren hat und nun aus einzelnen Gletscherfeldern besteht. Noch vor 30 Jahren begann das Eis gleich hinter dem Rifugio Ghiacciaio Marmolada – heutige Marmolada-Ersteiger legen die Steigeisen weit entfernt an.

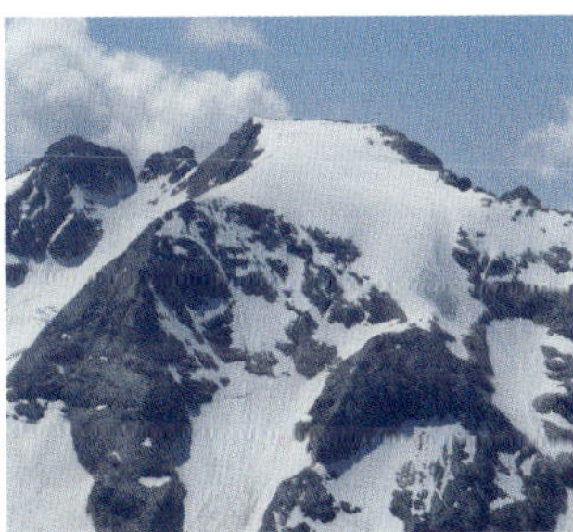

Punta Penìa – der ferne Gipfel.

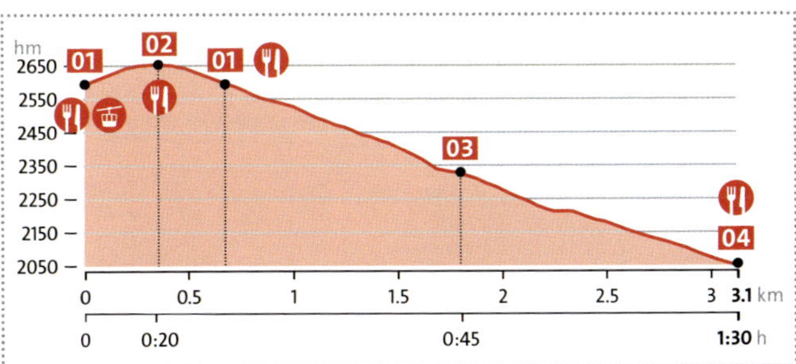

01 Pian dei Fiacconi, 2625 m; 02 Rifugio Ghiacciaio Marmolada, 2700 m; 03 Col de Bousc, 2438 m; 04 Lago di Fedàia, 2044 m

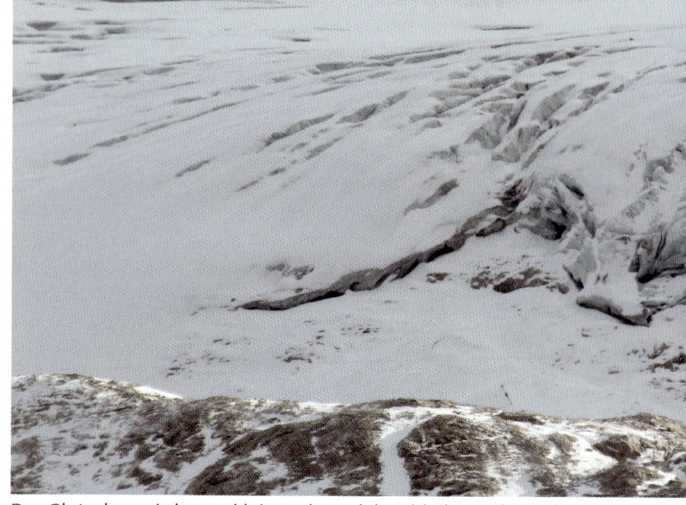

Der Gletscher wird zwar kleiner, da und dort bleibt er aber sehr wild.

Von der Bergstation des Korblifts und dem Rifugio am **Pian dei Fiacconi** 01 wandern Sie zunächst auf einem kurzen Treppenweg durch verkarstetes Felsgelände zum **Rifugio Ghiacciaio Marmolada** 02 (2700 m) hinauf. Das Schutzhaus thront auf einer Kuppe, von der man eine großartige Aussicht zum Ghiacciaio della Marmolada und zum Gipfelbereich des höchsten Dolomitenberges, aber auch zum Gran Vernel und zum Stausee, zum Langkofel und zur Sella jenseits des Val di Fassa und sogar bis zu den Zillertaler Alpen genießt. Hin und zurück ca. 30 Minuten.

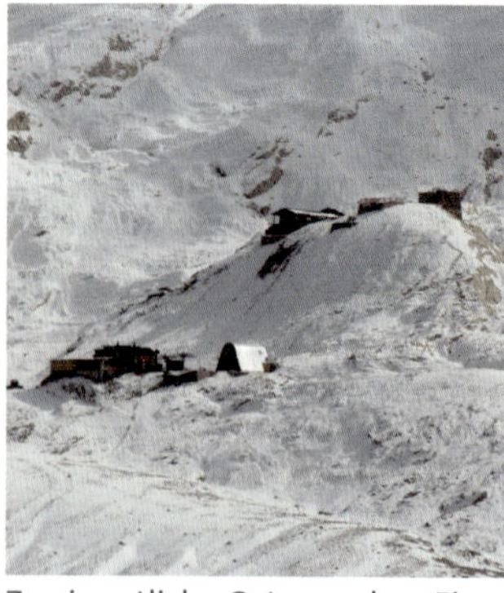

Zwei gastliche Orte vor dem Eis.

Dann folgt der **Abstieg** auf dem Pfad Nr. 606 Richtung „Col de Bous, Diga Lago Fedàia“. Durch Schutt und steinig-karstiges, bloß mit kargen Grasbüscheln bewachsenes Gelände wandern Sie in gut 15 Minuten neben dem Korblift zum **Col de Bousc** 03 (2438 m) hinab.

Weiter geht’s in Kehren abwärts, bis Sie den Lift unterqueren und schließlich auf dem breiten Schuttband der Skiabfahrt zur Talstation und den Gasthöfen vor der Staumauer des **Lago di Fedàia** 04 (2044 m) gelangen. Jenseits steht das Rifugio Castiglioni Marmolada an der Fedàiapass-Straße (Bushaltestelle). 45 Minuten.

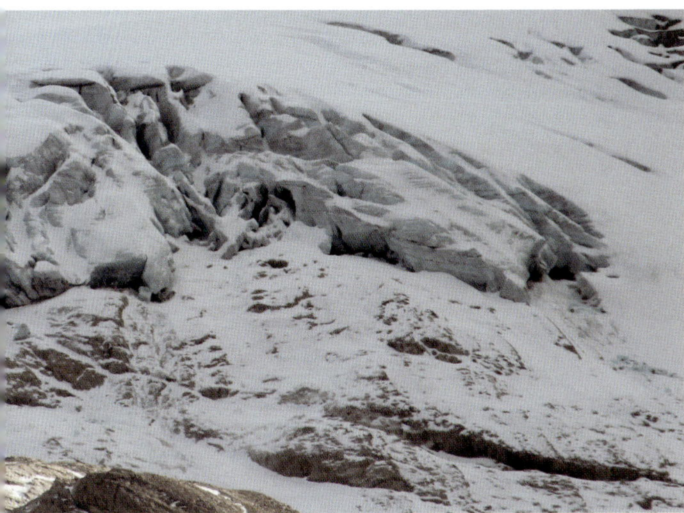

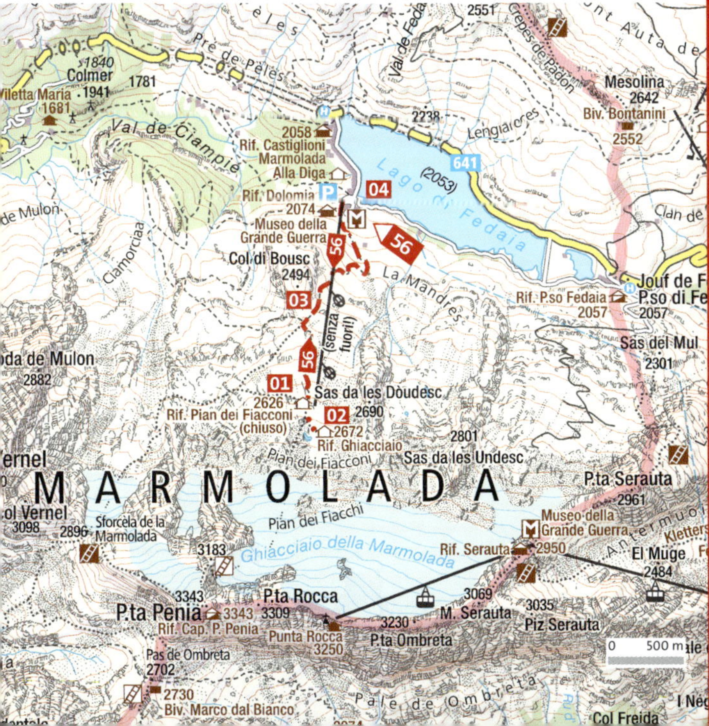

Pre de Peles
Val de Fedaia
2551
Crepes de Padon
Mesolina
2642
Biv. Bontanini
2552
1840
Colmer
1941
1781
Viletta Maria
1681
Val de Ciampie
2058
Rif. Castiglioni
Marmolada
Alla Diga
Rif. Dolomia
2074
Museo della
Grande Guerra
2238
Lengiaores
641
(2053)
Lago di Fedaia
Clan de
04
56
Col di Bousc
2494
La Mandres
Jouf de F
P.so di Fe
Rif. P.so Fedaia
2057
2057
03
(senza fuoril)
Sas del Mul
2301
de Mulon
Ciamorciaa
da de Mulon
2882
01
Sas da les Dòudesc
2626
2690
Rif. Pian dei Fiacconi
(chiuso)
02
2672
Rif. Ghiacciaio
2801
Pian dei Fiacconi
Sas da les Undesc
MARMOLADA
P.ta Serauta
2961
ernel
ol Vernel
3098
2896
Sforcela de la Marmolada
Pian dei Fiacchi
Museo della
Grande Guerra
3183
Ghiacciaio della Marmolada
Rif. Serauta
2950
El Muge
2484
3343
P.ta Rocca
3069
P.ta Penia
3343
3309
M. Serauta
3035
Piz Serauta
Rif. Cap. P. Penia
3230
Punta Rocca
3250
P.ta Ombreta
Pas de Ombreta
2702
0
500 m
2730
Biv. Marco dal Bianco
Pale de Ombreta
Col Freida

HOCH ÜBER DEM LAGO DI FEDÀIA

Der Sentiero Geologico di Arabba und ein Kriegspfad

 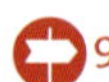 9,3 km  4:00 h 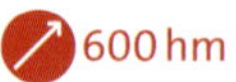 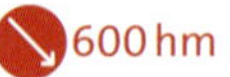 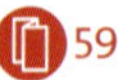

START | Passo di Fedàia, 2057 m; Bushaltestelle, Parkplatz zwischen der westlichen (kleineren) Staumauer des Lago di Fedàia und der Skipisten-Unterführung.
[GPS: UTM Zone 33 x: 260.953 m y: 5.149.162 m]
CHARAKTER | Anspruchsvolle Bergwanderung auf Wegen und stellenweise felsigen und gesicherten Pfaden, die Trittsicherheit und Schwindelfreiheit erfordern. Einkehr: Rifugio Padòn, Rifugio Luigi Gorza, Rifugio Castiglioni Marmolada, Gasthöfe an der Staumauer.

Der Bindelweg hat eine Fortsetzung bis zum Passo Padòn, der als geologischer Lehrpfad markiert wurde. Dieser Höhenweg erfordert Aufmerksamkeit bei der Orientierung, da mehrere Pfadvarianten bestehen. Doch die grandiose Aussicht zur Marmolada und ein spannender Mini-Klettersteig zu einer österreichisch-ungarischen Stellung während des Ersten Weltkriegs belohnen diese Wanderung reichlich.

Vom Parkplatz zwischen der westlichen Staumauer des Lago di Fedàia und der Skipisten-Unterführung am **Passo di Fedaia** 01 überqueren Sie die Straße (Schranke) und wandern auf einem breiten, unmarkierten Schotterweg zur nahen Skipiste hinauf. Dieser folgen Sie nach links und gehen nach 300 m links auf der Kiesstraße weiter.
In Kehren geht's durch Wiesenhänge zu einer Seilbahntrasse und

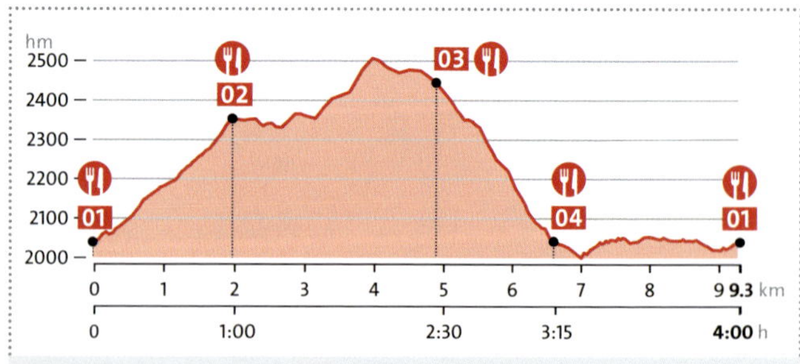

01 Passo di Fedàia, 2057 m; 02 Rifugio Padòn, 2407 m;
03 Porta Vescovo, 2478 m; 04 Lago di Fedàia, 2044 m

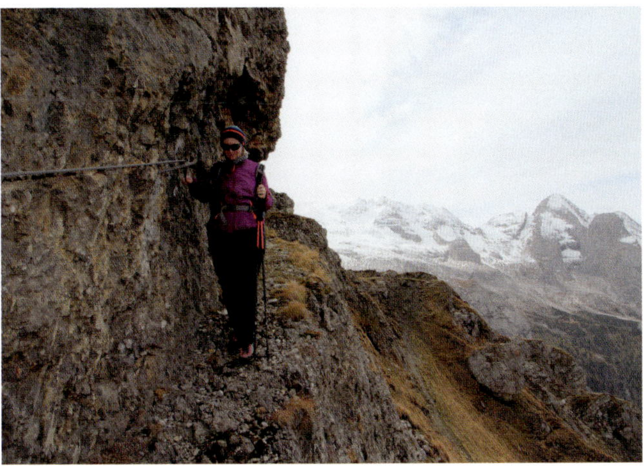

Die luftige Wegvariante des Sentiero Geologico fordert gute Nerven.

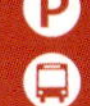

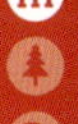

daneben zum **Rifugio Padòn** 02 (2407 m) am gleichnamigen Pass hinauf. 1:00 h.

Von dort folgen Sie dem Sentiero Geologico di Arabba Richtung „Viel del Pan, Porta Vescovo" (Nr. 680). Dieser Lehrpfad ist mit gelb-roten Punkten markiert und verläuft durch die Grashänge unter den dunkelfelsigen Crepes de Padòn (2608) nach Westen. Nach einer kurzen abgerutschten Wegpassage erreichen Sie eine Ansammlung herabgestürzter Gesteinsbrocken aus vulkanischem Gestein. Unter einem dieser Blöcke links des Pfades ist ein winziger Mauerrest zu sehen, während rechts auf einem Stein die rote Beschriftung „SGA" auf gelbem Grund prangt.

70 m danach teilt sich die Route (Achtung, keine Beschilderung): Der rechte, obere Pfad führt direkt zu einer Senke am Fuß eines markanten Felsturms hinauf – Sie bleiben jedoch auf dem linken, unteren Sentiero Geologico, der weiterhin mit gelb-roten Punkten gekennzeichnet ist, und wandern ohne große Höhenunterschiede auf die weite Wiesenterrasse unter diesem Turm. Dort passieren Sie die Tafel „Stop 17" des Lehrpfades. Mit Blick zur Marmolada und zum Stausee geht's durch die Wiesen aufwärts; zwischenzeitlich erfordert die Querung einer kleinen Sandrinne etwas Vorsicht. Schließlich erreichen Sie die grasige Schulter des Pescul (2300 m), die westseitig schroff abbricht.

Dort weisen die gelb-roten Punkte des Sentiero Geologico rechts über den teils felsigen Rücken empor, auf den erwähnten Turm zu. Interessanter ist jedoch der ebenfalls markierte Kriegspfad, der links des Rückens hinabführt. Er verläuft auf einem schmalen und luftigen, aber mit Stahlseilen gesicherten Gesteinsband hoch über dem Val de Fedàia (alte Stellungen, Tafel aus dem Jahre 1916 „Grenz Wacht Unter Bescul"). Nach einigen herabgestürzten Blöcken geht's noch über dem Kar weiter, bevor Sie durch Gras und

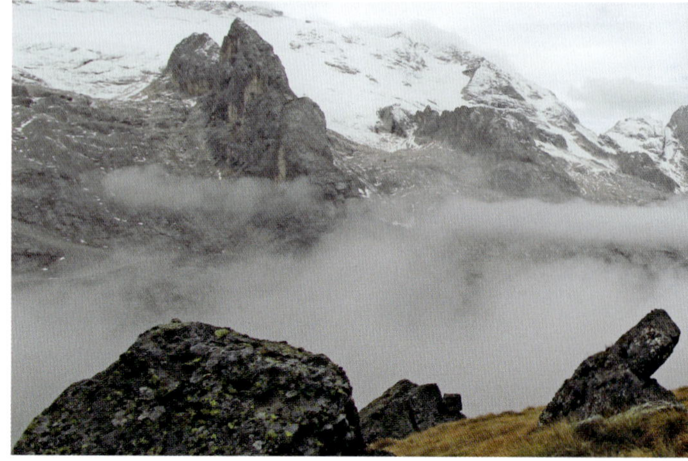

Marmolada im Nebel – dunkle Felsbrocken vor der Gletscherkulisse.

Geröll zu den Resten eines Militär-Unterstands (2463 m) am Fuß des Bech de Mesdì ansteigen. Dort mündet der obere Weg wieder ein. Zuletzt gehen Sie nach Westen zur **Porta Vescovo** 03 (2478 m), wo das moderne Rifugio Luigi Gorza neben der Seilbahnstation steht. 1:30 h.

Steinerne Kriegserinnerungen ....

Der **Abstieg** erfolgt links auf dem Pfad Nr. 698, der schon wenige Meter davor links hinabzieht. Von der Abzweigung des Vièl dal Pan/Bindelwegs geht's links hinunter zu einer kleinen Holzhütte, bei der Sie auf die nächste Gabelung treffen. Links (Nr. 698) wandern Sie weiter durch das Kar des Val de Fedàia abwärts – unter jener Felsflanke, die Sie zuvor auf dem Kriegspfad durchquert haben, dem Stausee entgegen. Am Schluss steigen Sie zwischen hellem Dolomitgestein und in Kehren zur Fedàiapass-Straße (Bushaltestelle) ab. Jenseits steht das Rifugio Castiglioni Marmolada an der Staumauer des **Lago di Fedàia** 04 (2044 m). 45 Minuten.

Nun gehen Sie über die 600 m lange Krone der Staumauer und biegen auf der Südseite des Sees links ab. Auf einer schmalen Teerstraße marschieren Sie neben dem Ufer zur westlichen, kleineren Staumauer und kurz weiter zum Parkplatz vor der Unterführung am **Passo di Fedàia** 01. 45 Minuten.

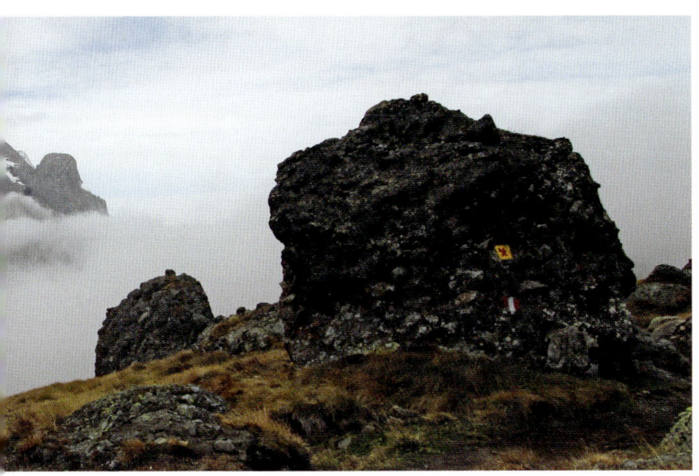

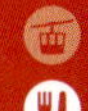

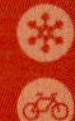

Col Toron
2244
2122
1911
Rus
1799
2120
Clapei
Scofe
Col de Scofe
2022
2241
Cason
Mont Auta do Oìnola
Vi Perons
Padon
2512
P.so Padon
2369
Rif. P.so Padon
2369
Mesolina
2642
02
Biv. Bontanini
2552
La Forfesc
2585
Passa
2379
Porta Vescovo
Rif. L. Gorza
2478
Forc. Europa
2562
Belvedere
2648
2379
2727 Bech da Mesdi
03
2551
Crepes de Padon
Val de Fedaa
Pèles
Prè de Pèles
04
2238
Lengiareces
57
641
Lago di Fedaia
(2053)
Ciampiè
2058
Rif. Castiglioni Marmolada Alla Diga
Rif. Dolomia
2074
Museo della Grande Guerra
Col di Bousc
2494
La Mandres
57
57
01
Cian de Stanzon
Rist. al Cirmolo
Crepe Ro
Jouf de Fedáa
P.so di Fedaia
2057
Rif. P.so Fedaia
2057
1780
Cap. Bill
Rif. Tabià
Sas del Mul
2301
La Lastia
I Vernei
Salere
(senza fuori)
Sas da les Dòudesc
2690
2626
Rif. Pian dei Fiacconi (chiuso)
2672
Rif. Ghiacciaio
2801
Pian dei Fiacconi
Sas da les Undesc
P.ta Serauta
2961
0 500 m
RMOLADA
Pian dei Fiacchi
3183
Ghiacciaio della Marmolada
Museo della Grande Guerra
Rif. Serauta
2950
Antermuoia
El Mùge
Klettersteig gesperrt!
Ferrata ch...
1563

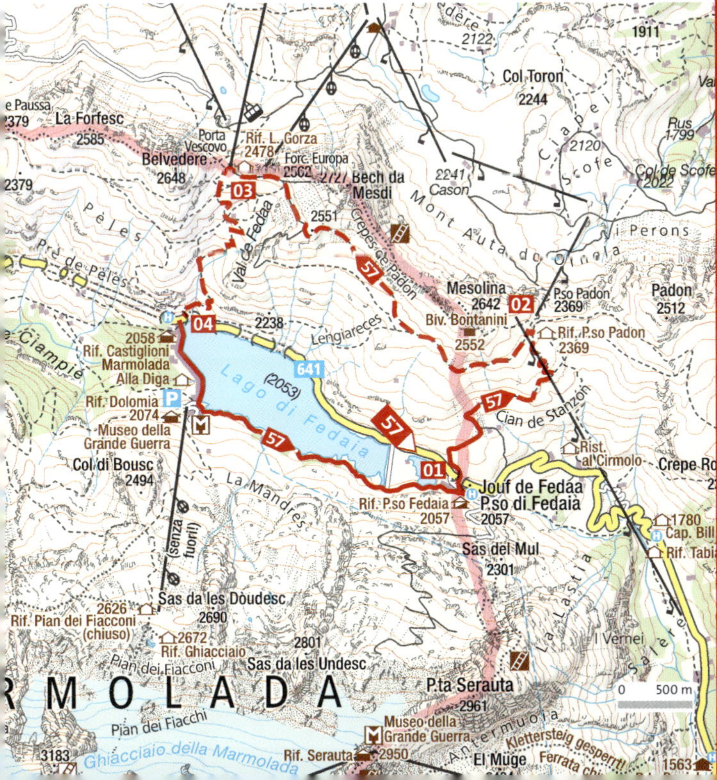

MONTE PADÒN, OSTGIPFEL • 2512 m

Zackenkamm und Aussichtsloge

  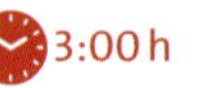 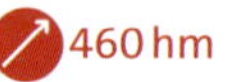 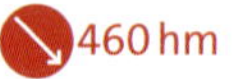 

START | Passo di Fedàia, 2057 m; Bushaltestelle, Parkplatz zwischen der westlichen (kleineren) Staumauer des Lago di Fedàia und der Skipisten-Unterführung.
[GPS: UTM Zone 33 x: 260.940 m y: 5.149.190 m]
CHARAKTER | Bergwanderung auf breiten Wegen und steilen bzw. felsigen Pfaden, die Trittsicherheit und Schwindelfreiheit erfordern. Einkehrmöglichkeit im Rifugio Padòn.

Nordöstlich über dem Fedàiapass erhebt sich ein gezackter Berg, der unter Alpin-Feinspitzen einen guten Ruf als Aussichtsgipfel genießt.

Vom Parkplatz zwischen der westlichen (kleineren) Staumauer des Lago di Fedàia und der Skipisten-Unterführung am **Passo di Fedàia** 01 wandern Sie – wie bei Tour 57 beschrieben – zum **Rifugio Padòn** 02 (2407 m) hinauf. 1:00 h. Vom Pass Padòn – 100 m vor der Hütte – biegen Sie auf den rechts abzweigenden Pfad Nr. 636 ab, der im Süden einer dunklen, mit einem Kreuz geschmückten Felsspitze und um eine weitere Graskuppe herum in eine Senke (2382 m) führt. Von dort steigen Sie zu einer Verebnung unter dem gezackten, 2520 m hohen Westgipfel des **Monte Padòn** 03 an. Den Ostgipfel (2512 m) des Berges erreichen Sie links durch den steilen, grasbewachsenen Südwesthang und zuletzt nach rechts in 45 Minuten.
Der **Abstieg** erfolgt auf derselben Route, 1:15 h.

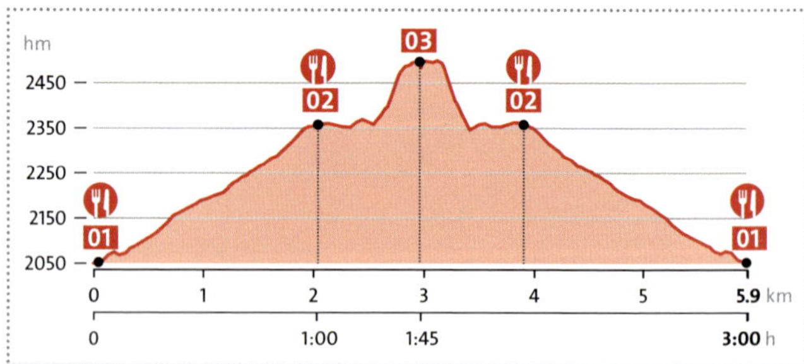

01 Passo di Fedàia, 2057 m; 02 Rifugio Padòn, 2407 m;
03 Monte Padòn, 2512 m

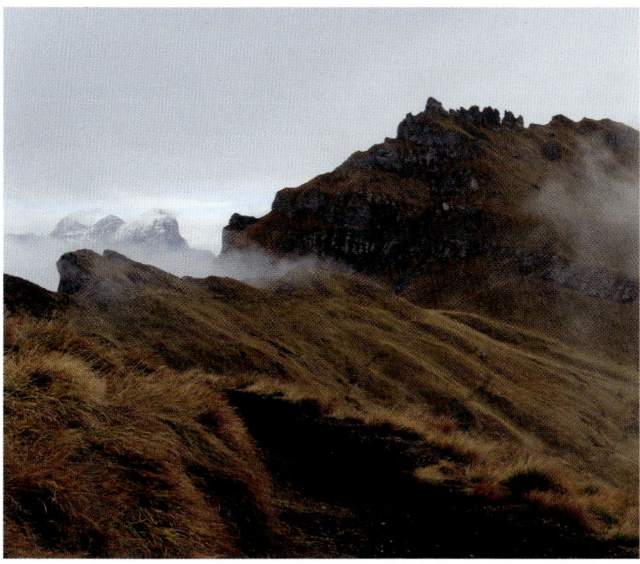

Der gezackte Haupt- und der grasige Ostgipfel, dahinter die drei Tofane.

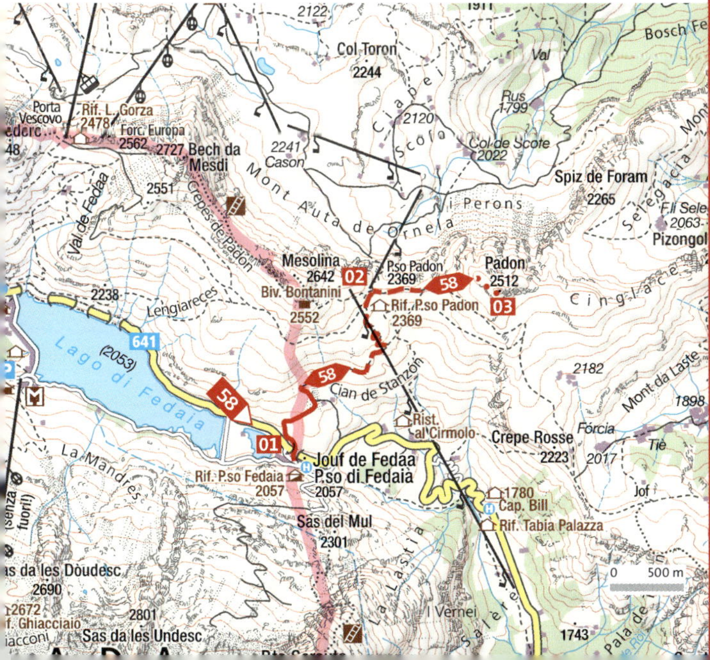

59

ZUM RIFUGIO FALIER • 2100 m

Von Malga Ciapela zur Marmolada-Südwand

 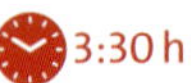 9,5 km 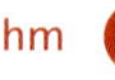 3:30 h  650 hm 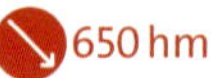 650 hm   59

START | Malga Ciapela südöstlich des Passo di Fedàia, 1435 m; Parkplatz ca. 1 km westlich der Seilbahnstation, von der Bushaltestelle 15 Minuten entfernt.
[GPS: UTM Zone 33 x: 262.119 m y: 5.145.952 m]
CHARAKTER | Hüttenwanderung auf Nebenstraßen und stellenweise steilen bzw. steinigen Pfaden, die Trittsicherheit erfordern. Einkehrmöglichkeit in Malga Ciapela und im Rifugio Falier.

Zuletzt finden Sie in diesem Wanderführer auch noch zwei Touren jenseits des Fedàiapasses, und zwar im Gebiet der Malga Ciapela, die von einer einsamen Alm zur trubeligen Basisstation des Gletscherskigebiets auf der Marmolada wurde. Dort münden das Val de Franzedàz und das Val de Ombreta ein, die wunderbare Wege in stille Hochgebirgswinkel freigeben. Besonders schön ist der Aufstieg zum Rifugio Falier am Fuß der gewaltigen Marmolada-Südwand und des Massivs der Cima d'Ombreta, dessen östlicher Eckpfeiler die wohl seltsamste Gipfelfigur der Dolomiten trägt.

▶ Vom Parkplatz im Westen des Talbodens von **Malga Ciapela** 01 wandern Sie auf der schmalen Asphaltstraße Richtung „Malga Ombretta, Rifugio Falier" taleinwärts und in einer S-Kurve durch Wald zum Agroturismo Malga Ciapela hinauf. Ab der folgenden Brücke wandern Sie auf Naturbelag in

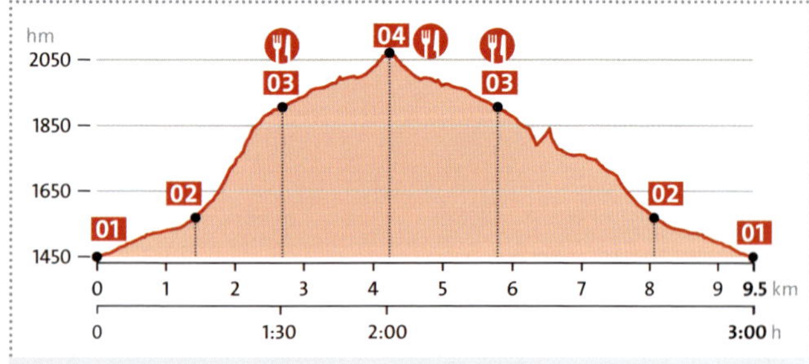

01 Malga Ciapela, 1435 m; 02 Pfad Nr. 610, 1650 m;
03 Malga Ombreta, 1904 m; 03 Rifugio Falier, 2100 m

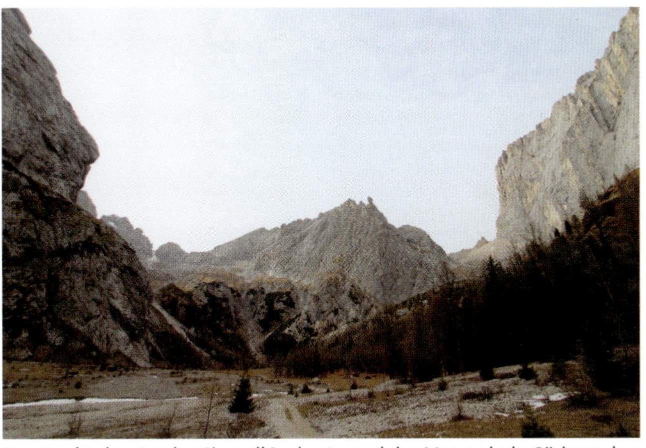

Das Hochtal unter der Cima d'Ombreta und der Marmolada-Südwand.

Kehren gegen die hohe Felswand der Pale de Fop empor; die Abzweigung eines Pfades bleibt unbeachtet. Nach 350 m beschreibt die Schotterstraße über dem schluchtartigen Tal eine deutliche Linkskurve (1650 m).

25 m weiter oben zweigen Sie scharf rechts auf den **Pfad Nr. 610** 02 ab, der durch steilen, felsdurchsetzten Wald ansteigt (Rückblick bis zum Monte Pelmo). Eine Felspassage wurde durch eine hölzerne Treppe (Geländer, Stahlseil) gangbar gemacht; oberhalb davon führt der Pfad an einer kleinen Staumauer zur Bachableitung vorbei. Dann mündet er in einen breiteren Weg ein, dem Sie rechts Richtung „Rif. Falier" bergauf folgen. Nach dem Steg über den Ru S'cialón erreichen Sie die Hütten der **Malga Ombreta** 03 (1904 m) im gleichnamigen Hochtal am Fuß der mächtigen Cima d'Ombreta (3011 m) und der schier übermächtigen Marmolada-Südwand (Monte Serauta, 3069 m). 1:30 h.

Dazwischen ist der 2702 m hoch gelegene Passo Ombreta (Pas de Ombreta) sichtbar – unterhalb davon steht unser Hüttenziel, zu dem wir auf dem Pfad Nr. 610 weiterwandern. Er verläuft rechts über dem Talboden, auf dem sich laut einer Tafel der geografische Mittelpunkt der Dolomiten befindet. Über eine Schuttrinne und durch lichten Lärchenwald erreichen Sie nach 30 Minuten das aus

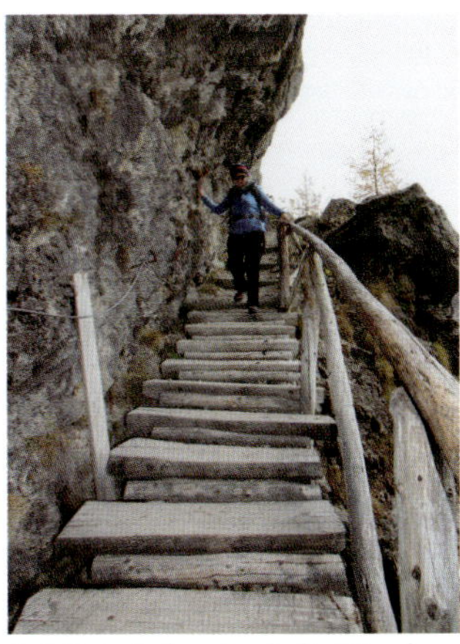

Auf Holzstufen durch die Wand.

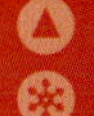

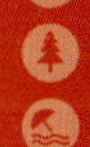

Stein erbaute **Rifugio Onorio Falier all'Ombretta** 04 (2100 m). Es steht unter der Punta Rocca (auf der sich die Bergstation der Marmolada-Gletscherseilbahn befindet) und gegenüber dem Felskessel des Vallon de Ombretola.

Der **Abstieg** erfolgt bis zur **Malga Ombreta** 03 auf derselben Route. Bei der Abzweigung des Pfades Nr. 610 unterhalb der Brücke bleiben Sie jedoch geradeaus auf dem breiteren Kriegsweg, der – stellenweise durch Geländer abgesichert – mitten durch die riesige Felsflanke der Pale de Fop abwärts führt. Nach der Querung eines Wald- und Latschenhangs treffen Sie auf eine Schotterstraße, der Sie links zur Einmündung des Pfades Nr. 600 bergab folgen. Weiterhin auf der Fahrbahn bleibend, gelangen Sie nach 1:30 h zum Parkplatz bei **Malga Ciapela** 01 zurück.

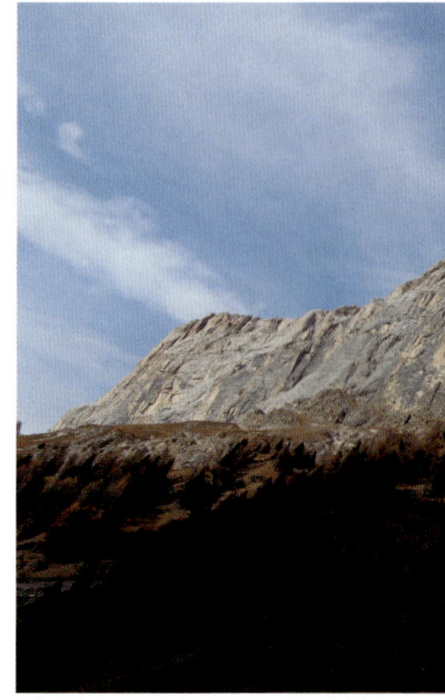

Die Südwand der Marmolada über

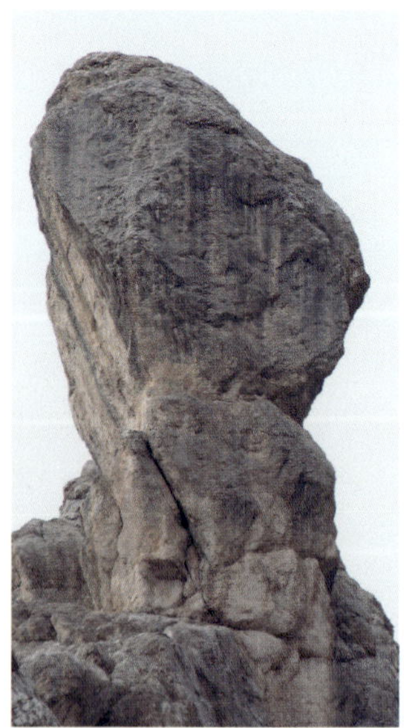

Der „Ombreta-Obelisk“.

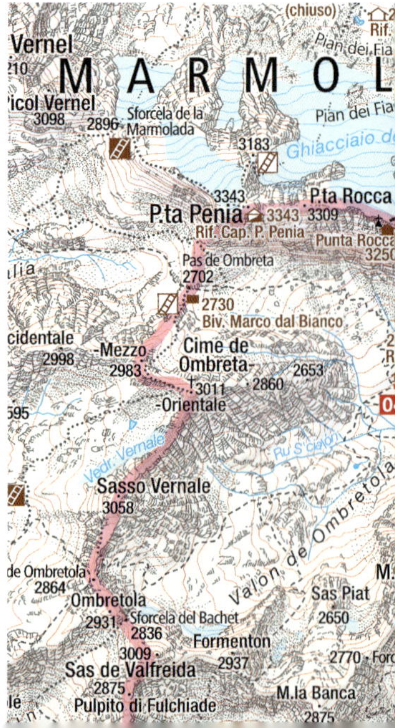

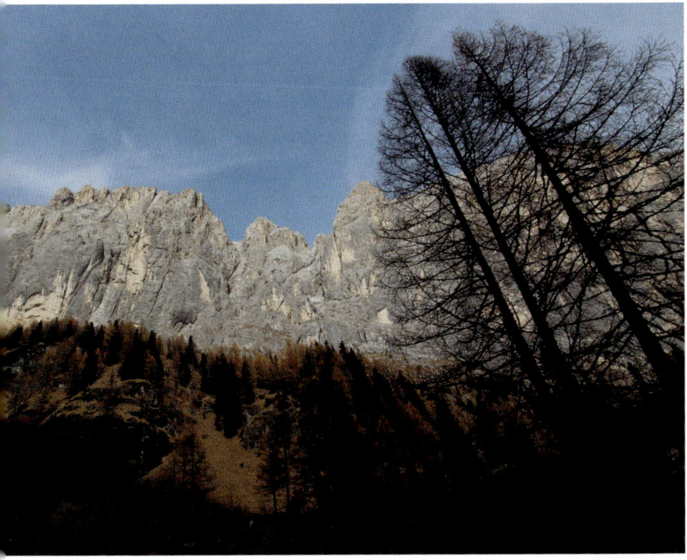

dem Val de Ombreta ist eines der größten Felsmonumente der Alpen.

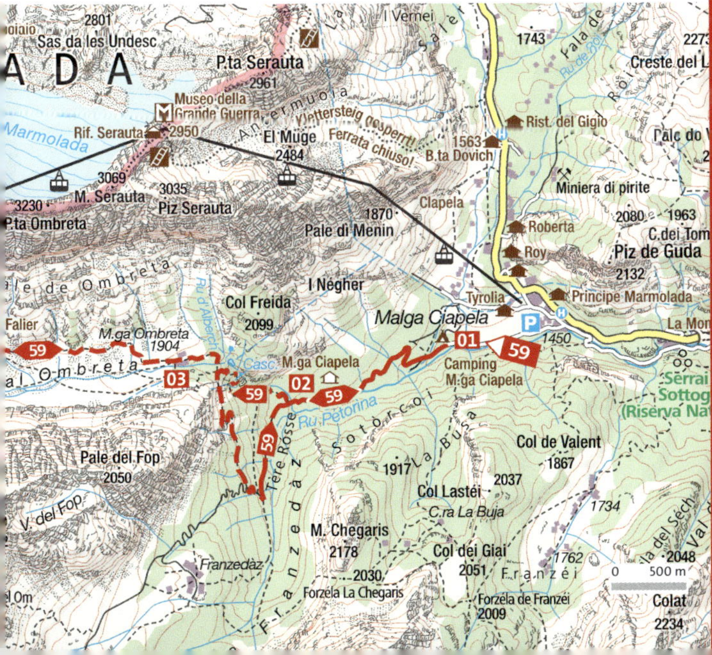

60 SERRAI DI SOTTOGUDA

Durch eine Riesenschlucht ins Bilderbuchdorf

 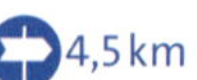 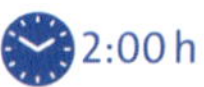 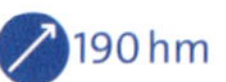   

4,5 km · 2:00 h · 190 hm · 190 hm · 59

START | Malga Ciapela südöstlich des Passo di Fedàia, 1435 m; Bushaltestelle und Parkplatz bei der Seilbahnstation. [GPS: UTM Zone 33 x: 262.701 m y: 5.146.185 m]
CHARAKTER | Einfache, aber äußerst eindrucksvolle Tal- bzw. Schluchtwanderung auf einer für den Autoverkehr gesperrten Asphaltstraße (Eintrittsgebühr). Einkehren kann man in Malga Ciapela und in Sottoguda.

Die gut zwei Kilometer lange Riesenschlucht zwischen Malga Ciapela und dem Dorf Sottoguda ist eines der größten Naturwunder der Dolomiten. Sie entstand durch das Schmelzwasser der eiszeitlichen Gletscher und der Kraft des Torrente Pettorina, der heute zwischen den bis zu 100 Meter hohen, stellenweise überhängenden und ganz nah zusammentretenden Felswänden dahinplätschert. Daneben verläuft ein geteerter, aber autofreier Fahrweg, der während des Ersten Weltkriegs angelegt wurde und bis zum Bau der heutigen Staatsstraße, die die Schlucht mit einer kühnen Brücke überspannt, den einzigen Zugang von Osten ins Marmolada-Gebiet bot. Heute ist das gesamte Gebiet ein Naturpark. Der Weg durch die riesige Felskerbe, in die auch einige Wasserfälle stürzen, lädt zu einem ganz außergewöhnlichen Spaziergang ein und wird im Sommer von einem „Bummelzug“ befahren. Zeitweise präpariert man ihn sogar im Winter zum Wandern – kein Wunder, dass der Serrai di Sottoguda unter Eiskletterern einen guten Ruf hat (www.sottoguda.it).

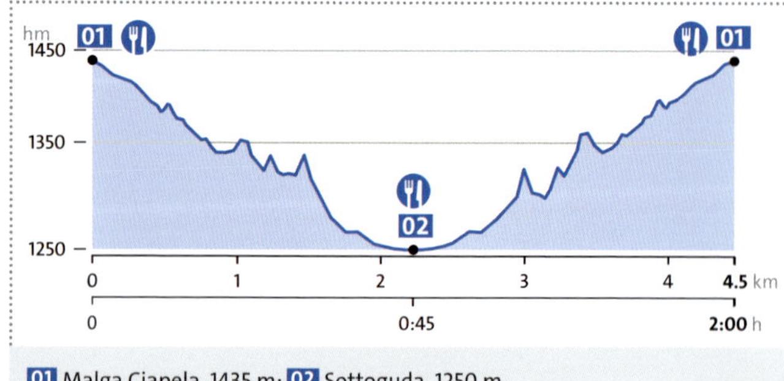

01 Malga Ciapela, 1435 m; 02 Sottoguda, 1250 m

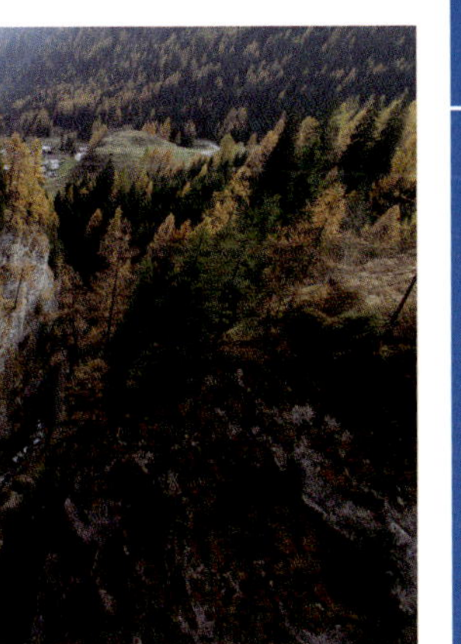

Der untere, engste Bereich der Schlucht aus der „Brückenperspektive".

▶ Vom Parkplatz bei der Seilbahnstation in **Malga Ciapela** 01 spazieren Sie am Albergo Malga Ciapela vorbei zur Hütte, in der die Eintrittsgebühr für die Schluchtbesichtigung entrichtet wird (mit der Marmolada-Gästekarte Gratis-Eintritt). Die geteerte Straße führt dann neben dem Torrente Pettorina zum Beginn der Felsschlucht, in der mehrere Brücken überquert werden. Bald stürzt der erste von mehreren Wasserfällen in die Tiefe. Nach der Kapelle des heiligen Antonius unterquert man die Brücke der Staatsstraße, dann folgt die engste Schluchtpassage, in der die Fahrbahn die ganze Talbreite einnimmt. In einer Felsnische steht eine Madonnenstatue. Bald danach erreichen Sie den Kiosk am unteren Schluchteingang, von dem es nicht mehr weit zu den ersten Häusern von **Sottoguda** 02 (1258 m) ist. Dies ist eines der schönsten Dörfer der Region, in dem alte Häuser mit blumengeschmückten Balkonen und eine gotische Kirche zu sehen sind. 45 Minuten.

Rückweg auf der gleichen Route, 1:15 h.

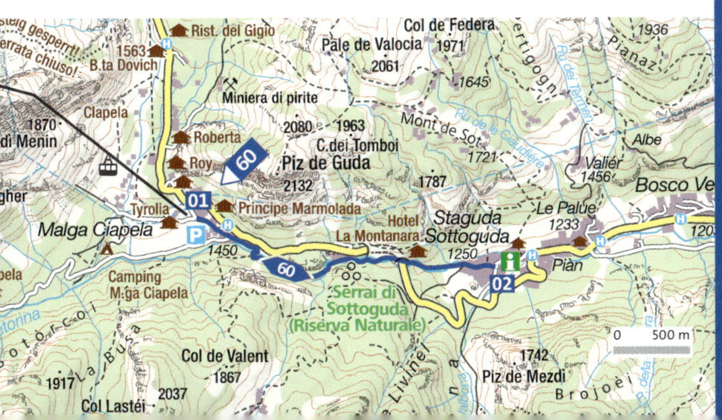

MEINE TIPPS

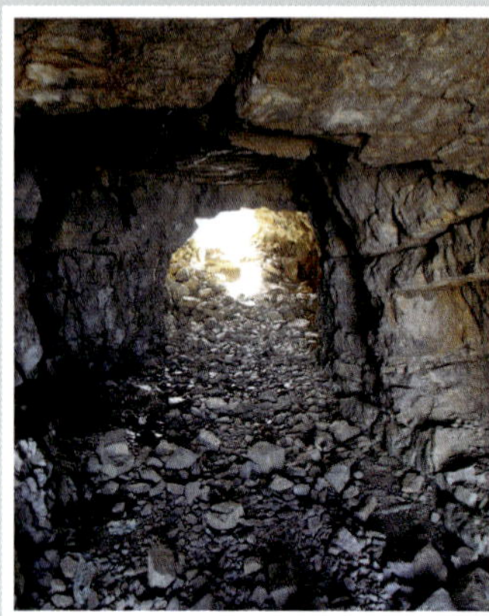

Kaverne nahe dem Passo San Nicolò.

FÜR KULTURINTERESSIERTE

Das **Museo Ladin de Fascia** umfasst Sammlungen aus der Ur- und Frühgeschichte des Tals, aus dem Mittelalter und der Neuzeit, der Lebens- und Arbeitswelt, über die Organisation der Talgesmeinschaft, profane und religiöse Rituale, über Sitten und Gebräuche, den Beginn des Alpinismus und die Entwicklung des Tourismus. Über mehrere computergesteuerte und miteinander vernetzte Bildschirme bieten mehr als 80 Kurzfilme zu bestimmten Themen einen lebendigen Überblick, die durch eine Serie von Illustrationen zu Sagen und Überlieferungen ergänzt werden.
Institut Cultural Ladin
Museo Ladin di Fascia
Locanda San Giovanni
38039 Vigo di Fassa/Vich
tel. +39 0462 760182
www.instladin.net

Zum Museo Ladin gehören auch zwei Außenstellen: die **Mühle in Pera** und das historische **Sägewerk in Penìa**. Die beiden Objekte wurden sorgsam restauriert und sind funktionstüchtig.
Tel. +39 0462 601181

Der Geschichtsverein **„Sul fronte dei ricordi“** hat in Moena eine Fotoausstellung über den Ersten Weltkrieg im Fassatal und insbesondere über den Frontabschnitt auf der Costabela gestaltet.
Tel. +39 331 8029886
www.moena.it

Eine umfangreiche Sammlung von Relikten aus dem Ersten Weltkrieg birgt das **Museo della Grande Guerra 1014–18** am Passo Fedàia. Vieles davon wurde in den letzten Jahren vom abschmelzenden Gletscher auf der Marmolada freigegeben. Unter den etwa 700 Ausstellungsstücken findet man vom Nähzeug über Skalpelle der Feldkrankenhäuser bis zu den unterschiedlichsten Waffen alles, was in diesem grausamen Hochgebirgskrieg zum Einsatz kam. Auch eine Bohrmaschine zum Graben von Tunneln, Höhlen und Schutzräumen in 3000 Meter Höhe ist zu sehen.
Museo Passo Fedàia
Tel. +39 0462 601181
www.trentinograndeguerra.it

Mit der Marmolada-Seilbahn gelangt man von Malga Ciapela zur Mittelstation Serauta, in der das **Museo Marmolada Grande Guerra 3000 m** untergebracht ist. Von dort erreicht man kurz zu Fuß die Forcella Serauta, wo eine Informationstafel Auskunft über dieses Freilichtmuseum gibt. Ein ziemlich schmaler Pfad führt auf der Südostseite der Punta Serauta

(Stahlseil-Sicherungen) zu Höhlen, in denen während des Ersten Weltkriegs die italienische Kommandozentrale, Beobachtungsposten, eine Krankenstation und die Bergstation einer Materialseilbahn untergebracht waren. Wer über den Kamm absteigt, erreicht über ausgesetzte Felsen eine große Höhle und einen aus dem Gestein gehauenen Durchgang, mit dem die gesicherte Via Ferrata Eterna beginnt (nur für geübte und mit Helm und Klettersteigset ausgestattete Bergsteiger). Die Besichtigung des denkmalgeschützten Gebietes an der Punta Serauta dauert ca. 2:00 h.
www.museomarmoladagrandeguerra.com

FÜR NATURFREUNDE

Die berühmten **Erdpyramiden von Segonzano** befinden sich zwar gut 40 Kilometer südwestlich von Moena, sind aber auf jeden Fall einen Ausflug wert. Dort hat die Erosion aus dem Moränenschutt der Eiszeitgletscher bis zu 20 Meter hohe Türme gezaubert. Sie werden durch Felsblöcke gekrönt, die sie vor allzu rascher Abtragung schützen. In Segonzano ist auch eine Burgruine, die von Napoleons Truppen zerstört wurde, zu besichtigen. Sie ist in einem berühmten Gemälde Albrecht Dürers abgebildet.
www.visittrentino.info/de/trentino/orte-stadte/segonzano

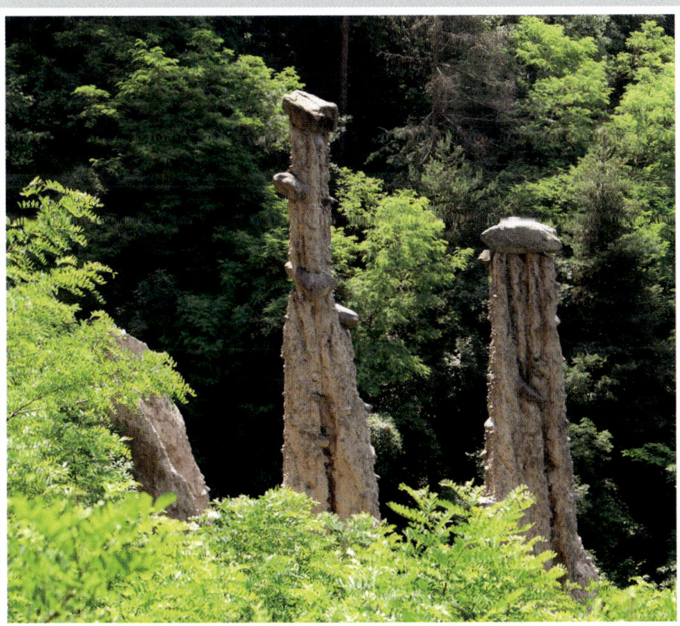

Einige der Erdpyramiden von Segonzano.

SCHUTZHÜTTEN

Rifugio Torre di Pisa
38037 Predazzo
Tel. +39 348 3645379
www.rifugiotorredipisa.it

Rifugio Lusia
38035 Moena
Tel. +39 347 6268437
www.rifugiolusia.it

Rifugio Passo Selle
38036 Pozza di Fassa
Tel. +39 347 4039331
www.rifugioselle.it

Rifugio Fuciade
38030 Passo San Pellegrino – Soraga
Tel. +39 0462 574281
Tel. +39 340 8194060
www.fuciade.it

Rifugio Pederiva
38039 Vigo di Fassa
Tel. +39 333 9398290
www.baitapederiva.com

Rifugio Roda di Vaèl
38039 Vigo di Fassa
Tel. +39 0462 764450
www.rodadivael.it

Paolinahütte
38039 Sèn Jan di Fassa
Tel. +39 0471 612008
www.paolina-huette.com

Kölner Hütte
39056 Welschnofen
Tel. +39 0471 612033
www.rifugiofronza.com

Rifugio Vaiolet
38036 Pozza di Fassa
Tel. +39 0462 763292
www.rifugiovajolet.com

Rifugio Preuss/Preußhütte
38036 Pozza di Fassa
Tel. +39 368 788 4968
www.rifugidelcatinaccio.it

Rifugio Rè Alberto I/Gartlhütte
38036 Pozza di Fassa
Tel. +39 334 724 6698
www.rifugiorealberto.com

Santnerpasshütte/
Rifugio Passo Santner
39050 Tiers
Tel. +39 337 143 5665
http://santnerpass.com

Grasleitenpasshütte
39050 Tiers
Tel. +39 337 143 5665
www.grasleitenpasshuette.com

Rifugio Antermoia
38030 Mazzin
Tel. +39 333 6656311
Tel. +39 0462 602272
www.rifugioantermoia.com

Rifugio Vallaccia
38036 Sèn Jan di Fassa
Tel. +39 349 8866866
www.rifugiovallaccia.it

Rifugio Taramelli
38036 Pozza di Fassa
Tel. +39 360 879719
www.rifugiotaramelli.it

Rifugio Dona
38030 Mazzin
Tel. +39 333 7797990
www.rifugiodona.com

Rifugio Micheluzzi
38031 Campitello di Fassa
Tel. +39 0462 750050
https://rifugiomicheluzzi.it

Plattkofelhütte/Rifugio Sasso Piatto/
Utia de Sas Plat
39040 Seis am Schlern
Tel. +39 334 9569626
www.plattkofel.com

Rifugio Friedrich August Hütte
38031 Campitello di Fassa
Tel. +39 377 3877567
www.friedrichaugust.it

Rifugio Sandro Pertini
38031 Campitello di Fassa
Tel. +39 328 8651993
www.rifugiopertini.com

Rifugio Toni Demetz
39048 Wolkenstein in Gröden
Tel. +39 0471 795050
www.tonidemetz.it

Langkofelhütte/Rifugio Vicenza/
Utia de Dantersasc
39047 St. Christina in Gröden
Tel. +39 0471 792323
www.rifugiovicenza.com

Rifugio Comici
39048 Wolkenstein in Gröden
Tel. +39 0471 1930388
www.rifugiocomici.com

Rifugio Boè
38032 Canazei
Tel. +39 0471 847303
www.rifugioboe.it

Rifugio Capanna Piz Fassa
38032 Canazei
Tel. +39 0462 601723
www.rifugioboe.it

Franz-Kostner-Hütte
39033 Corvara
Tel. +39 333 8759838
https://rifugiokostner.it

Rifugio Vièl dal Pan
38032 Canazei
Tel. +39 0462 601720
www.rifugiovieldalpan.com

Rifugio Tobià del Giagher
38032 Canazei
Tel. +39 0462 602385
www.facebook.com/pages/
category/Restaurant/Tobià-del-
Giagher

Rifugio Contrin
38032 Canazei
Tel. +39 0462 601101
www.rifugiocontrin.it

Rifugio Castiglioni Marmolada
38032 Canazei
Tel. +39 0462 601117
www.rifugiomarmolada.it

Rifugio Ghiacciaio Marmolada
38032 Canazei
Tel. +39 328 1218738
https://de-de.facebook.com/
ghiacciaiomarmolada

Rifugio Padòn
32023 Rocca Pietore BL, Italien
Telefon: +39 0437 722002
https://de-de.facebook.com/
RifugioPadon

Rifugio Falier
32020 Rocca Pietore
Tel. +39 0437 722005
www.rifugiofalier.altervista.org

€ unter 30 EUR €€ 30 – 60 EUR €€€ über 60 EUR
(pro Pers./DZ/inkl. Frühstück)

Campitello di Fassa/Ciampedèl .... PLZ 38031
B & B Garni Aritz €€, Strèda sot Ciapiaa, 6, Tel. +39 0462 752100, www.residencehotels.com/de/aritz
Hotel Medil €€, Via Pent de Sera, 16, Tel. +39 0462 750088, https://hotelmedil.it

Canazei/Cianacèi .... PLZ 38032
Albergo Majorka €€, Strèda de Sorapera, 67, Tel.+39 0462 601163, www.albergomajorka.com
Albergo Alla Rosa €€, Via del Faure, 18, Tel. +39 0462 601107, https://hotelallarosa.com
Chalet Vites Mountain Hotel €€€, Via de Costa, 161, Tel. +39 0462 601604, www.chaletvites.it
Residence Contrin €€€, Via di Parèda, 101, Tel. +39 0462 602400, www.residencehotels.com

Moena .... PLZ 38035
Chalet Aster €€, Strèda Riccardo Löwy, 120, Tel. +39 0462 220108, www.chaletasterfassa.com
Hotel Ciampian €€, Strada Saslonch, 3, Tel. +39 0462 573186, http://www.hotelciampian.it
Hotel Faloria €€, Piaz de Sotegrava, 18, Tel. +39 0462 573149, www.hotelfaloria.it
Hotel Zirmes €€, Strada de Pecé, 10, Tel. +39 0462 573160, www.hotelzirmesmoena.it
Leading Relax Hotel Maria €€, Via de S. Pellegrino, 1, Tel. +39 0462 573265, www.hotelmaria.com

Pozza di Fassa/Poza .... PLZ 38036
X Alp Hotel €€€, Strada Jumela, 35, Tel. +39 0462 764205, www.xalphotel.it
Hotel Valacia €€, Strada Ruf De Ruacia, 42, Tel. +39 0462 764875, https://hotelvalacia.it
Hotel El Paster €€, Strada Tita Piaz, 36, Tel. +39 0462 764019, www.hotelelpaster.it

Vigo di Fassa/Vich .... PLZ 38039
Mason La Zondra €€, Strada de Coltura, 1, Tel. +39 339 178 6787, http://www.brunelappartamenti.it
Dolasilla Park Hotel €€, Strèda da Neva, 4, Tel. +39 0462 764159, https://hotelallarosa.com

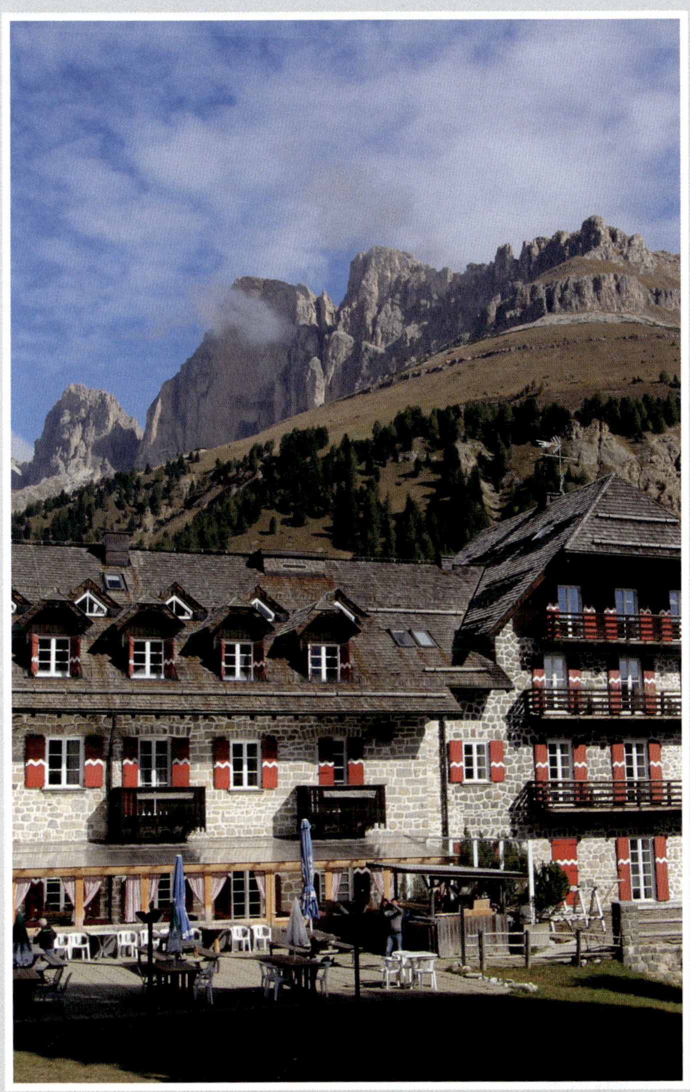

Auf dem Karerpass entstanden schon früh Hotels und Herbergen.

REGISTER

A

Alba/Delba 178, 180, 183, 186, 192
Alta Via Attrezzata Bepi Zac 47
Alta Via dei Fassa 74

C

Campitello di Fassa/Ciàmpidel 132, 136, 140, 142, 153
Canazei/Cianacèi 158, 174
Cava delle Bore 26
Chiesa di Santa Giuliana 57
Ciampac 180
Ciampedie 74, 77, 80, 84, 88, 92, 95, 98, 102
Cima Cadine Est 52, 189
Cima de Costabela 47
Cima di Bocce 41
Col de Bousc 202
Col de Cuc 168
Col di Rosc 174
Col Ombert 126

F

Fontanazzo 178
Forcia de Davoi 84
Forcia Neigra 180
Forno/El Forn 26, 29
Friedrich-August-Weg 136, 142

G

Grasleitenpass 92, 98, 102
Grasleitenpasshütte 92, 98, 102

H

Hirzelweg 64

J

Jouf dal Vaiolon 68

K

Karerpass 59, 62, 64, 68, 71
Karersee 59
Kesselkogel 95

L

Laghi di Lusia 40
Lagusel/Lauscèl 116
Lago di Fedàia 174, 199, 205, 208
Langkofel 150
Langkofelgruppe 153
Larcione 57
Langkofelscharte 146, 150
Larsech-Gruppe 98
Latemar 26, 29
Latemarwiesen 62
Lech de Antermoia 132
Lorenz 196

M

Malga Ciapela 214, 218
Malga Peniola 34
Marmolada 192, 205, 214
Mazzin/Mazin 129
Medil 26
Moena 34, 36
Monte Ciamp 36
Monte Padòn 212
Monte Pecol 119

P

Padònkamm 171
Passo di Fedàia 202, 208, 212
Passo di Lusia 40
Passo di San Pellegrino 44, 47, 50, 52
Passo le Selle 44
Passo Ombretta 192
Passo Pordoi 162, 165, 168, 171
Passo San Nicolò 122, 180, 186
Passo Sella/Sellajoch 146, 150
Penìa 196, 199
Peniola 34
Pian Trevisan 199, 202
Piz Boè 162, 165
Plattkofel 140, 146
Poppekanzel 62
Porta Vescovo 171, 208
Pozza di Fassa 106, 110, 113, 116, 119, 122, 126
Punta Valacia 110

R

Rifugio Antermoia 98, 102, 132
Rifugio Contrin 180, 183, 186, 189,192
Rifugio Dona 129
Rifugio Falier 214
Rifugio Fuciade 50, 52
Rifugio Castiglioni Marmolada 199, 202, 205, 208
Rifugio Ghiacciaio Marmolada 205
Rifugio Padòn 208, 212
Rifugio Passo le Selle 44, 113
Rifugio Passo San Nicolò 122
Rifugio Pederiva 64, 68, 71, 74, 77
Rifugio Roda di Vaèl 64, 68, 71, 74, 77
Rifugio Taramelli 113
Rifugio Tobià del Giagher 178
Rifugio Torre di Pisa 29
Rifugio Vaiolet 80, 88, 92, 95, 98, 102
Rifugio Vallaccia 110
Rifugio Vièl dal Pan 168, 171, 174
Rosengarten-Runde 102

S

Santnerpass 88
Sas da Ciamp 37
Sas dai Ciamorces 158
Sas da Mezdì 38
Sas de Adam 106
Sellapass-Straße 158
Sella-Ringband 165
Sentiero Geologico di Arabba 208
Serrai di Sottoguda 218
Soraga di Fassa 56
Sottoguda 218

T

Tamion 57
Tschagerjoch 71

V

Val de Crepa 178
Val de Dona 129
Val de Monzoni 110, 113
Val de Contrin 183, 186, 189, 192
Val di San Pellegrino 38, 40
Val Duron 136, 140
Valle del Vaiolet 80
Val de Udai 129
Val San Nicolò 116, 119, 122, 126
Valsorda 26
Vera 196
Vial da le Feide 77
Vigo di Fassa/Vich 56, 74, 77, 80, 84, 88, 92, 95, 98, 102

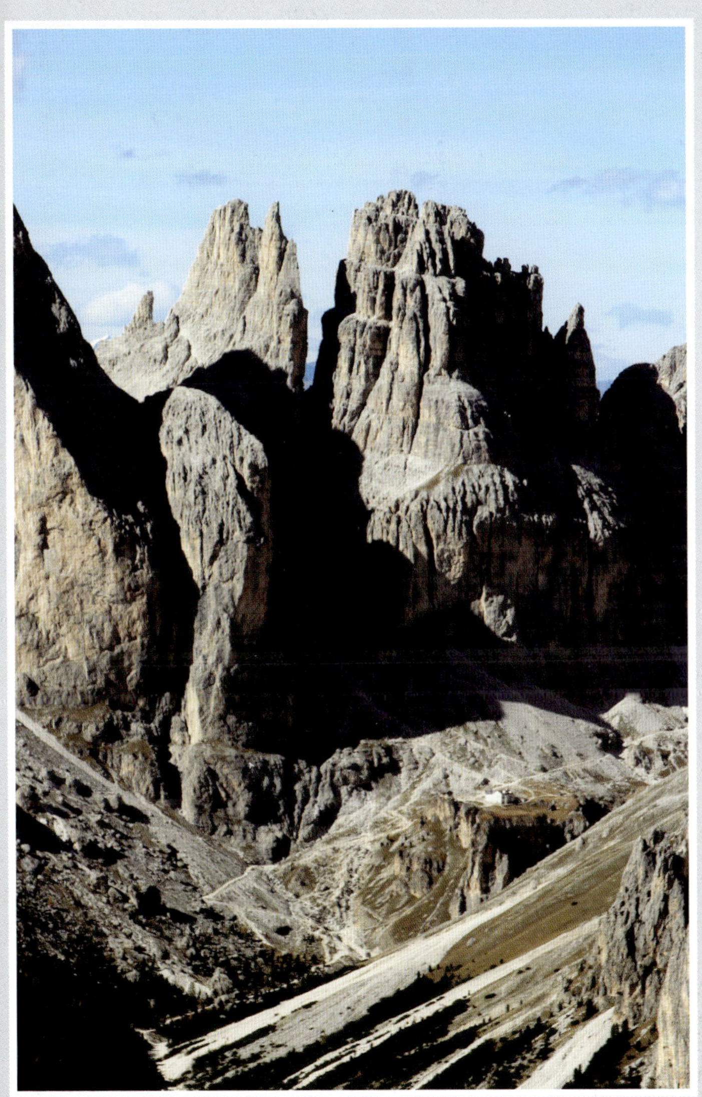

Ein letzter Blick ins Vajotettal mit seinen berühmten Türmen.

IMPRESSUM

1. Auflage 2022 Verlagsnummer 5718 ISBN 978-3-99121-548-6

Text und Fotos: Wolfgang Heitzmann und Renate Gabriel

Titelbild: Fuchiade im Fassatal (Foto: © Davide – stock.adobe.com)

Grafische Herstellung: KOMPASS-Karten GmbH
Wanderkartenausschnitte: © KOMPASS-Karten GmbH
Kartengrundlage für Gebietsübersichtskarte S. 10-11, U4:
© MairDumont, D-73751 Ostfildern 4

Alle Angaben und Routenbeschreibungen wurden nach bestem Wissen gemäß unserer derzeitigen Informationslage gemacht. Die Wanderungen wurden sehr sorgfältig ausgewählt und beschrieben, Schwierigkeiten werden im Text kurz angegeben. Es können jedoch Änderungen an Wegen und im aktuellen Naturzustand eintreten. Wanderer und alle Kartenbenützer müssen darauf achten, dass aufgrund ständiger Veränderungen die Wegzustände bezüglich Begehbarkeit sich nicht mit den Angaben in der Karte decken müssen. Bei der großen Fülle des bearbeiteten Materials sind daher vereinzelte Fehler und Unstimmigkeiten nicht vermeidbar. Die Verwendung dieses Führers erfolgt ausschließlich auf eigenes Risiko und auf eigene Gefahr, somit eigenverantwortlich. Eine Haftung für etwaige Unfälle oder Schäden jeder Art wird daher nicht übernommen. Für Berichtigungen und Verbesserungsvorschläge ist die Redaktion stets dankbar. Korrekturhinweise bitte an folgende Anschrift:

KOMPASS-Karten GmbH
Karl-Kapferer-Straße 5, A-6020 Innsbruck
www.kompass.de/service

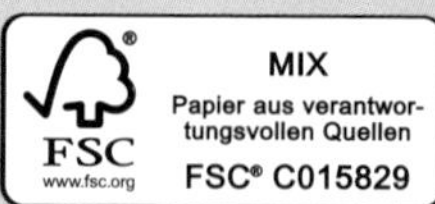